제 2 판

가족심리학

장휘숙

博 英 社

제2판 서 문

『가족심리학』의 초판을 저술한 지도 거의 12년의 세월이 흘렀다. 수년 전부터 2판을 계획하였음에도 불구하고 그동안 다른 일로 분주하여 이제야 『가족심리학, 제2판』을 출판하게 되었다. 초판 출판 후 10여년의 세월 동안 우리 사회에서는 가족가치관이 크게 변화하였다. 그 예로서 젊은이들의 결혼은 점점 늦어지고 독신으로 생활하는 젊은이들도 많아졌으며, 결혼을 한다고 할지라도 무자녀로 생활하는 가정이 늘어나고 있다. 또한 이혼율이 증가함으로써 복합가족 역시 점점 더 증가하는 추세에 있고, 최근에는 국제결혼을 통한 결혼이민자가 급증함으로써 한국 사회의 가족형태는 유례 없는 변화를 겪고 있다. 이러한 변화 추세에 맞추어 가족심리학의 개정은 시급한 문제였다.

『가족심리학』 초판에서는 가족체계의 변화를 중요시하고 주로 전생애 동안의 가족발달을 기술하려고 노력하였다면, 제2판에서는 가족의 발달적 측면을 고려하면서도 가족의 고유한 기능을 더 중요하게 다루었다는 점에서 차이가 있다. 또한 제2판에서는 우리 사회의 변화된 가족가치관을 바탕으로 한국 가족의 다양한 특성들을 고찰하려고 노력하였다. 그 결과 초판과 동일하게 10개의 장을 포함하면서도 내용에서는 상당한 차이를 보인다.

우선 제1장 서론에는 가족이 무엇이고 가족연구는 어떻게 하며 가족에 관한 다양한 이론적 조망들이 수록되었다. 제2장은 가족가치관의 변화와 다양성을 다루었고 제3장은 가족에 관한 발달적 조망을 기술함으로써 가족도 개인과 같이 변화하는 체계임을 강조하였다. 또한 제4장은 성역할과 성적 발달, 제5장은 친밀한 관계의 형성과 배우자 선택, 제6장은 결혼생활의 시작과 유지, 제7장은 가족간의 의사소통, 힘, 갈등, 제8장은 부모되기와 자녀양육, 제9장은 성인중기와 후기의 가족체계 그리고 제10장은 가족의 문제와 해체를 다룸으로써 가족과 관련한 다양한 문제들을 체계적으로 설명하려고 노력하였다.

불행하게도 우리는 아동과 청년 그리고 성인이나 노인을 연구하면서도 그들이 가족 속에 포함되어 있는 존재라는 사실을 자주 망각한다. 우리가 일생 동안 경험하는 많은 사건들은 가족 속에서 일어나므로 가족을 연구함이 없이 개인을 이해하기는 어려운 일이다. 우리 모두는 인생의 긴 여정에서 가족구성원들과 행복과 불행을 공유하며 함께 나이를 먹어 간다. 그럼에도 불구하고 아직도 많은 사람들은 가족의 구조적 측면이나 가족과 사회와의 관계 혹은 가족치료의 차원에서만 가족에 관심을 갖기 때문에, 가족에 관한 체계적 연구는 많이 이루어지지 못하고 있다.

이 책은 가족연구에 관심을 갖는 전문 연구자들을 자극하고 심리학이나 가정학, 사회학 혹은 인류학을 전공하는 학생들에게 가족이 무엇인지를 잘 이해할 수 있도록 할 것으로 생각된다. 또한 가정생활을 하고 있는 많은 일반인들도 이 책을 통하여 가족의 중요성을 재인식하고 건강하고 행복한 가정생활을 영위할 수 있는 방법을 찾아낼 수 있을 것으로 기대한다. 저자는 『가족심리학, 제 2 판』의 저술로 2007년의 겨울을 보내면서 내 자신의 가족을 되돌아볼 수 있는 계기가 되었고 삶에서 가족과 함께 하는 시간이 얼마나 소중한지도 다시 한번 더 생각하게 되었다. 이 책을 읽는 독자들도 이 한 권의 책을 통하여 가정생활이 한결 더 풍요로워질 수 있다면 저자로서는 더 바랄 것이 없다.

이 책의 출판을 맡아 주신 박영사의 안종만 회장님과 오랫동안 저자의 책을 정성껏 만들어 주신 편집부의 마찬옥 부장님께 깊은 감사를 드리며, 표지 디자인을 새롭게 해 주신 박영사 디자인실의 이선주 과장님께도 큰 고마움을 전한다. 또한 자료를 찾아 주고 교정을 도와 주며 책에 들어갈 그림을 그리느라 수고한 충남대학교 심리학과 대학원생인 최영임 양의 노고를 치하하며, 발달심리학 전공의 신우정 양에게도 감사를 전한다.

2007년 겨울

저 자

초판 서 문

인간발달을 연구해 오면서 끊임없이 되풀이되어 온 생각은 가족을 연구해야만 한다는 것이다. 그 이유는 아동이나 청소년들은 물론 성인들의 변화나 발달은 모두가 가족 속에서 이루어지므로, 가족에 대한 연구 없이 그 구성원들인 개인을 이해한다는 것은 어려운 일이기 때문이다.

지금까지 가족에 대한 연구는 사회학이나 가정학 분야에서 주로 이루어져 왔다. 심리학 분야에서는 임상심리학 영역에서 가족치료의 차원에서만 관심을 가졌을 뿐 가족에 관한 체계적 연구는 이루어지지 못한 형편에 있다. 발달심리학자들도 단지 개별적인 가족 구성원들의 발달에 대해서만 관심을 가질 뿐 전체 가족체계의 변화나 발달과정에 대해서는 큰 관심을 갖지 않는다.

저자는 3-4년 전부터 모든 일상에서 벗어나 발달적 관점에서 가족을 연구할 수 있는 여건이 마련되기를 소망하였다. 다행스럽게도 지난 해에 그 소망이 이루어져서 미국의 미시간 주립대학교에서 가족을 연구할 수 있는 기회를 얻게 되었다. 미시간 주립대학교에서는 인간생태학과에서 가족에 관한 연구를 많이 수행하고 있었다. 저자는 거기에서 가족심리학의 저술을 위해 필요한 자료를 얻을 수 있었고 가족 분야의 연구자들과 대화를 나눌 수 있는 기회도 가질 수 있었다.

이 책의 곳곳에서 기술된 것처럼, 미국인들의 가족체계는 형태에서 우리와 다소 차이가 있는 부분도 있었으나 가족체계의 목적이나 기능에서는 우리와 큰 차이가 없었다. 그럼에도 불구하고 한국은 물론 미국에서도 순수하게 발달적 관점에서 가족체계의 변화와 발달을 다룬 연구서나 저서는 아직 출판되지 않은 형편에 있다.

저자는 『가족심리학』에서 전생애 동안 이루어지는 변화와 발달을 체계적으로 수록하고 그 중요성을 설명하려고 노력하였다. 제1장에서 제3장까지 가족에 관한 이론, 연구방법, 변화경향, 한국가족의 현황 및 가족에 관한 발달적 조망이 논의되었고 제4장부터 제10장까지는 배우자 선택에서 부부의 사망까지 가족체계의 형성에서 해체의 과정이 기술되었다.

우리는 가족 속에서 태어나서 가족 속에서 사망한다. 이 책은 가족체계 내에서의 우리의 삶의 모습을 발달적 조망에서 조명해 줄 것으로 기대된다. 미비한 점도 있고 부족한 점도 있을 수 있으나 판을 거듭해 가면서 보완하기로 하고 출판하기로 하였다. 이 책이 가족심리학의 중요성을 널리 알리고 가족체계에 대한 심리학적 연구를 자극할 수 있기를 기원한다.

이 책을 통하여 심리학도들은 물론 가정학이나 사회학을 전공하는 학생들까지 가족에 대한 이해를 높일 수 있을 것으로 기대된다. 또한 건강하고 행복한 가정생활을 원하는 많은 일반인들에게도 이 책은 필독서로서 한몫을 할 수 있을 것이라고 감히 단언할 수 있다.

끝으로 저자가 저술한 『발달심리학』과 『아동심리학』은 물론 『가족심리학』의 출판을 맡아 주신 박영사 안종만 사장님과 편집부 함승철 국장님 그리고 신선한 감각으로 저자를 도와 준 편집부의 이선주 씨께 사의를 표한다. 또한 이 책의 표지와 컷을 디자인하면서 저자의 요구를 기꺼이 들어준 충남대학교 산업미술학과의 박상현, 이경엽, 나병철 군과 사진동아리 앵글스의 장성진 회장께 고마움을 전한다.

동시에 가족에 관한 연구를 수행할 수 있도록 도와 준 충남대학교 심리학과의 모든 교수님들과 학생들에게도 깊은 감사를 보낸다. 특히 수많은 자료를 찾아 주고 참고문헌 정리를 도와 준 발달심리학 전공의 대학원생들, 한건환 군과 박주란 및 두정일 양의 노고를 치하하지 않을 수 없다.

1995년 5월

저　자

목 차

1장 서론: 가족, 가족연구, 가족에 관한 이론적 조망

2장 가족가치관의 변화와 다양성

3장 가족에 관한 발달적 조망

5장 친밀한 관계의 형성과 배우자 선택

6장 결혼생활의 시작과 유지

7장 가족간의 의사소통, 힘, 갈등

8장 부모되기와 자녀양육

9장 성인중기와 후기의 가족체계

10장 가족의 문제와 해체

서 론

가족, 가족연구, 가족에 관한 이론적 조망

제 1 장
서 론

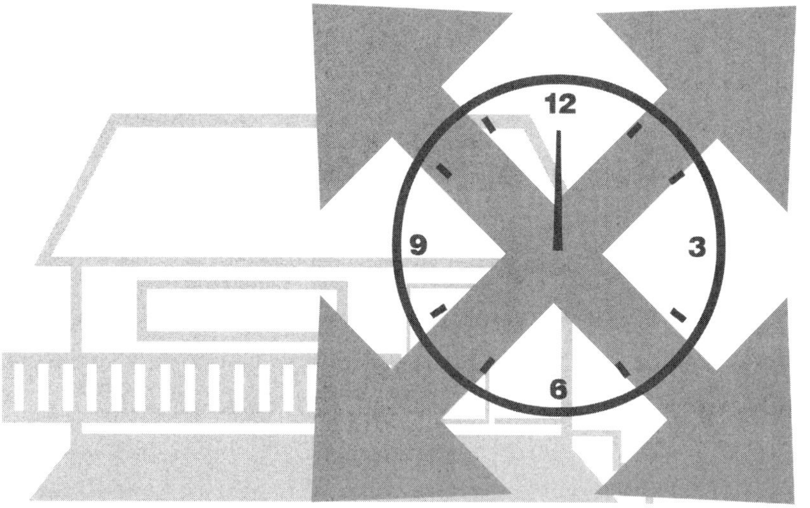

우리는 가족 속에서 태어나서 성장하고 사망한다.

제 1 장
서　　론:
가족, 가족연구, 가족에 관한 이론적 조망

우리 대부분은 가족 속에서 태어나서 성장하고 사망한다. 최근의 급변하는 사회적 상황에도 불구하고, 가족의 중요성을 부정하는 사람은 아무도 없다. 사람들은 심각한 질병이나 경제적 어려움 혹은 중요한 인간관계의 붕괴로 인해 고통을 받을 때, 가족에게 의지함으로써 위로를 받고 휴식을 얻는다. 따라서 가족, 결혼, 사랑 그리고 친밀성이라는 단어만큼 우리에게 친숙하고 의미있는 어휘도 드물 것이다. 가족은 인간의 마지막 휴식처라고 해도 과언이 아니다.

그러나 가족에 따라서는 애정적인 관계를 형성하고 안정된 상태를 유지하는 가족이 있는가 하면, 가족과의 갈등으로 괴로움을 당하고 서로 분리되고 재결합하는 경험을 하기도 한다. 물론 대부분의 사람들은 가족생활의 두 가지 측면, 즉 사랑과 갈등을 함께 경험한다. 이 장은 일생 동안의 가족생활 경험을 검토하고 그 의미를 발견하기 위한 기초로서, 가족체계에 대한 기본적 지식을 얻도록 하는 데 목적이 있다. 구체적으로 가족에 대한 정의, 가족연구방법 및 이론적 조망 등이 고찰될 것이다.

I. 가족이란 무엇인가?

전통적으로 가족은 성(性)이 다른 두 사람의 성인과 그들이 출산한 자녀들이 물리적 거주지를 공유하고 상호간에 동의한 목표를 지니는 사회적 체계이다. 따라서 가족의 기초는 두 사람의 성인들 사이의 헌신적 관계로 시작된다. 만약 두 사람이 동성이거나 자녀가 없거나 성인 중 어느 한편이 부재하는 경우에는 전통적 의미에서 가족으로 인정될 수 없다.

그러나 최근에 일어나고 있는 급변하는 사회현상들은 가족에 대해 우리가 가지고 있는 이러한 전통적 개념들을 수정하도록 요구한다. 높은 이혼율은 편부모가족과 복합가족을 양산하고, 빈번해진 입양은 부부가 출산하지 않은 아동들도 가족의 일원으로 포함되게 한다. 또한 자녀 없는 부부들도 하나의 가족으로 수용되는 추세에 있다. 따라서 최근 미국에서는 가족을 출산과 결혼 혹은 입양에 의해 그리고 동거함으로써 서로 관련을 맺는 두 사람 혹은 그 이상의 사람으로 구성된 집단으로 정의하고 있다(Statistical Abstract of the United Sates, 2001).

그러므로 현대사회에서의 가족을 이해하기 위해서는 가족의 구조적 측면에 초점을 맞춘 전통적 개념보다는 가족의 기능적 측면을 중요시하는 어네스트 벌게스(Ernest W. Burgess, 1968)의 관점이 더 타당성 있게 보인다. 가족연구의 창시자로 알려져 있는 벌게스는 가족구성원들 사이의 상호작용을 중요시하였다. 그는 가족을 '상호작용하는 인격체들의 통일체' (a unity of interacting personality)로 정의하고 가족의 기능적 측면에 관심을 집중시켰다.

1. 가족의 형태

1) 핵가족과 확대가족

일반적으로 가족은 핵가족(nuclear family)이나 확대가족(extended family)의 형태를 취한다. 인류학자 멀독(Murdock, 1965)은 아버지/어머니/아동의 3

인으로 구성되는 핵가족이 가족의 기본 형태라고 주장하였다. 전통적 핵가족의 구조 내에서 남편은 직업을 갖고 가족의 생계유지자로서의 기능을 하고, 아내는 가사일과 자녀양육을 담당하면서 가정에 머무른다.

전통적인 핵가족은 어머니와 아버지 및 생물학적 자녀로 구성된다.

대조적으로 확대가족은 기본적인 핵가족에 조부모와 아주머니, 아저씨 및 사촌 등이 포함됨으로써 형성된다고 멀독은 주장하였다. 즉, 확대가족은 몇 개의 핵가족이 함께 모여서 생활하고 하나의 집단을 형성할 때 이루어지는 가족의 형태라는 것이다. 일반적으로 핵가족은 서구문화에서 흔한 반면, 확대가족은 가족환경 내에서 노부모를 모시는 문화에서 빈번하게 관찰된다.

그러나 개별적인 문화가 어떤 가족형태를 취하는지는 특정한 역사적 시기에 존재하는 사회적 복잡성의 정도와 관련되어 있다(Blumberg & Winch, 1977). 예를 들면, 사냥으로 생계를 유지했던 목축시대에는 빠르고 쉽게 이동할 수 있어야만 짐승의 무리를 쫓을 수 있었기 때문에, 핵가족이 우세한 가족형태였다. 그러나 농사가 주된 생계의 근원이었던 농경시대에는 가족들이 비교적 오랫동안 한 지역에 정착할 수 있었으므로 확대

확대가족은 몇 개의 핵가족이 함께 모여서 생활하는 가족형태이다.

가족의 출현을 가능하게 하였다. 그러나 산업화된 현대사회에서는 사람들이 직업을 찾아 이동하는 일이 빈번해짐으로써 이동이 용이한 가족형태가 선호될 수밖에 없었다.

일반적으로 핵가족이 우세해질수록 남녀가 동등할 가능성이 커지는 반면, 확대가족이 우세할 때는 남성이 더 큰 힘과 권력을 갖는다. 그 이유로서 많은 수의 상이한 세대들로 구성되는 확대가족이 갖는 복잡한 관계에 질서를 부여하려는 의도로서 남성들이 더 큰 힘을 갖게 되었다는 것이다.

2) 일부일처제와 일부(처)다처(부)제

가족의 형태는 결혼의 형태에 의해서도 영향을 받는다. 한국을 포함하는 많은 문화에서 한 사람의 남편과 한 사람의 아내로 구성되는 일부일처제(monogamy)가 보편적 결혼형태로 인식된다. 그러나 일부다처제나 일처다부제(polygamy)를 채택하는 문화도 존재한다. 남편이나 아내의 수가 변함에 따라 가족체계는 일반적인 핵가족이나 확대가족의 변형된 형태를 취한다.

최근의 높은 이혼율과 그에 따른 재혼의 증가는 일부일처제의 결혼형태가 유지되고 있다고 말하는 것을 어렵게 만든다. 한 사람이 결혼하고 이혼하고 그리고 다시 결혼하는 이와 같은 결혼형태는 최근에 연속적 일부일처제(serial monogamy), 혹은 수정된 일부다처제나 일처다부제(modified polygamy)라고 불리는 추세에 있다.

결혼형태에서의 변화는 불가피하게 가족형태에서의 변화를 초래한다. 그 결과 전통적인 핵가족 외에도 편부모가족, 복합가족(재혼한 남성이나 여성, 혹은 그 양자와 그들의 이전 배우자와의 사이에서 태어난 자녀를 포함하는 가족), 동거가족, 무자녀가족, 그리고 동성애가족 등 많은 변형된 형태의 가족체계들이 출현하였다.

2. 가족의 기능

가족은 구성원들을 위해 그리고 가족이 포함되어 있는 더 큰 사회를 위해 고유한 기능을 수행한다. 학자들에 따라 서로 조금씩 다른 기능들을 제시하고 있기는 하지만, 가족이 담당하는 기능들은 다음과 같이 네 가지 문제로 요약될 수 있다(Strong & DeVault, 1992).

1) 친밀한 관계의 근원

가족은 친밀한 관계의 근원을 제공한다. 친밀성의 추구는 일차적인 인간의 욕구이다. 우리는 가족구성원들과 친밀한 관계를 유지함으로써 정서적 안정과 지원을 얻는다. 선행연구들은 일관성 있게 결혼생활을 하고 있는 사람들이 이혼했거나 별거상태에 있는 사람들 혹은 결코 결혼한 적이 없는 사람들보다 더 건강하고 더 낮은 사망률을 나타낸다고 보고한다(Ross, Mirowsky & Goldsteen, 1991).

사회가 산업화되고 복잡해질수록 사람들은 가족 내에서 친밀성을 발견하려고 노력한다. 직업세계에서나 우리 주위의 더 큰 사회 내에서 개인은 대부분 역할로서 지각되기 때문에, 타인과 개인적 수준에서 친밀성을 공유하는 것은 쉬운 일이 아니다. 가족체계 내에서 우리는 서로를 완전히 노출한 상태에서 배우자와 희망을 공유하고 함께 자녀를 양육하면서 나이를 먹어간다.

2) 경제적 협조의 단위

가족은 경제적 협조의 단위로 기능한다. 전통적으로 가족은 성별에 따라 일을 나누어 맡는 경제적 협조의 단위이다(Ferree, 1991). 최근까지 한국사회에서는 남성들은 가정 바깥에서 직업을 가지고 활동하는 반면, 여성들은 자녀를 양육하고 가사일을 담당하면서 가정에 남을 것으로 기대되었다.

가족 내에서 이루어지는 성별에 따른 역할분담은 어느 문화에서나 이루어지고 있는 공통적 현상이다. 그러나 남성과 여성들이 각기 어떤 일을 수행할 것인지는 문화에 따라 차이가 있다. 아프리카의 한 부족사회(Nambikwara족)에서는 남성들이 아기양육과 가사일을 담당하고 여성들이 사냥하여 생계를 유지하기 때문에, 우리 문화와는 정반대의 역할수행이 이루어진다.

이와 같은 예는 많은 사람들이 고정된 것으로 생각하는 가정 내에서의 역할분담이 문화에 의해 할당된 것이지 생물학적으로 고정된 것은 아니라는 것을 의미한다. 실제로 대부분의 가정일은 큰 기술을 요하지 않기 때문에 모든 가족구성원들은 쉽게 배울 수 있으므로 가정 내에서의 역할분담은 지극히 인위적이고 단순한 사회적 현상에 지나지 않는다. 다시 말하면 생물학적으로 고정된 것은 단지 여성의 출산능력뿐이라는 것이다.

가족은 보통 하나의 소비단위로 생각되기 쉬우나 그것은 또한 중요한 생산단위이다. 가정 내에서 이루어지는 가족구성원들의 역할수행은 임금으로 지불되지 않으므로 생산단위로서의 그것의 기능이 무시되기 쉽다. 아내의 자녀양육이나 가사노동은 말할 것도 없고 때때로 이루어지는 남편의 목공일이나 아내를 돕는 일, 자녀들의 요리활동이나 동생돌보기 그리고 청소하기 등은 모두 생산적 활동이다.

가정 내에서의 여성의 활동은 임금으로 지불되지 않으므로 주부들의 생산적 기여는 무시되어 왔다(Walker, 1999). 많은 여성들은 남성들이 그들의 직업활동에서 일하는 것보다 가정에서 더 많은 일을 하고 있다. 일반적으로 가정 내에서 행사되는 힘의 많은 부분은 돈을 버는 사람의 몫이 된다. 만약 가사일에 대한 임금이 여성에게 지불된다면, 남편-아내관계의 역학은 상당히 변화될 수 있을 것이라는 전망을 해 볼 수 있다.

3) 자녀출산과 사회화

가족은 자녀를 출산하고 사회화시킨다. 전통적으로 자녀출산은 가족의 주된 기능이었다. 가족은 사회를 구성하는 노인세대들이 사망할 때 그들을 대치할 아동을 출산하고 양육하여 사회가 계속적으로 유지될 수 있도록 하는 기능을 한다.

더욱이 아동들은 매우 무기력한 상태로 출생하고, 한 사람의 책임있는 성인으로 성장하기 위해서는 여러 해 동안의 양육을 필요로 한다. 가족은 그들에게 걷고 말하고 자신을 돌보는 방법을 가르치며, 특정 문화에 맞게 인간답게 살아갈 수 있는 각종 기술을 습득시키는 사회화(socialization)를 담당한다. 가족의 사회화 기능은 인간을 인간답게 만드는 중요한 역할을 한다.

그러나 최근의 과학기술의 발달은 생식과 성교를 분리시킨다. 인공수정이나 시험관수정에 의한 생식의 성공은 전통적인 가족개념과 일치하지 않는 사람들의 자녀출산을 가능하게 하였다. 우리 사회에서는 많은 불임부부들이 이 대안적 방법을 사용하고 있기는 하지만, 서구에서는 동성애 커플이나 독신여성들이 부모가 될 수 있게 되었다.

아동을 사회화시키는 많은 기능도 가족에서 사회로 이동하고 있다. 조기교육의 실시에 의해 유치원이나 유아원 교육이 사회화의 기능을 맡을 뿐 아니라, 각종 탁아소의 역할은 바쁜 어머니나 직업을 가진 어머니들을 위해 어머니 역할을 대신하고 있다. 더욱이 아동들이 부모와 함께 있을 때조차도 부모보다는 TV나 인터넷 혹은 각종 오락기가 그들의 양육을 담당하는 일이 더 빈번해졌다.

4) 지위와 사회적 역할의 할당

가족은 가족구성원에게 지위와 사회적 역할을 할당한다. 우리는 일생 동안 두 개의 가족 속에서 생활한다. 하나는 우리가 자식으로서 성장한 부모의 가족이고, 또 다른 하나는 우리가 결혼을 통하여 형성한 가족이다. 우리는 부모의 가족 내에서 아들이나 딸, 형제나 자매의 역할을 수행하고 이 역할은 우리의 일생을 통하여 계속된다.

결혼에 의해 새로운 가족이 형성되면, 남편이나 아내의 새로운 가족역할이 부과되고, 그것은 사회로부터 진정한 성인의 지위를 획득하도록 돕는다. 부모나 형제자매에 대한 일차적 헌신이나 애정은 배우자에게로 이동되고 자녀출산은 아버지와 어머니로서의 새로운 역할을 개인에게 부여한다.

또한 가족은 개인의 인종과 사회경제적 수준 및 종교를 결정하기 때문에 우리가 사회 내에서 특정한 지위와 위치를 획득하도록 한다. 우리는 가족과의 동일시를 통하여 우리가 소속한 계층의 생활방식을 학습하고, 문화적 가치와 기대를 형성한다. 가족구성원으로서의 다양한 역할수행을 통하여 우리의 개인적 및 사회적 정체감(identity)의 많은 부분들이 형성된다.

3. 가족관계

일반적으로 가족관계는 결혼이나 출산에 의해 형성된다. 결혼에 의해 생성된 가족관계는 혼인관계로 불리고 시아버지, 시어머니, 장인, 장모, 사위 그리고 며느리들이 여기에 해당한다. 반면 출산에 의해 생성된 가족관계는 혈족관계로 지칭되고 혈연유대를 갖는 사람들로 구성된다. 즉, 부모, 자녀, 조부모, 손자녀들이 여기에 포함된다.

전세계의 대부분의 가족들은 어떤 형태로든 확대가족 속에서 생활한다고 말할 수 있다. 그 이유는 부모와 자녀만으로 구성되는 핵가족의 구성원들도, 접촉의 정도에서만 차이가 있을 뿐 그들의 혈족이나 인척들과 접촉을 가지면서 생활하기 때문이다.

그러나 가족관계에서 요구되는 의무는 문화에 따라 차이가 있다. 혈족관계를 중요시하고 강조하는 문화에서는 다양한 세대의 혈족으로 구성되는 확대가족을 형성한다. 확대가족 체계에서는 아버지와 아들의 관계가 중요시되기 때문에, 남편과 아내 사이의 가까운 정서적 유대는 확대가족에 대한 위협으로 인식된다. 부부간의 성적 접촉은 그들 사이의 정서적 유대를 긴밀하게 할 위험성이 있으므로 무시되거나 억제되는 경향이 있다. 따라서 아내의 의무는 아들을 낳아서 아버지-아들의 관계를 유지시키고 시부모를 모시는 것이었다.

대조적으로 혼인관계를 중요시하는 부부중심의 문화에서는 핵가족이 선호되고, 각 개인은 부부 및 부모와 자녀로서의 지위에 적합한 권리와 의무를 갖는다. 특히 부모는 자녀를 양육하고 지원하며 배우자에 대한 성적 성실성이나 신뢰성을 지녀야 한다. 동시에 다른 혈족이나 인척들과도 접촉하고 친밀한 관계를 형성하기도 하지만, 그들에 대해 반드시 수행해야 할 의무와 권리를 갖지는 않는다. 일반적으로 동양문화권에서는 혈족관계가 중요시되는 반면, 서양문화권에서는 혼인관계가 중요시된다.

1) 체계로서의 가족

가족은 구성원을 포함하고 각 구성원들은 서로 상호작용하며 가족외의 사람들과 자신을 분리하여 하나의 단위로 기능하는 동시에 내·외적 피드백에 반응하여 변화하는 독특한 체계이다. 체계로서의 가족은 브론펜브레너(Bronfenbrenner, 1979, 1989)에 의해 개념화된 생태학적 체계조망에 의해 잘 설명될 수 있다. 체계조망은 개인이나 가족에게 영향을 주는 다섯 개의 체계 즉 미세체계(microsystem), 중간체계(mesosystem), 외부체계(exosystem), 거대체계(macrosystem) 그리고 연대기체계(chronosystem)를 포함한다. 각 체계는 가족과 직접적으로 혹은 간접적으로 상호작용하는 정도에 의해 구별된다.

그림 1-1에서 미세체계는 제일 가운데 위치하는 원으로서, 가정, 학교, 이웃, 교회와 같이 개인에게 직접적인 영향을 주는 환경들을 의미한다. 또한 미세체계들 사이의 연결망은 중간체계에 해당하고 중간체계의 바깥에는 외부체계가 존재한다. 미세체계들이 서로 연결되어 있을 때, 즉 가정과 학교, 가정과 교사 혹은 가정과 이웃이 서로 연결되어 있을 때 효과적인 아동지도가 가능하다. 그 이유는 부모는 아동이 학교에서 어떻게 생활하는지를 알고 교사는 아동의 가정생활이 어떻게 이루어지는지를 알고 있으며 부모는 이웃 친구들과 아동이 어떻게 지내는지도 알고 있기 때문이다.

또한 외부체계는 부모의 직업환경과 같이 가정에서의 부부의 행동에 영향을 주고 그들의 아동양육방식에도 영향을 끼칠 것이다. 가장 바깥에 위치하는 거대체계는 개인이 소속한 사회나 하위문화의 이념이나 제도로서, 그것은 외부체계에 영향을 주고 외부체계는 중간체계에 그리고 중간체계는 다시 미세체계에 영향을 줌으로써 개인에게 간접적 영향을 준다.

그림 속에 포함되지는 않았지만, 연대기체계는 브론펜브레너가 역사적 시기나 시간의 중요성을 설명하기 위하여 제안한 체계로서 사회적 체계의 역동적이고 변화무쌍한 측면을 기술한다. 거대체계의 태도나 가치관도 시간경과와 함께 변화하고, 가족에게 영향을 주는 미세체계와 중간체계 및 외부체계를 구성하는 상황조건들도 또한 변화한다. 학교 환경은 아동이 초등학교,

그림 1-1 Bronfenbrenner의 생태학적 체계환경

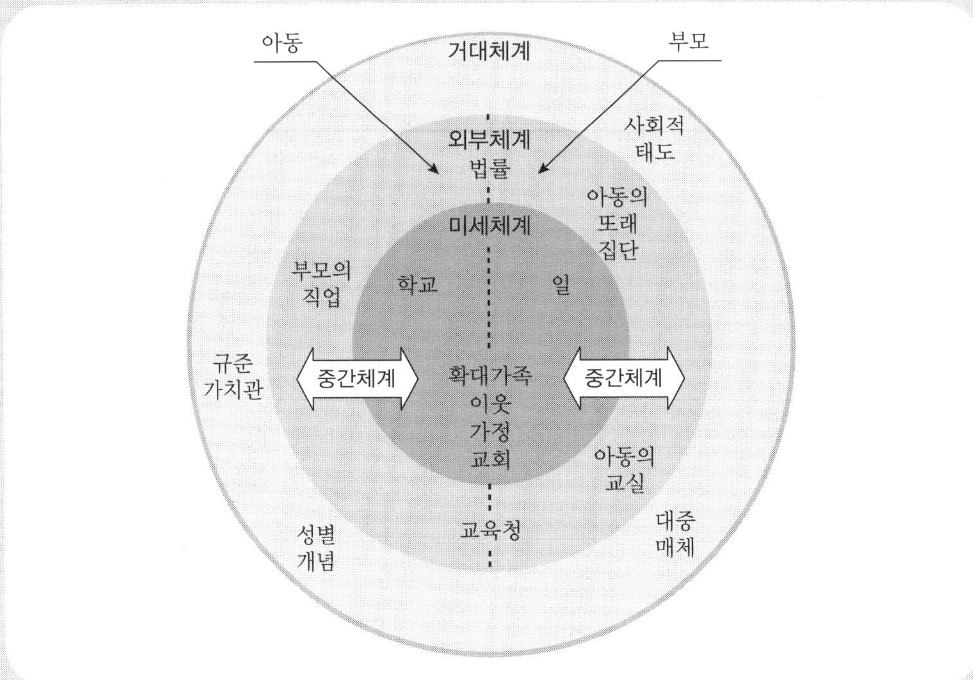

중학교 그리고 고등학교로 진학함에 따라 변화하고 부모가 직장을 옮기게 되면 직장동료는 물론 가정 바깥에서의 활동도 달라질 수 있으므로 시간의 변화는 가족체계에 변화를 초래하는 중요한 요인이다. 시간경과와 함께 가족은 안정되기도 하고 변화하기도 하며, 피드백 메커니즘을 통해 변화에 적응한다. 이와같이 공간과 맥락, 그리고 시간차원들은 가족을 이해하기 위한 필수 요소들이다.

2) 지노그램

지노그램(genogram)은 가족관계를 도식화한 가족관계 지도로서, 가족치료가들에 의해 많이 활용되고 있다. 일반적으로 부모, 아동, 조부모, 아저씨, 아주머니 등으로 구성되는 외형적인 가족구조(family structure)는 손쉽게 확인

그림 1-2 지노그램의 예

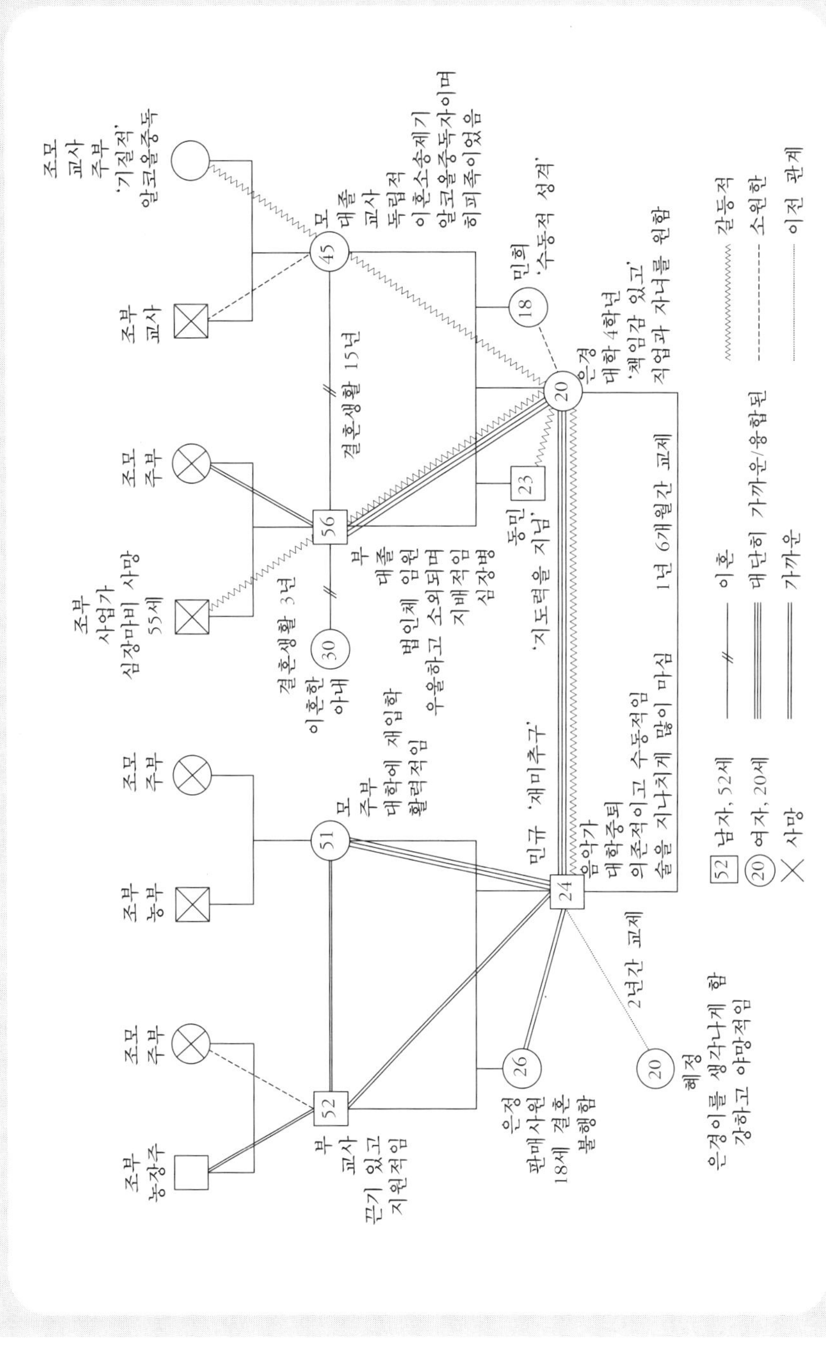
조부
농장주
조모
주부
52
부
교사
끈기 있고
지원적임
조부
농부
조모
주부
51
모
주부
대학에 재입학
활력적임
조부
사업가
심장마비 사망
55세
조모
주부
56
부
대졸
법인체 임원
우울하고 소외되며
지배적인
심장병
30
이혼한
아내
결혼생활 3년
결혼생활 15년
조부
교사
조모
교사
주부
'기질적'
알코올중독
45
모
대졸
교사
독립적
이혼소송제기
알코올중독자이며
히피족이었음
18
민희
'수동적 성격'
20
은경
대학 4학년
'책임감 있고'
직업과 자녀를 원함
23
동민
'지도력을 지님'
24
민규 '재미추구'
음악가
대학중퇴
의존적이고 수동적임
술을 지나치게 많이 마심
1년 6개월간 교제
2년간 교제
26
은정
판매사원
18세 결혼
불행함
20
혜정
은경이를 생각나게 함
강하고 야망적임
52 남자, 52세
20 여자, 20세
사망
이혼
대단히 가까운/융합된
가까운
갈등적
소원한
이전 관계

될 수 있다.

그러나 그 가족의 특성을 나타내는 가족간의 상호작용패턴이나 깊은 감정의 교류, 관계에 대한 기대 혹은 개인적 표준 등의 정서적 구조(emotional structure)는 특별한 기법을 사용하지 않고서는 규명되기 어렵다.

가족상호작용에 대한 일종의 가계도인 지노그램은 수세대에 걸쳐 있는 가족의 정서적 관계를 분명하게 나타내 준다. 우리는 지노그램을 통하여 가족관계의 뿌리 깊은 패턴과 현재의 관계에 대한 통찰을 얻을 수 있다(Bahr, 1990).

그림 1-2는 은경이라는 대학 4학년 여학생과 그녀의 남자친구 민규와의 갈등적 관계에 대한 통찰을 얻기 위해 그려진 표본적 지노그램이다. 은경이와 음악가인 민규는 결혼할 계획이었으나 그들의 관계가 갈등에서 갈등으로 끝없이 이어지고 있기 때문에 결혼을 망설이고 있는 상태에 있다. 가깝고 갈등이 없는 민규의 가족과는 대조적으로 은경의 가족은 갈등적 관계를 형성하고 있다. 은경 가족에 있어서 갈등은 오히려 친밀성을 획득하는 수단으로 사용되는 경향을 보인다.

이와 같이 지노그램 속에는 각 개인의 이름과 생년월일, 사망했다면 사망연도와 사망원인, 교육정도와 직업 및 각 세대의 형제자매들이 기록되어야 한다. 동시에 결혼연도와 결혼생활의 길이, 이혼연도 및 독신으로 지낸 기간들이 포함되어야 한다.

Ⅱ. 가족연구

1. 가족연구의 목적

우리는 왜 가족을 연구하는가? 우리 대부분이 가족 속에서 생활하고 있다는 이유만으로도 가족연구를 수행하는 것은 충분히 정당화될 수 있다. 그러나 보다 더 구체적이고 세분화된 이유를 검토해 봄으로써 가족연구의 방향을 설정하는 데 유용한 정보를 얻을 수 있을 것이다.

첫째, 가족연구가 이루어지지 않으면 가족생활의 본질에 대해 잘못된 결론이 도출될 가능성이 많다. 그 이유는 대부분의 사람들이 자신의 가족생활 경험을 바탕으로 가족에 대한 견해를 형성하기 때문이다. 상이한 가족들은 많은 공통점을 지니기도 하지만, 많은 차이점을 갖는다. 전형적인 개인이 없는 것처럼 전형적인 가족도 없기 때문에, 가족은 연구될 필요가 있다.

둘째, 사람들은 가족에 관한 연구가 지극히 상식적인 결과를 도출할 것으로 기대하고 가족연구가 불필요하다고 생각하지만, 일반상식과 과학적 연구결과 사이에는 자주 큰 차이가 존재한다. 한 예로서 1970년대와 1980년대 미국에서 동거율이 크게 증가하였을 때, 많은 사람들은 결혼 전에 두 사람의 조화여부가 동거를 통해 확인될 수 있기 때문에 동거는 결혼생활의 성공률을 높여 줄 것으로 생각하였다.

그러나 이 시기에 동거에 관해 연구한 부스와 존슨(Booth & Johnson, 1988)은 결혼 전에 동거한 커플들이 동거하지 않은 커플보다 더 높은 비율의 결혼생활 붕괴를 경험함으로써 일반인들의 생각이 잘못되었음을 입증하였다. 결국 가족에 관해 우리가 가지고 있는 많은 생각들은 잘못된 것일 가능성이 있으므로 가족연구는 수행될 필요가 있다는 것이다.

셋째, 가족에 관한 연구는 시간경과에 따라 변화하는 가족생활의 구조와 체제를 이해하는 것을 돕는다. 개인은 물론 가족도 시간경과에 따라 변화한다. 발달하는 개인과 발달하는 가족 사이의 상호작용에 관한 지식은 사람들과 접촉하는 직업을 가진 사람들에게 유용하게 활용될 수 있다. 예를 들면, 교육자, 치료자, 성직자 및 각종 사회봉사기관에 근무하는 사람들은 가족연구로부터 발달하는 가족에 대한 정보를 얻고 각종 개인들에게 도움을 주기 위해 노력한다.

넷째, 개인의 발달은 가족생활의 맥락 내에서 가장 잘 이해될 수 있으므로 가족연구는 개인의 발달에 관한 풍부한 정보를 제공해 준다. 가족은 특히 영아기, 아동기 그리고 청년기 동안 개인의 발달에 큰 영향을 준다. 동시에 가족연구로부터 나온 결과들은 개인과 가족이 바람직한 방향으로 발달할 수 있도록 돕는 역할을 한다.

다섯째, 가족은 사회를 구성하는 기본요소이다. 그러므로 가족생활에 대한 이해는 미래의 사회문제와 거기에 대한 가능한 해결책을 모색하고 예측하는 것을 돕기 때문에 가족연구는 수행될 필요가 있다.

2. 가족연구의 방법

가족연구는 양적 연구(quantitative research)와 질적 연구(qualitative research)로 수행될 수 있다. 1900년대 초기, 즉 1930년대까지는 질적 연구와 양적 연구가 동등한 가치를 가지고 함께 수행되었다. 통계적인 양적 분석방법이 비교적 초보적인 수준에 머물러 있었기 때문에 질적 연구는 개인의 생활영역에 대한 중요한 정보를 제공해 줄 수 있었다.

그러나 질적 가족연구는 실증주의와 양적 패러다임을 강조하는 20세기 중반의 분위기하에서 계속해서 감소될 수밖에 없었다. 대부분의 가족연구들은 발달된 통계적 분석법을 사용한 양적 연구들로 이루어졌다.

1960년대에 들어오면서 컴퓨터의 발달은 양적 연구의 자료는 물론 질적 연구의 자료들을 분석할 수 있게 하였다. 특히 비디오 기술의 발달은 가족에 대한 직접적 관찰을 가능하게 하였다. 1970년대 이후부터 가족에 관한 질적 연구의 필요성이 재인식되기 시작하였고, 최근에는 그 필요성에 공감하는 사람들이 크게 증가하였다.

1) 양적 연구

양적 연구(quantitative research)는 연령과 성, 생활조건 등이 서로 다른 많은 수의 사람들에게 동일한 질문을 실시함으로써 다양한 배경특성들이 개인의 반응에 어떤 영향을 주는지를 확인하려고 한다. 양적 연구는 많은 양의 정보를 다루기 때문에 수집된 자료는 분석되고 통계적으로 제시되며, 다양한 변인들간의 관계를 평정하기 위하여 자주 고차적인 통계적 기법이 사용된다. 대표적인 양적 연구방법에는 질문지와 표준화된 면접을 사용하는 조사연구

(survey)와 실험연구(experimental research)가 있다.

(1) 조사연구

조사연구방법은 가족연구에서 가장 광범위하게 사용되는 자료수집방법으로서, 최근에 수행되고 있는 가족에 관한 연구의 1/2 이상이 전적으로 조사연구방법에 의존한다. 전화조사나 질문지 혹은 면접으로 실시되는 조사연구의 목적은 표집한 표본집단으로부터 정보를 수집하고 그 결과를 바탕으로 더 큰 전집에 대한 타당한 결론을 추론하는 것이다.

질문지법은 비교적 저렴한 가격으로 상당히 빠른 시간 내에 실시하고 그 결과를 얻을 수 있는 자료수집방법이나 조사대상자들의 심층적 반응을 이끌어 내지 못하는 단점을 지닌다. 면접자와 피면접자가 1 대 1로 만나 사전에 결정된 질문을 바탕으로 피면접자의 반응을 이끌어내는 면접(interview)도 질문지와 유사한 제한점을 갖는다. 면접방법에 의해 가족의 특성이 약간 더 깊이 조사될 수 있기는 하지만, 조사대상자의 반응이 왜곡될 가능성은 질문지와 비슷하다. 질문의 구성방식이나 면접자의 선입관 혹은 사회적으로 바람직하지 못한 특성의 노출을 꺼려하는 반응자들에 의해 반응결과는 쉽게 왜곡될 수 있다.

일반적으로 조사연구는 특정 행동의 발생률을 확인하거나 특성이나 경향성을 찾아내는 데 적합한 연구방법이다. 그러므로 가족연구에서 중요시하는 가족구성원간의 상호작용이나 관계의 역동적 흐름은 조사연구에 의해 규명되기 어렵다.

최근에는 인구조사자료나 정부의 통계청에서 공개하는 각종 자료들이 가족연구자들에 의해 많이 활용된다. 그러나 이와 같은 소위 2차적 자료들은 이혼율과 같은 인구통계학적 결과들을 제시할 수는 있지만, 이혼의 원인과 같은 가족관계의 질적 측면에 관한 정보를 제공하지는 못한다. 그러므로 각종 조사자료의 활용도 가족에 대한 심층적 연구방법으로 적절하지 못하다는 지적을 받는다.

(2) 실험연구

가족에 관한 양적 연구의 방법으로 실험연구도 가능하나 수행된 연구는 많지 않다. 한 예로서 연구자들은 사회적으로 계모와 계부가 부정적으로 인식된다는 것을 믿고 그들의 가설을 실험적으로 검증하였다(Ganong & Coleman, 1997). 그들은 짧은 문장으로 기술된 20가지 특성으로, 가족 내의 개인들 즉 핵가족 내의 어머니나 아버지, 생물학적 아버지와 계모, 계부와 생물학적 어머니 혹은 계부나 계모 등을 평정하게 하였다. 연구결과 핵가족이든 복합가족이든 생물학적 어머니나 아버지는 계모나 계부보다 더 바람직하다는 평가를 받는 것으로 확인되었다.

또 다른 예로서 독신성인들이 타인들로부터 비난받고 있다는 가설을 검증하기 위하여 개인의 특성을 기술한 20개의 짧은 문장을 제시하고 결혼한 사람, 사별하여 홀로 된 사람, 이혼한 사람 그리고 결코 결혼한 적이 없는 독신들을 평정하게 하였다(Etaugh & Malstrom, 1981).

연구결과, 결혼한 사람들이 독신들보다 더 바람직하게 평정되었고 사별하여 홀로 된 사람들이 이혼한 사람이나 결코 결혼한 적이 없는 사람들보다 더 바람직하게 평정되었다. 또한 이혼한 사람들이 네 집단 중 가장 낮은 평정을 받았다. 이와 같은 간단한 지필실험(paper-and-pencil experiment)으로써 연구자들은 그들의 가설을 확인할 수 있었다.

실험연구의 명백한 문제점은 우리가 실제 생활에서는 지필검사 상황이나 통제된 상황에서와는 다르게 반응한다는 것이다. 실제로 우리는 계부모를 나쁘다고 생각하지 않을 수도 있으므로 실험상황은 보통 우리가 실제상황에서 경험하는 복잡하고 다양한 상황들의 희미한 그림자에 지나지 않는다는 것을 염두에 두어야 한다.

2) 질적 연구

가족에 관한 질적 연구는 연구대상자에 대해 더 세밀하고 자세한 정보를 얻는 데 관심을 갖기 때문에 작은 크기의 집단이나 개인을 깊이 연구한다. 그들은 가족 속에 들어가서 관찰(observation)하기도 하고 면접(interview)을 실시하기도 하며, 때로 소수의 사람들에 의해 제공된 정보를 포함하는 사례연구(case study)를 하기도 한다. 사례연구에서는 편지나 일기 혹은 가족생활의 특별한 측면을 갖는 사람들의 기록을 분석한다.

따라서 대부분의 질적 연구는 비구조화된 면접(unstructured interview)과 관찰에 의해 수행된다. 비구조화된 면접은 고정된 면접 스케줄 없이 비교적 자유로운, 면접자의 질문을 통하여 융통성 있게 정보를 얻을 수 있는 자료수집방법이다. 또한 관찰은 연구자가 관심을 갖는 일련의 행동과 환경을 선택하고 자극하고 부호화함으로써 연구자가 원하는 자료를 수집하는 방법이다. 이와 같은 비구조화된 면접과 관찰 외에도 개인의 일기나 편지들도 질적 연구의 자료로 활용될 수 있다.

질적 연구에서는 연구자가 연구대상자의 생활 속으로 들어가서 편안한 상태에서 그들의 생활경험에 대한 이야기를 듣고 볼 수 있다. 그러므로 질적 연구는 연구대상자들의 사적 세계에 접근할 수 있는 이점을 갖는다.

가족구성원들의 경험은 매우 다양하고 역동적이기 때문에, 개인을 단위로 개인적 특성과 태도 및 행동을 연구하는 조사연구나 실험연구방법으로써 가족구성원들의 전체적 특성을 파악하는 것은 어려운 일이다. 더욱이 가족구성원들은 전통과 비밀을 유지하고 그들의 습관을 드러내지 않기 위해 쉽게 담합한다. 따라서 그들의 성적, 갈등적, 혹은 역기능적 행동들은 외부자들에게 철저히 감추어진다. 가족연구자들은 질적 연구방법만이 폐쇄적이고 사적인 특성을 지닌 가족집단을 규명할 수 있다고 주장한다.

(1) 연구자의 역할

질적 연구에서는 연구자의 역할이 중요하다. 연구자들은 직접 가족경험의 영역 속으로 들어가서 질문하고 관찰해야 하므로 가족구성원들과 신뢰와 라포(rapport)를 형성할 수 있어야 한다. 점차적으로 라포가 형성되면 가족집단의 비밀에 접근하는 것이 보다 용이해진다.

연구자들은 가족구성원들에게 그들의 연구동기나 목적을 먼저 설명해야 한다. 동시에 어느 정도로 가족생활에 참여하고 면접을 어떻게 구조화할 것인지를 미리 결정해야 한다. 연구자들은 가족구성원들의 비밀스런 영역에 대해 질문하고 가족의 갈등을 직접 관찰하며 가족에 대한 통찰을 얻기 위하여 다음과 같은 몇 가지 문제점을 사전에 고려해야 한다(Daley, 1991).

첫째, 연구자와 연구대상자들은 공정한 교환에 근거한 관계를 확립해야 한다. 질적 연구에서의 연구대상자들은 단순한 피험자가 아니라 오히려 연구의 참여자들이다. 연구자와 참여자들 사이의 관계가 위계적이 되지 않도록 연구자는 노력해야 한다. 연구자들이 과학적 객관성을 내세워 연구대상자로부터 일방적으로 자료를 얻어내는 것은 이제 정당화될 수 없다.

둘째, 연구가 계속되는 동안 참여자들이 중요한 정보나 충고를 요구할 때, 연구자들은 그들이 할 수 있는 반응의 한계를 설정하는 것이 바람직하다. 기본적으로, 참여자들의 요구에 대한 연구자들의 반응 정도는 그들의 능력과 훈련 정도에 달려 있다. 연구자들은 참여자들에게 그들의 한계를 인식시키고 참고할 자료를 알려주거나 자격을 갖춘 전문가에게 소개시켜 주는 것이 적절하다.

셋째, 만약 연구자들이 연구과정의 일부로서 충고를 제공하거나 치료를 실시하기로 결정한다면, 그것은 연구자의 질적 연구와 분명히 구별되어야 한다. 그 이유는 연구자가 치료자의 역할을 병행할 때, 연구자의 질문은 물론 자료의 수집과 분석 및 결과에 대한 해석의 의미가 달라질 수 있기 때문이다.

넷째, 상당한 기간 동안 특정한 가족을 연구하는 연구자들은 그 가족의 구성원들과 가까워져서 그들과 친밀한 관계를 형성할 수 있다. 연구자와 참여자들은 가까운 친구가 될 수도 있고 결혼관계나 인척관계로 발전할 수도 있다. 연구자가 가족구성원들과 친밀한 인간관계를 형성하면 할수록, 비밀이 많아지고 객관성을 상실하며 연구결과의 신뢰성이 손상될 가능성이 커진다.

연구자는 가족체계 속으로 어떻게 들어가고 또한 어떻게 철수해야 하는가? 모든 가족구성원들과 균형 있는 관계를 유지하는 것만이 연구자가 타당한 연구결과를 얻을 수 있는 지름길이다.

(2) 질적 연구의 분석

질적 연구의 자료들은 숫자가 아니고 말이나 그림들이기 때문에 자료를 수집하고 분석하고 그리고 해석하는 방법들이 양적 연구와 다르다. 질적 연구의 과정이 곧 자료분석과 해석의 과정을 겸하고 있으므로, 연구결과들은 참여자들의 말을 직접적으로 인용하고 거기에 대한 연구자의 해석을 첨가하는 방식으로 제시된다. 질적 연구만이 가족체계에 관한 유일한 접근방식이라고 주장하는 사람들이 있기는 하지만, 많은 연구자들은 양적 연구와 질적 연구를 병행하여 가족을 연구하라고 충고한다.

Ⅲ. 가족에 관한 이론적 조망

가족을 설명하기 위하여 심리학자들과 사회학자들에 의해 활용되고 있는 영향력 있는 이론에는 가족 생태학 이론, 상징적 상호작용이론, 사회적 교환이론, 가족발달이론, 갈등이론, 성차이론 그리고 가족체계이론이 있다. 각 이론은 가족이 어떻게 기능하고 사회와 어떻게 조화를 이루는가에 관한 개념과 가정을 바탕으로, 가족에 관한 상이한 원리와 연구방향을 제안한다(White & Klein, 2002).

1. 가족 생태학 이론

가족 생태학 이론(family ecology theory)은 19세기 후반에 소개된 이론으로 가족이 어떻게 환경으로부터 영향을 받고 또한 환경에 어떻게 영향을 주는지를 강조한다. 생태학(ecology: 거주지로 번역되는 독일어 oekologie에서 유래함)이라는 용어는 독일의 생물학자 어네스트 헤켈(Ernest Haeckel)에 의해 처음 사용되었다. 환경적 영향을 강조하는 이 개념은 미국 가정학회(현재는 미국 가족소비자 과학협회)의 창설자이며 초대 회장인 리차즈(Ellen Swallows Richards)에 의해 대중적 관심을 얻게 되었다.

그림 1-3 결혼관계를 설명하는 3수준 모델
가족이 살고 있는 다양한 맥락들은 서로 영향을 주고받는다.

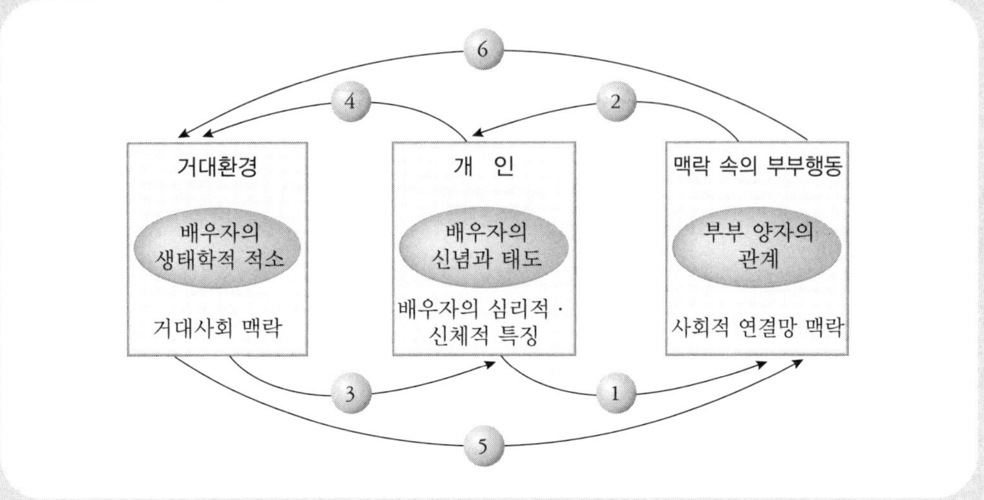

출처: Huston, 2000.

생태학적 이론의 핵심개념은 환경과 적응이다. 이 개념은 처음에는 식물과 동물이 물리적 환경에 적응하는 것을 의미하였으나 이후에는 인간과 그들의 물리적, 사회적, 문화적 그리고 경제적 환경으로 확장되었다. 생태학적 이론을 가족문제에 적용했을 때 가장 중요한 문제는 가족생활이 가족구성원들이 몸담고 있는 환경으로부터 어떤 영향을 받는가이다.

인간발달 이론에 기초한 브론펜브레너의 발달의 생태학적 이론은 앞에서 설명한 것처럼 5개의 생태학적 환경을 포함하며 이 모두가 우리가 살고 있는 환경을 구성한다. 이와 유사하게 허스톤(Huston, 2000)은 결혼관계나 친밀한 관계가 사회적 맥락 속에 어떻게 포함되어 있는지를 그림 1-3과 같이 예시하였다. 여기서 사회적 맥락은 커플이 생활하는 사회, 문화, 물리적 환경과 같은 거대환경(macroenvironment)과 매일 단위로 개인이 생활하는 행동환경(behavior settings) 그리고 결혼관계를 형성하는 개인을 포함하며, 삼자는 서로 상호작용한다.

예를 들면 음주문제는 개인과 개인, 개인과 대상물, 혹은 개인과 가족이나 직업과 같은 중요한 생활영역 사이의 상호작용을 강조하는 생태학적 접근에서 부정적인 개인-환경 상호작용 결과로 설명된다(Grzywacz & Marks, 2000). 그 이유는 음주문제가 직업업무나 가족 스트레스 혹은 직업과 가족을 연결짓는 중간체계에서의 문제 때문에 일어난다고 보기 때문이다.

다시 말하면 직장에서의 부정적 기분이 가정으로 이월되면, 가정에서 자주 화를 내거나 과민해짐으로써 가족 스트레스를 증가시키고, 직장에서의 지나친 피로는 가정일에 참여하는 것을 어렵게 한다. 또한 직업 때문에 느끼는 걱정이나 불안은 가정에 전념하는 것을 어렵게 하므로 이 모든 요인들이 음주문제를 일으킬 가능성을 증가시킨다는 것이다. 반대로 직장에서의 좋은 기분이 가정으로 이월되는, 긍정적 사람-환경 상호작용은 음주문제를 오히려 감소시킬 것이다.

생태학적 이론에서 가장 중요시하는 것은 가족경험이 어떻게 더 큰 사회적 환경으로부터 영향을 받는가이다. 이 이론에서는 가족이 생활하고 있는 문화적, 사회적 그리고 경제적 환경을 고려함이 없이 가족 내에서 어떤 일이 일어나는지를 이해한다는 것은 어려운 일이라는 것을 강조한다. 그러나 생태학적 이론은 다음과 같은 두 가지 이유로 비판을 받는다.

첫째, 특정한 행동을 설명하려고 할 때 개인, 집단, 혹은 전체 인구 중 어느 수준에서 설명하는 것이 가장 적절한지가 분명하지 않다.

둘째, 생태학적 조망은 쇠퇴나 감퇴보다는 발달과 성장에 더 쉽게 적용된다. 가족은 발달하고 성장하기도 하지만 감퇴하고 쇠퇴하기도 하기 때문에 생태학적 조망은 한계가 있다.

2. 상징적 상호작용이론

상징적 상호작용이론(symbolic interaction theory)은 사람들 사이의 관계에 관심을 갖고 그들이 상호작용하는 방식으로 가족을 설명하려고 한다. 상호작용이 일어나기 위해서는 두 사람이 서로에게 행동하고 반응해야만 한다.

상호작용은 상징이나 말 혹은 제스처를 통해 일어난다.

타인과 상호작용할 때 우리는 타인이 사용하는 상징을 해석하거나 정의한다. 우리의 상호작용 노력에도 불구하고 타인이 반응하지 않는다면, 우리는 그것이 적개심 때문인지, 무례함 때문인지 아니면 무관심해서인지를 생각한다. 만약 타인의 무반응이 듣지 못했기 때문이라고 생각되면 우리는 다시 요구할 것이고, 적개심이나 무례함 혹은 무관심 때문이라고 판단되면 화를 내게 될 것이다.

가족간의 상호작용에서의 중요한 요인은 의사소통(communication)과 사회적 역할이다. 의사소통은 말뿐 아니라 억양, 제스처, 움직임 등 다양한 상징을 사용하여 이루어진다. 우리는 의사소통을 통하여 의미를 전달하고 가족구성원들의 행동을 해석하거나 정의한다. 바람직한 의사소통은 각자가 생각하고 느끼는 것을 잘 드러내는 반면, 보잘것 없는 의사소통은 특정한 상징적 행동이 무엇을 의미하는지를 분명히 나타내지 않고 단지 추측할 수 있도록 한다.

각 개인이 타인과 상호작용하는 방식은 부분적으로 개인의 사회적 역할(social role)에 의해 결정된다. 우리는 가족구성원들과의 관계 내에서 역할을 맡고 수행하고 그리고 역할을 만들어 낸다. 남편역할, 아내역할, 아버지역할, 어머니역할, 자녀역할, 혹은 형제자매역할 등 다양한 역할들은 타인의 기대와 상황 및 우리 자신의 욕구에 의해 수정되면서 의사소통을 통하여 끊임없이 상호작용한다.

상징적 상호작용 이론가들은 우리가 다양한 역할을 어떻게 수행하고 유지하는지 그리고 역할이 개인의 자기감(sense of self)에 어떻게 기여하는지에 관심을 갖는다. 그들은 인간으로서의 우리의 정체감이 개인과 사회적 역할 사이의 상호작용에 의해 형성된다고 주장한다. 따라서 핵가족, 복합가족, 혹은 한부모가족과 같은 가족의 구조적 측면은 가족역동에 영향을 줄 때만 중요시될 뿐이며, 오히려 가족 내부에서 어떤 일이 일어나는지가 훨씬 더 중요한 문제라는 것이다.

상징적 상호작용이론은 부부의 적응과 데이트 관계 및 배우자 선택을 분석하는 데 유용하게 적용되고 있으나 다음과 같은 몇 가지 점에서 비판을 받는다.

① 상징적 상호작용이론은 가족구성원들 사이에서 이루어지는 힘(power)의 역할을 최소화하였다. 가족구성원 사이에 갈등이 일어날 때 의사소통만으로는 해결되지 못하며, 더 큰 힘을 갖는 배우자의 의도대로 해결되는 경향이 있다는 것을 이 이론은 간과하였다.

② 상징적 상호작용이론은 특히 성격이나 기질과 같은 인간의 심리적 측면에 대해 충분한 설명을 제공하지 못하고 가족을 단지 역할의 총합으로 가정하였다.

③ 상징적 상호작용이론은 가족 내의 개인에 초점을 맞추었기 때문에, 더 큰 사회적 맥락들이 가족집단에 줄 수 있는 영향들을 무시하였다.

3. 사회적 교환이론

사회적 교환이론(social exchange theory)은 사람들이 자신과 타인의 관계를 손해-이익의 계산에 의해 평가한다고 가정한다. 즉, 우리는 최상의 결과를 얻기 위하여 이익을 최대화하고 비용을 최소화하려고 노력한다는 것이다. 언뜻 보기에 헌신과 애정으로 결합된 가족집단에는 이 이론이 적용될 수 없는 것처럼 보이지만, 가족관계에서도 어느 정도의 손해-이익 계산이 이루어진다는 것을 부인하기는 어렵다.

교환이론은 고대 희랍의 쾌락주의학파(에피쿠로스파)의 사고에 기초한다. 쾌락주의자들은 사람이란 기쁨을 추구하고 고통을 회피하려고 노력하는 존재라고 가정하고 기쁨에서 고통을 뺀 값이 개인에게 가치 있을 때 행동을 지속한다는 소위 쾌락적 계산(hedonic calculus)의 개념을 발달시켰다. 교환이론가들도 사람들의 행동은 보상에서 비용을 뺀 값이 최대가 될 수 있도록 그들의 자원을 동원한다는 동일한 입장을 취하였다.

개인간 혹은 가족구성원간의 교환은 공평성을 전제로 해야 한다. 비록 언어로 표현하고 있지는 않지만, 교환은 궁극적으로 상호적일 것으로 기대된다. 교환의 대상은 돈이나 지위 혹은 외모와 같이 눈에 보이거나 손으로 만져지는 자원만이 아니라 사랑, 애정, 지능, 우정, 힘, 공포 등의 추상적 특성도 함께 포함한다.

상호간의 교환이 공평하지 않다고 느껴질 때 화가 나고, 공평성을 회복하기 위한 노력이 이루어진다. 만약 개인의 노력에도 불구하고 공평성이 이루어지지 않는다면, 그들의 관계는 종결될 가능성이 커진다.

서로 협조하는 부부와 경쟁하는 부부의 교환은 차이가 있다. 협조하는 부부들은 공동의 이익을 극대화하기 위해 노력하는 반면, 경쟁하는 부부들은 각자의 개인적 이익을 최대화하기 위해 노력한다. 개인적 이익의 추구가 지나치면, 부부관계는 불안정하고 지속되기 어렵다.

교환이론의 문제점은 사람들이 합리적이고 타산적이기는 하지만 때때로 어떤 보상을 기대함이 없이 이타적으로 행동한다는 것이다. 자녀에 대한 부모의 사랑은 교환이론이 적용될 수 없는 무조건적 사랑의 좋은 예이다.

또한 자원이나 보상 혹은 손해에 할당되는 가치가 지극히 개인적이라는 것도 교환이론의 문제점으로 지적될 수 있다. 외형적으로는 대단히 불공평한 교환으로 인식되는 부부들 사이에서도 그들 각자는 자신들의 관계를 지극히 행복하다고 지각하고 성공적으로 일생을 함께 할 수 있는 것도 이러한 이유 때문이다.

4. 가족발달이론

가족발달이론(family development theory)은 시간에 걸쳐 일어나는 가족의 변화를 강조한다. 인간발달이론에 기초하는 가족발달이론은 모든 가족은 일련의 단계를 거쳐 발달한다고 주장한다. 즉 가족은 자녀가 출생하고 성장하는 자녀 양육기 동안 확장하고, 자녀가 집을 떠나고 배우자가 사망할 때 축소되는 순차적인 발달적 변화를 경험한다.

가족발달이론에서 가족의 변화와 발달을 설명하기 위하여 가족생활주기(family life cycle)라는 개념이 많이 사용된다. 그러나 알도우스(Aldous, 1978, 1990)같은 연구자는 가족생활주기보다 가족생애(family career)라는 개념을 사용할 것을 권한다. 가족생애란 개인의 교육생애나 직업생애에 의해 영향을 받는, 결혼생애와 부모역할생애같은 하위생애들로 구성된다.

최근에는 가족경험의 역동적 본질을 연구하기 위하여 가족이 경험하는 사건들의 시기나 단계로 구성되는 가족생활과정(family life course)이라는 개념이 사용되고 있다(White & Klein, 2002). 그러나 가족생활주기와 가족생애 및 가족생활과정 모두 시간경과에 따른 가족의 변화와 발달을 강조하기 때문에 세 가지 개념들은 서로 중복되기도 하고 상호보충적이기도 하다.

가족발달이론은 전형적으로 결혼 전 두 사람의 관계형성에서 시작하여 결혼하고 그리고 이후의 계속되는 가족관계 내에서의 변화를 연구한다. 단계의 구별은 가족경제나 가족크기, 혹은 가족발달과업에 기초한다. 따라서 가족발달단계는 가족역사를 특징짓는 사건들에 의해 구분될 수 있으며, 보통 다음과 같이 8개의 단계를 포함한다. ① 가족의 시작, ② 분만하는 가족, ③ 초등학교 입학 이전의 아동가족, ④ 초등학교 아동가족, ⑤ 청소년 자녀를 갖는 가족, ⑥ 진수(進水)센터로서의 가족, ⑦ 중년기 가족, 그리고 ⑧ 노화하는 가족이 그것이다. 이와는 달리 "사랑에 빠지기" "배우자를 선택하기" 혹은 "이혼을 경험하기"와 같이 특정한 가족사건을 바탕으로 가족발달단계를 구분하는 사람도 있으므로 다양한 가족발달이론이 존재할 수 있다.

이와 같이 가족발달이론은 가족생활과 가족이 수행하는 상이한 과업들이 매우 복잡하다는 것을 강조한다. 동시에 이 이론은 시간에 따라 변화하는 개인의 역할과 상황들이 상호작용하고 그것은 가족의 책임과 욕구에 상응하는 변화를 초래한다는 것을 분명하게 제시한다. 그러나 가족발달이론은 다음과 같은 이유로 비판을 받는다.

첫째, 가족발달이론은 오로지 손상받지 않은 핵가족의 발달과정에만 관심을 갖는다.

둘째, 모든 가족들은 동일한 단계를 거쳐 동일한 변화과정을 거쳐간다고 가정한다.

중요한 것은 가족발달이론가들의 주장과는 다르게, 실제로 가족들의 경험은 다양하고 최근에는 이혼하는 부부나 무자녀 가족, 동성애 가족, 혹은 결코 결혼하지 않는 사람들도 많이 있다는 것이다. 또한 가족경험은 성별과 인종 혹은 사회적 계층에 따라서도 차이가 있기 때문에 가족발달이론은 가족을 완전하게 설명하지 못한다는 비판을 받는다.

5. 갈등이론

갈등이론(conflict theory)에 의하면, 사회는 기본적으로 협조적이 아니며, 서로서로 갈등하는 개인과 집단으로 구성된다. 힘(power)은 갈등이 해결되는 방향을 결정한다고 생각되기 때문에, 갈등이론가들은 누가 힘을 갖는지를 확인하려고 노력한다. 그들은 사랑과 애정이 가족을 구성하는 중요한 요소라는 것을 부정하지 않으면서도 갈등과 힘이 가족체계의 기본요소라고 주장한다.

갈등이론가들에게 갈등은 가족생활의 자연스러운 일부분이고 나쁜 것이 아니다. 가족들은 무엇을 먹고, 어떤 TV 프로그램을 시청하는지와 같은 작은 문제에서부터 언제 자녀를 갖고 그들을 어떻게 양육하는가와 같은 중요한 문제까지 불일치를 경험한다. 갈등의 수와 유형, 갈등표현의 본질과 정도 및 적

갈등이론가들은 가족간의 갈등을 가족생활의 자연스러운 일부로 간주한다.

대감의 정도에서 각 가족들은 차이를 나타낸다.

갈등은 힘에 의해 해결된다. 가족구성원 중에 힘을 갖는 사람이 갈등해결에서 승리하는 사람이다. 갈등이론가들은 적법성, 돈, 물리적 강압 그리고 사랑이 힘의 근원이라고 제안한다. 이 네 가지 힘의 근원들은 우리 생활에서 쉽게 확인될 수 있다.

그 예로서, "내가 이 집의 가장이니까" "내가 너의 어머니이니까"의 주장은 적법성에 해당한다. "네가 이 집에 사는 한" "네가 부모로부터 학비를 받는 한"의 주장은 돈을 내세워 자신의 방식을 따를 것을 강요하는 예이다. "고집피우면 매를 맞을거야"는 물리적 강압의 예이고, "네가 진실로 나를 사랑한다면 그 행동을 중지하라"는 사랑의 예이다.

가족구성원들은 누구나 정도의 차이는 있지만 힘을 갖는다. 부모와 비교하면 그 힘은 크지 않지만, 아동은 아동대로 청소년은 청소년대로 어느 정도의 힘을 갖는다. "계속 공부하라고 하면 자살해 버리겠다" 혹은 "가출하겠다"는 청소년들의 위협은 큰 힘을 가질 수밖에 없다.

그러나 갈등이론가들의 주장과는 다르게, 사람은 사랑과 자기 희생 그리고 협동의 정신을 지니고 있고, 특히 가족은 애정적 유대로 형성되어 있는 사회적 집단이기 때문에 힘보다는 의사소통이나 타협에 의해 갈등을 해결한다. 우리는 우리의 가족을 위해 헌신하고 우리 자신의 만족을 연기하며, 심지어 우리의 생명까지 희생시키면서 가족을 보호하려고 한다.

갈등이론의 문제점은 그것이 정치로부터 도출되었다는 것이다. 이기주의와 자기중심주의 및 경쟁이 판을 치는 정치세계의 논리를 가족에게 적용한다는 것은 무리이다. 가족 내의 갈등은 쉽게 측정되거나 평가되기 어려울 뿐 아니라 가족구성원간의 차이가 곧 갈등을 불러일으킨다는 갈등이론의 주장은, 가족의 특성을 제대로 반영한다고 보기 어렵다.

6. 성차이론

가족에 관한 성차이론(gender theory)은 다음과 같은 두 개의 가정을 전제로 한다.

첫째, 남성과 여성의 관계는 힘에 의해 결정된다.

둘째, 사회는 남성이 여성을 지배하도록 구성되어 있다.

성차이론에 의하면, 남성과 여성의 관계는 그것이 개인적이든 가족적이든 혹은 사회적이든 여성을 불리한 입장에 놓고 남성우월을 정당화하는 구조로 형성되어 있다. 따라서 가족 내에서도 남성의 일과 여성의 일이 분명하게 구별된다. 맞벌이 부부라고 할지라도 대부분의 가사일은 여성의 책임이고 남편의 직업이 아내의 직업보다 우선권을 갖는다.

최근의 여성해방론자들은 이와 같은 성적 불평등은 남성과 여성을 서로 정반대의 특성을 지닌 존재로 인식하는 것에 기인한다고 주장한다. 전통적으로 남성과 여성들은 각기 상이한 능력과 성격 및 기술을 지니고 있다고 생각되었다. 동시에 남성적 특징으로 인식되는 이성과 공격성이 여성적 특징으로 평가되는 정서성과 수동성보다 더 가치 있다고 판단되기 때문에 성차별이 일어난다.

그러나 여성해방론자들의 견해에 의하면, 성차는 선천적인 것도 본능적인 것도 아니며 단지 사회에 의해 구성되었을 뿐이다. 이제 많은 연구자들은 남성과 여성은 서로 상이하기보다 더 유사한 특성을 지니고, 남녀 모두 이성적이고 정서적이며, 공격적이고 수동적일 수 있다는 데 동의한다(Ferree, 1991).

성차이론가들은 가족을 더 큰 사회로부터의 안식처나 피난처로 생각하지 않는다. 가족은 힘에 의해 구성되는 기관으로 더 큰 사회와 밀접한 관련을 갖는다고 지각된다. 따라서 누가 집안일을 하고 자녀를 돌보는가는 전적으로 힘의 문제이다.

성차이론의 문제점은 이론을 구성하는 기본적 가정의 대부분이 갈등이론으로부터 도출되었다는 것이다. 가족 내의 힘과 우월의 문제에 집중한 결과로서 가족의 고유한 특성인 사랑과 희생, 이타주의 그리고 협동 등이 무시되거나 간과되었다. 가족 내에 아직도 성차별적 요소들이 많이 존재하기는 하지만, 가족만이 갖는 고유한 특성들이 배제된 이론은 완전한 이론으로 인정받기 어렵다.

7. 가족체계이론

가족체계이론(family system theory)은 가족을 상호관련된 부분이나 하위체계들의 조직으로 본다. 다시 말하면 가족은 배우자 하위체계(spousal subsystem), 부모-자녀 하위체계(parent-child subsystem), 부모 하위체계(parental subsystem: 부모로서 서로 관련을 맺는 남편과 아내) 그리고 개인적 하위체계(personal subsystem: 개인과 그의 관계들)를 포함한다.

가족이 바람직하게 기능하기 위해서는 이 하위체계들이 서로 분리되어 있어야 한다. 분리된 하위체계의 경계가 희미해질 때 배우자 하위체계의 갈등이 부모-자녀 하위체계로 넘쳐 들어가거나 근친상간과 같은 역기능적 가족이 출현할 수 있다.

상징적 상호작용이론의 아이디어를 많이 활용한 가족체계이론은 가족구성원들 사이의 상호작용을 중요시한다. 각 가족구성원들은 다른 구성원들에게 영향을 주고받는다. 상이한 가족들은 상이한 상호작용패턴을 형성하며, 그것은 개별적인 구성원들이 갖는 특성 그 이상의 것이다.

가족체계이론에 의하면, 가족구성원들은 균형을 유지하기 위하여 어느 정도의 거리를 요구한다. 그러나 자녀가 집을 떠나거나 가족구성원들이 새로운 인척관계를 형성할 때 혹은 적대감으로 어머니와 어버지의 거리가 멀어지는 것과 같은 변화가 일어나면, 가족의 안정성은 위협을 받는다. 이때 가족구성원들은 정서적 혼란과 스트레스를 경험하지만, 가족은 이전의 안정된 상태로 되돌아가기 위해 함께 노력하거나 아니면 변화된 관계를 새롭게 형성함으로써 새로운 안정성을 구축하려고 노력한다.

가족체계이론은 가족에 대한 다음과 같은 네 가지의 가정을 전제로 한다.

① 가족체계의 맥락 내에서 상호작용이 연구되어야 한다. 4인 가족을 A, B, C, D라고 할 때, A-B의 관계는 A-C, B-C, A-D 그리고 B-D의 관계에 영향을 주고 또한 다른 관계로부터 동일한 영향을 받기 때문에 맥락이 고려되

어야 한다.

② 가족은 독특한 상호작용패턴을 갖는다. 가족구성원들 사이에 형성된 상호작용패턴은 상당한 기간에 걸쳐 형성된 습관이므로 변화되기 어렵다.

③ 대부분의 가족들은 가족체계가 손상되는 일이 없이 지속될 수 있도록 안정성을 추구한다.

④ 가족체계는 시간경과에 따라 변화한다. 가족체계의 속성은 변화에 저항적임에도 불구하고, 부부가 나이를 먹고 자녀가 성장함에 따라 가족체계는 변화하지 않을 수 없다.

자녀가 성장함에 따라 그들에게 더 큰 자유가 허용되어야 하므로 부모-자녀관계의 변화가 불가피하다. 가족체계가 유지되고 잘 기능하기 위해서는 가족구성원과 상황의 변화에 반응하여 가족체계는 끊임없이 변화할 수 있어야 한다.

가족체계이론은 역기능적 가족의 역동을 설명하려고 노력하는 과정에서 도출된 이론이다. 따라서 알코올 중독과 같은 약물남용이나 근친상간은 가족체계이론으로 잘 설명될 수 있다. 그렇다면 가족체계이론이 정상적 가족에도 적용될 수 있는지는 의문점으로 남는다.

동시에 가족체계이론이 무엇인가에 대해 연구자들마다 일치된 견해를 제시하고 있지 못하고 있다(White & Klein 2002). 어떤 연구자들은 가족체계이론이 하나의 이론이라기보다는 오히려 하나의 접근방법으로 인식되어야 한다고 주장하기도 한다.

가족가치관의 변화와 다양성

Ⅰ. 가족가치관의 변화
1. 가족가치관의 변화에 영향을 준 요인
2. 가족가치관의 변화결과
3. 가족주의

Ⅱ. 가족형태의 변화
1. 초혼연령, 혼인인구, 이혼인구, 재혼인구의 변화
2. 여성취업
3. 혼전성교
4. 동 거
5. 노인가구

Ⅲ. 변화된 가족형태
1. 독신가족
2. 무자녀가족
3. 한부모가족
4. 복합가족
5. 국제결혼
6. 그 외의 가족형태

제 2 장
가족가치관의 변화와 다양성

세계의 가족은 물론 한국 가족도 형태상에서 변화를 겪고 있으나 인간의 마지막 휴식처로서의 가족의 중요성은 그대로 유지되고 있다.

제2장
가족가치관의 변화와 다양성

우리 사회는 가족가치관에서 급속한 변화를 겪고 있다. 가구의 규모는 축소되었고 가족형태는 단순화되었으며 그 유형은 매우 다양해졌다. 그러나 이러한 변화는 한국 가족만의 문제는 아니며 전세계의 가족이 경험하는 보편적 현상이다. 일부의 연구자들은 이러한 현상을 전통적 가족체계가 붕괴되는 전조로 보기도 하지만 또 다른 연구자들은 가족이 재구성되는 과정이라고 주장하기도 한다. 이 장에서는 가족가치관의 변화를 가져온 요인들을 검토하고 변화된 가족형태들을 차례로 논의한다.

Ⅰ. 가족가치관의 변화

가족가치관이란 가족이나 가족생활에 대해 우리가 가지고 있는 가치의식으로(유영주, 김순옥, 김경신, 2004) 결혼, 이혼, 동거, 성, 성역할 등에 관한 가치나 태도를 총칭하는 단어이다. 가족가치관의 변화로 최근 우리 사회에는 결혼인구가 감소하고 이혼인구가 증가하며 저출산과 성의 개방화 현상이 나타나는가 하면 동거하는 인구가 급속하게 증가하고 있다.

전통적으로 한국사회는 가족을 위해 개인의 희생을 강요하는 집단중심적 가족가치관을 추구하였다. 그러나 우리 사회에서 일어난 다양한 변화들은 가족이라는 집단보다는 가족구성원 개인의 욕구와 개성을 중요시하는 개인중심적 가치관으로의 변화를 촉진시켰다. 일반적으로 여성들이 남성들보다, 연령이 적은 사람들이 연령이 많은 사람들보다, 교육정도가 높은 사람들이 낮은 사람들보다 그리고 미혼자들이 기혼자들보다 더 개인중심적 가족가치관을 지니는 경향이 있다(남주희, 2007).

1. 가족가치관의 변화에 영향을 준 요인

가족가치관의 변화에 영향을 준 4가지 요인들을 차례로 설명하면 다음과 같다.

① 경제적 변화

생산단위인 동시에 소비단위인 가족은 가족구성원들의 욕구를 충족시키기 위하여 식품, 의복, 가사용품 등을 구매하지 않으면 안 된다. 그러나 인플레이션이나 경기둔화에 기인한 경제적 어려움은 가계를 꾸려가는 것을 어렵게 하므로 결혼한 여성들도 취업하지 않을 수 없게 하고 있다.

여성의 취업은 남성이나 가족에 대한 여성들의 경제적 의존을 감소시키고 가정 내에서 더 큰 힘을 갖도록 하는 결과를 가져왔다. 또한 부부간에 가사일을 어떻게 분담하고 자녀는 어떻게 양육할 것인지의 문제를 초래하므로 자녀양육의 불확실성을 가중시켰다. 그럼에도 불구하고 가까운 미래에 맞벌이 가족은 우리 사회의 전형적인 가족형태가 될 전망이다.

② 기술발달

가족은 기술발달의 영향을 받지 않을 수 없다. 자동차와 전화, 핸드폰 그리고 컴퓨터와 인터넷의 발달은 물리적으로 먼거리의 친인척들과 더 가까운 관계를 유지할 수 있게 함으로써 확대가족이 유지될 수 있도록 하였다. 또한 편리하고 손쉬운 이동수단과 연락수단으로 인해 부부가 다른 지역에서 근무할 수도 있으며, 직장에서 멀리 떨어져 있는 전원주택에서 생활할 수도 있게 되었다.

특히 TV와 인터넷은 비록 많은 역기능을 지니고 있기는 하지만, 가족오락과 사회화 기능을 담당함으로써 세상에 대한 우리의 가치와 신념을 형성하는 역할을 한다. 또한 다양한 가전제품의 개발은 가사일을 처리하는 시간을 단축시켜 여성들이 다른 활동에 더 많은 시간을 할애할 수 있도록 하였다. 특히 피임법과 생물의학적 발달은 성욕의 충족과 부모역할을 분리함으로써 과거에는 부모가 될 수 없었던 사람들도 부모역할을 할 수 있도록 하였다.

③ 인구통계학적 변화

가족생활에 영향을 주는 세 가지 중요한 인구통계학적 변화가 일어났다.

첫째, 평균수명이 증가하였다. 오늘날의 부부들은 거의 50-60년 동안 결혼생활을 계속할 수 있고 자녀가 성장한 이후에도 여러 해 동안 함께 생활할 것으로 기대되며 조부모는 물론 증조부모가 될 수도 있다. 또한 남성들은 자신보다 더 나이가 적은 여성과 결혼하고 여성들보다 더 일찍 사망하기 때문에 여성들은 과거보다 더 오랫동안 홀로 생활해야만 한다.

둘째, 이혼율이 증가하였다. 이혼율의 증가는 한부모가족(single-parent family)과 복합가족(stepfamily)의 증가를 가져왔다. 이러한 변화는 아동기 경험은 물론 부모역할을 변화시켰고 결혼생활에 대한 우리의 기대를 변화시켰다.

셋째, 출산율이 감소하였다. 여성들이 더 적은 수의 자녀를 출산함에 따라 아동양육에 할애하는 시간은 물론 전체 아동양육 기간도 감소되었다. 이제 부부는 더 많은 시간을 함께 할 수 있고 자녀에게는 더 많은 에너지를 쏟을 수 있게 되었으며, 여성들은 직업을 가질 수 있는 더 큰 기회를 갖게 되었다.

④ 성역할의 변화

성역할에서의 변화는 남녀의 책임과 기회에서 큰 변화를 초래하였다. 특히 1960년대와 70년대의 페미니스트 운동에 의해, 여성은 오로지 어머니 역할과 주부역할을 통해서만 자기실현을 할 수 있다는 전통적 가정은 의문시되기 시작하였다. 이제 여성들은 그들의 어머니 세대나 할머니 세대와는 다르게 남성들과 동등하게 직업을 갖게 됨으로써 남성에 대한 경제적인 의존이 감소하였고 가정 내에서 더 큰 힘을 갖게 되었다.

여성의 경제활동은 결혼율과 출산율, 이혼율 모두에 영향을 주었고, 남편-생계유지자, 아내-아동양육자의 전통적 역할구분은 점차 사라지는 추세에 있다. 오늘날의 결혼한 남성들은 가사일과 자녀양육을 분담해야 한다는 더 큰 압력에 직면하고 있다.

2. 가족가치관의 변화결과

가족가치관의 변화는 가족형태의 변화는 물론 가족기능의 변화를 초래하였다.

1) 가족형태의 변화

가족가치관의 변화는 먼저 가족형태에서 변화를 가져왔다. 가족의 규모는 1975년 5.5명에서 2005년 2.9명으로 감소하였고, 1인 가구(독신가구)는 1995년 12.5%에서 2000년에는 15.5% 그리고 2005년에는 20%로 급격히 증가하였다. 출산율도 감소하여 2005년 현재 1.08명 수준에 지나지 않는다.

더욱이 매년 평균 초혼연령이 증가하고 출산율이 감소하며 이혼율은 증가하고 있을 뿐 아니라 아동양육과 부모부양을 둘러싼 긴장과 갈등이 초래되고 있어 가족해체를 걱정하는 연구자들이 많이 있다(Glenn, 1995; Whitehead, 1993). 물론 어떤 연구자들은 이러한 변화들을 가족이 기존의 가부장제도의 권위주의 체계에서 벗어나 개인의 자발적인 선택폭을 증가시키고 남녀 동등의 새로운 가족형태로 재구성되는 과정이라고 주장하기도 한다(Coontz, 1992; Skolnick, 1991).

국내 연구자들 중에도 이혼율의 증가와 한부모가족의 증가, 성개방화 추세 등을 들어 말세적 현상으로 비판하고 가족제도의 위기를 제안하는 연구자들이 있는가 하면(이광규, 1995), 이러한 변화가 가족주의의 배타성을 극복하고 열린 공동체 문화로 나아가는 과정이라고 주장하는 연구자도 있다(고병익,

1996; 박희, 1997).

분명한 것은 어느 시대에나 인간은 친밀감의 욕구를 충족시키기 원하기 때문에, 개인주의를 지향하는 현대사회의 외로운 개인들에게 가족구성원간의 유대관계는 더욱더 중요해질 수밖에 없다는 것이다. 특히 우리 사회와 같이 결혼 후에도 부모와 경제적 교류나 정서적 교류가 빈번하고 부모에 대한 봉양 의식이 여전히 남아 있는 문화에서는 가족은 개인과 분리될 수 없는 독특한 체계이므로(김혜영, 2001), 가족의 외형적 변화만으로 가족의 해체를 이야기 하는 것은 잘못된 추론일 수 있다.

2) 가족기능의 변화

한국 가족은 가족의 외형적 형태에서는 거의 대부분 핵가족 형태로 변화하였으나 아직도 가족의 의사결정과 같은 중요한 측면에서 부모의 영향을 받는 전통지향적 성향을 나타낸다(김혜영, 2001). 그럼에도 불구하고 가계의 계승이라는 한국 가족의 전통적 기능은 대부분 약화되었고 자녀교육과 그들의

최근에 와서 한국 가족은 형태와 기능에서 급속하게 변화하고 있다.

사회화 기능이 가장 중요한 가족기능으로 대치되었다. 또한 경제적 기능과 자녀양육 기능이 그 다음으로 중요시되며, 노부모 봉양기능은 중요성의 정도에서 가장 낮아 가족기능이 질적으로 변화했음을 알 수 있다(홍은표, 1984).

이제 전통사회에서 중요시되었던 아버지와 아들을 연결하는 가계계승의 기능은 약화되었고 가족관계의 중심은 부부로 변화함으로써 남아선호사상은 점차 약화되는 추세에 있다. 또한 부부관계에서는 공급자로서의 남편과 가사일을 하는 사람으로서의 아내의 이분법적 구조가 약화되고 부부는 동반자 관계로 발전하였으며, 여성의 취업과 남녀 평등사상의 보편화는 가사일에 참여하는 남편들을 증가시켰다. 부모-자녀관계도 단순한 경제적 부양자로서의 부모역할에서 다양한 문화체험의 제공자나 공유자로서의 역할로 전환되었다(이현지, 2005).

현대사회에서 가족에게 요구되는 중요한 기능은 정서적 기능이다. 복잡한 현대사회에서 일 중심으로 형성되는 타인과의 관계는 대부분 이해와 계산에 기초하기 때문에 개인은 사회적 관계를 통해 심리적인 소속감과 연대감을 경험하기 어렵다. 개인이 정서적 안정감을 얻을 수 있는 유일한 집단은 가족이기 때문에 가족의 정서적 기능은 더 한층 중요해졌다.

이제 상당수의 가족들은 먹고 사는 데 급급한 생계형 경제활동에서 벗어나 물질적인 안정을 누릴 수 있는 기반을 획득함으로써 여가생활을 중요시하고 문화생활을 추구하려고 한다. 가족은 다양한 문화체험을 통해 삶의 질을 높이려고 노력하므로 각종 공연장이나 전시장을 찾는 가족이 증가하고 함께 여행하는 가족을 도처에서 만날 수 있다.

3. 가족주의

가족가치관과 유사한 의미로 가족주의라는 용어가 자주 사용된다. 김태길(1982)에 의하면, 가족주의란 가족에 대한 애착이나 관심이 다른 의욕과 동기를 압도하고 행동의 주도권을 잡는 생활태도를 지칭하므로 가족가치관과는 엄연히 구별되는 개념이다. 일반적으로 가족주의를 지향하는 사람들은 가족의 번영과 가문의 명예를 무엇보다 중요시하기 때문에 가족구성원의 개인적인 욕구나 개성을 억압하고 사회나 국가의 이익에 대해서도 상대적으로 소홀한 경향이 있다.

가족주의와 관련된 용어로 전통적 가족가치와 근대적 가족가치라는 용어가 사용된다. 전자는 가족주의와 동일한 의미로서 삶의 기본단위는 개인이 아닌 가족집단으로 모든 가치판단에서 가족을 우선시하는 반면, 후자는 집단보다는 개인의 행복과 안녕을 중요시한다. 최근에 와서 가족주의 잔재는 집단 이기주의를 생성하고 공동체의 일원으로서의 역할을 저해하며 건전한 시민의식의 발달을 방해한다는 비판을 받는다.

가족가치관의 변화에도 불구하고 우리 사회에는 아직도 전통적 가족주의의 잔재들이 남아 있다. 일반적으로 연령이 많을수록, 학력이 낮을수록, 그리고 남성들보다는 여성들이 전통적 가족주의를 더 강하게 고수한다. 그 결과 성별간 그리고 세대간 갈등이 초래되고 다음과 같은 네 가지 현상을 초래하였다.

첫째, 남아선호사상과 성차별적 가치구조가 지속될 수 있도록 하였다. 전통적으로 한국은 가부장적 가족(patriarchal family)으로서 아버지-아들관계를 기본으로 하는 구조이다(한성열, 1993; 이광규, 1981). 앞에서도 지적한 것처럼, 여성의 전통적 의무는 아들을 낳아 아버지-아들의 관계를 유지하는 것이었다.

조선시대를 거쳐 근세 및 현대사회로 넘어오면서 사회가 변화하고 여성들의 교육수준이 현저히 높아졌음에도 불구하고 우리 사회는 오랫동안 남아를 선호하여 성비의 불균형을 초래하였다. 최근에 완화되고 있기는 하지만, 2005년 0-4세의 성비는 여아 100명당 남아 108.1명이고, 5-9세의 성비는 여아 100명당 남아 109.2명 그리고 10-14세의 성비는 여아 100명당 남아 112.2명이었다. 남아선호사상은 남성들보다 여성들 사이에서 더 강하게 나타난다.

둘째, 남아선호사상은 자연스럽게 여성에 대한 성차별과 연결된다. 남성들의 여성에 대한 차별의식은 말할 것도 없고 여성 자신들의 자기비하 현상은 여성을 무능력하고 무기력하게 만드는 역할을 한다. 최근에 와서 대학을 졸업한 많은 여성들이 직업을 갖기 원하지만, 여성들이 취업할 수 있는 직장이 한정되어 있고 직장 내의 성차별이 여전하여 여성 노동력의 낭비가 아직도 계속되고 있다.

셋째, 고부간의 갈등에 기인된 시가식구에 대한 혐오는 조부모와 손자녀의 유대를 악화시키고 노인유기 문제를 증가시키고 있다.

부부간의 정서적 친밀성이 억제되는 가부장적 확대가족구조 내에서 고부간의 갈등은 거의 필연적 현상으로 인식되어 왔다. 최근의 젊은 여성들은 다소 약화되기는 하였지만, 남아선호사상을 지니고 있으면서도 시가식구에 대한 강한 혐오를 나타낸다. 많은 여성들은 장남과의 결혼을 꺼려할 뿐 아니라 가능하면 시가와 멀리 떨어진 곳에 거주하기를 희망한다.

넷째, 노인세대만으로 구성되는 가구수가 증가하고 움직임이 불편하거나 병든 노인들이 유기되는 일이 많아졌다. 또한 손자녀들은 문화와 전통 그리고 가족의 살아 있는 뿌리의 역할을 하는 조부모들과 빈번한 접촉을 할 수 없게 됨으로써, 살아 있는 지식과 지혜의 원천을 잃게 되었다.

Ⅱ. 가족형태의 변화

급속한 사회변화의 결과로 한국을 포함한 세계의 가족들은 형태상에서 많은 변화를 겪고 있다. 핵가족이 그들의 기본적 가족형태인 서구문화, 특히 미국에서 생계유지자인 남편, 가사일과 자녀양육책임을 맡고 가정을 지키는 아내 및 두 명의 자녀로 구성되는 전통적 핵가족은 이제 지난 시대의 유물로 생각될 정도로 다양한 형태의 가족이 출현하고 있다.

표 2-1은 1980년부터 핵가족과 직계가족의 비율을 보여 준다. 여기서 핵가족이란 부부로 구성된 가족, 부부와 미혼자녀로 구성된 가족 및 한 부모와 미혼자녀로 구성된 가족을 포함한다. 또한 직계가족은 부부와 양친 또는 편친부모로 구성된 가족과 부부와 양친 또는 편친부모와 자녀로 구성된 확대가족을 의미하며 기타가족은 위의 정의에 해당되지 않는 모든 가족을 포함한다.

표 2-1 한국 가족의 형태별 분포비율

연 도	핵가족(nuclear family)			직계가족(directly extended family)		기타가족
	부부	부부와 미혼자녀	한 부모와 미혼자녀	부부와 양(편)친	부부와 양(편)친과 자녀	
1980	6.4	56.5	10.0	0.6	10.4	16.1
1985	7.8	57.8	9.7	0.8	9.9	14.0
1990	9.3	58.0	8.7	0.9	9.3	13.8
1995	12.6	58.6	8.6	1.1	8.0	11.2
2000	14.8	57.8	9.4	1.2	6.8	10.1
2005	18.1	53.7	11.0	1.2	5.7	10.4

출처: 통계청, 2007.

표 2-1에 의하면, 직계가족은 감소하고 핵가족이 증가하고 있음을 알 수 있다. 그러나 전통적인 핵가족을 구성하는 부부와 미혼자녀로 구성되는 가족은 감소하고 부부만으로 구성된 가족 및 한 부모와 미혼자녀로 구성된 가족이 증가함으로써 가족형태의 현저한 변화를 엿볼 수 있다.

가족형태의 변화에 영향을 준 요인에는 어떤 것이 있는가? 초혼연령의 증가와 혼인인구의 감소, 이혼인구와 재혼인구의 증가와 함께, 여성의 취업, 혼전성교, 동거 및 노인가구의 증가가 가족형태의 변화에 영향을 준 중요한 요인으로 평가된다.

1. 초혼연령, 혼인인구, 이혼인구, 재혼인구의 변화

가족형태의 변화에 영향을 준 결정적 요인은 초혼연령의 증가와 혼인인구, 이혼인구 및 재혼인구에서의 변화이다. 2006년 한국 남성의 초혼연령은 30.9세 그리고 여성은 27.7세로서 1996년의 28.4세 및 25.5세와 비교하여 남성은 2.5세 그리고 여성은 2.3세 증가하였다(통계청, 2007). 초혼연령의 증가는 결혼 전에 여성들이 사회가 요구하는 전문지식을 획득하고 취업할 기회를 증가시키는 역할을 하였으나 자녀출산의 지연과 출산율의 저하를 초래하였다.

표 2-2는 한국 사회의 혼인, 이혼 및 재혼건수를 보여 준다.

표 2-2 혼인과 이혼의 수와 비율 및 재혼건수

연 도	총혼인건수	조혼인율	총이혼건수	조이혼율	재혼건수
1980	403,031	10.6	23,663	0.6	12,460
1990	399,312	9.3	45,694	1.1	18,838
1995	398,484	8.7	68,279	1.5	25,682
2000	334,030	7.0	119,982	2.5	32,015
2001	320,063	6.7	135,014	2.8	34,618
2002	306,573	6.4	145,324	3.0	35,389
2003	304,932	6.3	167,096	3.5	38,198
2004	310,944	6.4	139,365	2.9	44,355
2005	316,375	6.5	128,468	2.6	46,351

출처: 2006 인구동태통계연보.

그림 2-1 혼인건수 및 조혼인율 추이

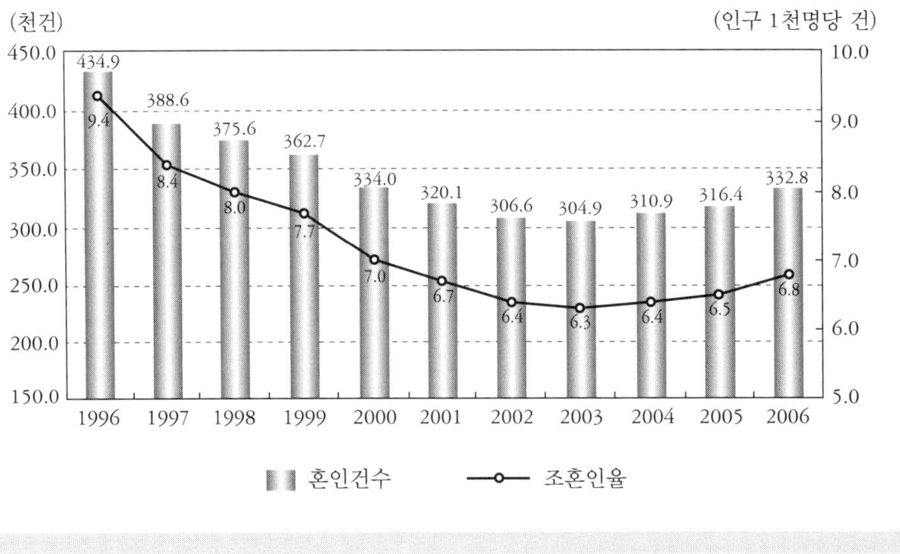

출처: 2006 인구동태통계연보.

표 2-2에 의하면, 2003년도까지 총혼인건수는 매년 감소하고 총이혼건수는 매년 증가하였으나 2004년부터 총혼인건수는 증가하고 총이혼건수는 감소하는 양상을 보인다. 그러나 재혼건수는 2005년도까지 계속 증가하고 있음을 보여 준다. 조혼인율은 인구 1,000명당 혼인비율이고 조이혼율은 인구 1,000명당 이혼비율로서 그림 2-1은 혼인건수와 조혼인율의 추이를 제시한다. 2003년을 기점으로 혼인인구가 조금씩 증가하고 있음을 알 수 있다.

2006년도에 이혼한 사람들 중에서 결혼기간이 0-4년인 부부들의 이혼율이 26.5%로 가장 높고 그 다음이 결혼 5-9년 부부 21.9%, 20년 이상 부부 19.2%, 10-14년 부부 18% 그리고 15-19년 부부 14.5%였다. 결혼 10년 이내의 부부들의 이혼율이 높아 미성년 자녀가 있는 상태로 이혼하는 부부들이 전체 이혼부부들의 2/3 정도를 차지한다(통계청, 2007).

일반적으로 한국 부모들은 부부간에 갈등을 느끼고 불만족을 경험한다고 할지라도, 자녀들을 생각하여 결혼생활을 참고 견디는 경향이 있었다. 그러나 최근의 추세는 자녀보다는 부부 자신의 행·불행을 더 중요시함으로써 결혼생활의 갈등을 이혼으로 해결하려는 강한 경향성을 나타낸다. 다행스럽게도 미성년 자녀가 있는 상태로 이혼하는 부부들의 비율이 2000년도에는

표 2-3 재혼형태 분포

연 도	총재혼건수	합계(%)	초혼남-재혼여	재혼남-초혼여	재혼남-재혼여
1980	31,341	100	15.3	45	39.8
1990	42,663	100	21.8	34.0	44.2
1995	53,999	100	26.2	26.1	47.7
2000	59,926	100	27.2	19.3	53.5
2001	64,868	100	27.6	18.9	53.5
2002	64,440	100	26.7	18.3	55.0
2003	67,830	100	25.9	17.6	56.5
2004	75,871	100	25.2	16.1	58.7
2005	80,087	100	25.3	16.5	58.2

출처: 통계청, 2006.

70.4%, 2002년에는 69.7% 그리고 2004년에는 65.5% 그리고 2005년도에는 63.3%로서 점차 감소하는 추세를 보이고 있다.

전체적으로 증가추세를 보이는 재혼의 형태를 제시하면 표 2-3과 같다. 초혼남과 재혼여, 재혼남과 초혼여 그리고 재혼남과 재혼여의 세 가지 유형의 커플이 존재할 수 있다. 과거에는 재혼남과 초혼여의 결합이 가장 보편적이었으나 최근에는 재혼남과 재혼여의 결합이 50% 이상으로 가장 높은 비율을 차지한다. 매년 증가추세를 보였던 초혼남-재혼여의 비율은 2003년부터 25% 정도를 유지하고 있고 재혼남-초혼녀의 비율은 매년 감소하여 2004년부터 16%대를 유지하고 있다.

미국에서는 2000년도에 이혼한 사람들이 1천9백90만명으로 18세 이상 전체 성인인구의 9.8%를 차지하였다. 그러나 이혼한 사람들의 대부분이 이혼 후 4년 이내에 재혼하지만 이혼의 가능성은 초혼에서보다 더 높아진다. 그 예로서 1980년과 1985년 사이에 재혼한 부부들의 이혼율은 초혼보다 25% 더 높아 재혼생활의 어려움을 단적으로 보여 주었다(White, 1990).

2. 여성취업

여성취업자 수는 매년 증가하고 있다. 전체 여성취업자는 2006년 현재 약 970만명으로 여성의 약 50.3%가 취업하고 있다. 그러나 그림 2-2에 제시된 바와 같이 여성취업자의 대부분은 저임금의 낮은 지위의 직업에 종사하고 있으며 전문직이나 기술직 혹은 행정관리직에 근무하는 여성들의 비율은 전체 여성취업자의 18.8%에 지나지 않는다.

그럼에도 불구하고 취업에 대한 여성들의 태도는 크게 변화하여 2006년도에 '가정과 관계없이 취업하겠다' 는 여성들의 비율은 50.8%로서 15년 전인 1991년도의 16.7%와 비교하여 크게 증가하였다. 대조적으로 '가정에만 전념하겠다' 는 여성의 비율은 6.7%로서 1991년도의 17.0%와 비교하여 크게 감소하였다.

남성들의 태도 역시 여성의 취업에 대해 적극적이고 긍정적이다. 15년

그림 2-2 여성취업자수와 여성 전문 · 기술 · 행정관리자수

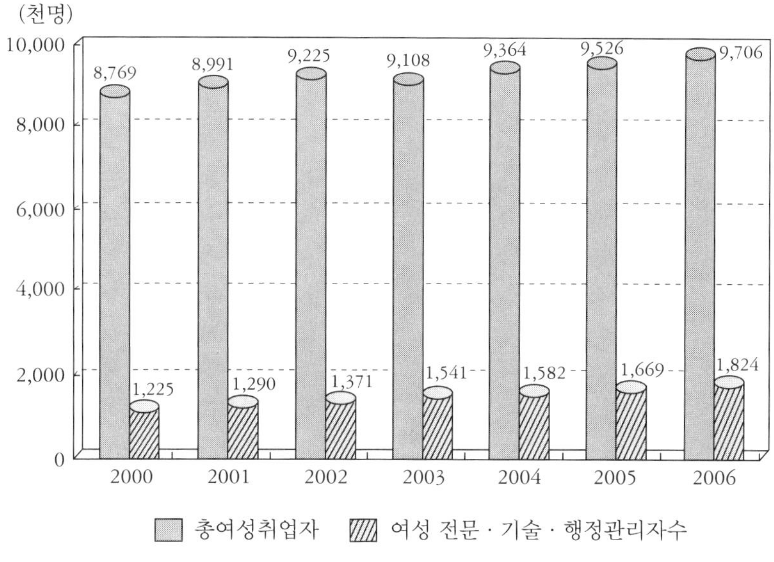

출처: 통계청, 2007.

전에는 10.3%의 남성들이 그리고 2006년도에는 43.3%의 남성들이 여성들은 '가정과 관계없이 취업하여야 한다' 고 보고하였다. 이제 결혼한 여성의 취업은 남녀 모두에게 매우 자연스러운 일로 인식됨으로써 맞벌이 부부는 계속 증가할 것으로 보인다.

3. 혼전성교

미국을 포함하는 서구 여러 나라들의 성개방화 추세는 한국 젊은이들의 성의식에도 강한 영향을 주고 있다. 전국 대학생들을 대상으로 혼전성교에 대한 태도조사를 실시한 장휘숙(1994)의 결과에 의하면, '두 사람이 사랑한다면 결혼 전에 성교가 가능하다' 에 대해 남학생의 48.18%와 여학생의 27.62%가 찬성하였고, '두 사람이 좋아하든 아니든 결혼 전에 성교는 가능하다' 에

대해 남학생의 1.76%와 여학생의 1.70%가 찬성하였다. 또한 '사랑의 감정을 포함하든 아니든 두 사람간에 상호적 이해와 동의가 있다면 결혼 전에 성교가 가능하다'에 대해 남학생의 19.70%와 여학생의 15.97%가 찬성함으로써 전체적으로 남학생의 69.64%와 여학생의 57.72%가 혼전성교를 지지하는 결과를 나타내었다.

혼전성교를 찬성하는 젊은이들이 증가하고 있다.

결혼 전의 성교는 남성에게는 허용되지만 여성에게는 허용되지 않는다는 성에 대한 이중기준(double standard)의 응답비율은 남학생의 1.13%와 여학생의 0.39%가 찬성함으로써 표면적인 이중기준은 사라지고 있음을 보여 주었다.

비록 질문 방식에는 차이가 있었지만, 전국의 남녀 대학생을 대상으로 2003년에 조사된 손애리와 천성수(2005)의 조사에서도 '결혼 전에 사랑하는 사이라면 성관계를 가져도 된다'는 질문에 남자 대학생 65.5%와 여자 대학생 31.3%가 찬성하여 혼전성교에 대해 허용적 태도를 지니고 있음을 보여 주었다.

4. 동 거

한국 대학생들의 혼전성교에 대해 가지고 있는 허용적이고 진보적 태도는 동거하는 젊은이들을 급속하게 증가시키고 있다. 동거란 혈연관계나 친족관계가 아닌 두 성인 남녀가 공식적으로 결혼식이나 혼인신고를 하지 않고 함께 생활하는 것으로 20대 대학생과 30대 직장인을 중심으로 급속하게 확산되고 있다(권미경, 지영숙, 2005). 동거인구가 80만쌍 이상이라는 보고만 보더라도 동거하는 사람들이 얼마나 많은지를 짐작할 수 있다.

이제 동거는 다양한 가족형태의 하나로 인정해야 할 정도로 그 비율이 증가하는 추세에 있다(함인희 외, 2002). 그러나 동거는 사회적으로 성적 문란을 초래할 위험이 있을 뿐 아니라 동거부부는 법적 부부로 인정을 받지 못하기 때문에 여러 가지 불이익을 받을 수 있는 위험성을 지니고 있다.

1) 동거실태

동거가 사회현상으로 부각되기 시작한 것은 서구사회에서는 1970년대부터 그리고 한국사회에서는 1990년대부터였으며, 매년 동거를 허용하는 사람들의 비율이 증가하고 있다. 1994년부터 2002년까지 세계 각국의 동거에 대한 가치관과 태도변화를 조사한 자료에 의하면(은기수, 2004), 그림 2-3과 같이 모든 조사대상 국가들에서 동거를 허용하는 비율이 증가하였다. 이 그림에서 스웨덴의 동거 허용점수(5점 만점)가 가장 높고, 그 다음이 독일, 스페인, 뉴질랜드, 체코 그리고 폴란드 순이었으며 필리핀이 가장 낮은 동거 허용

그림 2-3 국가별 동거 허용비율

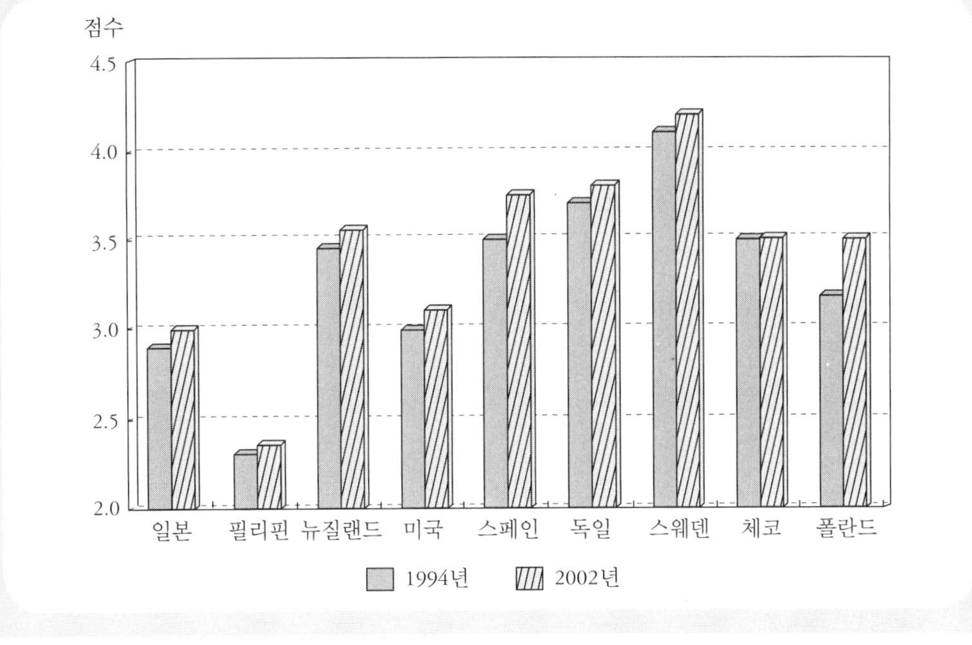

출처: 은기수, 2004.

그림 2-4 한·중·일 3국의 혼전동거에 대한 인식

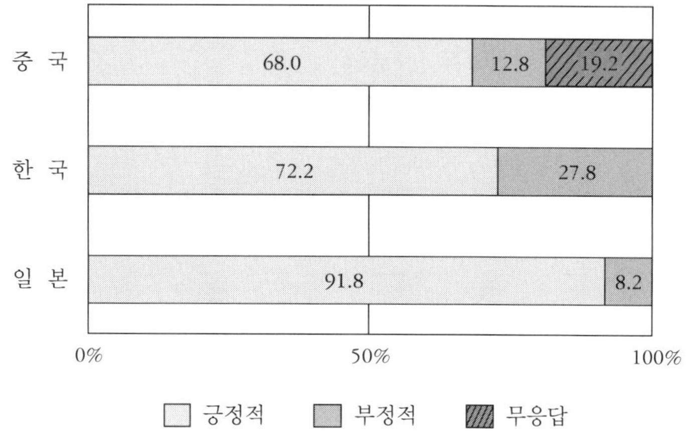

출처: 국제 미팅사이트 유비러브(www.ublove.com)에서 2003. 7. 21부터 2003. 8. 3까지 조사한 자료.

점수를 나타내었다.

또한 한국과 중국 및 일본의 미혼 남녀를 대상으로 조사한 결과에서는 그림 2-4와 같이 일본이 가장 허용적이었고 중국이 가장 거부적이었다.

실제로 동거하는 사람들이 보고하는 가장 큰 어려움은 결혼에 대한 불확실성(23%)이었고, 그 다음이 부정적인 주변의 시선(20%), 임신에 대한 걱정(20%), 부모님 걱정(12%), 생활비 분배문제(10%) 등이었다(굿데이 네티즌 2,688명을 대상으로 조사한 결과).

2) 동거유형

동거는 다음과 같은 몇 가지 유형으로 구분될 수 있으며, 각 유형은 각기 다른 이유로 동거생활을 계속한다.

① 사랑추구형: 사랑하기 때문에 동거하지만, 결혼을 전제로 하지는 않는다. 그러나 이후에 결혼할 수도 있다.

② 외로움 완화형: 외로움을 달래기 위해 동거를 선택한다.

③ 생계비 절약형: 생계비를 절약하기 위해 동거한다. 함께 동거하는 사람은 사랑하는 사람이기보다는 단순한 룸메이트로 생각된다.

④ 결혼 예행연습형: 결혼을 약속했지만 상대방을 더 잘 알고 결혼 전에 두 사람의 생활을 경험하기 위해 함께 생활한다.

⑤ 결혼대안형: 결혼제도의 불합리성을 강조하고 결혼을 거부하는 젊은이들이 이 유형의 동거를 선호한다. 특히 여성들은 아내나 어머니의 역할을 수행해야 하는 결혼과 달리 동거 후에도 자기실현에 제약을 받지 않기 때문에 동거한다고 응답한다.

⑥ 부모허락형: 부모의 허락을 받고 결혼했지만 혼인신고를 하지 않은 사람들이 여기에 해당한다. 맞벌이하는 젊은이들 사이에서 선호되는 이러한 유형의 동거는 경제적인 혜택(세금이나 주택청약 등의 혜택)을 얻을 수 있기 때문에 그리고 언제 이혼할지 모르기 때문에 자주 이루어진다.

문제는 동거에 대해 허용적 태도를 지니고 있는 사람이라고 할지라도 배우자의 혼전동거에 대해서는 부정적 시각을 갖는 사람들이 아직도 많다는 것이다. 여론조사 〈월간복스〉가 2003년 8월 서울지역 20 · 30대 남녀 290명을 대상으로 혼전동거에 대한 조사에서 '결혼을 약속한 상대의 동거 전력을 알게 된다면 어떻게 하겠는가?' 라는 질문에 '상관하지 않는다' 는 응답이 35.9%였고, '고민해 본다' 는 응답이 53.1% 그리고 '헤어진다' 는 응답이 6.9%였다. 이러한 결과는 자신의 혼전동거는 찬성하면서도 배우자의 혼전동거는 수용할 수 없다는 의미로서, 아직도 많은 젊은이들이 동거에 대해 이중적, 양가적 태도를 지니고 있음을 보여 주었다.

그럼에도 불구하고 동거가 수용되는 이유는 다음과 같이 세 가지 이유로 정리될 수 있다.

첫째, 성자유화가 보편화되었기 때문이다. 이제 성욕은 개인생활의 중요한 부분으로서 결혼보다는 사랑이 성행동의 도덕적 기준이라는 인식이 확산되고 있다.

둘째, 결혼의 의미가 변했기 때문이다. 이혼율의 증가는 결혼과 동거간의 차이를 모호하게 하였다.

셋째, 자녀출산을 연기하거나 자녀출산을 하지 않을 수 있기 때문이다. 자녀를 원할 때 동거 커플들은 자녀를 사생아로 만들 수 없기 때문에 결혼할 것이다.

그러나 동거하는 커플들의 1/2 이상이 결국 결혼하고(Smock, 2000) 결혼 연령이 높을수록 이혼 가능성이 감소하므로 동거가 결혼제도 자체를 위협하는 일은 결코 일어나지 않을 것이라는 것이 지배적 견해이다(Macklin, 1987).

5. 노인가구

평균수명의 증가와 출산율의 저하 및 의학기술의 발달은 노인인구의 비율을 지속적으로 증가시키고 있다. 우리나라는 65세 이상 고령자가 2000년도에 이미 7%를 넘어 고령화 사회*로 분류되었고 2007년도에는 9.9%로 증가하여 인구 10명 가운데 1명이 65세 이상의 노인으로 구성된다. 그러나 2019년에는 그 비율이 14.4%에 이르러 고령사회로 진입할 것으로 예상되며, 2026년에는 그 비율이 20%를 넘어 초고령 사회로 접어들 전망이다.

노인인구의 증가에도 불구하고 노인들의 사회적 지위는 현저히 감소되었다. 1960년대 이후의 산업화 과정에서 노인의 경험이나 지식은 그 효용성을 잃게 되었고 젊은 인구층의 도시로의 이동은 노부모세대와 자녀세대의 지리적 분리현상을 야기시켰다.

그 결과 표 2-4에 제시된 바와 같이 점점 더 많은 노부모들이 자녀들과 별거하고 최근에는 노인 1인 가구와 1세대 가구가 크게 증가하였다. 우리 사회에서 독신 가구의 증가는 결혼하지 않은 젊은이들이 혼자 독립적 가구를 형성하기 때문이기도 하지만 노인 1인 가구의 증가도 그 원인임을 알 수 있다.

노인 1인 가구는 홀로 된 노인 혼자 생활하는 노인 독신가구이고 1세대

*UN의 규정에 의해 65세 이상의 고령자가 전체 인구의 7%를 차지할 때 고령화 사회로 분류되고, 전체 인구의 14%를 차지할 때 고령사회로 그리고 전체 인구의 20%를 차지할 때 초고령 사회로 분류된다.

표 2-4 65세 이상 노인의 거주가구 형태(인구수와 가구%)

연 령	연 도	65세 이상 인구	1인 가구	1세대 가구
65-69세	1995	1,039,844	13.0	29.0
	2000	1,370,390	13.7	35.5
	2005	1,671,257	14.1	39.6
70-79세	1995	1,210,662	14.4	22.6
	2000	1,507,610	18.9	27.5
	2005	1,999,274	20.8	33.1
80세 이상	1995	373,347	10.4	9.4
	2000	468,821	15.0	12.8
	2005	644,884	20.4	15.9

출처: 통계청, 2007.

가구는 노부부만으로 구성된 자녀별거 노인가구를 의미한다. 노인 1인 가구와 1세대 가구가 60대, 70대 그리고 80대 모든 연령층에서 증가하고 있고 특히 홀로 생활하는 80세 이상의 노인들이 증가하고 있어 사회복지 차원에서의 대책이 시급함을 알 수 있다.

자녀와 별거하는 노인들이 증가하고 많은 노인들이 경제적 어려움을 겪

표 2-5 양로시설 현황 (단위: 명)

연 도	무 료			실 비			유 료		
	시설수	정원	현원	시설수	정원	현원	시설수	정원	현원
1997	85	6,570	4,526	3	150	88	13	862	411
2000	93	6,765	4,872	4	174	120	22	1,861	702
2001	93	6,765	4,726	4	174	131	25	2,526	1,257
2002	89	6,098	4,345	3	124	80	28	2,795	1,563
2003	85	5,724	4,160	5	207	156	29	2,326	1,571
2004	78	4,972	3,835	12	363	230	41	2,853	1,959
2005	137	6,051	4,638	64	1,126	905	69	3,954	2,490
2006	145	6,780	4,565	132	2,267	1,869	74	4,462	2,395

출처: 보건복지부, 2007.

고 있음에도 불구하고, 한국 노인들은 복지시설의 이용에 대해서는 강한 거부감을 보인다. 현재 국내에는 일상생활에 지장이 없는 노인을 입소시켜 급식 기타 생활에 필요한 편의를 제공하는 것을 목적으로 하는 많은 양로시설이 있다. 양로시설은 표 2-5에 제시된 바와 같이 1997년에 전체 101개였으나 2006년도에는 전체 351개로 증가하였고 특히 실비 양로시설이 크게 증가하였다(보건복지부, 2007).

표 2-5에서 양로시설은 무료와 실비 및 유료시설로 구분된다. 무료시설은 입소자의 비용부담 없이 시설 운영경비와 직원인건비 등을 전액 정부가 부담하는 반면 유료시설은 정부의 지원이 없고 전액 입소자가 부담하는 비용으로 운영되고 있다.

대조적으로 실비시설은 정부가 극히 일부만 재정지원을 하고 이용자에게

한국 노인들은 노인복지시설의 입소를 꺼리는 경향이 있다.

시설 운영비용을 대부분 부담시키고 있다. 그러나 운영면에서는 비용을 사용자에게 부담시키는 유료시설이 정부가 재정지원을 하는 무료시설보다 더 폐쇄적이고 비민주적인 운영을 한다는 지적을 받고 있다(이병록, 2006).

노인 복지시설의 증가에도 불구하고, 노인들의 복지시설 이용률은 매우 저조하다. 표 2-5에서 알 수 있는 것처럼 무료, 실비 및 유료 양로시설 모두 정원을 채우지 못하고 무료와 유료 양로시설은 시설수의 증가에도 불구하고 오히려 현원수는 감소하는 양상을 보인다. 노인의 삶의 질을 보장하고 신체적 자립과 정신적 자율성을 향상시키며 사회적 관계를 유지 · 확대시킬 수 있는 서비스가 제공될 수 있어야만 노인들의 복지시설 이용률이 높아질 수 있을 것이다.

Ⅲ. 변화된 가족형태

가족가치관의 변화는 가족형태에서 다양한 변화를 초래하였다. 특히 20세기 동안의 개인적 자유의 증대와 민주주의의 발달, 산업화, 가치관의 변화 그리고 여권신장 등은 전통적 가부장제도의 기초를 약화시켰고 가족형태에서 변화를 초래함으로써 다양한 형태의 가족을 출현하게 하였다. 독신가족, 무자녀가족, 한부모가족, 복합가족 그리고 국제결혼을 차례로 설명한다.

1. 독신가족

독신은 자주 '자유를 선택한 화려한 싱글' 로 불리어진다(장현숙, 2002). 독신생활의 가장 큰 매력은 자유로움으로 독신자들은 가족으로부터 자유롭고 관습으로부터 자유로우며 원하는 것을 원할 때 할 수 있는 자유를 구가할 수 있다. 사회적 교환이론에 의하면, 독신들은 현재의 독신생활이 주는 자유로움이나 만족감과 교환할 수 있는 다른 대안을 찾지 못한 결과일 수 있다. 만약 독신생활이 주는 만족감보다 친밀감의 형성과 자녀출산이 주는 만족도가 더 크다면 독신자들도 결혼할 수 있을 것이다.

1) 독신이 증가하는 이유

결코 결혼하지 않는 독신들이 증가하고 있다. 통계청 자료(2007)에 의하면, 전체가구에서 독신가구의 비율이 1990년에 9.0%, 1995년에 12.7%, 2000년에 15.5% 그리고 2005년에 20%로 증가하였다. 미국에서도 독신인구가 급격하게 증가하여 1980년도에 20.3%였던 독신비율이 2000년에는 24%로 증가하여 독신은 하나의 대안적 가족형태로 등장한 지 오래다. 더욱이 최근의 초혼연령의 증가와 이혼 후 독신으로 남아 있는 성인들의 증가 및 사별한 사람들이 재혼하지 않음으로써 독신들의 수는 더욱더 증가하고 있다.

2006년 현재, 결혼을 '반드시 해야 한다' 고 생각하는 사람은 25.7%이고 '하는 것이 좋다' 는 사람은 42% 그리고 '해도 좋고 하지 않아도 좋다' 는 비율은 27.5%여서 결혼을 선택사항으로 생각하는 사람들이 '반드시 해야 한다' 는 비율보다 더 높다는 것을 알 수 있다. 또한 남성들의 21.1%와 여성들의 33.6%가 '결혼을 해도 좋고 하지 않아도 좋다' 고 생각하여 여성들이 독신을 더 많이 선호하는 것으로 나타났다. 그 결과 독신생활을 즐기는 사람들은 남성들보다 여성들이 더 많다. 과거보다 여성의 취업기회가 확대되었을 뿐 아니라 높은 수준의 교육을 받은 여성들은 그들의 직업목표를 성취하기 위하여 독신으로 남아 있다.

여성 독신자의 증가와 함께 결혼적령기의 남성들이 여성들보다 더 많다는 것도 남성 독신자의 수를 증가시키는 중요한 원인이었다. 그러나 최근에는 성비 불균형이 감소됨으로써 이제 성비의 문제는 독신의 증가에 큰 영향을 미치지 않는다(참고: 2005년 20-24세의 성비는 여성 100명당 남성 109.7명 그리고 25-29세의 성비는 여성 100명당 남성 102.5, 그리고 30-34세의 성비는 여성 100명당 남성 101.2명).

독신성인들이 증가하는 이유는 무엇인가? 다양한 이유를 정리하면 다음과 같다(김경원, 김태현, 2005; 김애순, 2001; 윤영효, 1994; Macklin, 1987).

① 초혼연령의 증가 때문이다. 결혼이 지연되면 될수록 결코 결혼하지

않는 독신의 수가 증가한다.

② 여성의 취업으로 경제적 자립이 가능해졌고 여성의 사회적 지위가 향상되었다.

③ 이혼율은 증가하지만, 재혼율은 거기에 상응하게 증가하지 않는다.

④ 사회적으로 성자유화가 수용되고 반드시 결혼해야 한다는 인식이 감소되었다.

⑤ 가정보다는 내 삶이 중요하다는 인식이 증가하고 결혼보다 개인의 행복을 추구하는 경향성이 증가하였다.

⑥ 독신에 대한 사회인식의 변화와 독신생활을 편리하게 하는 사회적 여건이 형성되어 있다. 독신자 아파트나 독신용 가전제품, 각종 외식산업 등은 독신생활을 편리하게 하고 있다.

2) 독신의 유형

독신은 다음과 같은 네 가지 유형으로 구분될 수 있다(Shostak, 1987).

① 유동적 독신

이 유형의 독신들은 자발적으로 독신생활을 하는 사람들로서 그들의 독신생활이 일시적일 것으로 생각한다. 현재 결혼상대자를 구하고 있지는 않지만, 언젠가는 결혼할 것으로 기대한다. 유동적 독신들은 교육이나 직업을 능동적으로 추구하고 즐거운 시간을 갖기 위해 적극적으로 노력한다. 동거하는 사람들은 이 유형의 독신으로 분류된다.

② 결혼을 원하는 독신

이 유형의 독신들은 적극적으로 배우자를 구하고 있으나 아직까지 배우자를 선택하지 못한 사람들로 구성된다. 그들은 결혼하기를 원하지만, 배우자가 없기 때문에 어쩔 수 없이 독신생활을 하는 사람들이다.

③ 영구적 독신

스스로 독신생활을 하기로 결정한 사람들이 이 유형을 형성한다. 그들은 자신을 영구적인 독신으로 지각한다. 성직자나 홀로 자녀를 양육하는 편부모들이 일부 포함되기는 하지만, 대부분이 독신생활을 선호하는 고집센 독신들이다. 결코 결혼하지 않는 영구적 독신들은 1970년 이후로 계속해서 증가하고 있다.

④ 후회하는 독신

결혼하기를 원했으나 결코 결혼하지 못한 사람들이 이 유형에 해당한다. 이 유형의 대부분은 교육을 많이 받고 높은 임금을 받는 40세 이상의 여성들이다. 그들은 배우자로서 적합한 남성들을 발견하지 못한 결과로 어쩔 수 없이 독신생활을 영위하는 불행한 사람들이다.

스스로 독신생활을 결심한 영구적 독신을 제외하고 나머지 세 가지 유형의 독신들은 한결같이 결혼상태로 이동할 수 있기를 소망한다. 그러므로 독신들은 각기 상이한 시기에 한 유형에서 다른 유형으로 이동할 수 있다. 보통 자발적으로 독신생활을 선택한 사람들이 그렇지 않은 사람들보다 더 큰 행복감을 경험한다.

그러나 결혼하는 것이 보편적인 사회에서 독신으로 살아간다는 것은 쉬운 일이 아니다. 아직도 독신자들은 사회적 관습에서 벗어난 비정상적인 사람으로 인식되고 결혼하기에는 무언가 결함을 지닌 사람으로 간주된다. 또한 그들은 미성숙하거나 변덕스러운 사람, 유아적인 사람, 이기적이고 자기중심적인 사람이라는 평가를 받는다(Waehler, 1996). 그러나 독신자들은 결혼하기에 부족하지도 않았고 결함을 지니지도 않았으며 가족이나 친구와 많은 시간을 함께 하면서 지역사회 활동에도 적극적으로 참여하는 지극히 정상적인 사람들이었다(Cargan & Melko, 1982).

35-45세의 독신 남녀를 대상으로 질적 연구를 수행한 김경원과 김태현(2005)은 남성 독신들은 대부분 빠른 시일 내에 결혼하기를 희망하지만, 여성 독신들은 현재보다 더 나이를 먹은 뒤에 결혼하기를 원한다고 보고하였다. 이 연구에서 여성 독신자들이 경험하는, 일에 대한 성취감은 독신생활을 만족스럽게 하는 중요한 요인이었으나 그들은 남성 독신자들보다 부정적인 사회적 편견을 더 많이 경험하는 것으로 밝혀졌다.

2. 무자녀가족

무자녀가족(childless families)이란 생리적 혹은 의학적 문제 때문이 아니라 자발적으로 자녀를 갖지 않기로 결정하고 자녀 없이 부부 두 사람만으로 구성되는 가족을 의미한다. 최근 무자녀가족은 딩크(DINK)족이라고 불리기도 한다.

딩크족이란 'Double Income, No Kids'의 첫 글자를 따서 만든 용어로 부부가 맞벌이를 하면서 자식은 갖지 않는 전형적인 중산층 부부를 지칭한다. 그러나 무자녀가족 중에는 전업주부인 여성도 있고 경제적 어려움 때문에 여성이 직업을 갖는 생계유지형 맞벌이 부부도 있기 때문에, 딩크족은 무자녀가족의 한 유형으로 분류되는 것이 더 바람직하다.

한국의 무자녀가족은 1985년 전체 가구의 7.8%였으나 1995년에는 12.6%, 2000년에는 14.8%로 증가하였다. 한국여성개발원(2004)이 조사한 자료에 의하면, 맞벌이를 하면서 자녀를 갖지 않는 딩크족이 15%에 달하여 무자녀가족의 현저한 증가를 보여 주었다. 미국에서는 2006년 결혼하는 커플의 45%가 무자녀가족을 형성하여(U.S. Census Bureau, 2006), 한국 사회와는 비교될 수 없을 정도로 많은 부부들이 무자녀가족으로 생활한다.

일반적으로 무자녀가족의 부부들은 자기성취와 직업에 몰두하기 위하여 그리고 개인적 자유를 얻고 그들의 결혼생활 자체에 에너지와 자원을 동원하기 위하여 자녀를 갖지 않는다. 그러나 어느 문화에서나 결혼한 부부들은 부모역할을 선택하도록 압력을 받는다.

동서양을 막론하고, 사회는 자녀를 갖지 않는 부부에 대해 부정적 태도를 취한다. 특히 연령이 많은 사람들일수록 자녀 없는 부부를 부정적으로 지각하고 그들을 의혹의 시선으로 바라본다(May, 2001). 따라서 자발적으로 자녀를 갖지 않는 여성들은 생리적 문제로 자녀가 없는 여성들보다 더 바람직하지 않게 지각되고 남성들도 아버지일 때 더 많은 장점을 지닐 것으로 기대된다.

대학생들을 대상으로 무자녀가족에 대한 질적 연구를 수행한 양성은(2004)은 자발적 무자녀에 대해 찬성하는 사람(44명)과 반대하는 사람의 수(44명)가 동일하다는 것을 확인하였다. 그러나 본인의 경우에는 자녀를 갖겠다는 사람이 85명, 자녀를 갖지 않겠다는 사람이 18명으로 나타나 자녀를 갖겠다는 사람들이 더 우세하였다.

이 연구에서 무자녀가족을 선택한 대학생들(남: 2명, 여: 16명)은 무자녀가족이 경제적 풍요와 시간적 여유로움, 부부 양성평등, 연애시절같은 친밀감 등을 누릴 수 있는 이점이 있다고 생각하였다. 그러나 그들도 자녀가 결혼생활의 안정성을 높이는 역할을 한다는 것을 부정하지 않았다.

이와 같이 20대 한국 대학생들이 보수적이고 전통적인 자녀관을 지니고 있음에도 불구하고, 현재 자녀출산기에 있는 한국의 기혼부부들 사이에서 무자녀가족이 증가하는 이유는 무엇일까? 아마도 우리 사회가 자녀를 기르는데 드는 비용이나 정신적 부담을 덜어줄 수 있는 제도를 확립하지 못했기 때문일 것이다. 다시 말하면 취업의 어려움과 직장의 불안정성 및 악화된 경제상황이 자녀출산을 막는다는 것이다(은기수, 장혜경, 2004).

자녀가 있는 가족과 자녀가 없는 가족 중 어느 가족이 결혼생활에서 더 큰 만족을 경험하는가? 1980년대 연구들(Belsky, Lang & Rovine, 1985; Cowan 등, 1985)은 일관성 있게 자녀 없는 부부들이 결혼생활에 더 큰 만족을 경험한다고 보고하였다. 그러나 시간경과와 함께 결혼생활에 대한 비현실적인 환상이나 기대가 무너지게 되므로 자녀가 없는 부부도 점점 더 적은 부부생활만족을 경험하게 된다(Clements & Markman, 1996). 그렇다면 부모역할이 과연 부부의 결혼생활에 파괴적 영향을 주는지에 대해 앞으로 더 많은 연구가 이루어져야 할 것이다.

3. 한부모가족

한부모가족이란 한 사람의 성인 부모와 18세 이하의 자녀들로 구성되는 가족으로 한 사람의 성인 부모는 어머니일 수도 있고 아버지일 수도 있다. 전세계적으로 증가하고 있는 한부모가족은 어떤 유형의 가족보다 가장 높은 증가율을 보인다. 그럼에도 불구하고 한부모가족은 결손가정 혹은 미혼모가정 등의 이름으로 불리며 자주 부정적으로 인식된다.

통계청(2006) 자료에 의하면, 한부모와 미혼자녀로 구성된 가족이 2005년도에 한국 전체가족의 11%로서 1975년도의 10.1%와 큰 차이를 보이지는 않는다. 그러나 미국에서는 1970년과 2002년 사이에 한부모가족이 13%에서 28%로 증가하였고(Fields, 2003), 이 비율은 전통적 핵가족의 비율이 전체 미국 가족의 단지 13%라는 사실과 좋은 대조를 이룬다.

한부모가족의 대부분은 편모가정으로 어머니와 미혼자녀로 구성된 모자가정이 83%이고 부자가정은 17%를 차지한다. 그러나 이혼과 아내의 가출 등으로 남자 혼자 자녀를 양육하는 부자가정도 꾸준히 증가하고 있다(통계청, 2006). 2002년 미국에서는 18세 이하의 아동의 23%가 편모가정의 자녀들이었고 편부가정의 자녀들은 5% 정도였다.

한부모가족은 과거에는 주로 사별에 의해 이루어진 반면, 최근에는 이혼이나 유기, 별거, 혹은 혼전임신에 의해 형성된다. 여성의 경우 사별했느냐 아니면 이혼했느냐에 따라 한부모가족의 가장으로서의 생활만족도는 달라진다. 보통 사별한 여성가장이 이혼한 여성가장보다 더 높은 생활만족도를 경험한다(김오남, 2005; Mastekaasa, 1996).

한부모가족의 여성가장이 경험하는 가장 큰 어려움은 경제적 문제이다. 재혼하는 일도 거의 없는 여성가장들은 낮은 수준의 교육경력을 가지고 있고 저임금의 직업에 종사하는 경향이 있다. 경제적 문제 외에도 한부모가족의 남성이나 여성들은 그들의 전통적 성역할 외에 이성의 부모역할을 동시에 수행해야 하므로 어려움을 겪는다.

서구에는 비전통적 생활양식을 선호하는 여성들 중에 의도적으로 한부모가족이 되는 여성들이 있다. 이러한 여성들은 자녀만을 원하기 때문에 혹은 결혼생활에 의해 그들의 삶이나 직업생애를 방해받고 싶지 않기 때문에 한부모가족을 선택한다. 그들은 임신을 시도하기도 하고 정자를 기증받거나 입양을 선택하기도 한다.

문제는 부모 중 어느 한편의 영구적 부재가 편부나 편모와 아동간의 상호작용방식을 크게 변화시킨다는 것이다. 일반적으로 편모는 아동과 더 가까워지고 더 반응적으로 변화하지만, 권위인물로서의 역할은 도전을 받는다. 양친이 모두 존재할 때 부모와 자녀는 엄격하게 구분될 수 있고 부모는 자녀의 역할을 규정하며 자녀에게 규정된 역할을 수행하도록 요구할 수 있다.

그러나 한부모가족에서는 부모 중 한 사람만 존재하기 때문에 자녀들은 편모나 편부와 더 평등한 관계를 형성함으로써 의사결정시에 더 큰 힘을 갖는다. 그들은 잠자는 시간이나 TV시청시간, 외출시간같은 일상적 문제를 자신의 뜻대로 결정하려고 고집부린다. 자신이 원하는 대로 되지 않으면 그들은 토라지고 투덜대고 울고 소리지르는 행동을 서슴지 않으며 편부보다 편모에게 더 도전적인 행동을 한다.

편부모가 경험하는 또 다른 어려움은 그들이 화가 나거나 괴로운 일을 당했을 때, 그것이 그대로 아동에게 영향을 준다는 것이다(Coontz, 1997). 양친이 모두 존재할 때, 어느 한편 부모의 문제는 다른 한편 부모에 의해 완충될 수 있으므로 아동들은 거의 영향을 받지 않을 수 있다. 더욱이 편부모는 부모역할과 함께 직업역할도 수행해야 하므로 아동의 학습이나 과제를 도와줄 시간을 갖기 어렵고, 선생님을 만나거나 학교행사에 참석하기도 어렵다(Coontz, 1997). 특히 우울증후를 갖는 부모들은 부모역할을 효과적으로 수행하지 못함으로써 아동은 더 많은 적응문제를 일으킬 수 있다(Amato, 2000).

4. 복합가족

복합가족(blended family)은 재혼하는 성인 중 한편 혹은 양편이 그들의 이전 배우자와의 사이에서 출생한 자녀를 데리고 결혼함으로써 생물학적으로 부모-자녀관계를 형성하지 않는 가족구성원을 포함하는 가족형태이다. 이혼율의 증가와 함께 복합가족의 수도 자연적으로 증가하고 있다.

복합가족은 생물학적 부모와 자녀로 구성되는 핵가족과 비교하여, 더 많은 긴장과 갈등을 경험할 수 있다(Ganong & Coleman, 1994). 일반적으로 청소년 자녀들은 계부모의 권위를 인정하려고 들지 않으며, 특히 청년기 소녀들은 계부와 더 큰 갈등적 관계를 형성한다(Amato, 2000). 그러나 많은 연구들은 핵가족과 복합가족 구성원들이 경험하는 갈등에서 차이가 없다고 보고한다(Coleman, Ganong, & Fine, 2000; MacDonald & DeMaris, 1995).

1) 복합가족의 구조적 특징

① 거의 모든 구성원들이 중요한 일차적 관계를 상실하였다. 부부는 이전의 배우자를 상실하였고 자녀들은 그들의 부모 어느 한편을 상실하였으므로 계부모에게 분노나 적개심을 노출할 수 있다.

② 한 사람의 생물학적 부모가 현재의 가족 속에 포함되어 있지 않으므로 포함되지 않은 부모가 복합가족을 방해할 수도 있고 도움을 줄 수도 있다. 부재한 부모와 현재의 부모간에 질투심이나 힘겨루기가 나타날 수 있다.

③ 부모-자녀 관계는 재혼부부들 사이의 관계를 선행하므로 계부모가 부모-자녀관계에서 소외될 수 있다. 부모의 이혼 후 자녀들은 상당한 기간 동안 한부모가정에서 생활하기 때문에 남은 부모와 가깝고 특별한 유대를 형성한다. 따라서 계부모의 출현은 아동의 질투심을 자극할 수 있으므로 계부모는 배우자의 자녀와 경쟁할 수밖에 없고 결국 부모-자녀체계로부터 배제될 수 있다.

④ 계부모가 어떤 역할을 해야 하는지 아무도 알지 못한다. 어떤 사람은 적극적인 부모역할을 하지 않으려고 하고 어떤 사람은 지나치게 빨리 부모역할을 하려고 시도한다. 자녀들은 보통 그들의 삶에 개입하는 계부모의 노력에 저항한다.

⑤ 복합가족의 아동들은 새로운 조부모들을 가지게 된다. 이때 조부모 역할은 매우 모호하지만, 아동들보다는 새로운 조부모들이 복합가족의 아동들을 더 쉽게 수용하는 경향이 있다.

복합가족이 갖는 이러한 문제점에도 불구하고 연구결과들은 복합가족과 다른 유형의 가족 사이에 특별한 차이가 없고, 전통적인 핵가족과도 매우 유사하다고 보고한다(Coleman, Ganong, & Fine, 2000; McLanahan & Sandefur, 1994). 그 이유는 복합가족 경험은 아동들에게 문제해결기술과 협상기술 그리고 대처기술을 발달시킬 기회를 제공하고 다양한 대인관계망을 형성하게 하므로 성인과 아동 모두에게 효율적이고 건강한 상호작용 방식을 발달시킬 수 있도록 돕기 때문이다. 그러나 한국 사회와 같이 아직도 계모에 대한 부정적 개념이 존재하고 혈연관계를 중요시하는 문화에서는 전통적 핵가족과 복합가족 사이에 차이가 있을 수 있으므로 이 분야에 대한 체계적 연구가 요구된다.

2) 복합가족의 발달단계

복합가족의 개인과 가족은 3개의 단계 즉, 초기단계, 중기단계 그리고 후기단계를 거쳐 발달한다(Papernow, 1993). 세 개의 단계는 다시 몇 개의 하위단계를 포함한다.

(1) 초기단계

재혼초기로서 각 개인은 새로운 가족에 대한 환상을 가지고 이상적 가족을 실현하려는 희망에 들떠 있다. 그들은 아직도 복합가족이 핵가족과 어떻게 다른지를 알지 못한다. 초기단계는 다음과 같은 3개의 하위단계를 포함한다.

① 환상단계: 재혼하는 부부들은 새 배우자가 이전 배우자보다 더 나은 배우자이고, 자녀들에게는 더 나은 부모가 될 것이라는 희망을 갖는다. 그들은 새 배우자가 자신의 자녀를 사랑하고 돌보는 것은 물론 자녀 역시 새로운 부모를 사랑할 것으로 기대한다.

그러나 자녀들은 그들의 부모가 재결합할지도 모른다고 상상하기도 하고 계부모에게 자신의 부모를 빼앗길지도 모른다고 불안해한다. 어떤 아동들은 복합가족이 다시 붕괴될 것으로 생각하고 이사하거나 전학갈 준비를 하기도 한다.

② 몰입단계: 환상이 현실로 대치되는 시기이다. 사랑하는 두 사람 사이에 단지 자녀들이 첨가될 것으로 생각한 재혼부부들은 매일매일 그들의 환상

이 무너지는 경험을 한다. 계부모와 계자녀는 냉전상태에 이르고 재혼부부들은 실망과 회의에 빠진다. 자녀들은 계부모에게 애정을 보이면 헤어진 생모나 생부에게 미안하고 죄를 짓는 일로 생각하기도 한다. 이 단계에서 재혼한 부부들의 일차적 관심은 자녀들에게 있다.

③ 인식단계: 복합가족 구성원들이 각자의 역할을 인식하는 단계이다. 가족구성원들은 환상과는 다른 새로운 상황에 그들이 처해 있음을 인식하고 가족구성원들의 특성을 파악하는 동시에 그들을 이해하려고 노력한다. 그들은 자신의 욕구를 인식해야 할 뿐 아니라 자신과 배우자의 자녀간에 어느 정도의 거리를 두면서 왜 그들이 자신을 환영하지 않는지를 이해할 필요가 있다. 계부모는 이때 국외자의 위치에 설 수밖에 없다.

(2) 중기단계

이 단계에서 가족구성원들은 서로의 감정과 관계에 대해 더 분명하게 인식한다. 그들은 환상을 버리고 자신의 욕구를 더 잘 이해하며 각자 새로운 영역을 설정한다. 부부관계보다 부모-자녀관계가 중심이 되며 가족의 정서적 구조에서 변화가 일어난다. 중기단계는 다음과 같은 2개의 단계를 포함한다.

① 변동단계: 가족구성원들은 서로간의 차이를 인식하고 갈등을 표면화한다. 이 단계에서 계부모들은 이상적 부모가 되는 것을 포기하고 자신의 입장을 분명히 밝히기 시작한다. 그들은 더 이상 국외자로 만족하지 않으며 그들의 욕구를 충족시키려고 노력한다. 이제 계부모들은 서로 의논하고 자녀들에게 올바른 행동을 하도록 요구하며 가사일도 할당한다.

이때 아동의 생물학적 부모는 자신의 자녀를 보호해야 하는 동시에 재혼한 배우자의 욕구도 만족시켜야 하므로 배우자와 가족역할을 서로 상의하고 자신이 어떤 일을 해야 할지를 결정한다. 그러나 어떤 부모는 계부모와 친자녀 사이를 완충하지 못하고 두 사람이 해결하도록 방관하기만 한다.

② 행동단계: 이 단계에서 가족은 복합가족으로서 재통합을 시도한다. 비록 구성원들이 서로 다른 감정과 욕구를 지니고 있다고 할지라도 서로를 수용하기 시작한다. 그들은 적극적으로 협상함으로써 헤어진 부모와는 언제 만

나고, 침대정리는 어떻게 하며, 취침시간을 몇 시로 정할 것인지, 그리고 여가시간을 어떻게 보낼 것인지 등을 결정한다. 이제 복합가족 구성원들은 현실적이면서도 공유된 기대를 형성하고 그것을 적용한다.

재혼한 부부들은 자녀와는 독립적으로 그들 자신의 관계를 확립하기 시작한다. 그들은 한 팀으로서 자녀들을 훈육하고 의사결정권자로서의 역할을 수행하기 시작한다. 계부모들은 친부모의 도움 없이 계자녀들과의 유대를 강화한다.

(3) 후기단계

복합가족 내에서 발생하는 어려운 일들은 대부분 중기단계에서 해결되었으므로 후기단계에서는 복합가족을 공고화하는 작업이 이루어진다. 다음과 같은 2개의 단계가 포함된다.

① 접촉단계: 복합가족구성원들이 서로서로 친밀한 접촉을 하기 시작한다. 그들은 편안하고 친밀한 상태에서 의사소통하며 부부관계는 매일의 가족생활로부터 분리된 일종의 성역(聖域)을 형성한다. 계부모들의 역할이 분명해지지만, 그 역할은 복합가족마다 다양할 수 있다.

② 해결단계: 이 단계에서 복합가족은 공고해진다. 이제 더 이상 중기단계에서 경험한 일들은 일어나지 않는다. 가족구성원들은 모든 어려운 일들이 해결되었음을 느낀다.

복합가족은 초기단계에서 후기단계까지 평균 7년 정도의 기간을 필요로 한다. 물론 더 짧은 기간을 필요로 하는 가족이 있는가 하면 더 긴 기간을 필요로 하는 가족도 있고 때로 이혼으로 끝을 내는 가족도 있다. 비록 낯선 사람을 가족구성원으로 받아들이는 것이 시간을 요하는 문제이기는 하지만, 많은 재혼한 부부들은 결국 행복한 복합가족을 형성할 수 있다.

복합가족의 발달과정에 어려움을 초래하는 요인들을 정리하면 다음과 같다.

① 새로운 가족구성원들이 점차적으로 첨가되는 것이 아니라 즉시적으로

형성된다.

② 결합되는 구성원들 사이의 발달과업이 서로 불일치한다.

③ 모든 구성원들이 새로운 관계를 형성하고 새로운 역할들을 맡아야 하기 때문에 어려움이 야기된다.

④ 새로운 가족에 포함되기를 거부하는 자녀들이 있을 수 있고 그들의 반항적 행동이 어려움을 가중시킨다.

⑤ 이전의 배우자들이나 조부모들이 새로운 가족에게 계속적인 영향을 미칠 수 있다.

5. 국제결혼

1990년대 중반 이후부터 우리 사회에 국제결혼이 급격히 증가하고 있다. 한건수(2006)에 의하면, 과거의 국제결혼은 대부분 한국에 주둔한 미군과 한국여성 혹은 경제적으로 여유 있는 서구의 남성이나 일본 남성과 한국 여성 사이에서 이루어졌다.

그러나 최근의 국제결혼은 한국 남성이나 여성들과 경제력이 낮은 국가 출신의 외국인 배우자 사이에 일어난다. 그중에서도 농어촌 남성이나 도시 저소득층 남성이 가난한 아시아 국가 출신의 여성과 결혼하는 비율이 가장 높다. 이와 함께 한국인 여성 중에서도 한국으로 노동이주한 외국인 남성 노동자와 결혼하는 사례도 증가하고 있다. 표 2-6은 국제결혼의 실태를 보여 준다.

표 2-6에서 국제결혼은 1990년도 이후로 증가하기 시작하여 1995년에 크게 증가하였고, 2004년도에 또다시 큰 폭으로 증가하였다. 이제 국제결혼은 전체 혼인 건수의 10% 이상을 차지할 정도로 그 비율이 증가한 상태에 있다. 또한 아내가 외국인인 경우는 전체 혼인 건수의 9.1%이고 남편이 외국인인 경우는 2.8%여서 한국 남성과 외국 여성 사이의 결혼이 그 반대의 경우보다 훨씬 더 많은 것을 알 수 있다.

문제는 증가하는 국제결혼에 의해 여러 가지 사회문제가 일어나고 있다는 것이다. 우선 한국 남성과 결혼한 대부분의 외국인 여성들이 경제적 문제

표 2-6 국제결혼의 건수와 백분율

연 도	총혼인건수	국제결혼		외국인 아내		외국인 남편	
		건 수	%	건 수	%	건 수	%
1990	399,312	4,710	1.2	619	0.2	4,091	1.0
1991	416,872	5,012	1.2	663	0.2	4,349	1.0
1992	419,774	5,534	1.3	2,057	0.5	3,477	0.8
1993	402,593	6,545	1.6	3,109	0.8	3,436	0.9
1994	393,121	6,616	1.7	3,072	0.8	3,544	0.9
1995	398,484	13,494	3.4	10,365	2.6	3,129	0.8
1996	434,911	15,946	3.7	12,647	2.9	3,299	0.8
1997	388,591	12,448	3.2	9,266	2.4	3,182	0.8
1998	375,616	12,188	3.2	8,054	2.1	4,134	1.1
1999	362,673	10,570	2.9	5,775	1.6	4,795	1.3
2000	334,030	12,319	3.7	7,304	2.2	5,015	1.5
2001	320,063	15,234	4.8	10,006	3.1	5,228	1.6
2002	306,573	15,913	5.2	11,017	3.6	4,896	1.6
2003	304,932	25,658	8.4	19,214	6.3	6,444	2.1
2004	310,944	35,447	11.4	25,594	8.2	9,853	3.2
2005	316,375	43,121	13.6	31,180	9.9	11,941	3.8
2006	332,752	39,690	11.9	30,208	9.1	9,482	2.8

출처: 통계청, 2006.

를 해결하는 수단으로 국제결혼을 선택했다는 것이다. 한건수(2006)는 한국사회는 공식적으로 이민을 허용하지 않기 때문에 외국인 여성들이 결혼만이 아니라 일자리를 찾거나 새로운 삶의 기회를 개척하려는 목적을 가지고 혼인하였다고 주장한다. 따라서 결혼한 대부분의 외국인 여성들은 '이주여성'이기보다는 '결혼 이민자'라고 보는 것이 더 적합하다는 것이다.

그러나 국제결혼한 많은 외국인 여성들은 남편의 경제력이 기대했던 것보다 더 어렵고 자신이 경제활동을 하기도 어렵다는 것을 알고 큰 갈등을 경험한다(한건수, 2006). 또한 음식과 주거양식은 물론 문화적 차이로 인해 남편과의 친밀감 형성에서 어려움을 겪고 가족이나 친족과의 갈등으로 고통을 겪는다.

특히 부부간의 언어와 문화의 차이 혹은 부부간의 학력과 연령차이 등이 친밀감 형성을 방해하고 부부갈등을 초래하는 중요한 원인이었다. 불행하게도 부부갈등이 초래되면 아내학대의 가능성이 높아지고 심리적 학대나 신체적 학대가 많아지는 경향이 있으므로(김오남, 2006) 이를 예방하기 위한 국가적 차원의 대책이 시급한 실정이다.

6. 그 외의 가족형태

전통적 핵가족만이 유일한 이상적 가족형태라고 생각하는 사람들은 이제 거의 없다. 현재의 높은 이혼율과 재혼율은 최근에 증가하고 있는 연속적 결혼(serial marriage)을 계속적으로 증가시킬 것으로 예상된다. 즉, 결혼하고 이혼하고 그리고 다시 결혼하는 부부들이 늘어날 것이고 그에 따라 많은 복합가족이 양산될 것이다.

이혼율의 증가는 다시 보금자리를 형성한 가족(renested families)을 증가시킬 수 있다. 이 유형의 가족은 집을 떠난 성인자녀들이 실직이나 이혼과 같은 개인적 위기의 시기에 지원을 얻기 위해 부모의 집으로 되돌아옴으로써 형성된다. 특히 이혼 후에 자녀를 데리고 부모의 집으로 들어오는 젊은이들이 상당기간 늘어날 것으로 전망된다.

이혼율의 증가에 기인한 또 다른 가족형태로서 복합핵가족(binuclear family)이 있다. 복합핵가족이란 이혼한 부부가 각기 재혼하여 그대로 한 채의 집이나 이웃에서 사는 가족형태로서 2개의 핵가족을 포함한다. 90년대 중반에 미국에서 나타나기 시작한 가족형태이기는 하지만, 이러한 형태의 가족은 아직 많지는 않다.

복합핵가족의 출현은 부부의 이혼 후에도 자녀의 어머니나 아버지로서의 역할은 계속되는 데 기인한다. 이혼은 남편-아내관계만을 종결시킬 뿐 아버지-어머니관계, 어머니-아동관계, 혹은 아버지-아동관계까지 종결시키지는 못한다. 따라서 복합핵가족은 비록 이전과는 다른 방식이긴 하지만, 이혼한 부부들이 서로 연락을 하는 것은 물론 그들의 자녀들과도 연락을 계속할 수 있는 이점이 있다.

그러나 복합핵가족은 이전의 배우자 하위체계, 재혼한 부부 하위체계, 부모-자녀 하위체계, 형제자매 하위체계 그리고 어머니/계모-아버지/계부 하위체계의 5개 하위체계를 포함하기 때문에 매우 복잡하고 많은 갈등을 내포할 수 있다는 문제점이 있다.

노인인구의 증가는 세대간-전도된 가족(generational-inverse family)을 증가시킬 수 있다. 세대간-전도된 가족은 배우자와 사별하거나 이혼한 부모가 정서적 지원을 얻기 위해 혹은 자신을 돌볼 수 없는 연로한 부모가 자녀의 보살핌을 받기 위해 그들의 성인자녀의 집으로 들어감으로써 형성된다. 동시에 성인자녀가 자녀양육이나 가사일에 대한 도움을 필요로 하고 부모편에서는 경제적 지원이 요구될 때, 부모가 자녀의 집으로 들어가 서로 도움을 주고받는 경우에 세대간-전도된 가족이 이루어질 수 있다.

이러한 유형의 가족은 실제로 우리 사회에서 자주 발견되는 가족형태이기는 하지만, 분리된 거주지에서 생활하거나 각기 독립적 생활을 하는 서구의 부모와 자녀간에도 나타날 수 있는 가족형태이다. 이외에도 법적으로 인정받지 못하는 동성애가족(homosexual families)도 있다.

가족에 관한 발달적 조망

제 3 장

가족에 관한 발달적 조망

가족체계는 시간 경과에 따라 변화하고 발달한다.

제 3 장
가족에 관한 발달적 조망

가족에 관한 발달적 조망은 가족체계이론에 바탕을 둔 가장 영향력 있는 가족접근방식 중의 하나이다. 가족체계는 시간경과에 따라 변화하기 때문에 개인에 관한 발달심리학적 접근을 가족에 적용함으로써 가족체계의 변화를 추적하고자 하는 것이 발달적 조망의 목적이다.

이 장에서는 발달적 조망을 바탕으로 개인생활주기와 가족생활주기를 비교하고 가족생활주기에 따른 부부만족의 변화와 가족기능의 변화를 순환모델을 사용하여 고찰한다. 시간 경과와 함께 가족은 행복한 시간을 갖기도 하지만 스트레스나 위기상황에 처하기도 한다. 위기의 순간에 가족구성원들이 서로 힘을 합쳐 효과적으로 대처하고 관심이나 애정을 교류하며 서로 성장할 수 있도록 돕는 강한 가족이 있다. 강한 가족의 특징으로 부부강도와 가족강도를 설명하고 강한 가족이 될 수 있는 효과적 전략도 함께 모색한다.

Ⅰ. 개인생활주기와 가족생활주기

1. 개인생활주기

개인생활주기(individual life cycle)는 에릭슨(Erikson, 1968)의 심리사회적 발달단계로서 가장 잘 설명될 수 있다. 각 개인은 신뢰 대 불신의 단계에서부터 자아통합 대 절망의 단계까지 8개의 상이한 발달과업에 직면하게 되고 그것을 성취함으로써 보다 성숙된 자아정체감(ego identity)을 획득할 수 있다.

자아정체감(혹은 정체감)이란 우리 자신의 독특성에 대해 비교적 안정된 느낌을 갖는 것으로 행동이나 사고 혹은 느낌의 변화에도 불구하고 자신이 누구인지를 아는 것이다. 에릭슨이론의 중심개념인 자아정체감은 고정되어 있는 것이 아니며 성숙과 함께 변화한다. 그에 따라 개인의 자아정체감은 에릭슨 발달단계의 각 단계에서 발달과업을 성취하는 방식에 따라 성장하기도 하고 지체되기도 한다.

에릭슨 발단단계의 각 단계들은 심리사회적 위기로 구성되는 발달과업(developmental task)을 포함한다. 위기(crisis)란 개인이 각 발달단계에서 해결해야 하는 일종의 긴장유발 사건들로서 긍정적 측면과 부정적 측면을 모두 내포한다. 에릭슨이론에 의하면, 개인이 위기를 긍정적 방향으로 해결하면 할수록 개인의 자아정체감은 보다 성숙된 방향으로 확립될 수 있다.

여기서 우리는 에릭슨의 여덟 개 단계에 따른 개인의 발달이 모두 가족 내에서 이루어진다는 점을 주목할 필요가 있다. 개인의 일생은 가족과 분리되어 생각될 수 없기 때문에, 가족과 우리의 개인적 정체감을 분리하는 것은 거의 불가능한 일이다. 에릭슨이 제시한 여덟 개의 심리사회적 발달단계들은 다음과 같다.

① 신뢰 대 불신(trust versus mistrust)

영아는 출생 후 1년 동안 부모역할을 수행하는 인물로부터 보살핌을 받고 기본적 욕구를 충족한다. 부모로부터 제공되는 사랑과 보살핌을 통하여 어린 영아들은 사람에 대한 그리고 세상에 대한 신뢰를 학습한다. 애정적 보살핌을 받지 못한다면, 타인과 삶에 대한 불신뢰가 형성된다.

② **자율성 대 수치와 의심**(autonomy versus shame and doubt)

1세에서 3세 사이에 걸음마장이들은 걷고 말하는 것을 학습하는 동시에 대소변훈련을 시작한다. 부모가 걸음마장이의 독립성을 격려하고 대소변훈련이 긍정적 경험이 될 수 있도록 도와 주면 자율성이 확립될 수 있다.

③ **선도성 대 죄책감**(initiative versus guilt)

4-5세의 초등학교 입학 이전의 어린 아동들은 증대된 독립심을 가지고 세상에 대한 강한 호기심을 나타낸다. 독립적이고 탐색적인 아동의 행동이 허용되고 격려될 때, 아동들은 선도성 방향으로 그들의 심리사회적 위기를 해결할 수 있다.

④ **근면성 대 열등감**(industry versus inferiority)

6-11세의 아동들은 활동의 결과에 관심을 갖고 그들이 창의적일 수 있음을 알게 된다. 아동이 활동을 통하여 성취감을 경험할 수 있도록 도움을 받을 때, 근면성이 발달한다.

⑤ **정체감 대 역할혼란**(identity versus role diffusion)

이 시기는 집단정체감 대 소외(group identity versus alienation)의 시기와 개인적 정체감 대 역할혼란(personal identity versus role diffusion)의 시기로 구분될 수 있다(Newman & Newman, 1984). 그 이유는 에릭슨이 정체감 발달이론을 제시한 20세기 초기와는 달리 지난 100년 동안 젊은이들의 학교 재학기간이 길어지고 부모로부터의 독립이 늦어짐으로써 정체감 확립도 지연되는 결과가 초래되었기 때문이다.

집단정체감과 소외의 위기에 직면하는 사춘기부터 약 18세까지의 시기는 급속한 신체변화가 일어나고 동년배의 승인이 중요시되기 때문에 개인적 정체감을 확립하기 이전에 집단정체감의 위기를 먼저 해결해야 한다. 청소년들은 일시적으로 동년배 집단에 의존함으로써 개인적 정체감 확립을 위한 준비를 갖추기 위해 노력한다.

반면 개인적 정체감 대 역할혼란의 위기에 직면하는 18세부터 20대 중반까지의 젊은이들은 가족으로부터 자율성을 획득하고 개인적 정체감을 확립하지 않으면 안 된다. 이 시기 동안 젊은이들은 자신에 대한 느낌과 인생의 목표 및 철학을 발달시켜야 한다. 이때 가족이 지원적일수록 젊은이들은 더 확고한 정체감을 확립할 수 있다.

⑥ **친밀성 대 고립감**(intimacy versus isolation)

이 시기는 청년들이 가정을 떠나고 타인과 친밀한 관계를 확립하기 시작하는 때이다. 친밀한 관계를 형성하지 못한 개인들은 고립감에 빠진다. 친밀감을 형성한 개인들은 결혼하고 가정을 이룰 수 있다.

⑦ **생산성 대 자기몰두**(generativity versus self-absorption)

가족을 형성한 개인들은 가족관계에서 기쁨과 만족을 경험한다. 자녀를 양육하고 직업세계에서 열심히 일하며 사회의 생산적 구성원으로서 활발하게 활동한다. 생산성을 확립하지 못한 개인들은 인생에 대해 자기중심적이고 이기적 태도를 견지한다.

⑧ **자아통합 대 절망**(integrity versus despair)

인생의 마지막 단계인 이 시기에서 각 개인은 삶을 뒤돌아보고 그들이 성취한 것과 실패한 것을 평가한다. 특별히 성취한 것이 없다고 할지라도, 최선을 다했고 그럴 수밖에 없었다고 판단하는 사람들은 통합감과 전체감을 경험할 수 있고 두려움없이 죽음에 직면할 수 있다. 그러나 자신의 인생을 실패했다고 생각하는 사람들은 자신과 타인을 원망하고 죽음을 두려워하며 절망에 빠진다.

2. 가족생활주기

개인이 생활주기를 갖는 것과 똑같이 가족도 가족생활주기(family life cycle)를 거쳐간다. 가족생활주기는 가족체계 내에서의 발달적 변화과정으로서 가족의 구성원들과 그들이 수행하는 역할 모두가 시간경과에 따라 변한다고 가정한다.

가족생활주기의 여러 단계들은 그 자체의 특징적 사건과 발달과업을 갖는다. 에릭슨의 심리사회적 위기와 유사한 가족발달과업들은 이전 단계의 발달을 바탕으로 이후 단계의 발달을 이룬다.

따라서 이전 단계의 발달과업이 어느 정도 성취되어야만 이후 단계에서의 발달과업이 성취될 수 있다. 가족발달과업들은 가족의 개별적 구성원은 물론 전체 가족단위에 영향을 준다.

1) 8단계의 가족생활주기

두발(Duvall, 1977, 1988)에 의해 기술된 가족생활주기는 처음에 두 개의 범주로 구분되었다. 즉, 가족의 확립에서부터 자녀가 성장할 때까지의 확장하는 가족단계(expanding family stage)와 성인기에 진입한 자녀가 그들 자신의 생계를 책임질 때부터 노부부만 남게 될 때까지의 수축하는 가족단계(contracting family stage)가 그것이다.

그림 3-1 8단계의 가족생활주기

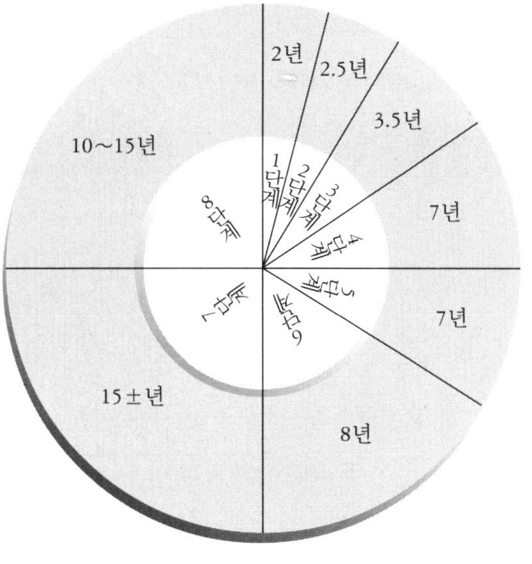

출처: Duvall, 1977.

이 두 개의 넓은 범주는 두발에 의해 첫 아이의 성장에 기초하여 다시 여덟 개의 하위단계로 세분화되었다. 가족생활주기의 여덟 개 단계는 그림 3-1과 같이 상이한 지속기간을 갖는다. 가족생활주기의 단계 7과 단계 8이 전생애의 1/2을 차지하고 있음을 알 수 있다.

① 단계 1: 새롭게 형성된 부부

이제 막 결혼한 커플들은 아직 자녀가 없다. 그들은 남편으로서 그리고 아내로서 그들의 새로운 역할에 적응해야 한다. 신혼부부들은 상호적으로 만족스러운 결혼생활을 확립하고 기존의 친족체계의 일원이 된다.

이제 막 결혼한 커플들은 상호적으로 만족스러운 결혼생활을 확립해야 한다.

과거에는 결혼 후 곧바로 임신함으로써 이 단계가 그렇게 길지 않았다. 그러나 20세기 동안 자녀 없이 부부만 생활하는 기간이 평균 2-3년 정도 증가하였고 최근에는 자녀출산을 연기함으로써 더 길어지는 추세에 있다. 결혼생활에 대한 부부의 만족 정도를 연구한 결과들은 이 단계에서 가장 큰 만족을 경험한다고 보고한다(Glenn, 1991).

② 단계 2: 자녀를 출산하는 가족

첫 아이의 출생부터 생후 약 36개월까지의 시기로서 보통의 가족들은 이 시기 동안 1-2명의 자녀를 출산한다. 성인부부의 생활은 자녀의 출산과 함께 크게 변화하며 자녀양육이 요구하는 시간과 에너지 및 재정적 부담에 적응해야 한다. 이때부터 부부의 결혼생활에 대한 만족은 급격히 감소하기 시작한다.

③ 단계 3: 초등학교 입학 이전의 아동가족

첫 아이가 6살이 될 때까지의 가족에 해당한다. 부모는 점점 더 많은 양의 시간을 자녀양육에 쏟게 되므로 부부가 함께 보낼 수 있는 시간은 현저히 감소된다. 이 단계 동안 성인들은 초등학교 입학 이전 아동의 요구와 흥미에 적응하고 동시에 부부만이 가질 수 있는 시간의 부족에 대처할 수 있어야 한다.

④ 단계 4: 초등학교 아동가족

가족의 가장 큰 아이의 연령이 6세부터 13세까지의 시기에 해당한다. 아동이 낮시간의 대부분을 학교에서 보내기 때문에, 어머니는 더 많아진 자유시간을 가질 수 있다. 이제 가족은 초등학교 아동을 가진 가족으로 구성되는 공동체의 일원이 되고 아동의 학교에서의 성취를 격려한다. 개별적 가족구성원들의 다양한 스케줄을 조절하고 균형을 이룰 수 있도록 노력한다.

⑤ 단계 5: 청년기 자녀를 갖는 가족

가장 큰 아이의 연령이 13세부터 약 25세 사이의 청년기 자녀를 갖는 가족단계이다. 부모는 보다 더 자율적이 되려는 청년기 자녀의 시도에 때때로 당황하고 갈등을 느끼나 가정을 떠날 준비를 하는 청년기 자녀들을 위해 인내할 수 있어야 한다. 결혼생활에 대한 부부의 만족은 최하점에 도달한다. 과거와 비교하여 청년기가 더 길어졌으므로 결혼생활에 대한 부부의 불만족은 상당한 기간 동안 계속될 수 있다.

⑥ 단계 6: 성인자녀를 갖는 가족

첫 아이가 성인기로 진입함에 따라 가족은 진수센터(launching center)로서의 기능을 수행한다. 이 시기의 가족은 취업, 군복무, 혹은 결혼생활을 시작하는 성인자녀를 돕는 데 집중한다. 모든 연구결과들은 결혼생활에 대한 부부의 만족이 이 단계에서 증가하기 시작한다고 보고한다. 이 시기는 막내자녀가 집을 떠날 때까지 계속된다.

⑦ 단계 7: 중년기 가족

단계 7은 막내자녀가 집을 떠날 때부터 은퇴까지 계속된다. 텅 빈 보금자리 시기(empty nest period)로 불리워지는 이 시기는 시대에 따라 그 지속기간에 차이가 있다. 자녀수가 많았던 시대에는 성인자녀를 갖는 가족단계가 노년기까지 연장되어 텅 빈 보금자리 시기가 매우 짧았으나 20세기 동안 2-13년까지 증가하였다.

그러나 최근에 와서 교육기간이 길어지고 결혼시기가 늦어지며 경제적 어려움 때문에 부모의 집에 머무는 성인자녀들이 늘어나고 있어 텅 빈 보금자리 시기는 다시 짧아지는 추세에 있다. 미국과 같이 이혼율이 높은 나라에서는 이혼 후 부모의 가정으로 되돌아오는 자녀수가 증가하고 있으므로 이제 텅 빈 보금자리가 아닌 다시 보금자리를 형성한 가족(renested families)이 출현하고 있다.

동시에 이 시기의 가족들은 그들의 노부모를 돌보는 책임을 맡는다. 중년기의 가족들은 자신의 자녀를 양육하는 책임은 물론 노부모를 보살피는 이중의 역할을 수행한다. 이 시기의 성인들은 양육과 보살핌을 요구하는 두 개의 별개의 세대 사이에 위치하는 자신들을 샌드위치 세대(sandwich generation)라고 부르기도 한다.

⑧ 단계 8: 노화하는 가족

이 단계는 직업을 가진 성인의 은퇴에서부터 두 배우자의 사망까지 계속

그림 3-2 개인의 심리사회적 발달단계와 8단계 가족생활주기의 관계

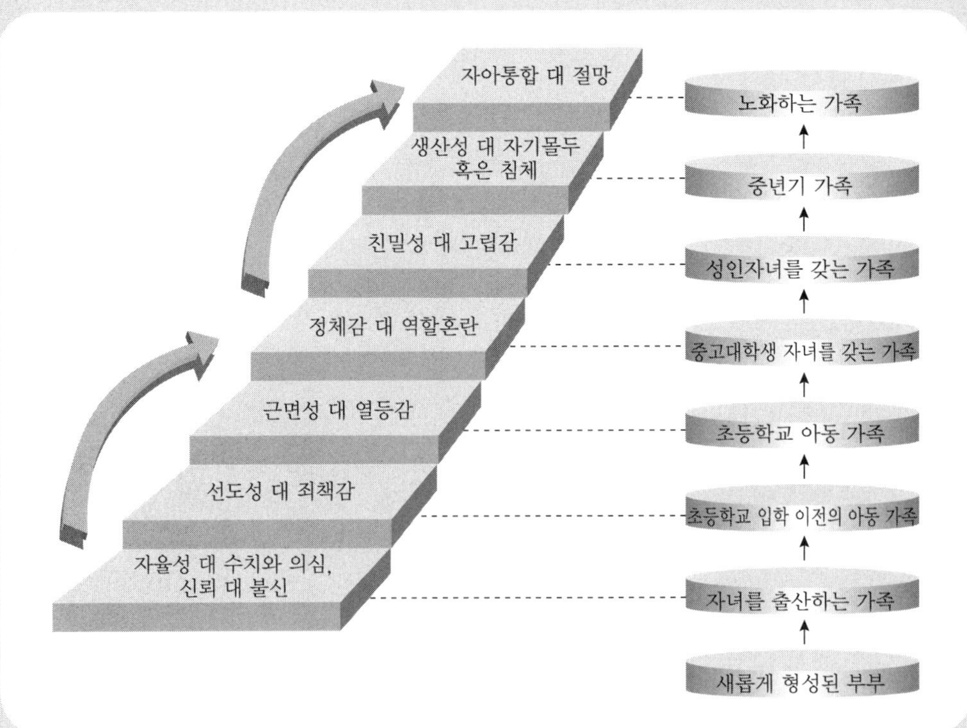

된다. 맞벌이 부부인 경우, 남편이 아내보다 보통 더 나이가 많기 때문에 먼저 은퇴하고 아내가 은퇴할 때까지 남편은 가정에 홀로 남는다. 만성적 질병이 나타나기 시작하고 자녀들이 샌드위치 세대의 구성원이 되어 노화하는 부모를 보살핀다. 보통 남편이 먼저 사망하고 남은 배우자는 다른 가족구성원들과 함께 생활한다. 남은 배우자가 사망할 때 가족생활주기는 끝난다.

개인적 생활주기로서 에릭슨이 제시한 여덟 개의 심리사회적 발달단계와 두발의 가족생활주기의 8단계를 함께 도식화하면 그림 3-2와 같다.

2) 가족생활주기의 다양성

모든 연구자들이 두발과 같이 가족생활주기를 8단계로 구분하는 것은 아니며, 연구모델에 따라 다양하게 구분된 가족생활주기가 사용될 수 있다. 표 3-1에 제시된 바와 같이 맥골드릭과 카터(McGoldrick & Carter, 1982)는 아직 애착을 형성하지 못한 성인들에서 가족생활주기가 시작되고 자녀들이 떠난 후 노년기의 가족으로 가족생활주기가 끝나는 6단계를 제안하였다. 또한 힐과 로저스(Reuben Hill & Roy Rodgers, 1964)의 연구에 기초하여 미네소타 대학교의 연구자들에 의해 제안된 미네소타 모델(Minnesota model)의 가족생활주기는 7단계로 구성되어 있다.

국내연구자로서 이영주(1984)는 6단계의 가족생활주기를 제안하였고 이상현 등(1991)은 5단계를 제시하였다. 표 3-1에 제시된 이영주 모델의 각 생활주기별 부모연령과 오늘날의 부모연령을 비교해 보면 지난 25년 동안 결혼연령을 포함하여 자녀출산, 자녀교육, 자녀결혼 등 중요한 인생사건들이 상당히 지연되고 있음을 확인할 수 있다.

3. 가족생활주기의 발달과업

가족생활주기의 각 단계들은 상이한 발달과업을 갖는다. 두발이 제시한 8개 단계의 발달과업을 정리하면 다음과 같다.

표 3-1 가족생활주기 모델

모 델	발달단계
맥골드릭과 카터의 모델	1. 아직 애착을 형성하지 못한 성인들
	2. 새롭게 결혼한 커플
	3. 어린 아동이 있는 가족
	4. 청소년 자녀가 있는 가족
	5. 자녀를 독립시키기
	6. 텅 빈 보금자리 가족
미네소타 모델	1. 자녀 없는 젊은 커플
	2. 출산하는 가족과 취학전 아동이 있는 가족
	3. 초등학교 아동이 있는 가족
	4. 가정에 청소년 자녀가 있는 가족
	5. 자녀가 독립하는 가족
	6. 텅 빈 보금자리 가족
	7. 은퇴한 가족
이영주 모델	1. 형성기(결혼으로부터 첫 자녀 출산까지, 23-24세)
	2. 자녀출산 및 양육기(첫 자녀 출산으로부터 첫 자녀가 초등학교에 입학할 때까지, 24-30세)
	3. 자녀교육기(첫 자녀의 초등학교, 중학교, 고등학교 교육기간, 30-42세)
	4. 자녀성년기(첫 자녀가 대학에 다니거나 취업, 군복무, 가사를 협조하는 시기, 42-48세)
	5. 자녀결혼기(첫 자녀 결혼으로부터 막내 결혼까지, 42-57세)
	6. 노년기(막내 자녀 결혼으로부터 배우자 사망하고 본인이 사망할 때까지, 57세 이후)
이상현 등의 모델	1. 신혼기(결혼하여 첫 아이 출산 전까지)
	2. 출산기(첫 아이 출산 후부터 초등학교 입학 전까지)
	3. 학동기(첫 아이의 초등학교 입학 이후부터 결혼 전까지)
	4. 자녀가 떠나는 시기(첫 아이의 결혼 후부터 막내의 결혼까지)
	5. 자녀가 떠난 후 시기(자녀가 모두 결혼한 이후부터)

1) 단계 1: 새롭게 형성된 부부

① 가정의 토대를 확립하기.

② 공유된 재정적 체제를 확립하기.

③ 누가, 언제, 무엇을 할 것인지에 대해 상호적으로 수용가능한 패턴을 확립하기.

④ 상호간 만족스러운 성적 관계를 확립하기.

⑤ 만족스러운 의사소통패턴을 확립하기.

⑥ 우정의 연결망을 확립하기.

⑦ 친인척들과의 관계를 확립하기.

⑧ 미래의 부모역할을 어떻게 할 것인지를 결정하기.

⑨ 서로서로에 대한 헌신의 본질과 의미를 결정하기.

2) 단계 2: 자녀를 출산하는 가족

① 이 단계에서 요구되는 생활비용을 충족시키기.

② 가사일의 책임분담을 재조정하기.

③ 의사소통 능력을 발달시키기.

④ 영아를 포함하는 생활에 적응하기.

⑤ 가족의 일원으로 조부모와 조화를 이루기.

3) 단계 3: 초등학교 입학 이전의 아동가족

① 확대되는 가족이 요구하는 공간과 설비를 갖추기 위해 필요한 비용을 충당하기.

② 어린 아동을 포함하는 가족생활의 예측가능한 비용과 예측불가능한 비용을 충족시키기.

③ 변화하는 가족욕구를 충족시켜야 하는 책임에 적응하기.

④ 가족구성원들 사이의 의사소통패턴에 적응하기.

4) 단계 4: 초등학교 아동가족

① 아동의 활동을 충족시키고 부모의 사생활을 보장하기.
② 재정적 지급능력을 유지하기.
③ 결혼생활을 유지하기 위해 노력하기.
④ 아동의 변화하는 발달적 요구에 효과적으로 대응하기.
⑤ 아동의 발달을 돕기 위해 학교와 보조를 맞추기.

5) 단계 5: 청년기 자녀를 갖는 가족

① 가족구성원들의 다양한 요구에 대비하기.
② 가족의 금전문제에 대처하기.
③ 모든 가족구성원들이 책임을 공유하기.
④ 부부관계에 초점을 맞추기.
⑤ 청년기 자녀와 성인 사이의 의사소통을 중재하기.
⑥ 친척들과의 관계를 유지하기.
⑦ 청소년과 성인의 변화하는 욕구에 맞추어 변화하기.

6) 단계 6: 성인자녀를 갖는 가족

① 가정의 물리적 설비와 자원을 재배치하기.
② 성인생활로 들어가는 자녀들에게 필요한 생활비용을 충족시키기.
③ 자녀가 가정을 떠날 때 책임을 재할당하기.
④ 부부관계를 재조정하기.
⑤ 가족구성원들 사이의 의사소통을 유지하기.
⑥ 자녀의 결혼을 통하여 새로운 가족구성원을 받아들임으로써 가족범위를 확대하기.

7) 단계 7: 중년기 가족

① 텅 빈 보금자리에 적응하기.

② 부부 사이의 관계를 계속해서 재조정하기.
③ 조부모의 생활에 적응하기.
④ 성인부모의 부모를 돌보기.
⑤ 은퇴에 적응하기.
⑥ 쇠퇴하는 신체적, 정신적 기술에 대처하기.

8) 단계 8: 노화하는 가족

① 배우자의 죽음에 적응하기.
② 계속되는 노화과정에 적응하기.
③ 타인, 특히 자녀에 대한 의존에 대처하기.
④ 주거환경이나 생활상황의 변화에 적응하기.
⑤ 경제적 문제에서의 변화에 적응하기.
⑥ 임박한 죽음에 대처하기.

4. 가족생활주기 개념의 제한점

가족생활주기 모델은 가족의 발달적 변화를 이해하기 위하여 유용하게 활용되고 있다. 그러나 최근에 일어나고 있는 가족체계에서의 변화는 가족생활주기 개념의 제한점을 노출시킨다. 가족학자들은 다음과 같은 두 가지 문제점을 지적한다.

첫째, 가족생활주기 모델은 두 사람의 반대 성을 갖는 성인과 그들의 생물학적 자녀로 구성되는 핵가족에 기초한다. 그렇다면 최근에 증가하고 있는 한부모가족이나 복합가족 혹은 입양가족에 이 모델은 어떻게 적용될 수 있는가?

둘째, 가족생활주기 모델은 부부의 연령증가와 부부에 의해 출산된 가장 큰 아이의 변화하는 발달적 요구를 바탕으로 형성되어 있다. 그렇다면 자녀 없는 부부들이 일생 동안 경험하는 가족생활의 변화는 가족생활주기 모델에 의해 어떻게 설명될 수 있는가?

예를 들면, 한부모가족은 가족생활주기의 제일 첫 단계로서 자주 아동의 할머니와 함께 살거나 아동의 아버지와 동거하며 두 번째 단계가 결혼이 된다. 결혼 후에 그들의 가족생활주기는 보다 더 전통적 패턴을 따르거나 한부모가족으로 되돌아가거나 할 것이다. 또한 복합가족들은 결혼과 함께 아동양육단계에 들어가게 되어 이중의 발달과업을 수행한다.

한편, 독신성인들의 가족생활주기는 결혼한 성인들의 가족생활주기와 큰 차이가 있다. 독신들은 결혼하지 않는 대신에 부모와 계속적으로 가깝고 친밀한 관계를 유지한다. 가족생활주기라는 용어를 최초로 사용한 그릭(Glick, 1989)같은 연구자는 최근에 두드러지게 나타나고 있는 결혼의 지연과 동거율의 증가를 반영하여, 새롭게 형성된 부부단계 이전에 동거단계(cohabitational stage)를 첨가시킬 것을 제안하기도 하였다. 현시점에서도 전통적 가족생활주기에 영향을 주는 사회적 변화들이 일어나고 있으므로 미래에 가족생활주기가 어떻게 수정될 것인지를 예측하는 것은 쉬운 일이 아니다.

Ⅱ. 가족생활주기와 부부의 만족

1. 부부만족의 변화

결혼생활에 대한 부부의 만족 정도는 가족생활주기에 따라 U자형태의 곡선적 커브를 그리면서 변화한다. 그림 3-3은 각기 다른 세 개의 연구에 의해 제시된 부부만족의 평균적 표준점수를 보여 준다. 세 개의 커브는 모두 자녀의 출산 무렵에서 감소하기 시작하여 자녀가 가정을 떠날 무렵에 이르면 뚜렷하게 증가하는 양상을 나타낸다.

결혼생활에 대한 부부의 만족 정도는 가족생활주기에 따라 달라진다.

그림 3-3 가족생활주기에 따른 부부만족의 변화
각기 다른 세 개의 연구들이 동일한 변화패턴을 나타낸다.

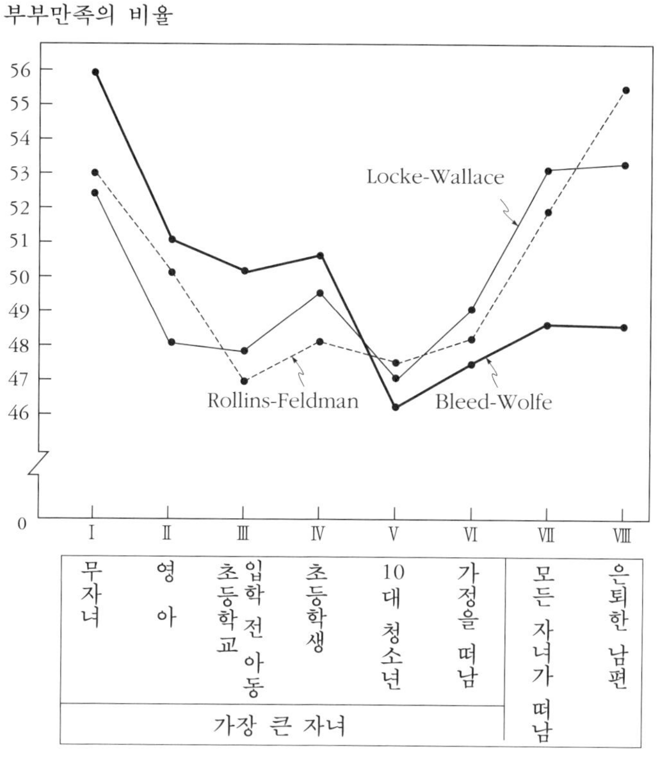

출처: Rollins & Cannon, 1974.

비록 가족생활주기를 구분하는 방식에서 차이가 있기는 하지만, 이상현 등(1991)은 한국 부부도 그림 3-4에 제시된 바와 같이 신혼기(단계 1)에 가장 높은 만족을 경험한다고 보고하였다. 그러나 부부만족은 단계 2의 출산기와 단계 3의 학동기 동안 계속해서 감소하여 자녀가 떠나는 시기(단계 4) 동안 가장 낮아지고 자녀가 떠난 후(단계 5)에 다시 증가하는 양상을 보였으며 이러한 결과는 후속연구(김민녀, 채규만, 2006)에서도 반복되고 있다.

그림 3-4 가족생활주기에 따른 부부만족

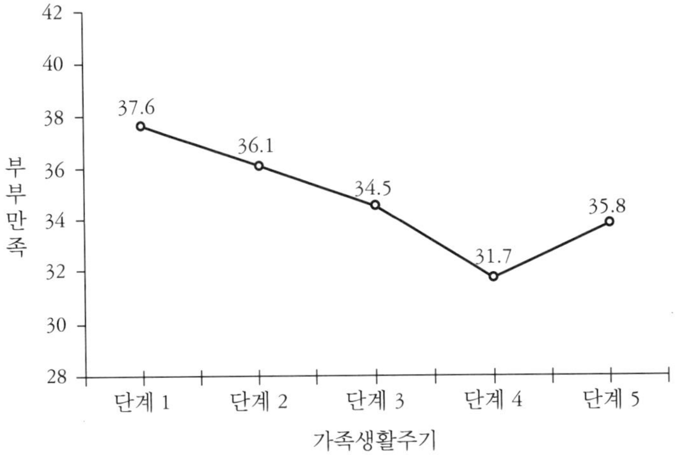

출처: 이상현 등, 1991.

또한 결혼생활에 대한 부부의 만족 정도는 그림 3-5와 같이 남편과 아내 사이에도 차이가 있다. 즉 결혼초기에는 아내들이 남편들보다 더 큰 만족을 경험하나 이후 아내들의 만족도는 더 급격히 감소한다. 부부만족이 회복되는 시기에 이르렀을 때도 아내들의 만족도는 남편들만큼 회복되지 못한다. 국내 연구자들도 가족생활주기에 따른 전반적인 부부만족도에서 남편이 아내보다 결혼생활 전반에 대해 더 높은 만족을 경험한다고 보고한 바 있다(김민녀, 채규만, 2006; 박영옥, 1987).

그렇다면 자녀의 존재는 결혼생활에 대한 부부의 만족을 감퇴시키는 유일한 근원인가? 일부의 연구자들은 자녀의 존재 외에 시간의 영향을 중요한 원인으로 지적한다. 동시에 사회적 및 심리적 요인들도 무시될 수 없는 요인들로 인식된다.

그림 3-5 가족생활주기의 각 단계에서 경험되는 남편과 아내의 만족 정도

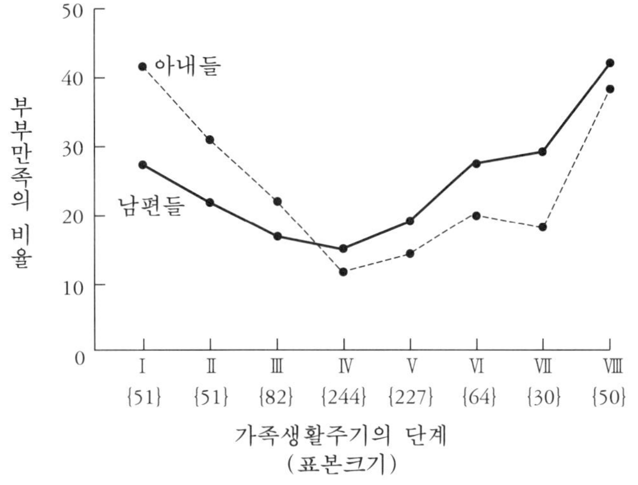

출처: Rollins & Feldman, 1970.

2. 부부만족에 영향을 주는 요인

1) 부부만족과 자녀

결혼생활에 대한 부부의 만족은 첫 아이의 탄생과 함께 감퇴한다. 어린 아동들은 부부가 함께 할 수 있는 시간을 빼앗아가고 생활비 부담을 증가시키며 다양한 생활의 긴장들을 초래한다. 따라서 부부의 만족 정도는 부모와 자녀의 갈등이 커지는 자녀의 청년기에 최저점에 도달하고 자녀들이 성장하여 가정을 떠나기 시작할 무렵에 다시 증가하기 시작하는 것은 당연한 일일 것이다.

자녀는 부부만족을 감퇴시키는 유일한 원인인가? 많은 한국 부부들은 자녀출산 후에 자녀중심의 생활을 영위한다. 비록 많은 요인들이 아동양육을 어렵고 고통스러운 경험이 되게 할지라도, 아동은 가족을 형성하게 하고 부모역할이라는 새로운 역할을 수행하게 한다.

특히 부부관계가 위기에 처했을 때, 아동은 위기가 해결될 때까지 부부관계를 유지시키는 역할을 할 수 있다. 그 이유는 많은 부부들은 그들의 결혼생활을 위해서가 아니라 자녀들을 위해 위기상황을 참고 견디기 때문이다. 따라서 일부의 연구자들은 부부만족이 감퇴되는 바로 그 시점에 자녀가 태어나기 때문에, 자녀의 출산이 마치 부부만족에서 감퇴를 일으키는 유일한 원인인 것처럼 생각될 수 있다고 지적한다(Strong & DeVault, 1992).

2) 그 외의 다른 요인들

자녀의 존재 이외에 부부만족을 감퇴시키는 요인으로 결혼생활의 길이가 자주 논의된다(김선영, 김영희, 2005; Karney & Bradbury, 1997). 결혼생활이 길어질수록 해결되지 않는 갈등이 축적되고 의사소통이 빈곤해지며 불평과 불만이 증가한다. 또한 부부는 시간경과와 함께 더 많은 역할을 수행해야 하고 쉴 틈 없는 작업스케줄에 시달리며 아동양육 책임의 누적으로 고통을 겪는다. 그 결과 부부의 결혼생활에 대한 만족은 결혼초기와 비교하여 현저히 감소될 수밖에 없다.

결혼생활의 길이 외에도 부부의 사회적, 심리적 요인과 부부의 상호작용 방식이 부부만족에 영향을 준다. 부부의 사회적 요인으로 가족의 수입수준은 부부의 만족 정도에 직접적으로 영향을 주는 중요한 요인이다. 가장의 실직이나 가족의 생계비를 충족시킬 수 없는 적은 수입 혹은 경제적 불확실성은 부부만족을 심각하게 훼손시킨다. 그 증거로서 사무직이나 관리직 및 전문직 근로자들보다 막노동을 하는 육체노동자들이 결혼생활에 대해 더 적은 만족을 경험하는 경향이 있다(Feldman & Feldman, 1975).

또한 부부가 비슷한 심리적 구조와 성격특성을 지닐 때 만족 정도는 더 커진다. 한때 배우자들의 심리적 특성이 정반대일 때, 부부의 만족 정도가 클 것이라고 생각되기도 하였다. 그러나 사교적인 사람은 사교적인 배우자를 만날 때 그리고 보수적인 배우자는 보수적인 배우자를 만날 때처럼 유사한 심리적 특성을 갖는 배우자들이 더 큰 만족을 경험한다는 것이 밝혀졌다(Richard, Wakefield & Lewak, 1990).

흥미롭게도 부부의 심리적 요인들은 가족생활주기의 가운데 단계들에서 부부만족이 감퇴되는 것을 설명할 수 있다. 스테인버그와 실버버그(Steinberg & Silverberg, 1987)는 중년기 부부들의 만족 정도는 청소년 자녀들의 변화와 상관이 없다고 지적하고, 중년성인들이 경험하는 심리적 위기와 자신에 대한 재평가가 부부의 결혼생활에 대한 만족을 감소시킨다고 주장하였다.

부부 사이의 상호작용 방식 또한 결혼생활의 만족은 물론 안정성과 관련된 중요한 요인이다. 부부가 파괴적, 부정적 의사소통을 할 때 부부불화나 낮은 부부만족을 경험한다(Gottman & Notarius, 2000). 스탠리와 그 동료들(Stanley, Markman, & Whitton, 2002)은 부부간의 의사소통은 이혼이나 부부갈등을 가장 잘 예측할 수 있는 요인이라고 주장하였다. 긍정적 의사소통은 결혼생활의 질과 안정성을 높이고 부부 사이의 갈등도 효과적으로 해결될 수 있도록 하므로 부부만족 정도를 결정하는 중요한 요인이다.

문제는 부부의 만족 정도가 결혼생활의 안정성을 보장하지는 못한다는 것이다. 일반적으로 낮은 수준의 만족을 경험하는 부부들이 이혼할 가능성이 클 것으로 생각되지만, 부부간의 불만족이 반드시 이혼을 초래하는 것은 아니다(Kitson & Morgan, 1991). 그 이유는 불화와 불만족에도 불구하고 결혼생활을 계속하는 부부들이 있는가 하면, 높은 수준의 만족을 경험하는 부부들도 더 나은 대안이 있다고 판단될 때 쉽게 이혼하기도 하기 때문이다(Glenn, 1991).

실제로 많은 부부들은 부부만족에서 그다지 심각하지 않거나 단기간의 감퇴를 경험할 뿐이다. 결혼한 사람들이 결혼하지 않은 사람들보다 심리적 및 신체적으로 더 건강하다는 것은 부부만족에서의 감퇴가 위협적이 아님을 시사한다(Gove, Styles & Hughes, 1990). 더욱이 한국의 많은 결혼한 부부들은 자신들의 만족만을 중요시하면서 생활하지는 않는다. 그들은 부모는 물론 주위의 관련된 사람들을 고려하여 그들 자신의 고통과 불만족을 참고 견딘다. 삶이란 그렇게 행복한 것이 아닐 수 있다는 생각이 그들의 불만족스러운 결혼생활을 지속하게 하는 중요한 요인일지도 모른다.

Ⅲ. 순환모델과 가족생활주기

1. 순환모델

가족이 어떻게 기능하는지를 연구하는 효과적인 모델 중의 하나인 순환모델(circumplex model)은 가족체계이론에 기초하여 가족의 유형을 규명하는 독창적 접근방법이다. 올손과 그 동료들(Olson, Russell, & Sprenkle, 1983)에 의해 개발된 순환모델은 가족의 응집성(cohesion)과 적응성(adaptability)을 바탕으로 16가지 유형의 가족체계를 설정하고 그것을 다시 3개의 전체적 유형, 즉 균형가족(balanced family), 중간범위가족(mid-range family) 그리고 극단가족(extreme family)으로 분류하였다.

순환모델의 구성요인인 응집성과 적응성은 요인분석에 의해 도출된 개념이다. 가족연구자들은 지난 수십 년 동안 결혼생활과 가족의 역동을 기술하기 위하여 각기 상이한 측면에서 수많은 개념들을 만들어 내었다. 그러나 대부분의 개념들이 서로 유사하여 중복되는 경향이 있었기 때문에 개념적으로 통합될 필요가 있었다. 요인분석결과, 순환모델을 구성하는 응집성과 적응성 그리고 모델 속에 그림으로 제시되지 않은 의사소통(communication)이 가족체계의 행동을 기술하는 세 가지 기본적 차원으로 도출되었다.

응집성은 개인이 가족체계로부터 분리되어 있거나 연결되어 있는 정도로서 가족구성원들 사이의 정서적 유대에 해당한다. 따라서 가족체계의 응집성을 측정하기 위해 1) 가족구성원간의 정서적 유대, 2) 가족의 외부환경과 하위체계간의 경계, 3) 가족 공동의 시간과 개인의 사적인 시간의 허용 정도, 4) 가족 공동의 공간과 개인의 사적 공간의 허용 정도, 5) 가족 공동의 친구와 개인의 사적 친구의 인정 여부, 6) 의사결정 유형, 7) 가족 전체활동과 개인활동의 보장 정도 등이 지표로 사용된다.

적응성은 상황적 혹은 발달적 긴장에 반응하여 가족의 규칙, 힘의 구조 및 관계패턴을 변화시킬 수 있는 능력이나 융통성을 의미한다. 따라서 가족체계의 적응성을 측정하기 위해 1) 가족구성원들이 자신의 의견을 주장하는 형태, 2) 지도성의 유형, 3) 부모의 자녀훈육 형태, 4) 가족구성원들간의 타협이나 협상능력, 5) 역할수행과 역할분담, 6) 가족규칙의 명확성과 융통성 등이 지표로 사용된다.

대조적으로 의사소통은 응집성과 적응성을 촉진시키거나 방해하는 역할을 하는 제 3의 차원이다. 긍정적 의사소통은 가족구성원들 사이의 이해와 감정이입을 가능하게 하나 비판이나 비난 혹은 소리지르기와 같은 부정적 의사소통은 가족구성원들의 응집성과 적응성을 감소시킨다. 의사소통은 응집성과 적응성 차원에서의 변화를 가져오는 중요한 차원이나 순환모델 속에 그림으로 제시될 수 없는 촉진적 차원(facilitating dimension)이다.

2. 순환모델에서의 가족기능

가족체계의 순환모델은 그림 3-6과 같이 네 가지 수준의 응집성과 네 가지 수준의 적응성으로 구성된다. 가족체계의 응집성과 적응성은 항상 완전하거나 전혀 존재하지 않는 양극단적 특성들이 아니라 높은 수준에서 낮은 수준까지 다양하게 분포될 수 있는 연속적 특성들이다.

응집성은 과잉분리(disengaged), 분리(separated), 연결(connected), 그리고 매몰(enmeshed)의 네 가지 수준으로 구성된다. 그리고 적응성은 혼동적(chaotic), 융통적(flexible), 구조적(structured), 그리고 경직된(rigid)의 네 가지 수준을 포함한다. 네 가지 수준의 응집성과 네 가지 수준의 적응성은 16개의 조합을 만들어 내고 이 조합들은 다시 세 개의 전체적 유형 즉 균형가족, 중간범위가족, 극단가족으로 묶여질 수 있다.

세 개의 전체적 유형 중 균형가족은 응집성과 적응성의 중간부분에 위치하는 가족들이다. 즉 16개의 조합 중 융통성 있게 분리된, 융통성 있게 연결된, 구조적으로 분리된 그리고 구조적으로 연결된 가족의 네 가지 조합을 포함한다. 다시 말하면 균형가족은 적절한 수준의 응집성과 적응성을 지닌 가족들이다.

그림 3-6 올손의 순환모델

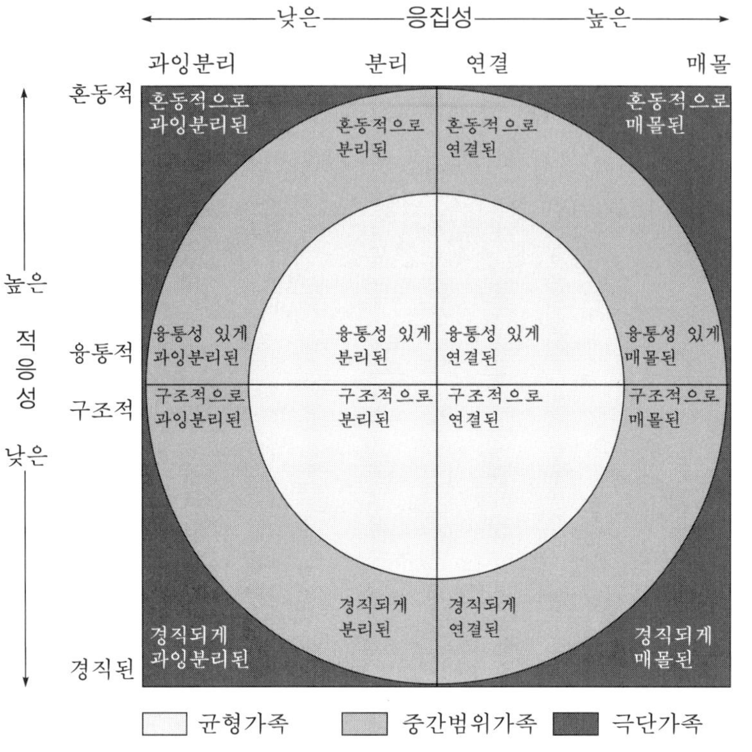

출처: Olson, 1993.

또한 중간범위가족은 한 차원은 극단적 부분에 그리고 다른 한 차원은 중간부분에 위치하는 가족으로서 16개의 조합 중 여덟 개의 조합을 포함한다. 즉, 융통성 있게 과잉분리된, 구조적으로 과잉분리된, 경직되게 분리된, 경직되게 연결된, 융통성 있게 매몰된, 구조적으로 매몰된, 혼동적으로 분리된 그리고 혼동적으로 연결된 가족 등이 그것이다.

동시에 응집성과 적응성의 양차원 모두에서 극단적인 부분에 위치하는 소위 극단가족들은 혼동적으로 과잉분리된, 경직되게 과잉분리된, 경직되게 매몰된 그리고 혼동적으로 매몰된 가족 등 네 가지 조합을 포함한다. 그림 3-

그림 3-7 올손의 3차원 순환모델

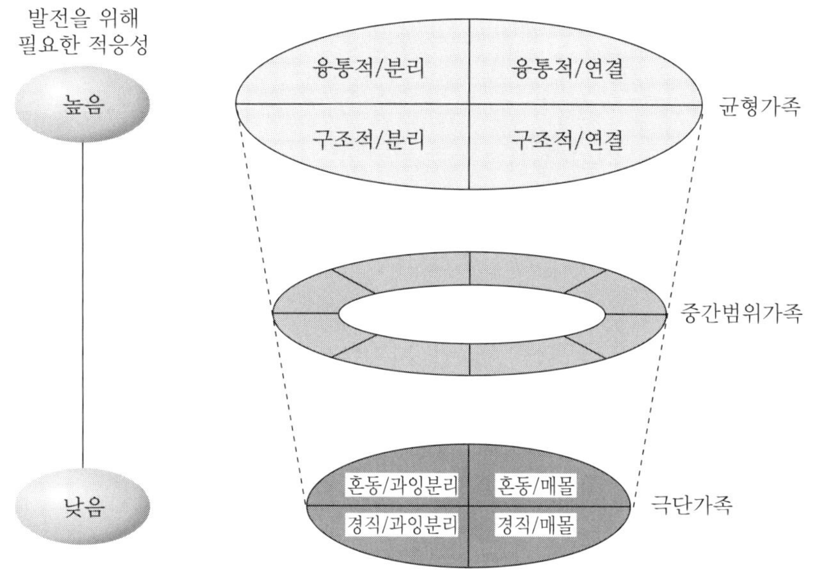

출처: Olson, 1993.

6을 3차원적으로 표현하면 그림 3-7과 같다.

순환모델에 의하면, 응집성과 적응성이 극단적이기보다 균형을 이룰 때, 가족체계는 잘 기능할 수 있다. 평균적으로 50-60%의 가족이 균형가족을 이루고 25-40%가 중간범위가족에 해당하며 나머지 약 12-18%가 극단가족들이다(Olson, 1993).

3. 순환모델과 가족생활주기 및 부부만족의 관계

가족생활주기를 통하여 가족체계는 응집성과 적응성 수준에서 변화한다. 일반적으로 가족응집성은 가족생활주기의 초기단계에서 가장 높고 중고등학교 자녀를 갖는 가족단계와 성인자녀를 갖는 가족단계에서 가장 낮아지며 중

그림 3-8 가족생활주기, 순환모델의 차원 및 만족과 스트레스수준의 관계

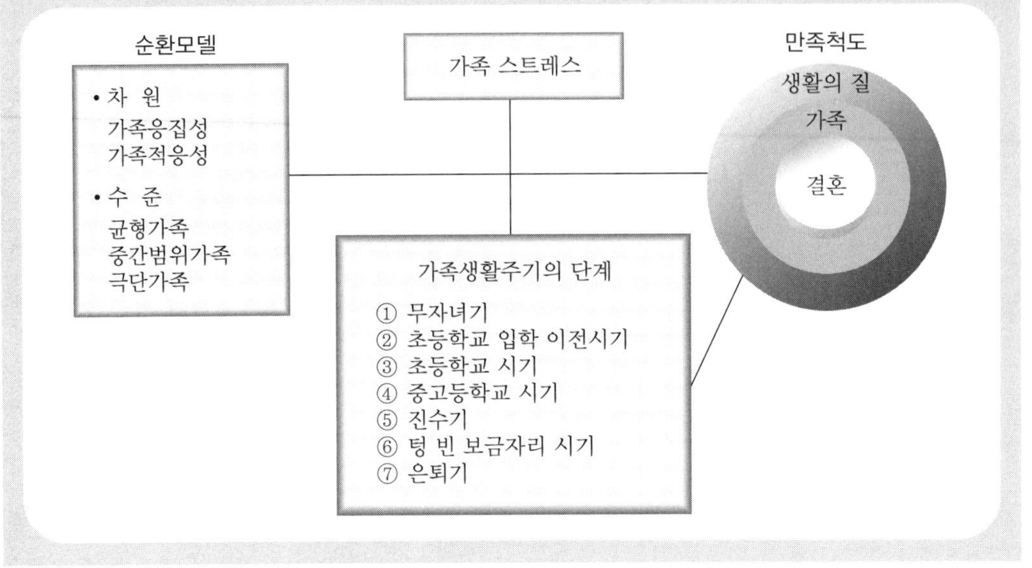

출처: Olson 등, 1983.

년기 가족과 노화하는 가족에서 다시 높아진다.

가족적응성도 응집성과 유사한 패턴을 나타낸다. 응집성과 적응성이 중고등학교 자녀를 갖는 가족단계와 성인자녀를 갖는 가족단계에서 가장 낮아지는 이유는 자녀들이 그들의 가족으로부터 분리되려고 시도하기 때문이다.

가족생활주기는 응집성과 적응성 차원은 물론 만족과 스트레스 수준에서 차이를 나타낸다. 그림 3-8은 가족생활주기의 단계들과 순환모델의 차원 및 만족과 스트레스 수준 사이의 관계를 제시한다. 즉, 결혼생활과 가족관계 그리고 생활의 질에 대한 만족의 정도는 가족생활주기 및 순환모델과 관련되어 있고 가족 스트레스는 만족척도 및 순환모델과 관련되어 있다.

올손 등(Olson 등, 1983)은 순환모델을 사용하여 만족과 긴장수준에서 뚜렷이 구별되는, 다음과 같은 네 개의 가족생활주기 단계를 도식화하였다.

1) 새롭게 형성된 부부단계

그림 3-9는 성인 두 사람으로 구성되는 가족생활주기인 새롭게 형성된 부부단계의 순환모델이다. 이 단계에서 만족이 크고 긴장이 적은 가족은 균형가족이 아니라 오히려 중간범위가족 중 혼동적으로 연결된 가족과 융통성 있게 매몰된 가족으로 구성된다.

갓 결혼한, 자녀 없는 부부들은 서로 더 많이 관련되어 있고 과도한 정도의 가까움을 경험한다. 동시에 그들은 새로운 가정을 형성하기 위하여 큰 융통성을 발휘해야 하기 때문에 그림 3-9의 오른쪽 윗부분에 위치하는 중간범위가족이 여기에 해당한다.

그림 3-9 새롭게 형성된 부부단계의 순환모델

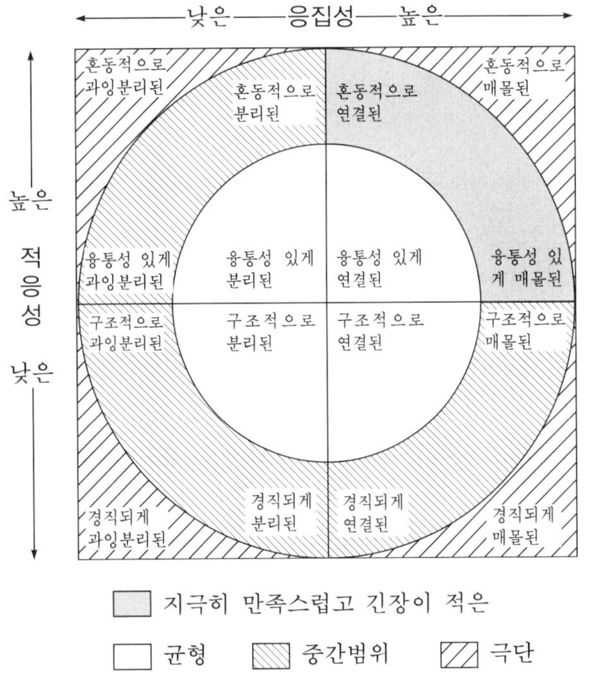

2) 초등학교 입학 이전의 아동단계

가족생활주기 중 초등학교 입학 이전의 아동단계는 그림 3-10과 같이 또한 상이한 양상을 나타낸다. 순환모델의 중간범위를 형성하는 여덟 개 조합 중 네 개의 조합 즉, 혼동적으로 연결된 가족, 융통성 있게 매몰된 가족, 구조적으로 과잉분리된 가족, 그리고 경직되게 분리된 가족들이 균형가족들보다 더 큰 만족을 느끼고 더 적은 스트레스를 경험한다.

첫 아이의 탄생과 함께, 가족들은 응집성 수준에서 증가하여 가족이 연결되어 있거나 매몰된 수준으로 이동한다. 동시에 가족체계는 영아의 새로운 요구를 처리하기 위하여 적응성 수준에서의 증가를 경험한다. 그리하여 그들

그림 3-10 초등학교 입학 이전의 아동단계 순환모델

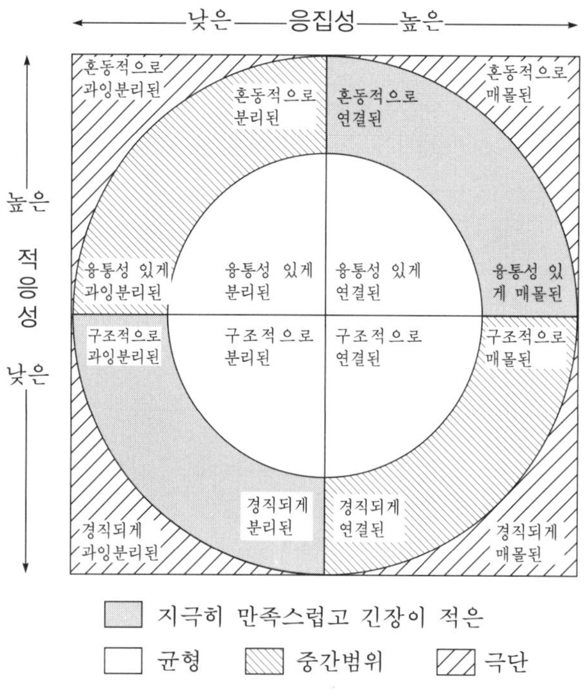

의 가족체계는 융통성이 크고 심지어 혼동스럽기까지 하다.

그러나 아동의 성장과 함께 어떤 가족에서는 부부가 함께 보낼 수 있는 시간과 에너지에서의 감소가 일어나므로 가족응집성의 차원은 '분리된' 혹은 '과잉분리된' 수준으로 이동한다. 동시에 남편과 아내의 역할은 보다 더 구분되고 엄격해지므로 가족적응성의 차원은 '구조적' 혹은 '경직된 수준'으로 감소한다. 그러므로 그림 3-10의 오른쪽 윗부분과 왼쪽 아래부분의 중간범위가족이 초등학교 입학 이전의 아동단계에서 가장 큰 만족을 경험한다.

3) 중고등학교 자녀를 갖는 가족단계

중고등학교 자녀, 즉 청소년 자녀를 갖는 가족단계는 초등학교 입학 이

그림 3-11 중고등학교 자녀를 갖는 가족단계의 순환모델

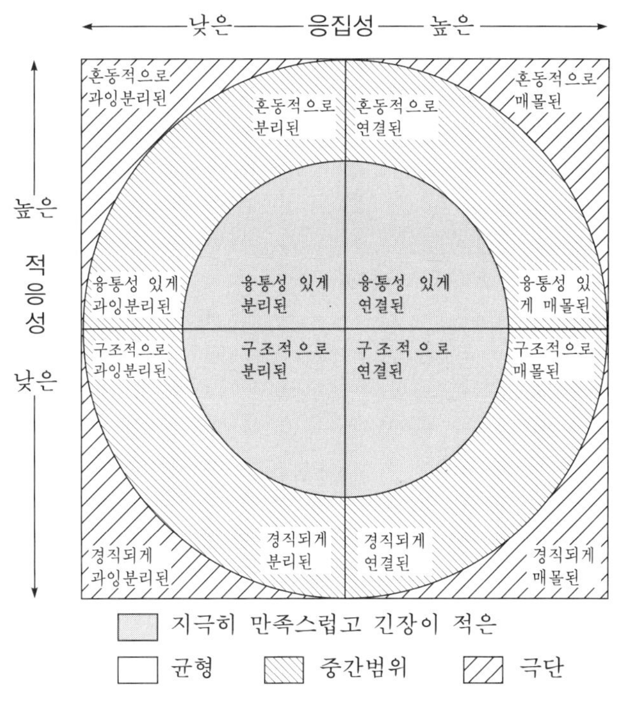

전의 아동단계와는 상이한 응집성과 적응성을 나타낸다. 그림 3-11과 같이 이전 단계들과는 대조적으로 융통성 있게 분리된, 융통성 있게 연결된, 구조적으로 분리된 그리고 구조적으로 연결된 균형가족이 가장 잘 기능하는 가족체계이다. 균형가족은 가장 높은 수준의 가족강도를 지니고 가장 낮은 수준의 스트레스와 가장 높은 수준의 만족을 경험한다.

청소년 자녀를 갖는 가족생활주기에서 극단가족은 여러 가지 문제를 불러일으킨다. 극단가족은 청소년들의 요구에 대처하기 위해 활용될 수 있는 자원들을 제한함으로써 낮은 만족과 높은 스트레스를 초래한다.

4) 노화하는 가족단계

노년기 부부의 가족체계는 부부 두 사람만의 생활에 새롭게 적응해야 한다. 자녀들은 떠나갔고 은퇴에 의해 그들의 직업역할도 상실되었다. 조부모 역할의 수행이라는 새로운 과업의 첨가와 함께 노부부들은 만성적 질병과 배우자와의 영원한 이별에 대처해야 한다.

그림 3-12와 같이 큰 만족을 느끼고 적은 스트레스를 경험하는 가족체계의 유형은 균형가족이 아니라 융통성과 적응성이 모두 낮은 경직되게 과잉분리된 극단가족과 중간범위의 가족 중 구조적으로 과잉분리된 가족 및 경직되게 분리된 가족이다.

노년기 부부들의 가족체계는 높은 응집성도 높은 적응성도 요구하지 않는다. 따라서 그림 3-12의 왼쪽 아래부분에 위치하는 가족유형이 가장 큰 만족을 경험한다.

올손 등의 순환모델은 가족체계의 기능을 효과적으로 설명하는 유용한 접근방법으로 문제가족이나 역기능적 가족에도 적용될 수 있는 유용한 모델이다. 이 모델에 의해 위험가족과 정상가족 혹은 청소년 범죄가족이나 가출청소년 같은 문제가족과 정상가족의 차이가 분명하게 구분될 수 있다(김수연, 강병구, 김득성, 1998; 전귀연, 최보가, 1993; Bell, 1983; Garbarino, Sebes, & Schellenbach, 1984; Rodrick, Henggler, & Hanson, 1986).

그림 3-12 노화하는 가족단계의 순환모델

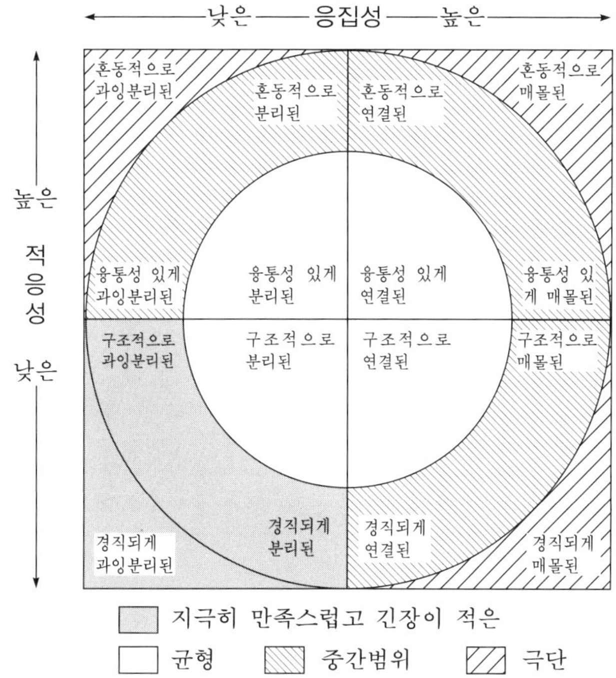

보통 문제가족은 극단가족에 속하는 비율이 정상가족보다 유의하게 더 높고 응집성 수준에서는 정상가족에 비해 과잉분리되거나 매몰되어 있으며 연결된 정도는 매우 낮다. 또한 적응성 수준에서는 혼동적이고 경직되어 있으며 융통성은 매우 낮은 특성을 지니고 있다. 이와 함께 효율적 의사소통방식을 사용하는 정상가족과는 대조적으로 문제가족은 비효율적 의사소통방식을 사용하고 있어 뚜렷한 차이를 보인다.

Ⅳ. 부부강도와 가족강도

일상생활에서 우리가 만나는 가족들 중에는 가족구성원들이 서로 친밀하고 성장할 수 있도록 도우며 스트레스나 위기상황에 효과적으로 대처할 수 있는 강한 가족들이 있다. 반대로 가족구성원들간에 관심이나 애정의 교류가 적고 서로 미워하며 위기의 순간에 힘을 합쳐 대처하지 못하는 약한 가족들도 있다. 초기 가족연구자들은 강한, 탄력적 가족들은 서로 함께 견디고 성장할 수 있는 어떤 중요한 패턴을 공유한다고 밝히고 그것을 가족강도(family strength)라고 제안하였다.

긍정적인 가족정체감을 가능하게 하는 높은 가족강도는 가족구성원들 사이에 만족스러운 상호작용이 이루어질 수 있도록 하고 가족과 개별 가족구성원들의 잠재력 발달을 격려하며 가족이 스트레스와 위기의 시기에 효과적으로 대처할 수 있도록 한다.

그러나 어떤 가족도 완전할 수 없기 때문에, 개별적 가족의 질적 특성은 강한 가족과 약한 가족 혹은 건강한 가족과 불건강한 가족이 양극단에 위치하는 연속선의 어딘가에 위치할 것이다. 가족이 강하고 건강하기 위해서는 먼저 부부가 강하고 건강해야 한다.

1. 부부강도

부부강도(marital strength)는 부부 사이의 친밀성 욕구와 개별적 정체감을 유지하려는 욕구 사이에 균형을 이룬 정도에 해당한다. 부부는 친밀성을 유지하면서 부부 양자가 동시에 성장할 수 있으면 강한 부부로 발달할 수 있다. 결혼생활은 누구에게나 수행되어야 하는 일종의 과업이기 때문에, 부부관계는 시간과 에너지를 요구하는 것은 물론 계획하고, 인내하고, 심사숙고해야 하며 그 결과 성장할 수 있고 높은 부부강도를 유지할 수 있다.

일반적으로 자녀를 갖는 부부들이 자녀가 없는 부부들보다 더 높은 부부강도를 획득한다. 그 이유는 가족의 붕괴는 아동이 있을 때 더 큰 정서적 대가를 치르게 할 뿐 아니라 부모와 자녀 혹은 자녀와 자녀 사이의 유대가 부부 스트레스의 시기에 가족을 유지하는 힘이 될 수 있기 때문이다. 자녀 외에 부부강도에 영향을 주는 요인들을 정리하면 다음과 같다.

① 사랑과 이해

화려한 결혼식과 값비싼 신혼여행으로 모든 것이 이루어졌다고 생각하는 것은 잘못이다. 부부는 매일매일 그들의 사랑을 새롭게 하기 위해 노력해야 하며 배우자를 이해하고 지원할 수 있는 능력을 갖추어야 한다.

② 양보와 인내

사랑하는 사람을 위해 부부 양자는 서로 양보하고 시간과 에너지를 투자하며 어려움을 기꺼이 인내할 수 있어야 한다. 부부 어느 한 편의 일방적인 양보나 인내가 아니라 '주고받는' 대등한 교환이 이루어질 때 부부는 행복하고 건강할 수 있다.

③ 의사소통

부부의 의사소통방식과 부부만족 사이에 높은 상관이 있다는 것은 널리 알려진 일이다(Noller & Fitzpatrick, 1991). 특히 결혼 전에 커플 사이에 효율적인 의사소통이 이루어질 때 부부는 높은 수준의 부부강도를 경험할 수 있다. 따라서 결혼을 앞둔 예비 신랑신부에게 의사소통 기술을 가르치는 것은 결혼생활 적응을 위해 반드시 요구되는 일이다.

④ 만족스러운 성적 관계

부부 두 사람만의 배타적 성적 관계의 확립은 부부강도를 결정하는 또 다른 중요한 측면이다. 배우자에 대한 성적 전념이나 성실성의 파괴는 부부강도를 약화시키는 역할을 한다. 때때로의 혼외 연애사건이 부부의 성장을 위한 촉매의 역할을 할 수 있다고 주장하는 사람도 있으나(Stinnett & DeFrain, 1985), 성적 성실성의 파괴는 부부관계를 위협하는 가장 중요한 요인이다.

그럼에도 불구하고 혼외 성관계 문제는 부부관계에 문제가 있음을 나타내는 하나의 지표일 수 있다. 실제로 많은 부부들은 혼외 성관계 문제가 발생할 때까지 그들의 관계가 얼마나 소원하고 얼마나 보잘것 없는 의사소통을 하고 있으며, 부부관계가 얼마나 중요한지를 깨닫지 못한다. 다행스럽게도 많은 부부들은 더 강하고 더 나은 부부관계를 형성하기 위하여 배우자 어느 한 편의 혼외 성관계 경험을 활용할 수 있다.

참고로 부부 사이에 가까움을 유지할 수 있는 전략적 특성을 소개하면 다음과 같다(Bell, Daly & Gonzales, 1987).

- 정직성
- 배우자의 말에 귀 기울이기
- 개방성
- 언어적, 신체적 애정표시
- 신체적 매력유지
- 민감성
- 정서적 지원성

이상의 전략적 특성과 함께 부부 양자가 서로의 관계에 대해 자신의 책임이 더 크다고 지각할수록 문제를 손쉽게 해결할 수 있고 부부 사이의 가까움을 유지할 수 있다.

2. 가족강도

가족강도란 가족으로서 지각된 성공과 만족에 기여하는 특성들을 의미한다. 그러나 가족체계는 개체특징적(idiosyncratic)이기 때문에, 어떤 가족은 자녀가 어릴 때 최적으로 기능하고 그들이 성장한 다음에는 잘 기능하지 못하나 다른 가족들은 정반대일 수 있다.

가족강도와 관련한 중요한 요인은 가족의 구조적 측면이 아니라 성공적이고 건강한 가족을 특징짓는 특성들이다(Allen & Farnsworth, 1993; Walker, 1993). 실제로 보다 손쉽게 만족스러운 가족강도를 발달시킬 수 있는 가족들이 있기는 하지만, 모든 가족은 높은 가족강도를 발달시킬 수 있는 잠재력을 지니고 있다. 그러나 단 한번의 효율적 의사소통이나 한 차례의 양보로써 행복하고 건강해질 수는 없다.

1) 가족강도의 변화

가족의 질적 특성은 가족생활주기에 따라 변화한다. 일반적으로 아동양육기와 10대 자녀가 있는 시기 동안 가족은 더 많은 스트레스를 경험한다. 또한 높은 가족강도를 갖는 가족이라고 할지라도, 때로 불신이나 무질서 혹은 불행으로 가득찬 시기를 경험하기 때문에 영원히 강한 가족은 존재하지 않는다.

그러나 가족에 따라서는 아동양육기와 10대 자녀가 있는 시기를 큰 어려움 없이 지나갈 수 있는 가족도 있고 어떤 가족들은 가족생활주기의 다른 시기에 심각한 취약성을 보이기도 한다. 중요한 것은 가족은 과정이고 모든 가족은 끊임없이 변화하고 성장하며 그 나름대로의 특징을 지닌다는 것이다.

2) 강한 가족의 특징

강한 가족은 어떤 특징을 지니고 있는가? 스틴넷과 그 동료들(Stinnett 등, 1999; Stinnett, & DeFrain, 1985)은 지난 30년 동안 미국 50개주 전체와 28개국에 거주하는 24,000명 이상의 가족구성원들을 연구하고 국제 가족강도 모델(International Family Strengths Model)을 개발하였다. 이 모델에 의하면, 강한 가족은 다음과 같은 6가지 특징을 지니고 있었다.

즉 (1) 애정과 존중, (2) 전념, (3) 긍정적 의사소통, (4) 함께 즐거운 시간을 보내기, (5) 영적 안녕, (6) 스트레스와 위기에 대한 효과적 관리 등이 그것이다. 이 연구는 시골과 도시지역을 모두 포함하고 모든 사회경제적 계층을 망라하였으며, 연구에 포함된 가족들은 지역사회에서 "성공적인 가족"으로 인정받는 가족들이었다.

최근에 스트롱과 드볼트 및 코헨(Strong, DeVault & Cohen, 2005)은 강한 가족의 특징을 보다 확대하여, (1) 전념; (2) 지원, 존중, 신뢰; (3) 의사소통; (4) 책임, 도덕성 그리고 영적 지향성; (5) 의식과 전통; (6) 위기관리; (7) 도움을 받는 능력; (8) 함께 시간을 보내기; (9) 가족건강 지향성 등의 9가지 특징을 제안하였다. 각 특징을 설명하면 다음과 같다.

(1) 전 념

가족구성원들은 가족과 동일시하고 가족의 안녕을 위해 기꺼이 일하며 가족이 통합되고 지속될 수 있도록 외부적 압력에 대항함으로써 가족생활에 전념한다(Bichoff, Stith, & Wilson, 1992). 전념은 의무나 책임과는 다르며 개인 자신보다 더 큰 어떤 것의 일부라는 느낌을 제공하고 자기중심적 관심 이상의 더 큰 세계에 참여하도록 한다.

개인이 가족에 전념할 때, 가족을 위협하는 문제나 조건들을 해결하려는 동기가 강해진다. 가족구성원들이 바쁘고 함께 할 시간이 없을 때조차도 높은 수준의 전념을 지니고 있는 사람은 가족과 함께 할 수 있는 시간을 만들기 위해 우선적인 활동들을 선별하고 외부적 압력을 경감시키려고 노력한다.

가족에 대한 전념은 다른 가족구성원들의 성장을 증진시키는 것도 포함한다. 가족에 전념하는 개인들은 가족구성원 개개인의 안녕과 행복에 관심을 갖고 각 가족구성원들이 잠재력을 실현하고 관심갖는 영역에서 성취할 수 있도록 돕는다. 이혼이나 재혼에 의해 가족구조가 변할 때조차도 가족에 대한 전념은 강한 가족을 형성하게 하는 중요한 요인이다.

문제는 가족에 대한 전념이 때로 가족구성원 각자의 개별성과 충돌할 수 있으므로 가족과 개인이 균형을 유지할 수 있어야 한다는 것이다. 그러나 성공적인 가족관계나 가족환경은 개인의 정체감 형성과 창의성에 기여하고 가족에 대한 봉사는 개인과 가족 양자의 발달을 돕기 때문에 양자간에 균형을 유지하는 것은 어려운 일이 아니다.

(2) 지원, 존중, 신뢰

가족구성원들이 나의 생각이나 감정, 일 혹은 계획에 대해 관심을 보이고 지원해줄 때, 그리고 내게 "사랑한다"고 말할 때 내가 받은 상처는 치유되고 무너진 자기가치감은 회복되며 만족감과 안녕감이 유지될 수 있다(Gecas

& Steff, 1991). 그러므로 가족으로부터의 지원은 개인의 심리적 건강을 증진시키는 역할을 한다.

가족구성원에게 관심을 갖는 또 다른 방법은 그들에게 완전히 동의하지도 이해하지 못할 때조차도, 그들의 독특성과 차이를 존중하는 것이다. 비록 자녀들이 종교와 혼전성교, 물질주의, 애국심 및 자녀양육과 같은 문제에 대해 부모와 다른 견해를 지닐 때조차도, 건강한 가족은 개별 가족구성원들이 개성을 발달시킬 수 있도록 격려한다. 비판이나 조롱 혹은 거부는 자기존중감을 훼손시키고 개인적 성장을 심각하게 제한하며, 이러한 가정에서 성장한 개인들은 타인과의 차이를 인정하지 못한다.

강한 가족을 형성하기 위해 요구되는 신뢰감 확립은 에릭슨의 심리사회적 발달단계에서 최초의 발달과업이기도 하다. 이 이론에서 영아는 부모를 신뢰할 수 있어야 하는 동시에 성장하는 개인들은 다른 가족구성원들에게 의지할 수 있다는 것을 계속해서 느낄 수 있어야 한다.

부모로부터 신뢰받고 있다고 지각하는 아동들은 자신감을 갖는 것은 물론 자신과 타인에 대한 책임감을 발달시킬 수 있다. 또한 부모가 자신의 실수나 단점에 대해 솔직하고 아동과의 약속을 지킬 때 아동은 부모를 신뢰할 수 있다. 이와 함께 아동은 부모가 서로에 대해 신뢰감을 지니고 있다는 것을 인식하는 것이 중요하다. 특히 부부가 서로 애정적일 때 아동은 안정감을 느끼고 모험을 감행하며 타인에게 관심을 가질 수 있을 뿐 아니라 독립적이고 좋은 자아상을 형성한다.

종합하면 상호적 신뢰와 존중 및 보살핌을 나타내는 성인들과 자주 접촉하면 할수록 아동은 성공적이고 만족스러운 행동을 하므로 지원과 존중 및 신뢰는 강한 가족을 구성하는 핵심요인이다.

(3) 좋은 의사소통

의사소통은 부부강도와 함께 가족강도를 결정하는 중요한 요인이다. 가족생활주기에 따라 적절한 의사소통이 이루어질 때 가족체계의 응집성과 적응성이 유지될 수 있다. 부모는 자녀들에게 그들의 감정을 효과적으로 표현하고 타인의 감정표현을 경청할 수 있는 능력을 길러 주어야 한다.

아동은 5세 무렵에 이미 많은 의사소통 경험을 한다(Satir, 1988). 의사소통 방식에는 음성언어와 함께 신체언어, 시선접촉, 침묵, 접촉 등을 모두 포함한다. 강한 가족의 의사소통방식은 직접적이고 말을 많이 하며 응시도 많을 뿐 아니라 그것을 즐긴다. 그들은 좋은 청자로서 상대편의 말은 물론 감정에도 관심을 기울이기 때문에 상대편은 존중받고 지원을 받는다고 느낀다.

가족이 갈등상태에 있을 때, 강한 가족은 개인의 성격이나 특성보다는 문제에 초점을 맞춘 의사소통을 하기 때문에, 갈등이 해결되고 나면 가족관계는 더욱 더 깊어진다. 다시 말하면 가족구성원들이 갈등을 인지하고 그것을 해결하려고 적극적으로 노력하는 것은 가족관계를 깊게 하는 촉매의 역할을 한다는 것이다(Rosenweig, 1992).

강한 가족은 타인을 비난하지 않으며 서로 논쟁을 벌이는 문제들을 함께 심사숙고한다. 비행청소년들에 관한 연구결과들은 품행장애를 갖는 청소년들의 대부분이 보잘것 없는 의사소통을 하는 가정의 자녀들이라고 보고한다(Bichoff, Stith, & Wilson, 1992). 그러므로 가족은 아동이 자신의 감정을 효과적으로 표현하는 것은 물론 타인의 표현을 경청하는 것을 가르쳐야만 한다.

(4) 책임, 도덕성, 영적 지향성

가족의 주된 사회화 기능 중의 하나는 가족구성원들이 행동에 대한 책임감을 갖고 도덕적 행동을 하도록 가르치는 것이다. 또한 영적 지향성(spiritual orientation)은 그것이 특정한 종교에 대한 헌신이든, 신에 대한 믿음이든, 세계와의 일체감이든, 혹은 일반적인 삶에 대한 경외감(敬畏感)이든, 가족이 더 큰 전체의 일부라는 느낌을 갖게 한다.

성공적인 가족은 가사일은 물론 가족결정을 공유하고 책임을 나누어 맡으며 그 책임을 수행하는 것의 중요성을 인식한다. 그러나 맞벌이 부부의 가정이나 한부모 가정의 아동들은 그들이 원하는 것보다 더 많은 책임을 맡아야 하기도 한다. 물론 이러한 상황이 심각한 경제적 어려움으로 고통을 받고 있는 아동들에게는 유해할 수도 있지만, 대부분의 아동들은 부가적인 책임을 맡음으로써 성취감과 가치감을 경험할 수 있다.

건강한 가족은 또한 아동이 옳은 것과 그른 것을 구별할 수 있는 능력을 기를 수 있도록 돕는다. 아동은 선천적으로 기본적인 도덕성을 지니고 있다고 주장하는 심리학자도 있기는 하지만(Cole, 1993), 부모는 인생초기부터 아동의 도덕성을 기르기 위해 노력해야만 한다. 건강한 부모는 아동이 도덕적 갈등상황을 해결하도록 돕는 외에도 그들 자신의 행동에 책임을 질 수 있도록 가르쳐야 한다. 부모의 위선적 행동은 이후에 아동이 무례하고 반항적으로 행동하게 한다.

영적 지향성을 갖는 가족은 단순히 가족의 유지와 만족보다는 가족을 위한 더 큰 목적을 지향한다. 그들은 가족이 이웃과 사회 그리고 세계에 기여하고 사랑과 돌보기 및 자비가 표현되는 통로의 역할을 한다고 생각한다. 많은 가족들은 종교를 통해 영적 지향성을 표현하고 목적을 실현한다.

역경의 시기에 가족은 스스로를 유지할 수 있는 힘을 얻기 위해 영적 자원에 의존하기도 한다. 그러나 부부가 어떤 종교를 신봉하고 종교가 부부의 삶에서 어느 정도로 중요한가에 대해 서로 불일치할 때 종교는 부부 사이에 분열을 초래하기도 한다.

(5) 가족의 전통과 의식

전통은 우리가 가족으로서 그리고 지역사회의 일원이라는 느낌을 제공해 주고 구성원들의 기억 속에 가족정체감을 각인시킨다. 따라서 가족은 전통과 의식을 통하여 과거와 연결되고 미래의 희망을 발견할 수 있다.

성공적인 가족은 가족역사를 유지하고 전달하는 구성원을 가지고 있다. 그들은 가족으로서의 정체감이 살아 있도록 돕는 의식과 전통을 고수함으로써 가족이 왜 어려움을 견뎌야 하고 가족이 지향하는 목표가 무엇인지를 기억하는 것을 돕는다. 가족구성원들의 개인적 정체감(내가 누구이고 무엇을 할 수 있는지에 대한 느낌)은 가족의 뿌리와 가족역사에 대한 동일시에서 오는 연속성의 느낌에 기초한다.

전통과 의식은 휴일이나 기념일 축하행사에서부터 매일이나 매주의 일상적 활동까지 가족에 따라 매우 다양하다. 어떤 가족은 일요일 아침마다 교회에 가서 함께 예배를 보는가 하면 어떤 가족에게 일요일은 조부모를 방문하는 날이기도 하다. 또한 매일의 취침시간 의식에서부터 생일축하 의식 혹은 집안 대청소 의식도 가족에 따라 큰 차이를 나타낸다. 가족구성원만이 공유하는 전통이나 의식은 가족구성원간에 친밀감을 형성하게 하고 역경의 시기에도 잘 견딜 수 있도록 하기 때문에 강한 가족을 위한 필수요건이다.

(6) 위기관리

가족생활주기에 따른 가족의 성장과 발달은 불가피하게 스트레스를 야기시키고 때로 위기를 초래한다. 물론 예상하지 못한 사건들은 가족구성원들에게 더 큰 스트레스를 불러일으킬 것이다. 흥미롭게도 이러한 스트레스에 효과적으로 대처할 수 있는 가족이 있는가 하면 전혀 대처하지 못하는 가족도 있다.

연구결과들은 일관성 있게 강한 가족의 특성으로 탄력성을 보고한다(Burr & Klein, 1994). 탄력성이란 높은 위험상태나 만성적 스트레스 혹은 그에 뒤따르는 심각한 외상에도 불구하고 성공적으로 적응을 이룰 수 있는 능력이다(장휘숙, 2001; Masten, 2001). 강한 가족의 구성원들은 위기에 직면하면 서로 결속하고 협력함으로써 높은 탄력성을 보인다. 가족내의 각 개인들은 자신을 팀의 일원이라고 생각하고 무엇을 해야 할지 서로 의논하며 어느 누구도 혼자 그 짐을 지게 하지 않는다.

요약하면 가족 앞에 산재한 어려움들을 정상적 발달과업으로 인식하는 강한 가족은 위기로부터 초래되는 변화를 수용하고 그 속에서 성장의 가능성을 찾을 수 있기 때문에, 자신감을 가지고 위기에 직면할 수 있다. 그러나 약한 가족은 동일한 상황을 특별하고 당황스러운 재앙으로 평가한다.

(7) 도움받는 능력

강한 가족의 또 다른 특징은 가족 외의 다른 사람들로부터 쉽게 도움을 얻을 수 있으므로 위기에 효과적으로 대처할 수 있다는 것이다. 자신의 취약성을 잘 알고 있는 강한 가족은 지역사회의 구성원들로부터 수용받고 있다고 느끼고 필요할 때 지역사회로부터 도움을 받을 수 있다고 생각한다. 그들은 가족 내에서는 물론 가족과 지역사회의 개인들이 상호의존적인 관계를 형성하고 있음을 잘 알고 있다.

가족이 필요로 하는 도움은 친구들 사이에 이루어지는 정상적 교환으로 충족될 수도 있고, 때로 확대가족의 도움이나 교회 혹은 다른 지원집단의 도움에 의해 충족될 수도 있다. 또 때로는 지역사회의 도움에 의해 해결될 수도 있을 것이다. 어떤 가족은 가족상담과 같은 전문적 도움을 필요로 하기도 한다(Browne, 1997). 부모교육 프로그램이나 결혼상담, 알코올 중독을 치료하는 지원집단(support groups)같은 프로그램들은 지역사회가 제공할 수 있는 대표적 도움들이다.

(8) 함께 시간을 보내기

자녀를 출산하면 가족의 활동범위는 확대되고 인간관계는 더 복잡해지므로 가족이 함께 시간을 보내는 것은 점점 더 어려워진다. 그럼에도 불구하고 가족이 함께 하기 위해 준비하는 바로 그 과정이 가족강도를 높이는 중요한 부분이다. 전체 가족의 안녕을 위해 일부 가족이 희생을 당하는 것으로 보일 수도 있다. 그러나 가족을 위해 시간을 할애하는 것은 강한 가족을 특징짓는 많은 다른 특성들을 결합하는 연결고리의 역할을 한다.

함께 시간을 보내는 것은 응집성을 형성하기 위해 그리고 적절한 의사소통 능력을 발달시키기 위해서도 필요하다. 가족전통과 의식 또한 가족이 함께 하는 시간을 요구한다. 가족 상담자들은 가족문제가 시작되는 첫 신호 중의 하나가 가족이 함께 하는 시간이 부족한 것이라고 지적한다. 가족구성원들과 함께 시간을 보낼 때 아동과 배우자는 그들이 지원을 받고 있다고 느끼고 자신을 중요하고 가치 있는 사람으로 생각한다. 부모가 아동을 가르치기 위해서도 공유된 시간이 요구된다.

그렇다고 해서 반드시 긴 시간 동안 가족이 함께 시간을 보내거나 값비싼 휴가를 가져야 한다는 것은 아니다. 가족 모두가 참여하는 편안한 식사나 게임만으로도 가족강도는 충분히 높아질 수 있다. 부부는 때로 서로 함께 시간을 보내기 위해 혹은 자녀와 함께 놀이하기 위해 어질러진 책상을 제대로 치우지 못하거나 끈적거리는 부엌 바닥을 제대로 닦지 못할 수 있다. 중요한 것은 이 시간이 가면 가족이 함께 할 시간이 영원히 사라질 수도 있으므로 우리 모두 가족과 함께 하는 시간에 최우선을 두어야 한다는 것이다.

(9) 가족건강 지향성

가족건강 지향성(family wellness orientation)은 신체적, 정서적, 지적, 영적 그리고 사회적 차원에서 최상의 건강상태를 유지할 수 있는 방식으로 삶을 꾸려가겠다는 결정을 하는 것을 의미한다. 가족건강 지향성을 갖는 가족은 건강한 가족생활이 우연히 이루어지는 것이 아니며 관심과 준비가 필요하다는 것을 인식한다. 그들은 가족건강에 관한 정보를 얻기 위해 부부교실이나 부모교육 프로그램과 같은 다양한 교육기회들을 잘 활용한다.

04 성역할과 성적 발달

Ⅰ. 성역할의 형성
- 1. 성역할 이론
- 2. 사회화 대리인으로서의 TV
- 3. 성인기의 성역할 학습

Ⅱ. 성역할의 변화
- 1. 위계적 성역할과 평등주의적 성역할
- 2. 양극적 성역할과 양성적 성역할

Ⅲ. 성적 발달
- 1. 성적 학습의 근원
- 2. 성인기의 성적 발달과업
- 3. 성적 스크립트
- 4. 좋은 성의 조건

Ⅳ. 성적 문제와 역기능
- 1. 성적 문제의 원인
- 2. 성문제의 해결
- 3. 성　　병
- 4. 성적 책임감

제 4 장
성역할과 성적 발달

성역할의 발달은 개인의 성적 발달과 밀접하게 연결되어 있다.

제 4 장
성역할과 성적 발달

개인이 남성 성역할을 수행하는가 아니면 여성 성역할을 수행하는가에 따라, 그의 자아상은 물론 데이트 양식이나 결혼생활 방식 및 학교와 직업에서의 성취 등이 달라진다. 더욱이 성역할의 발달은 개인의 성적 발달과 밀접하게 연결되어 있으므로 이 장에서는 먼저 성역할의 형성과정과 최근의 변화를 설명하고 성적 발달과 관련된 내용들을 차례로 논의한다.

우리는 성인초기, 중기 그리고 후기 동안 상이한 성적 발달과업을 성취해야 할 뿐 아니라 성적 스크립트에 맞추어 행동할 수 있어야 한다. 더욱이 부부는 성생활을 전제로 하기 때문에 결혼관계에서의 성의 의미와 좋은 성의 조건을 논의함으로써 가족생활에 대한 보다 완전한 이해를 가능하게 하려고 한다.

I. 성역할의 형성

출생 직후에 어린 영아는 즉시 남성 혹은 여성으로 분류되기 때문에, 매우 어린 연령에서 성정체감(sex identity)을 학습한다. 성정체감이란 생식기에 기초한 남녀의 구별로서 개인 자신에 대해 갖는 가장 깊은 개념이다. 우리 문화에서 개인이 남성 성정체감을 지니면 남편이 되고 아버지가 되는 반면, 여성 성정체감의 소유는 아내이고 어머니가 되게 한다. 그러므로 개인의 성정체감은 삶의 방향을 결정하는 역할을 한다.

개인의 성정체감에 따라 각 문화는 서로 다른 성역할을 부여한다. 우리 사회의 많은 사람들은 아직도 남성과 여성은 분명히 구별되는 심리적 및 행동적 특성을 소유하고 있다는 성역할 고정관념(gender-role stereotype)을 바탕으로 사고하고 행동한다. 그러나 개인의 성역할은 고정된 것이 아니라 사회에 의해 인위적으로 부과된 개인의 측면이라는 증거들이 많이 있다.

그 예로서 뉴기니아의 아라페쉬(Arapesh)족은 남녀가 모두 수동적, 협동적, 평화적 그리고 양육적 특성을 지닌다. 그들은 남녀 공히 우리 문화에서 규정하는 여성성을 소유한다. 대조적으로 아라페쉬족이 사는 곳에서 80마일 밖에 떨어져 있지 않은 곳에서 생활하는 문두구몰(Mundugumor)족은 남녀가 모두 우리 문화의 남성적 특성인 폭력적, 경쟁적, 공격적 특성을 지니고 있다(Mead, 1975).

이와 같은 문화적 차이는 결국 개인의 성역할이 선천적으로 결정되어 있는 것이 아니라 후천적 학습에 의한 것이라는 것을 시사한다. 다시 말하면 남성과 여성의 성은 생물학적으로 결정되는 것이지만, 남성성(masculinity)과 여성성(femininity)은 문화에 의해 창조된 것이라는 것이다.

성과 성역할을 포함하여 이 장에서 사용하게 될 중요한 성관련 용어들을 정리하면 다음과 같다.

- 성(sex): 생물학적으로 구분되는 남성과 여성을 의미하며 남녀의 차이를 가져오는 염색체, 호르몬 그리고 해부학적 특성을 포함한다.
- 성별(gender): 남성과 여성이 지니는 사회적, 문화적 그리고 심리적 측면을 의미한다.
- 성역할(gender role): 특정한 문화에서 남성이나 여성이 수행할 것으로 기대되는 역할을 의미한다. 과거에는 성역할이 생물학적 성에 기초한다고 생각되었으나(sex role) 이제는 사회나 문화에 의해 결정되는 개념

으로 인식된다.

- 성역할 고정관념(gender-role stereotype): 남성과 여성은 서로 구별되는 심리적, 행동적 특성을 지닌다는, 지나치게 엄격하고 단순화된 신념이다. 고정관념은 집단의 개별적 구성원은 물론 전체로서의 집단을 부정확하게 규정하는 경향이 있다.
- 성역할 태도(gender-role attitude): 남성과 여성에게 적절하다고 생각되는 성격특성과 행동에 대해 우리가 갖는 신념을 의미한다.
- 성역할 행동(gender-role behavior): 남성이나 여성으로서 우리가 실제로 수행하는 활동이나 행동에 해당한다.

1. 성역할 이론

개인이 어떻게 성역할을 학습하는지를 설명하는 대표적 이론으로 성별이론과 사회학습이론 그리고 인지발달이론이 있다.

1) 성별이론

1980년대에 제안된 성별이론(gender theory)은 성별이란 사회적 구성개념으로 남녀의 사회적 불평등성을 바탕으로 남성의 역할과 여성의 역할이 결정된다고 주장한다. 이 이론은 (1) 어떤 행동이나 역할(아동양육자, 트럭 운전사, 혹은 비서같은)이 어떻게 남성행동과 여성행동으로 정의되는지, (2) 가정이나 직장에서 남성의 일과 여성의 일이 어떻게 구분되는지, 그리고 (3) 사회적 제도가 어떻게 남성에게 유리한 지위를 부여하는지에 관심을 갖는다.

성별 불평등(gender inequality)은 남성과 여성이 정반대의 속성을 갖는다는 소위 성별 양극화(gender polarization)에 기원한다(Bem, 1996). 그 결과 남녀는 성격, 능력, 기술, 특성 등 모든 요인에서 정반대의 특성을 지닌다고 간주된다. 문제는 성별간의 차이가 중요성에서의 차이를 초래함으로써 남성적 특성인 이성과 공격성은 여성적 특성인 민감성과 순종보다 더 중요시된다는 것이다.

이 분야의 일부 연구자들은 사회적 상황에서 성별이 어떻게 구성되고 재생산되는지를 강조한다. 사회는 끊임없이 사회가 규정한 남성적 특성이나 여성적 특성을 지니도록 설득하고 강요한다(Fox & Murray, 2000). 강요받은 행동을 하지 않는 사람은 비판을 받고 비웃음을 사며 무능력하거나 부도덕한 사람으로 인식된다.

성별이론에 의하면, 가족은 특히 성별로 구분되는 사회적 체계이므로(Risman, 1998) 가족구성원 중 누가 돈을 벌고, 집안일을 하며 자녀를 양육해야 하는지에 관한 문화적 기대를 갖는다. 실제로 우리가 가족 속에서 경험하는 거의 모든 일들은 사회가 규정한 성별 규정을 학습한 결과로서 어린 아동들은 일찍부터 문화적 기대에 따라 남녀의 역할을 학습한다는 것이 성별이론의 핵심이다.

2) 학습이론

학습이론은 성역할의 학습과 사회화를 강조한다. 학습이론에 의하면, 아동과 청소년들은 칭찬이나 보상과 같은 긍정적 강화에 의해 동성의 성역할을 학습하고 처벌이나 부정적 강화에 의해 이성의 성역할을 억제한다. 남아가 인형을 가지고 놀거나 여아가 총을 가지고 놀면 처벌받기 쉽다. 보상과 처벌의 결과로서, 남아는 인형을 가지고 노는 것을 억제하고 여아는 총을 가지고 노는 것을 억제한다.

Bandura

동시에 반두라(Bandura, 1977)같은 사회학습이론가들은 개인의 성역할은 타인의 행동을 관찰함으로써 획득된다고 주장한다. 아동과 청소년들은 그들 자신들도 의식하지 못한 상태에서 각기 남성이나 여성이 사용하는 언어와 제스처를 그대로 사용하고 감정표현이나 사고방식까지도 모방한다. 일반적으로 성인들이 따뜻하고 애정적이며 양육적일 때, 그리고 힘이 있을 때 모방대상이 될 가능성이 크다.

학습이론에서는 아동에게 성역할을 가르치는 사회화 대리인(socialization agents)의 역할을 중요시한다. 사회화란 각 개인이 그가 속한 사회에 어울려 살아갈 수 있도록 그 사회의 신념과 가치 및 행동을 획득하는 과정이다. 부모와 같이 아동의 사회화를 담당하는 사람을 사회화 대리인이라고 한다. 영아기나 아동초기의 성역할 사회화는 일차적 양육자인 부모에 의해 주로 이루어지므로 이 시기의 성역할 사회화 대리인은 부모들이다.

그러나 많은 부모들은 그들의 말과 행동이 아동의 성역할 사회화에 기여한다는 것을 깨닫지 못한다. 그 예로서 부모는 딸을 부드럽게 다루고 '예쁘다' 는 표현을 자주 사용하는 반면, 아들에게는 씩씩하다는 말을 자주 사용하면서 거칠게 다룬다. 장난감을 사줄 때도 아들에게는 총을 그리고 딸에게는 인형을 사줌으로써 아동들이 성별화된 장난감을 좋아하도록 격려한다. 가사일을 할당할 때에도 딸에게는 설거지나 방청소가 그리고 아들에게는 쓰레기 버리기나 고장난 가정용품을 수리하는 일이 할당된다.

흥미롭게도 아버지들은 어머니들보다 성에 적절한 행동을 하도록 아동들에게 더 많은 압력을 가한다(Renzetti & Curran, 2003). 아버지들은 딸에 대해서보다는 아들에 대해 더 높은 수준의 성취 표준을 설정하고 딸에게는 대인관계적 측면을 더 많이 강조한다. 이와 같이 부모는 아들과 딸을 다르게 양육하고 있으면서도 아동들에게서 나타나는 차이를 선천적 본성에 귀인시키는 경향이 있다.

아동이 초등학교에 입학하게 되면 부모와 함께 교사나 또래들이 사회화 대리인의 역할을 담당한다. 일반적으로 교사와 또래들은 전통적 성역할을 강요하는 경향이 있다. 교사들은 체육활동에서 남녀를 구별하고 수학과 과학과목에서는 소년을 그리고 언어과목에서는 소녀를 더 많이 격려한다(Sadker & Sadker, 1995). 또래들 역시 장난감이나 놀이를 통하여 특정 아동의 성역할 행동을 승인하거나 불승인함으로써 전통적 성역할 규준을 강화한다.

청년기 동안 동년배들은 계속해서 영향을 주지만 연구자들은 동년배보다는 부모가 성역할 학습에 더 큰 영향을 준다고 주장한다(Gecas & Seff, 1991). 일반적으로 부모는 규칙이나 규준을 설정함으로써 청소년들의 행동에 일차적으로 영향을 주는 반면, 동년배들은 모방행동을 통해 청소년들에게 영향을 주기 때문에 성역할 학습에서도 부모의 영향력이 더 크다는 것이다. 또한 청소년 자녀를 갖는 부모들은 자녀가 또래로부터 부정적 영향을 받을지도 모른다고 걱정하고 불안해 하지만, 동년배들은 청소년에게 긍정적 영향을 주기도 한다. 그 예로서 청소년들은 동년배로부터 친밀한 관계를 형성하는 방법을 습득하고 평등주의적 성역할을 학습한다. 실제로 청소년 동년배집단은 아버지보다 더 평등주의적 성역할을 지향한다(Thornton, 1989).

오늘날 유아원이나 유치원 혹은 초등학교 교사들의 대부분이 여성들이다. 이와 같이 여성만으로 구성되는 교육환경은 아동들에게 편향된 성역할을 강화할 수 있다. 특히 유아원이나 유치원은 어린 아동들이 가족체계 바깥의 더 넓은 세계를 최초로 경험하는 장소라는 점에서, 교사들은 중요한 역할모델일 수밖에 없다. 최근 남아들의 여성화를 우려하는 사람들은 그 원인의 일부가 여성적 성역할을 강화하는 여자교사에게 있다고 주장하기도 한다.

3) 인지발달이론

스위스의 심리학자 진 파아제(Jean Piaget, 1950)에 의해 제안되고 콜버그(Kohlberg, 1966)에 의해 성역할에 적용된 인지발달이론은 개인의 성역할 학습은 그의 사고발달과 병행한다고 가정한다. 피아제의 인지발달 단계이론에 의하면, 아동의 사고능력은 질적으로 상이한 단계를 따라 발달한다. 그러므로 아동의 성역할에 대한 이해도 그의 사고발달과 함께 질적으로 상이한 발달과정을 거쳐 변화한다는 것이다.

2세의 아동들은 자신과 타인을 남자나 여자로 인지할 수 있으나 주로 머리카락이나 옷과 같은 피상적 특성을 기초로 남녀를 구별한다. 그들은 소년이라고 할지라도, 긴 머리카락을 갖고 있거나 치마를 입으면 소년일 수 없다고 판단한다.

아동이 6, 7세에 이르면 그들의 발달된 인지능력을 바탕으로 개인의 성별은 변화될 수 없다는 것을 이해하기 시작한다. 소녀가 짧은 머리모양을 하고 바지를 입고 있다고 할지라도 여전히 소녀라는 것을 인식한다. 따라서 외모의 변화에 의해 개인의 성이 변화될 수 없는 것이라는 것을 알게 된다.

Jean Piaget

그러나 이 연령의 아동들은 자신과 타인에게 엄격한 성역할 고정관념을 적용한다. 인형은 여아의 장난감이므로 남아가 가지고 놀아서는 안 되며 여아가 남아의 장난감인 총을 가지고 놀면 비난받아야 한다고 생각한다.

추상적 사고가 가능하고 가설을 설정하며 모든 가능한 개념의 조합을 구성해 낼 수 있는 청년기 혹은 그 이상의 연령에 이르면, 성역할에 대한 개념은 변화한다. 이 연령에 이른 개인들은 남성과 여성이 생물학적 혹은 해부학적으로 차이가 있지만, 성역할 그 자체는 고정된 것이 아니라는 것을 이해하기 시작한다. 콜버그에 의하면, 인지적으로 발달된 개인일수록 융통성 있는 성역할을 지니므로 남녀 모두 양성적 성역할을 공유할 수 있다.

Lawrence Kohlberg

양성적 성역할은 벰(Bem, 1975)에 의해 양성성(androgyny) 개념으로 정리되었다. 양성성이란 남성을 의미하는 'andro'와 여성을 의미하는 'gyne'의 복합어로서 남성과 여성이 전통적 남성 특성과 여성 특성을 공유하고 있음을 의미한다.

전통적으로 남성은 남성적 성역할만을 소유하고 여성은 여성적 성역할만을 지니고 있을 것으로 기대되었다. 다시 말하면 여성은 정서적이고 온화하며 이해심이 많은 특성을 지니는 반면, 남성은 독립적, 지적, 모험적, 자기신뢰적일 것으로 생각된다는 것이다.

그러나 벰은 정상 성인은 전적으로 남성적 성향이나 여성적 성향만을 갖는 것은 아니며 유능한 성인일수록 그 양자를 조합해서 지니고 있다고 주장하였다. 양성성 개념은 20세기 동안 새롭게 등장한 성역할 표준으로서 남녀의 좋은 특성을 자유롭게 표현하는 것을 허용하는, 심리학적으로 건강한 성역할을 지향한다.

2. 사회화 대리인으로서의 TV

대중매체들은 남성과 여성을 매우 다르게 묘사한다. 실제로 대중매체들은 여성을 무시하고, 사소하게 취급하며 때로 비난한다. 특히 TV의 프로그램들은 성이나 인종, 혹은 연령에 대해 부정적 고정관념을 격려하고 조장하는 경향이 있다.

TV에 등장하는 여성들은 남성들이 남성의 대표로 묘사되는 것보다 여성의 대표로 묘사되는 일이 훨씬 더 적다. 그 예로서 미국 TV의 황금시간대에 등장하는 여성인물들의 거의 2/3가 20–30대 여성들이고 40대 여성인물들은 12%에 지나지 않는다. 그러나 40대 남성인물의 비율은 전체 남성인물의 22%를 차지하여 여성인물들과 대조를 이룬다(MRTW, 1999). 또한 등장하는 여성인물들의 거의 절반이 날씬하고 매력적이지만, 잘 생기고 멋진 남성은 단지 16% 정도이다(Renzetti & Curran, 2003). 이와 같이 TV는 젊고 날씬해야만 바람직한 여성일 수 있다는 잘못된 고정관념을 은연중에 강화한다.

또한 TV는 여성들을 정서적이고 정서적 지원이 필요한 인물로 묘사한다. 그들은 감정이입적이고 양육적인 특성을 지닌 존재로 등장하며 직업인으로서

가 아니라 대부분 아내나 어머니 혹은 성적 대상물로 그려진다(Vande Berg & Strekfuss, 1992). 그러나 남성인물들은 공격적이고 건설적으로 묘사되며, 문제를 해결하고 위험에 처한 사람을 구하는 역할을 한다. 이와 같이 TV는 고정관념을 조장하고 강화하는 역할을 하므로 TV에 노출되는 시간이 많을수록 아동들은 고정관념적 성역할을 갖는 인물로 성장한다.

3. 성인기의 성역할 학습

개인의 성역할은 청년기까지 대부분 확립된다고 생각되었기 때문에, 성인기에 이루어지는 성역할 학습에 대해서는 대부분의 연구자들이 관심을 갖지 않았다. 그러나 소수의 연구자들은 개인의 성역할 발달에 전생애 발달적 접근방법(life-span developmental approach)을 적용하고 성인기에 성역할 초월(gender role transcendence)이 이루어진다고 가정하였다(Hefner, Rebecca & Oleshansky, 1975).

1) 성역할 초월

성역할 정체감(gender role identity)이란 각 개인이 행동으로 나타내는 남성적 특성과 여성적 특성의 정도와 형태로서 남성적, 여성적, 양성적 그리고 미분화의 네 가지 유형이 존재한다. 전생애적 접근방법에 의하면, 개인의 성역할 정체감은 다음과 같은 세 개의 단계를 거쳐서 발달한다.

① 미분화단계.

② 양극화단계.

③ 초월단계.

미분화단계에 있는 어린 아동들은 남성이나 여성에게 적절하다고 생각되는 행동을 분명하게 구별하지 못한다. 그러나 아동이 성장하여 초등학교에 입학할 무렵에 이르면, 남성적 행동과 여성적 행동을 구별할 수 있으므로 점차 엄격한 성역할을 적용하기 시작한다. 이제 그들은 남성성(masculinity)과 여성성(femininity)을 분명하게 구별하는 양극화단계에 도달한다.

청년기를 거쳐 성인초기에 이르면, 각 개인은 엄격한 남성/여성 양극화에서 점차적으로 벗어나고 전통적 남성성과 여성성을 초월하기 시작한다. 이제 남성성과 여성성이 결합될 수 있으므로 초월적 성역할을 성취할 수 있다. 초월적 성역할은 양성성과 비슷한 개념이기는 하지만, 양성성은 전통적인 남성적 특성과 여성적 특성을 바탕으로 하는 반면 초월적 성역할은 그 양자를 모두 초월한다는 점에서 차이가 있다.

2) 성역할 초월에 영향을 주는 요인

성인기 동안 개인의 성역할 학습에 영향을 주는 두 가지 중요한 사건은 결혼과 부모역할이다. 결혼은 남편과 아내의 역할을 생성하고 부부 사이의 상호작용을 강화한다. 부부는 남성이나 여성으로서 어떻게 행동해야 하는지에 대해 각자 지니고 있는 기대를 바탕으로 서로 상호작용한다.

일반적으로 남편들은 아내들보다 성역할에 대해 보다 더 전통적이고 남녀 불평등적인 경향을 지니고 있다. 여성들이 요리와 세탁, 쇼핑 및 아동돌보기의 영역에서 선천적으로 우수한 능력을 지니고 있다고 믿는 남성들은 가정에서 오로지 휴식을 취하고 가장으로서 권위적 대우를 받기만을 원한다. 그러나 남편과 아내는 상호작용을 통하여 서로에게 영향을 주기 때문에, 성역할에 대한 그들의 상이한 입장은 서로 상대편의 방향으로 조금씩 수정될 수 있다(Risman, 1998). 즉, 남편과 아내의 상호적 영향은 제 3 의 성역할을 창조해 낼 수 있다는 것이다.

부모역할 또한 부부의 성역할 수행에 현저한 변화를 가져온다. 자녀의 출산으로 가족수가 증가하면, 아버지는 많아진 가족구성원들을 부양해야 한다는 강한 책임감을 갖는다. 대조적으로 여성들은 직접적으로 아동양육을 담당해야 하기 때문에, 자녀양육과 직업문제로 갈등을 빚는다.

오늘날 여성들이 아내로서 과거보다 더 큰 자유를 누리고 있다고 할지라도, 일단 어머니가 되면 아동양육문제로 인해 그들이 갖는 자유의 상당 부분을 제한하지 않으면 안 된다. 직업을 가지고 있던 여성들은 아동양육을 위해 직장을 일시적 혹은 영구적으로 쉬어야 하고 증가된 가사일을 처리해야 하는 역할부담을 안게 된다. 성역할에 대한 평등주의적 입장을 지니고 있던 부부들도 아동이 태어나면 보다 더 전통주의적 성역할을 수용하는 방향으로 이동한다.

Ⅱ. 성역할의 변화

동시대의 성역할은 한 성이 다른 성에 종속하는 전통적인 위계적 성역할(hierarchical gender role)에서 양성이 동등하게 대우받는 평등주의적 성역할로 이동하고 있다. 동시에 남성성과 여성성이 상호배타적으로 이분된다는 양극적 성역할은 남녀 모두 양성의 특성을 공유한다는 양성적 성역할로 대치되고 있다.

1. 위계적 성역할과 평등주의적 성역할

위계적 성역할은 남성이 여성보다 우월하기 때문에 남성이 가정 내에서 힘과 의사결정권을 가져야 한다는 전통적 성역할이다. 그러나 20세기 후반에 일어난 몇 가지의 사회적 변화들은 위계적 성역할을 약화시키고 평등주의적 성역할로의 이동을 가속화시켰다.

우선 자녀수가 감소되고 취업하는 여성들이 늘어남에 따라 여성들이 가정 내에서 더 큰 힘을 갖게 되었다. 일반적으로 결혼생활에서 경제적 자원을 갖는 사람들이 더 큰 힘을 갖기 때문에, 여성들의 취업은 가정 내에서의 여성의 힘을 증가시키고 여성이 남성과 대등한 의사결정권을 가질 수 있도록 돕는 역할을 하였다.

최근에 와서 아동양육과 가사책임을 분담하는 남성들이 계속해서 증가하고 있다. 특히 대학교육을 받은 여성과 남성들은 성역할, 직업역할 그리고 가족 역할에 대한 전통적인 역할구분 방식을 지지하지 않는다. 여성들의 50%

사회변화와 함께 남녀의 성역할이 변화하고 있다.

이상이 취업한 미국 가정의 남편들은 생계유지자로서의 가장의 역할과 함께 가사일과 자녀양육에의 참여를 그들의 과업으로 지각한다(Coltrane, 2000).

그렇다고 해서 남편과 아내가 가사일을 50 대 50으로 나누어 분담하는 부부는 서양에서도 드물다. 대부분의 가정에서 아직도 남성은 여성보다 더 큰 힘을 갖고 최종적 의사결정권자로서 역할을 수행하며 가장으로서의 권위를 누리며 생활하고 있다.

비록 변화의 속도에서 동서양간에 차이가 있기는 하지만, 평등주의적 성역할로의 이동은 이제 당연시되고 가속화되는 추세에 있다. 평등주의적 성역할에 의해 잃는 것이 많다고 생각하는 일부의 남성들은 성역할의 변화에 소극적이거나 때로 저항적이지만, 그들도 또한 변화하지 않을 수 없다.

2. 양극적 성역할과 양성적 성역할

양극적 성역할(bipolar gender role)이란 남성성과 여성성은 정반대의 특성으로 남성은 남성적 특성만을 그리고 여성은 여성적 특성만을 소유한다는 전통적 성역할 개념이다. 즉, 남성은 공격적, 여성은 수동적, 남성은 도구적, 여성은 표현적과 같이 남성과 여성은 오로지 배타적 특성만을 지니고 있다고 생각된다.

대조적으로 양성적 성역할(androgynous gender role)은 남성과 여성 모두가 전통적 남성 특성인 도구성과 전통적 여성 특성인 표현성을 공유할 수 있다고 간주한다(Brewster & Padavic, 2000). 전통적인 양극적 성역할에 도전하는 양성적 성역할은 남성과 여성이 개인의 생물학적 성보다는 오히려 기질이나 상황 및 인간성에 따라 그들의 정서를 표현하고 행동을 선택한다는 것을 기본으로 한다. 양성적 성역할을 제안한 벰에 의하면, 양극적 성역할은 남녀 모두가 완전한 인간으로 발달하는 것을 방해하는 기능을 한다.

일상생활을 자세히 들여다보면 남녀가 많은 공통점을 지니고 있다는 것을 쉽게 알 수 있다. 남성은 성취를 추구하면서 동시에 친밀성을 추구하고, 유사하게 여성은 친밀성을 추구하지만 성취도 추구한다. 따라서 남성도 여성과 같이 울 수 있고 부드러움을 표현할 수 있으며 여성도 남성과 같이 공격적일 수 있고 직업지향적일 수 있다.

도구성과 표현성으로 이분되었던 남녀의 성역할은 앞에서도 지적한 것처럼, 양극적인 개념이 아니라 오히려 공유될 수 있는 특성들이다. 양성적 성역할은 성역할에서의 융통성에 해당하는 동시에 성역할의 통합을 지향한다.

남성적 특성과 여성적 특성을 공유하는 양성성 소유자들이 양극적 성역할을 지니고 있는 개인들보다 더 적응적이라는 증거는 많이 있다. 그 예로서 양성적 개인들은 사회적 상황에서 더 큰 자신감을 나타내고(Puglisi & Jackson, 1981) 긴장에 대한 더 큰 회복력을 지닌다(Roos & Cohen, 1987). 또한 결혼생활에도 더 헌신적이고 적극적이며 큰 만족을 느끼는 경향이 있다(Stephen &

Harrison, 1985).

Ⅲ. 성적 발달

개인의 성이나 성욕에 관한 학습은 사춘기 동안의 신체적인 성적 성숙과 함께 시작되고 성인초기까지 계속된다. 그 과정에서 각 개인은 타인에 대한 성적 감정과 성적 지향성의 의미를 이해하고 책임 있는 성행동을 할 수 있어야 한다.

1. 성적 학습의 근원

개인의 성적 학습에 영향을 주는 대리인들은 많이 있다. 그중에서도 부모는 성장과정에 있는 아동들의 성적 학습에 중요한 대리인의 역할을 하며, 성장한 이후에는 파트너가 그 역할을 담당한다. 그 외에 친구와 대중매체도 개인의 성적 학습에 영향을 준다.

1) 부모의 영향

아동은 성욕에 관한 많은 것을 부모로부터 학습한다. 그러나 그들은 부모의 직접적인 가르침에 의해서가 아니라 부모의 행동을 관찰한 결과로써 학습한다. 이때 아동이 학습한 내용의 대부분은 '성에 관해 생각하는 것도, 이야기하는 것도 나쁘다' 는 것이다.

또한 부모는 아동의 성적 호기심이나 표현에 반응함으로써 아동이 특정한 성적 태도를 갖도록 한다. 그 예로서 아동이 타인의 음부를 만지려고 하거나 어머니나 다른 여성들의 젖가슴에 손을 넣을 때 부모가 반응하는 방식은 아동에게 성의 의미를 전달한다. 이때 과도하게 부정적으로 반응하는 부모들은 성은 나쁜 것이라는 의미를 전달한다. 그러나 성욕을 무시하거나 비난하기보다 인정하는 부모들은 아동의 행동을 부드럽게 제지함으로써 아동이 긍정적 신체상을 형성하고 성적 문제에 편안하며 더 높은 자기존중감을 발달시킬 수 있도록 돕는다(Miracle, Miracle, & Baumeister, 2003).

청소년들은 자신의 성욕에 관심을 갖지만, 부모가 성문제에 관해 직접적으로 질문하면 당황스러워하고 오히려 부모를 불신한다. 많은 부모들은 청소년들이 성에 관해 지나치게 많은 정보를 갖게 되면 성적으로 능동적이 될 것을 우려한다. 그들은 내 아들(딸)은 아직 성에 관심이 없다고 생각하거나, 성행위를 좋아하지 않는다고 짐작하고 자녀와 성에 관한 이야기를 나눌 수 있는 적절한 때를 기다리므로 부모는 청소년들의 성적 의사결정에 영향을 미치지 못한다.

그 결과 청소년들은 성행동에 대한 규칙이나 규준도 없이 지나치게 허용적인 성적 태도를 갖게 되고 더 쉽게 혼전성교를 경험할 가능성이 있다. 부모와의 의사소통이 청소년들의 성행동에 긍정적인 영향을 미칠 수 있기 위해서는 가정 내에 어머니와 아버지가 모두 존재해야 한다는 연구결과가 있다(Miracle 등, 2003). 또한 부모와의 강한 유대는 청소년들의 동년배 의존을 감소시키고 타인과 성적 유대를 형성해야 할 필요성을 약화시킨다는 연구도 있으므로(DiBlasio & Benda, 1992), 부모와 청소년 자녀간의 애착의 지속은 물론 건설적 의사소통이 필요함을 알 수 있다.

부모의 관심은 10대의 임신을 막을 수 있는 가장 중요한 요인이다(Hanson, Myers, & Ginsburg, 1987). 특히 타인에 대한 존중과 자신의 행동에 대한 책임감을 주입시키는 부모는 젊은이들이 성행동을 통제할 수 있도록 도울 수 있다. 성교육에 관한 이중기준(double standard of sex education)을 추천하는 사람도 있다(Gordon, 1984). 즉 "성행동을 하지 마라. 그러나 만약 성행동을 해야 한다면, 콘돔을 사용하라"라고 충고하는 전략이 여기에 해당한다. 이중기준의 사용은 청소년들의 임신과 성병 감염을 막을 수 있는 효과적인 방법으로 알려져 있다.

2) 그 외의 다른 요인들

청소년들은 동년배로부터 성에 관한 정보를 얻기도 하고 잘못된 정보를 서로 교환하기도 한다. 동시에 전통적인 성역할을 수행하도록 서로에게 압력을 행사하기도 한다. 특히 남자 청소년들은 성에 관한 관심이 없거나 준비되어 있지 않은 동년배에게 성적으로 능동적이도록 부추긴다. 동년배의 압력을 받은 남자 청소년들은 자신의 성적 무경험을 감추기 위하여 허세를 부리고 성에 관한 잘못된 정보를 퍼뜨리는 역할을 한다. 실제로 많은 청소년들은 동년배들의 압력 때문에 첫 성교를 시도한다.

대중매체도 개인의 성적 태도에 깊은 영향을 준다(Wolf & Kielwasser, 1991). 특히 청년후기와 성인초기 젊은이들은 영화나 대중음악, 광고, TV 혹은 잡지 등을 통해 성에 관한 정보를 획득한다. 이외에도 인터넷의 성인 웹사이트나 DVD도 젊은이들의 중요한 성정보원들이다.

그러나 연령이 증가하면, 부모나 친구 혹은 대중매체보다 성적 파트너가 개인의 성적 학습에 더 중요한 역할을 한다. 남녀 모두 이성과의 관계를 통하여 부모나 친구 혹은 대중매체로부터 습득한 성적 스크립트(p. 133 참조)나 모델이 반드시 옳은 것은 아니라는 것을 학습한다. 그들은 파트너와의 매일의 상호작용을 통하여 그들의 성적 태도와 행동을 조절함으로써 전통적인 성적 스크립트를 수정한다.

2. 성인기의 성적 발달과업

발달과업(developmental task)이란 개인이 각 발달단계에서 환경에 적응하기 위하여 반드시 성취해야 하는 기술이나 적응으로서 허비거스트(Havighurst, 1970)에 의해 제안된 개념이다. 성인기 동안의 성적 발달도 각 단계마다 상이한 발달과업을 갖는다. 성인초기, 중기, 후기 동안 반드시 성취해야 하는 성적 발달과업의 내용을 정리하면 다음과 같다.

1) 성인초기의 성적 발달과업

성인초기는 이성을 만나고 사랑하고 그리고 결혼하는 시기이므로 다음과 같은 몇 가지 중요한 발달과업을 성취해야만 한다.

성인초기 동안 사랑과 성을 통합할 수 있어야 한다.

① 사랑과 성의 통합: 전통적 성역할은 남성은 성욕 지향적이고, 여성은 사랑 지향적이라고 규정한다. 그러나 우리는 성인초기 동안 성욕과 사랑이 일직선상의 양극단에 위치하는 정반대의 개념이 아니라 양자를 통합하는 방식을 확립해야 한다.

② 친밀성과 전념의 발달: 성인초기 동안 성적 경험이 증가한다. 데이트나 동거 혹은 구혼을 통해 우리는 잠재적인 파트너와 접촉한다. 타인과의 관계가 점점 의미있는 관계로 발전하면, 친밀성과 상호의존이 증가한다. 성욕은 신체적 쾌락을 획득하는 수단인 동시에 친밀성과 자기노출을 증가시키는 수단이다. 이성과의 관계가 보다 더 친밀해지면, 파트너에 대한 전념이나 헌신이 이루어져야 한다.

③ 출산 결정: 결혼한 부부들에게 출산은 당연한 일일 것이다. 그러나 독신임에도 불구하고 임신하기를 원한다면 사회적인 불승인과 비판을 받게 될 것이므로 성적으로 능동적인 여성도 임신을 회피하거나 연기해야 한다. 계획하지 않은 임신을 하게 된다면, 여성은 어떻게 해야 할 것인가?

④ 성적 지향성의 확립: 대부분의 개인들은 이성애자로 발달하지만, 동성에게 매력을 느끼는 사람들이 있다. 성인초기 동안 자신의 성적 지향성에 대한 인식이 이루어져야 한다.

⑤ 성적 철학의 발달: 청년기에서 성인초기로 이동하면, 개인은 자신의 도덕적 표준을 재평가한다. 권위에 기초한 도덕적 판단에서 정의와 책임 및 돌보기에 바탕을 둔, 개인 자신의 원칙에 기초한 도덕성으로 이동한다. 우리는 성적 문제를 포함한 우리 자신의 도덕적 규칙을 확립할 수 있어야 한다. 또한 성적 태도와 행동, 신념 그리고 가치가 결합된 철학적 조망이 발달됨으로써 성욕과 개인적, 종교적, 영적, 인본주의적 가치관이 통합될 수 있다.

2) 성인중기의 성적 발달과업

성인중기 동안 성인초기에 시작된 성적 발달과업의 성취가 계속된다. 친밀성의 발달이나 자녀출산같은 발달과업은 성인초기 동안 연기되거나 부분적으로 성취될 수 있으므로 성인중기 동안에도 그것을 위한 노력이 계속된다. 성인중기에 별거하거나 이혼한 부부들은 이미 10-15년 전과 동일한 친밀성과 전념의 과업에 직면한다. 그러나 인생은 정체되어 있지 않고 계속 흘러가기 때문에 성인중기 동안 다음과 같은 새로운 발달과업들이 출현한다.

① 부부관계나 다른 장기적 관계에서 성의 재정의: 처음 만난 남녀의 성적 관계는 강렬하고 격정적이지만, 장기적인 결혼관계에서의 성은 점차 습관화된다. 성인중기 동안 부부의 성은 부모역할이나 직업역할과 경쟁하고 피로와 해결되지 못한 갈등 때문에, 성과 연합된 격정의 강도는 점차 약화된다. 이제 성은 친밀성과 보살핌의 형태로 재정의될 필요가 있다. 또한 성인중기의 각 개인은 혼외 성관계의 접촉이나 가능성을 어떻게 처리해야 할지 결정해야만 한다.

② 자신의 성욕에 대한 재평가: 독신 남녀는 일시적 관계나 헌신적 관계에서 성행동의 손해와 이익을 계산할 필요가 있다. 장기적 관계에서 부부만족은 점차 성적 요인보다는 의사소통, 친밀성, 공유된 관심과 활동 등의 비성적 요인들의 영향을 더 크게 받는다. 출산을 연기했던 여성들은 성인초기의 결정을 재평가하기 시작하고 자녀 없는 삶을 지속할 것인지 아닌지 혹은 입양할 것인지를 결정해야 하며, 어떤 개인들은 성적 지향성을 재정의하기도 한다. 중년 성인들의 성적 철학(sexual philosophy)은 계속해서 재검토-발달의 과정을 반복한다.

③ 생물학적 노화과정의 수용: 노화와 함께 피부는 주름지고 머리카락은 희게 변화하며 시야는 흐릿해진다. 신체적 매력과 성적 매력을 상실해갈 뿐 아니라 생물학적 반응성도 눈에 띄게 감퇴한다. 50대에 이르면, 사회는 중년 성인들 특히 폐경기를 지난 여성들을 여성성을 상실한 사람으로 간주한다. 이

시기의 과업은 생물학적 변화를 수용하면서도 노화와 연합된 고정관념을 극복하는 것이다.

3) 성인후기의 성적 발달과업

성인후기의 성적 발달과업은 노화과정과 직접적으로 연결되며, 이 시기의 발달과업 성취는 결국 자신의 죽음을 수용할 준비를 갖추는 것을 돕는다.

① 변화하는 성욕: 남녀의 신체적 능력은 연령과 함께 변화하기 때문에, 성적 반응성 또한 변화한다. 70세의 노인들은 아직도 성행동을 할 수 있기는 하지만, 18세 청소년과 동일한 방식으로 성행동을 하는 것은 아니다. 노화와 함께 남녀의 성욕은 점차 감소하고 생식기지향성은 약화되며, 신체의 노쇠와 질병의 증가는 성적 활동을 감소시킨다. 성적 능력의 변화에 대한 자각은 개인의 성적 철학의 변화를 초래한다.

② 배우자의 상실: 인생에서 가장 중요한 사건 중의 하나는 배우자의 상실이다. 60세 이후부터 배우자의 죽음이 현저하게 증가한다. 배우자의 존재 여부는 노인들의 성적 상호작용을 결정하는 가장 중요한 요인이기 때문에, 배우자의 죽음은 노인의 성적 상호작용에서 극적 변화를 신호한다.

3. 성적 스크립트

개인의 성욕은 성역할을 바탕으로 사회화된다. 성역할은 어떤 행동이 남성과 여성에게 적절한지를 알려주기 때문에 성적 욕구의 표현이나 억제도 성역할 학습의 결과에 따라 달라진다. 성역할 학습의 과정에서 개인의 성적 욕구는 문화적으로 공유되는, 성적 스크립트를 통하여 조직화되고 관리된다.

스크립트(script)란 기억을 위한 일종의 체제화 전략으로서 일상적인 어떤 일이나 사건에 대해 지니고 있는 정신적 표상들이다. 아동들은 아침에 일어날 때, 목욕할 때 혹은 음식점에 갈 때 어떤 일이 일어나는지에 대한 스크립트를 가지고 있다. 그러므로 성적 스크립트(sexual script)는 성행동과 연합된 행동이나 규칙, 정형화된 상호작용 패턴 혹은 기대를 의미한다. 우리는 성적 스크립트를 바탕으로 우리의 정서나 감각을 성적으로 의미있는 것으로 해석하기도 하고 성적 상황을 조직하기도 한다(Hynie 등 1998).

성적 스크립트는 성적 도로지도나 청사진과 같아서 성행동의 일반적인 방향을 인도한다. 그것은 상세한 그림이기보다는 대략적인 스케치에 해당하므로 여성으로서 그리고 남성으로서, 이성애자나 혹은 동성애자로서 개인이 성적으로 어떻게 행동해야 하는지에 관한 기대로 구성된다. 시간이 경과하면 우리는 성적 스크립트를 수정하거나 변화시키기도 하지만, 그것을 완전히 버리지는 않는다.

우리에게 주어지는 성적 스크립트는 매우 전통적인 경향이 있다. 우리는 아동기와 청년기 동안 부모와 친구 및 대중매체로부터 성적 스크립트를 학습한다. 개인이 성적 존재라는 것을 처음으로 알게 되는 청년기 동안, 성적 스크립트는 매우 강력하게 작용하며, 이후 경험의 증가와 함께 그것은 점차 수정되고 변화된다.

1) 여성의 성적 스크립트

전통적인 여성의 성적 스크립트는 성행동보다는 성적 감정(feelings)에 초점을 맞추고 격정(passion)보다는 사랑(love)을 더 중요시한다. 반면 전통적인 남성의 성적 스크립트는 성적 감정(feelings)보다는 성행동에 초점을 맞추는 경향이 있다. 여성의 성적 스크립트에서의 성은 관계지향적이며, 정서적, 심리적 친밀성을 표현하고 성취하는 하나의 수단이다(Hynie, 등, 1998).

전통적인 여성의 스크립트는 다음과 같은 몇 가지 가정을 포함한다(Barbach, 1982).

① 성은 좋은 것인 동시에 나쁜 것이다. 여성들은 성에 관해 갈등적 태도를 지니고 있어야 한다. 결혼관계나 헌신적 관계에서의 성은 좋은 것이고, 우연적 혹은 일시적 관계에서의 성은 나쁜 것이다. 성은 남편을 위한 것이며, 그렇지 않을 때는 비난이 뒤따른다.

② 여성은 자신의 신체에 대해 알고 싶어해서는 안 된다. 여성들은 자신

의 생식기를 만져서도, 탐색해서도 안 되며 단지 구강성교를 불유쾌하게 하는 질 냄새에만 관심을 가져야 한다.

③ 성은 남성을 위한 것이다. 여성은 성적으로 수동적이어야 하고 성적으로 각성되기를 기다려야 한다. 성은 즐거운 일이 아니며 남성을 위한 의무적인 행위일 뿐이다.

④ 여성들은 남성에 의해 각성될 때까지 순수하고 성적으로 순진해야 한다. 여성은 성적 순결의 이미지를 유지하기 위하여 남성에게 자신이 원하는 것을 이야기해서는 안 된다.

⑤ 여성은 성에 관한 이야기를 하지 않아야 한다. 어느 누구도 여성들이 강한 성적 감정을 갖기를 기대하지 않기 때문에 성에 관해 이야기해서는 안 된다.

⑥ 여성은 모델같은 아름다운 외모를 지니고 있어야 한다. 대중매체는 잘록한 허리와 크고 풍만한 가슴을 가지고 있고 날씬한 여성을 이상적 여성상으로 제시한다. 그들은 주름살도 없고 흰 머리카락도 없는 젊은 여성들이다. 이상적인 여성상에서 거리가 먼 여성들은 자신이 너무 뚱뚱하고 예쁘지 않으며 너무 늙었다고 걱정하고 외모에 대한 강한 자의식을 갖는다.

⑦ 여성들은 양육적이고 헌신적이다. 여성들은 베풀기만 하는 존재이고 남성들은 받기만 한다. 여성은 남성에게 즐거움은 물론 자신이 가진 모든 것을 주기 위해 존재한다. 남성의 욕구는 여성의 욕구를 우선하고 남성의 오르가즘은 여성의 오르가즘을 우선한다.

⑧ 성교는 오르가즘에 도달하는 유일한 방법이다. 여성들은 남성과의 성교를 통해서만 오르가즘을 경험할 수 있다고 학습한다. 그러나 오르가즘에 도달하는 방법은 매우 다양하며 자위행위를 통해서도 오르가즘을 경험할 수 있다.

2) 남성의 성적 스크립트

전통적인 남성의 성적 스크립트에 의하면, 남성들은 성적으로 매우 공격적이며 흥분이 시작되면 성적 반응은 통제되기 어렵다(Denov, 2003). 그들에게 성은 오락이나 즐거움의 추구에 지나지 않는다. 이외에도 전통적인 남성의 성적 스크립트는 다음과 같은 가정을 포함한다(Zilbergeld, 1992).

① 남성은 감정적이거나 감상적이어서는 안 된다. 남성은 부드러움이나 동정심을 지녀서는 안 되며, 오로지 자기주장적이고 공격적이며 자신만만해야 한다.

② 성은 곧 성취이고 승자가 되는 방식이다. 성은 친밀성을 위한 것이 아니라 오로지 오르가즘을 위한 것이다.

③ 남성은 여성이 무엇을 원하는지 알아야 한다. 남성은 여성이 말하지 않아도 그녀가 무엇을 원하는지 알고 있어야 한다.

④ 남성은 성교를 리드해야 한다. 남성은 성교를 시작하고 여성이 오르가즘을 경험할 수 있도록 해야 한다. 남성은 여성의 성적 선호에 관해 이미 잘 알고 있으므로 여성은 남성에게 자신이 무엇을 좋아하는지 말할 필요가 없다.

⑤ 남성은 항상 성을 원하고 성교를 위한 준비가 되어 있다. 남성은 항상 발기될 수 있다.

⑥ 모든 신체접촉은 성교로 인도한다. 어떤 신체적 접촉도 남성에게는 성교의 시작을 신호한다. 성적 즐거움외의 다른 신체적 즐거움은 그들에게 존재하지 않는다.

⑦ 성은 곧 성교를 의미한다. 키스와 포옹, 애무, 구강성교 모두 성교를 위한 준비일 뿐이다.

⑧ 성교는 항상 오르가즘으로 인도하고 오르가즘이 많을수록 성교는 바람직하다. 여성은 오르가즘을 요구해서는 안 되지만, 남성은 여성이 오르가즘을 경험할 수 있도록 해야 한다.

전통적인 성적 스크립트와 관련된 모든 신화들은 성과 사랑을 분리하며, 성은 하나의 작업이나 성과로 간주된다. 성적 스크립트를 연구한 결과에 의하면(Riseden & Hort, 1992), 다음과 같은 8가지 특성들이 전통적인 남성의 성적 스크립크와 연합되어 있었다. 즉, (1) 성적 능력, (2) 파트너가 오르가즘을 경험할 수 있도록 하는 능력, (3) 성적 욕구, (4) 연장된 발기, (5) 좋은 애인, (6)

생식능력, (7) 자신있는 발기, (8) 이성애 등이다. 이와 같은 결과는 남성들의 성 정체감은 일시적인 생리적 사건에 강하게 의존한다는 것을 시사한다.

3) 변화된 성적 스크립트

남녀의 성역할이 변화함에 따라 성적 스크립트 또한 변화하였다. 성적 태도와 행동이 점점 더 자유로워짐으로써 전통적 성적 스크립트는 보다 자유주의적이고 평등주의적 스크립트로 대치되고 있다.

이제 많은 여성들은 좋은 소녀/나쁜 소녀의 이분법적 사고를 버리고 멋진 여성은 성을 즐기지 않는다는 전통적 스크립트를 거부한다. 이 시대의 성적 스크립트는 양성에 동등하게 적용되며 다음과 같은 요소들을 포함한다.

① 성적 표현을 하지 않는 것보다 하는 것이 더 바람직하며, 남녀 누구나 동등하게 성적 표현을 할 수 있다.

② 성적 활동은 성적 즐거움의 상호적 교환을 전제로 한다.

③ 남녀 모두 동등하게 성욕을 지니고 있고 그것에 대해 동등한 책임을 진다.

④ 진정한 성행위는 성교는 물론 자위행위나 구강성교도 포함한다.

⑤ 성행동은 남성이든 여성이든 어느 한편에 의해 시작된다.

⑥ 파트너 양자는 어떤 방법으로든 오르가즘을 경험할 권리가 있다.

이와 같이 성적 스크립트는 남성 중심에서 관계중심적으로 변화하고 있다. 그러나 사회는 아직도 남성과 동등한 정도의 성을 여성에게 허용하지 않는다. 여러 명의 파트너를 가지고 있거나 일시적인 성관계를 갖는 여성들은 남성들보다 더 많은 비난을 받고 난잡한 사람으로 평가된다.

4. 좋은 성의 조건

남녀가 좋은 성적 관계를 유지할 수 있기 위해서는 다음과 같은 요인들이 충족되어야 한다(Zilbergeld, 1992).

① 자신과 파트너의 성욕에 관해 정확하게 알고 있어야 한다.

② 성은 특별한 행위이거나 오르가즘이기보다는 즐거움에 기초한다는 인식을 갖는다.

③ 파트너 양자의 성욕이 충족될 수 있는 관계를 형성한다.

④ 성과 감정 그리고 관계에 관해 언어적으로 그리고 비언어적으로 의사소통할 수 있어야 한다.

⑤ 파트너 양자는 자신의 성적 욕구를 주장할 수 있어야 하는 동시에 상대편의 성적 욕구에 민감해야 한다.

⑥ 파트너는 서로의 차이를 인식하고, 수용하고, 이해할 수 있어야 한다.

성역할 고정관념과 성욕에 관한 부정적 학습은 우리 자신의 성적 욕구를 인식하지 못하게 하고 "좋은 성"을 갖는 개인의 능력을 저하시킨다. 자신과 파트너, 서로의 관계는 물론 자신의 성행동을 긍정적으로 지각할 때 좋은 성이 이루어질 수 있다. 좋은 성은 반드시 오르가즘이나 성교를 포함해야 하는 것은 아니며, 그것은 키스나 포옹, 구강성교, 자위행위일 수도 있고 이성애나 동성애일 수도 있다.

더욱이 성행동은 개인적 감정이나 관계와 분리되어 존재하는 것이 아니므로 두 사람의 관계 자체가 불만족스러우면 성적 관계도 불만족스러울 수밖에 없다. 특히 부부 두 사람이 좋은 관계를 유지하고 있음에도 불구하고 성행동이 원활하지 않을 때는 성적 증진(sexual enhancement) 전략이 요구된다. 성적 증진이란 성욕에 대한 정확한 정보를 제공하는 것은 물론 성에 관한 의사소통 기술을 발달시키고, 긍정적 태도를 기르며 자기인식을 증가시킴으로써 성적 관계의 질을 개선시키는 것이다.

Ⅳ. 성적 문제와 역기능

성적 문제나 역기능으로 어려움을 겪는 부부들이 있다. 부부가 경험하는 성적 역기능 중의 일부는 신체적 문제에 기인하지만, 많은 역기능들은 심리적 문제에 그 원인이 있다. 보통 남성들은 발기부전과 조루증 그리고 지연된 오르가즘(사정하기 어려움)으로 고통을 겪는 반면, 여성들은 오르가즘 역기능(오르가즘을 느끼지 못함)과 불감증(성적으로 흥분되지 않음) 그리고 성교통(dyspareunia)으로 고통을 겪는다(Spector & Carey, 1990). 또한 남녀 모두 지나치게 낮은 성적 욕구 때문에 어려움을 겪기도 한다.

1. 성적 문제의 원인

1) 신체적 원인

성적 역기능의 10-20%는 순수한 신체적 원인에 기인하고 또 다른 10-15%는 부분적인 신체적 문제에 그 원인이 있다(Strong, DeVault, & Cohen, 2005). 대표적인 신체적 원인으로 여러 가지 질병과 알코올 섭취 및 고혈압 치료약 같은 약물들이 성적 반응성에 유해한 영향을 준다.

남성의 발기장애를 일으키는 가장 중요한 원인은 당뇨병과 알코올 중독이며 동맥경화증도 발기장애를 초래한다(Roenrich & Kinder, 1991). 흡연 또한 남성의 성적 역기능에 기여하는 중요한 원인이다.

여성의 성기능 장애를 초래하는 신체적 원인에는 알코올 섭취와 알코올 중독, 당뇨병, 호르몬 결핍 및 신경학적 장애들이 포함된다. 성교통은 처녀막이 너무 두꺼울 때, 그리고 음핵이 유착되어 있거나 수축성 덮개 때문에 일어난다. 또한 폐경기 이후의 에스트로겐 분비 감소로 윤활물질이 부족하고 질벽이 얇아질 때 성교통이 심해진다. 적절한 윤활제를 사용하거나 호르몬 대치요법으로 성교통은 해결될 수 있다.

2) 심리적/관계적 원인

성적 역기능을 초래하는 심리적 원인으로 공포와 불안 및 갈등이 있다. 남성들은 발기되지 않을 때 강한 불안반응을 나타낸다. 그들은 실패할지도 모른다는 두려움 때문에 발기부전을 경험한다. 일부의 남성들은 파트너가 성교를 시작하거나 요구할 때 처음으로 발기의 어려움을 경험한다. 남성들은 여성이 성행동을 요구할 때 "no"라고 말하는 것을 학습한 일이 없기 때문에 여성들의 요구에 당황하고 발기의 어려움에 직면한다.

여성들도 유사한 불안을 경험하지만 그것은 성교를 갖는 능력이 아니라 오르가즘을 경험하는 능력이다. 여성들은 오르가즘을 경험할 수 없을 때, 공포가 유발되고 그것은 미래의 오르가즘을 방해한다. 또한 여성들은 파트너를 기쁘게 해주려는 과도한 욕구 때문에 불안을 경험하기도 한다.

죄책감 또한 성적 역기능을 초래한다. 성욕이나 성적 관계에 대한 개인의 죄책감은 갈등을 초래하고 그것은 성적 충동을 억압하고 억제하는 역할을 한다. 죄책감에 기인한 심리적 갈등은 무의식적이어서 그 뿌리가 깊은 것이 특징이다.

때로 관계 자체가 성적 문제의 근원이 되기도 한다. 파트너에 대한 실망이나 분노 혹은 적개심은 성적 상호작용에 부정적 영향을 준다. 성은 전체적 관계를 나타내는 지표이므로 두 사람 사이의 감정은 성적 상호작용에 영향을 주지 않을 수 없다.

2. 성문제의 해결

성문제를 해결하는 가장 효과적인 방법은 무엇일까? 우선 파트너와 문제를 상의하고 그가 무엇을 생각하고 원하는지를 찾아내는 것이다. 때로 단순히 감정과 생각을 교환하는 것만으로도 문제가 해결될 수 있다. 또한 친구에게 자신의 감정과 불안을 털어놓고 그들의 생각을 들어보는 것도 좋은 방법이다. 그들도 유사한 경험을 했는지 그리고 그때 어떻게 해결했는지를 들어보면 큰 도움이 될 것이다. 책을 찾아보는 것도 또 다른 효과적인 방법일 수 있다. 우리는 책을 통해 성에 관한 지식을 얻고 가벼운 성적 불안에서 오는 역기능들의 원인을 확인할 수 있을 것이다.

이러한 방법으로 성문제가 해결되지 않을 때는 전문가의 도움을 받아야 한다. 전문가를 찾는 것은 적극적으로 변화를 시도하려는 힘이 있음을 보여 주는 행동으로 자신은 물론 파트너와의 관계를 유지하려는 하나의 강력한 표시이기도 하다. 전문가의 추천으로 성행동을 개선시키는 약물이 사용될 수도 있다.

1998년 3월 미국 식품의약국(FDA)은 남성 발기부전을 치료하기 위한 최초의 경구용 약제인 비아그라(Viagra)를 승인하였다. 시판 첫해에 1조 달러의 수입을 올렸고 제약사인 화이자(Pfizer)는 세계에서 두 번째로 큰 제약회사가 되었다. 현재 매초당 약 9알의 비아그라가 투약되는 것으로 추정된다.

원래 비아그라는 가슴통증을 치료하기 위해 개발된 약물로서 후에 남성의 발기장애에도 효과가 있음이 확인되었다. 비아그라는 중년성인이나 노인들의 성관계를 복원시켰고 성공률은 80-85% 정도였다. 그러나 이 약을 복용한 일부의 남성들에서 두통과 설사, 졸림과 같은 부작용이 나타났고 비록 그 수가 적기는 하지만 사망한 사람도 나타남으로써 현재는 심장병을 가진 남성들의 복용은 금지되고 있다.

비아그라 외에도 두 가지의 다른 발기부전 약물들이 시판되고 있다. 그중 하나는 레비트라(Levitra)로서 2003년 8월 미국 FDA의 승인을 받았다. 비아그라와 동일계열의 의약품인 레비트라는 비아그라로써 효과를 보지 못한 남성들과 높은 심장혈관계 질환이나 의학적 위험을 가진 사람들에게 주로 사용되고 있다.

보다 최근에 개발된 약물인 시아리스(Cialis) 역시 미국 FDA의 승인을 받았으며, 비아그라나 레비트라와 동일계 약물로서 더 오랫동안 효과가 지속되는 특징이 있다. 한번 복용으로 36시간까지 효과가 지속되므로 "주말 약품"(weekend drug)이라는 별명을 가지고 있다.

3. 성 병

성병(sexually transmitted disease: STD)은 성적 접촉을 통해 전염되는 질병으로 그것이 개인에게 주는 영향력은 이루 말할 수 없이 크다. 문제는 개인의 외모나 지능 혹은 도덕성으로써 감염여부가 확인될 수 없다는 것이다. 그

여성은 성병에 걸려도 증상이 없는 경우가 많아 자신도 모르게 병을 옮기는 일이 많다.

러므로 타인과 성관계를 갖기 전에 제일 먼저 확인해야 할 일은 파트너의 성병 감염여부이다.

선진국 중에서 성병 감염률이 가장 높은 나라는 미국으로 매년 약 1,500만명이 감염된다고 추산된다(Miracle, Miracle, & Baumeister, 2003). 전세계적으로 성병은 15세부터 30세 사이의 사람들에게서 높은 비율로 발생하고 여성보다 남성에게서 훨씬 더 높은 비율로 나타난다. 우리 사회에도 에이즈 때문에 주춤하던 성병이 1990년대 중반부터 크게 증가하고 있다.

1) 성병의 유형

가장 흔한 성병에는 클라미디아(림프샘염을 일으킴), 임질, 음부 헤르페스(포진), 매독, 및 에이즈가 있다. 남녀의 요도염 및 여성의 질염과 PID(Pelvic Inflammatory Disease: 골반내 염증성 질환)를 통해 전염되는 성병의 증상과 보균기간, 치료 및 그 외의 정보들을 간단하게 제시하면 표 4-1과 같다.

2) 에 이 즈

인체 면역 결핍 바이러스(HIV)가 질병에 대한 면역력을 저하시켜 에이즈(AIDS: Acquired Immun Deficiency Syndrome)를 일으킨다. 에이즈는 명칭 그대로 후천적으로 획득되고 신체 면역력의 결핍이 일어나며 여러 가지 증상을

표 4-1 중요한 성병들의 특성

성 병	증 상	잠복기간	의학적 처치	설 명
클라미디아	• 여성: 80%의 여성들에서 자각증상이 없다. 그 외 질염을 갖거나 소변시에 통증을 느끼기도 한다. • 남성: 요도염과 부고환염에 걸리고 미열이 계속된다.	7-21일	독시사이클린 테트라사이클린 에리스로마이신	치료되지 않으면, PID를 일으키고 여성은 불임이 될 수 있다.
임 질	• 여성: 50-80%는 자각증상이 없다. 그 외에 클라미디아와 유사한 증상을 보인다. • 남성: 성기의 통증과 소변시에 강한 통증을 느낀다.	2-21일	페니실린 테트라사이클린 그 외 다른 항생제	치료되지 않으면, PID를 일으키고 여성들은 불임이 될 수 있다.
음부 헤르페스	• 생식기에 작은 수포가 발진하고 쉽게 터지며 극심한 통증을 동반한다. 림프절이 부어오르고 처음 발진시에는 감기와 유사한 증상을 보인다.	3-20일	치료방법이 없기는 하지만, 아시클로비어(acyclovir)가 증상을 완화시킬 수 있다.	바이러스균이 잠복하고 보균자가 피로하거나 스트레스 혹은 질병으로 저항력이 떨어질 때 재발한다. 첫 발진 후에는 특별한 증상을 나타내지 않는 사람도 많이 있다.
매 독	• 단계 1: 박테리아의 진입시에 붉은 통증 없는 단단한 궤양이 성기에 나타났다 사라진다. • 단계 2: 손바닥과 발바닥을 포함하여 신체 전체에 피부 발진이 일어난다.	단계 1: 1-12주 단계2: 6주-6개월	페니실린이나 다른 항생제	초기에 치료될 수 있으며, 치료되지 않은 매독은 간장, 눈, 심장, 뇌의 손상과 정신이상을 일으킨다.
에 이 즈	• 감기와 같은 증상이 나타나지만 초기 단계에서는 자주 어떤 증상도 없는 경우가 많다. 시간이 경과하면 고열과 구토, 설사, 가려움증, 관절비대, 지속적인 기침 등이 나타난다. 폐렴과 전신에 흑갈색 반점이 나타난다.	수개월부터 수년까지	치료될 수 없으나 약물복용으로 면역체계를 강화하고 증상을 완화시킬 수 있다. 좋은 건강상태는 증상의 심각성을 지연시키거나 감소시킬 수 있다.	자가진단은 불가능하고 혈액검사를 통해 바이러스의 존재가 확인될 수 있다.
PID (여성에서만 나타난다)	• 하복부 통증, 생리기간 사이의 출혈, 지속적인 미열	클라미디아나 임질에 노출된 수주 혹은 수개월	페니실린이나 다른 항생제; 수술	치료되지 않은 클라미디아나 임질에 의해 발병된다. 관절염이나 불임과 같은 만성적 문제를 일으킨다.

나타내기 때문에 증후로 명명된다.

비록 HIV와 에이즈의 예방이나 치료백신이 개발되지 않았음에도 불구하고, 우리는 HIV의 본질과 어떻게 하면 그것을 예방할 수 있는지에 관한 상당한 지식을 가지고 있다. HIV와 관련된 다양한 정보들을 소개하면 다음과 같다(Miracle, Miracle, & Baumeister, 2003).

① HIV는 인체 면역체계를 공격한다. HIV는 혈액과 남성의 정액 그리고 여성의 질 분비물에 의해 전염된다. HIV에 감염된 사람들은 에이즈로 발전하기 전 수년 동안 HIV 양성반응을 보인다.

② HIV가 전염되는 상황은 분명하다. 즉 성적 접촉을 통해, 같은 주사바늘을 사용하거나 수혈에 의해 혈액을 교환함으로써 그리고 임신한 여성이 태반을 통해 태아에게 전달함으로써 일어난다. 또한 HIV에 감염된 어머니가 분만 동안이나 수유를 통해 태아에게 전달하기도 한다.

③ 이성애자나 동성애자 및 양성애자 모두 HIV에 감염될 수 있다. 2002년도 미국 남성 에이즈의 68%와 HIV 감염의 57%가 성적 접촉으로 일어났고 그중 남성-남성 성적 접촉은 에이즈 사례의 55%와 비에이즈 HIV 감염 사례의 47%를 차지하였다. 현재 이성간의 HIV 전염이 동성간의 전염보다 더 빠르게 증가하고 있으며, 여성들 사이의 이성과의 접촉은 에이즈와 HIV 사례의 42%를 설명한다.

④ HIV는 일련의 과정을 따라 AIDS로 발병하고 에이즈와 관련된 질병에도 감염된다. HIV에 의해 면역체계가 손상되면 에이즈 증후들이 나타나고 동시에 뉴머시스티성 폐렴(pneumocystis pneumonia)[1]과 카포지 육종(Kaposi's sarcoma)[2] 및 피부암이 발병한다. 실제로 에이즈 환자들은 HIV 바이러스보다는 이러한 질병들에 의해 사망한다.

⑤ HIV의 존재는 항체검사에 의해 확인될 수 있다.

항체검사로서 웨스턴 블럿(Western blot)[3]검사와 엘리사(ELISA)[4]검사 및

1) 뉴머시스티성 폐렴(pneumocystis pneumonia)은 Pneumocystis carinii에 의해 일어나며 고령자, 허약아, 에이즈 환자 등 면역체계가 손상된 사람에게 나타나는 폐렴.

2) 카포지 육종(Kaposi's sarcoma): 특발성 다발성 출혈성 육종

3) Western blot: 웨스턴법으로, 추출 혼합액에서 특정 단백질을 검출하는 방법이다. AIDS 바

그림 4-1 한국의 에이즈 감염자 현황

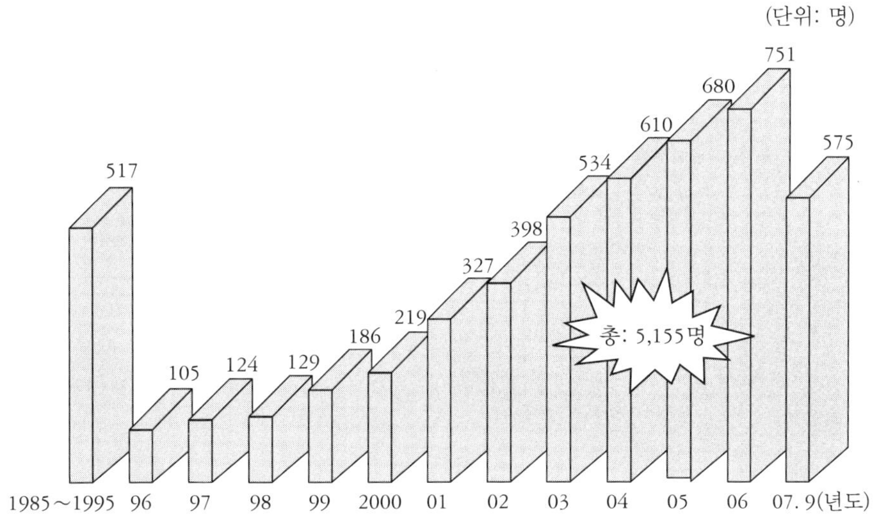

출처: 조선일보 2007년 10월 18일자.

오라퀵 어드밴스(OraQuick advance)검사[5)]가 사용되고 있다. 처음 두 개의 검사는 신체가 HIV에 반응하여 항체를 형성했는지 아닌지를 보여 주는 혈액검사이고 마지막 검사는 가장 최근에 개발된 항체검사법으로 혈액검사보다 비용이 더 많이 들지만 빠르고 정확하다는 이점이 있다.

HIV 항체는 감염 후 1-6개월 사이에 형성되기 때문에 항체검사는 바이러스에 노출된 후 1개월 후에 실시되어야만 한다. 만약 결과가 음성(negative)이면 6개월 후에 다시 실시해야 하고 항체가 존재한다면 결과는 양성(positive)으로 나타난다. 일반적으로 HIV에 감염된 7-10년 후에 에이즈 증후로 나타난다.

이러스의 단백질 검출 등에 사용된다.

4) ELISA: 효소 결합 면역 흡착 검사법으로 특정 감염증, 즉 에이즈 따위의 혈청학적 진단법.

5) OraQuick advance: 구강 점막액을 이용해 에이즈 바이러스인 HIV를 20분 내에 정확히 진단할 수 있는 검사.

⑥ HIV에 감염된 모든 사람들은 HIV 보균자들이다. 그들은 성행위나 주사바늘을 통해 타인에게 HIV를 전달하고 HIV에 감염된 임신한 여성들의 태아도 HIV에 감염된다.

한국에는 얼마나 많은 에이즈 환자나 HIV 보균자들이 있는가? 국내 질병관리본부에 따르면, 2007년 9월까지 국내 누적 내국인 에이즈 감염인은 그림 4-1과 같이 전체 5,155명이었다(조선일보 2007년 10월 18일자). 그러나 통계 속에 포함되지 않은 감염자도 상당수 있을 것으로 예상되어 그 수는 여기에 제시된 숫자보다는 다소 더 많을 것으로 예상되지만, 다른 나라와 비교하면 절대적으로 낮은 수치이다. 에이즈의 감염경로는 성접촉이 가장 많았고 그 다음이 수혈 등 혈액관련 감염이었다.

분명한 것은 한국의 에이즈 인구는 세계최저 수준이라는 것이다. 한국 질병관리본부는 오히려 에이즈에 감염되지 않았음에도 불구하고 중복해서 에이즈 검사를 받는 과도한 건강염려증 환자가 많다는 것을 우려한다. 에이즈는 콘돔을 사용함으로써 완벽하게 예방될 수 있으므로(박상화, 한정호, 2000; Consumer Union, 1999), 콘돔의 사용을 홍보하는 것이 에이즈 예방을 위해 무엇보다 중요한 일이다.

4. 성적 책임감

오늘날 우리는 많은 성적 선택을 해야 하는 상황에 직면한다. 그러나 성적 선택에는 항상 책임이 뒤따라야 한다. 성적 책임감을 가지고 있을 때 우리는 건강하고 안전한 성행동을 할 수 있다. 성적 책임감은 개인의 가치관 문제로서 다음과 같은 내용을 포함한다.

첫째, 성적 접촉의 의도를 알려야 한다. 각 개인은 성적 접촉이 사랑인지, 전념인지, 아니면 오락인지를 상대편이 알 수 있도록 해야 한다.

둘째, 자유스럽고 상호간에 동의한 성적 활동이 요구된다. 각 개인은 모든 성적 활동을 거절할 권리를 가지고 있으며, 신체적 혹은 정서적 강압은 있을 수 없다.

셋째, 임신을 원하지 않는다면 성교시에 상호 동의한 피임을 사용하는 것이 요구된다.

넷째, 안전한 성이 요구된다. 일부일처의 관계에 있지 않거나 최근 검사에서 HIV 음성 판정을 받지 않았다면, 안전한 성이 될 수 있도록 성교를 하지 않아야 한다.

다섯째, 성병에 감염되거나 노출된 경험이 있는지를 밝혀야 한다. 만약 성병에 감염되었다면, 파트너를 감염시킬 수 있는 행동을 하지 않아야 한다. 성병의 감염을 막기 위하여 콘돔을 사용하는 것도 한 방법이다.

여섯째, 성행동의 결과를 수용해야 한다. 임신이나 낙태 혹은 성병과 같은 성행동의 가능한 결과를 인식하고 수용할 수 있어야 한다.

친밀한 관계의 형성과 배우자 선택

제 5 장
친밀한 관계의 형성과 배우자 선택

우리는 친밀한 관계를 통하여 사랑을 경험하고 배우자를 선택한다.

제5장 친밀한 관계의 형성과 배우자 선택

가족을 형성하는 기초로서 먼저 친밀한 관계의 구성요인들을 검토하고 배우자 선택의 기본 요인인 사랑과 질투의 속성을 설명한다. 사랑은 삶의 본질로서 남편과 아내, 부모와 자녀, 그리고 친구와 친척을 함께 묶어주는 역할을 한다. 우리는 사랑을 기초로, 결혼과 같은 삶의 중요한 결정을 내리기 때문에 사랑의 중요성은 아무리 강조해도 지나치지 않을 것이다. 더욱이 사랑은 역경을 견뎌내고, 심각한 위협을 참아내며 어떤 어려움도 극복할 수 있게 하는 기적의 묘약이기도 하다. 그러므로 우리는 사랑을 논의하지 않을 수 없고 사랑에 기인한 질투를 설명하지 않을 수 없다. 이와 함께 배우자 선택의 과정과 배우자 선택에 영향을 미치는 요인들 특히 가족과 친구 및 사회가 배우자 선택에 어떤 역할을 하는지도 함께 논의한다.

Ⅰ. 친밀한 관계의 형성

우리는 일생 동안 수많은 사회적 관계를 경험한다. 그러나 사람들이 가장 중요하게 여기고 즐거워하는 관계는 친밀한 관계로서 그것은 온정과 가까움 그리고 강한 개인적 연결감을 경험할 수 있도록 한다.

1. 친밀감 형성에 영향을 주는 요인들

어떤 요인들이 타인과의 친밀감 형성에 영향을 주는가? 공유된 경험과 자기노출, 신뢰, 존중 그리고 감정이입이 친밀감 형성에 미치는 영향을 차례로 설명한다.

① 공유된 경험

가족관계에서 경험되는 친밀감은 여러 해 동안의 공유된 가족역사에서 유래한다(Rubin, 1985). 가족구성원들은 오랜 기간 동안 서로 상호작용하고 많은 독특한 경험들(가족경사, 죽음, 위기 등)을 공유하며 유사한 가치관과 배경 그리고 삶에 대한 조망을 지니기 때문에 서로 강한 연결감을 경험할 수 있다. 그들은 서로에 대해 잘 알고 있고 깊이 이해하기 때문에 강한 온정과 만족을 경험하고 위안도 얻는다. 공유된 경험은 친족 사이에서는 물론 낭만적 관계에서도 친밀감 발달을 가능하게 하는 기본 요인이다.

② 자기노출

함께 많은 시간을 보내는 것은 개인적 정보와 사적 감정을 공유할 수 있게 함으로써 자기노출(self disclosure)이 이루어지도록 한다. 동시에 자기노출은 서로를 더 친밀하게 느끼게 하고 친밀감은 다시 더 많은 자기노출을 하게 하는 순환성을 지닌다.

③ 신 뢰

타인에 대한 자기노출은 신뢰(trust)를 바탕으로 한다. 신뢰란 타인의 말이나 글 혹은 약속을 믿을 수 있다는 일반화된 기대로서(Rotter, 1980), 세 가지 구성요소를 포함한다. 즉 예측가능성, 의존가능성, 그리고 믿음이 그것이다. 이 중 예측가능성과 의존가능성은 과거 경험에 기초한다. 어떤 특정한 상황에서 타인의 행동을 반복적으로 관찰하게 되면, 우리는 그 사람이 행동하는 방식에 대해 예측할 수 있고 그에게 의존할 수 있다는 생각을 할 수 있다.

신뢰의 또 다른 요인은 믿음으로 타인에 대해 개인이 갖는 정서적 안정성이다. 신뢰하는 타인에 대해 우리는 아무리 미래가 불확실할지라도 그는 여전히 반응적이고 양육적일 것이라는 기대를 갖는다. 따라서 신뢰는 과거의 경험이 아니라 미래의 기대에 기초한다. 결혼식에서 이루어지는 신랑과 신부의 서약은 그와 같은 믿음을 전달하는 전통적인 예식이다. 믿음은 사랑의 속성과 가장 강한 관련성을 갖는 요인이기도 하다.

④ 존 중

친밀한 관계의 또 다른 중요한 차원은 존중이다. 타인과 친밀하다는 느낌을 갖기 위해서는, 그가 당신의 견해와 행동을 존중한다는 믿음이 필요하다. 존중은 파트너와의 상호작용과 의사소통을 통해 전달된다. 우리는 다른 사람의 말에 귀를 기울이고 그것을 인정함으로써, 타인의 감정과 견해에 대한 존중을 나타낸다. 만약 어떤 사람이 이야기하고 있을 때 당신이 다른 곳을 응시하고 낄낄거리거나 중얼거린다면, 당신의 행동은 그의 생각이나 감정이 중요하지 않고 타당하지 않다는 의미를 전달한다. 파트너에 대한 불인정이나 경멸의 표현은 부부관계를 파괴하는 가장 부정적 행동이다(Gottman, 1994).

⑤ 감정이입

우리의 행동과 감정에 대해 타인이 행동적으로 그리고 언어적으로 나타내는 이해와 공감 혹은 배려의 반응이 여기에 해당한다. 상대편이 감정이입(empathy)적 행동을 할 때 그 관계는 특히 만족스럽게 지각된다(Hubbard, 2001). 내가 어떻게 느끼고 있는지를 상대편이 잘 알고 있다는 것은 그 사람과 친밀한 관계를 형성할 수 있도록 한다.

2. 사 랑

사랑이 무엇인지는 시대와 장소에 따라 달라진다. 때로 사랑은 성적 요소를 포함한다고 생각되기도 하였고, 또 때로는 고결한 비성(性)적 경험으로 인식되기도 하였다. 그럼에도 불구하고 사랑은 오랜 세월 동안 결혼의 전제조건이었다. 오늘날에도 두 사람이 서로 사랑하지 않는다면 결혼할 수 없다는 생각에는 변함이 없다.

1) 사랑의 정의

수세기 동안 사랑이 무엇인지를 논의해왔음에도 불구하고, 아직까지 모든 사람들이 동의할 수 있는 사랑에 대한 정의는 존재하지 않는다. 그러나 우리가 어떤 사람을 사랑한다고 말할 때 우리는 나름대로 사랑의 의미를 전달한다. 비록 사랑에 대한 공식적인 정의가 없기는 하지만, 분명한 것은 우리 각자가 사랑의 원형(prototypes)을 지니고 있다는 것이다.

그 예로서 "나는 당신을 사랑한다"라고 말한다면, 우리는 사랑의 정의보다는 오히려 사랑에 대한 우리의 원형을 언급하고 있다고 말할 수 있다. 만약 우리가 하루 온종일 사랑하는 사람만을 생각한다거나 그와 함께 있으면 행복하고 떨어져 있으면 슬프거나 덜 행복하다고 느낀다면, 우리는 이러한 사고와 감정 및 행동을 사랑의 원형과 비교할 것이다(Regan, 2003).

사랑의 원형을 연구한 페르(Fehr, 1988)은 신뢰하기, 보살피기, 정직하기, 우정을 형성하기, 존중하기, 파트너의 안녕에 관심갖기, 충성심을 갖기, 전념하기, 파트너를 있는 그대로 수용하기, 지원하기, 파트너와 함께 있기를 원하기 그리고 파트너에게 관심갖기 등의 12가지 요인들을 사랑의 중심적 속성이라고 제안하였다.

2) 사랑의 구성요소

일찍이 프로이트(Freud, 1973)는 사랑이란 성적 욕구(sexual desire)라고 정의함으로써 사랑이 단일차원적 속성을 지니고 있다고 제안하였으나 많은 연구자들은 사랑이 중다차원적 구성개념이라는 데 동의한다. 그 대표적인 학자로서 리(Lee, 1973)와 스턴버그(Sternberg, 1988)가 있다.

(1) 리의 사랑유형

리(Lee, 1973)는 사랑에 관한 문헌들과 역사적 자료들을 고찰한 후 다음과 같은 서로 다른 6가지 유형의 사랑이 존재한다고 주장하였다.

① 열정적 사랑(eros): 강한 신체적 및 성적 끌림으로 특징되는 격정적 사랑.

② 헌신적 사랑(agape): 파트너에게 모든 것을 주는 비요구적, 이타적 사랑.

③ 소유적 사랑(mania): 신체적, 성적 매력이 중요시되며 강한 소유욕과 질투심을 동반하는 사랑.

④ 유희적 사랑(ludus): 파트너에 대한 장기적인 헌신이나 전념 없이 쾌락을 중요시하며 단순히 남녀간의 게임으로 생각되는 사랑.

⑤ 실용적 사랑(pragma): 파트너의 조건을 중요시하고 엄격한 손익계산에 기초한 사랑.

⑥ 우애적 사랑(storge): 두 사람이 서로 공유하고 상호작용함에 따라 점점 더 친밀해지고 애정적으로 변화하는 사랑.

6가지의 사랑유형 중에서 높은 수준의 열정적 사랑과 낮은 수준의 유희적 사랑이 데이트하는 남녀 모두에서 가장 높은 관계만족을 경험하게 하였다(Hendrick, Hendrick & Adler, 1988). 즉 파트너에 대한 장기적인 전념 없이 오로지 쾌락만을 추구하는 유희적 사랑의 수준은 낮고 신체적, 성적 매력과 격정을 포함하는 열정적 사랑의 수준이 높을 때 가장 큰 관계만족을 경험한다는 것이다. 중년의 성인들과 노년기 부부들 사이에서도 유사하게 친구 사이에서와 같이 우정을 경험할 수 있으면서도 열정을 포함하는 사랑이 가장 중요시되고 높은 결혼관계 만족을 경험하게 하는 요인이었다(Grote & Frieze, 1998; Montgomery & Sorell, 1997).

전통적으로 남성들은 여성들보다 유희적 사랑을 더 많이 하고 여성들은 남성들보다 실용적 사랑과 우애적 사랑 및 소유적 사랑을 더 많이 하는 것으로 알려져 있다(Hendrick & Hendrick, 1986). 그러나 국내연구에서는 여성들이 남성들보다 유희적 사랑을 더 많이 한다는 결과(장휘숙, 2002)도 있고 유희적 사랑에서 성차가 없다는 결과(홍성례, 2007)도 있다.

이러한 결과는 결국 남녀간의 성역할이나 사랑방식에서 변화가 일어나고 있음을 의미하는 동시에 문화에 따라 차이가 있음을 시사하기도 한다. 더욱이 사람들은 단지 한 가지 유형의 사랑만을 하는 것이 아니라 다양한 관계에서 몇 가지 유형의 사랑을 복합적으로 경험하므로(Lee, 1973), 각 개인이 경험하는 사랑유형의 양상에 대해서도 관심을 가져야 할 것이다.

(2) 스턴버그의 사랑의 삼각형

사랑을 개념화하는 또 다른 방법으로 스턴버그(Sternberg, 1986)의 사랑의 삼각형 이론(the triangular theory of love)이 있다. 스턴버그에 의하면 그림 5-1에 제시된 바와 같이 사랑은 친밀감(intimacy)과 열정(passion) 및 전념(commitment)의 세 가지 요인을 포함한다.

세 가지의 사랑 요인 중 친밀감은 어떤 사람을 사랑할 때 경험하는 가까운 유대감으로서 다음과 같은 10가지 특징을 포함한다.

① 파트너의 복지를 증진시키기를 원한다.

② 파트너와 함께 있을 때 행복감을 느낀다.

그림 5-1 사랑의 삼각형

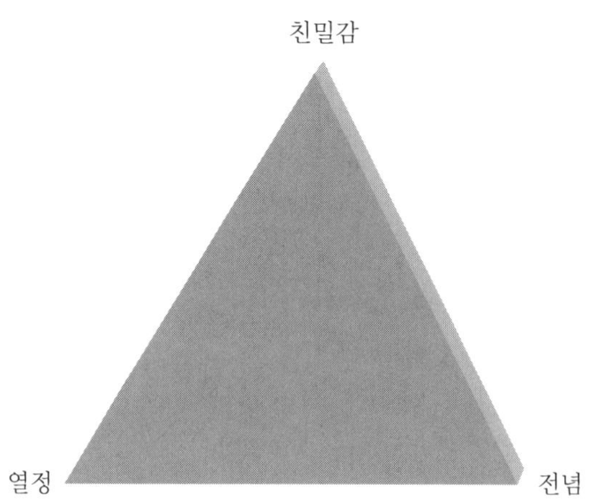

출처: Sternberg, 1986.

③ 파트너를 존중한다.
④ 필요할 때 파트너에게 의지할 수 있다.
⑤ 서로를 이해할 수 있다.
⑥ 자신과 소유물을 파트너와 공유할 수 있다.
⑦ 파트너로부터 정서적 지원을 얻는다.
⑧ 파트너를 정서적으로 지지한다.
⑨ 파트너에게 속마음을 털어놓을 수 있다.
⑩ 인생에서 파트너를 만난 것을 소중하게 여긴다.

또한 열정은 신체적 매력이나 성적 매력 및 각성과 연합되며, 개인의 자기존중감을 높이기 위해, 성적으로 적극적이기 위해, 타인과 친교하기 위해, 그리고 우월하려는 욕구에 의해 뜨겁게 달아오른다. 한편 전념은 단기간과 장기간의 두 가지 요소를 포함한다. 다시 말하면 어떤 사람을 사랑한다는 결정은 단기간에 이루어지고 사랑을 유지하는 것은 장기간의 문제라는 것이다. 물론 어떤 사람을 사랑한다는 결정이 반드시 사랑을 장기적으로 유지하기 위한 전념을 수반하는 것은 아니다.

스턴버그(Sternberg, 1988)는 표 5-1에 제시된 바와 같이 친밀감과 열정 및 전념의 조합방식에 따라 상이한 유형의 사랑을 경험한다고 제안하였다. 그가 제안한 8가지 종류의 사랑유형 중에서 광적 사랑(infatuated love)과 텅빈 사랑(empty love), 동반자적 사랑(companionate love), 그리고 완전한 사랑(consummate love)이 가장 흔하게 나타나는 사랑형태이다(Sternberg, 1986).

중요한 것은 열정이나 매력이 존재해야만 사랑하는 관계가 유지될 수 있는 것은 아니라는 것이다. 열정과 매력은 만족스러운 사랑관계의 한 측면에 지나지 않을 뿐이며 시간경과와 함께 점차 약화되는 속성을 지니고 있다. 오히려 친밀감과 전념의 수준이 안정되게 유지되거나 긍정적 방향으로 변화할 때, 사랑은 더 깊어질 수 있다.

표 5-1 스턴버그의 8가지 사랑양식

사랑양식	구성요인
무사랑	열정, 전념, 친밀감이 모두 부재하며, 대부분의 우연적 관계가 여기에 해당한다.
좋아함	친밀감은 존재하나 열정과 전념은 존재하지 않는다. 친구들 사이의 우정이 여기에 해당한다.
광적 사랑	친밀감과 전념은 없이 열정만 존재한다. 청소년의 선생님에 대한 사랑이 여기에 해당한다.
텅 빈 사랑	열정이나 친밀감 없이 전념만 존재한다. 장기간의 메마른 결혼생활이 여기에 해당한다. 이 유형의 사랑을 하는 사람들은 단지 의무나 관습 때문에 결혼생활을 계속한다.
낭만적 사랑	열정과 친밀감은 존재하지만 전념이 없다.
동반자적 사랑	열정을 결여하나 높은 수준의 친밀감과 전념이 존재한다. 비록 불꽃 튀는 열정은 사라졌지만 동반자적 사랑을 하는 사람들은 서로 사랑하면서 거의 모든 것을 함께 하며 단란한 생활을 한다. 그 외 부모와의 관계, 다른 친척과의 관계 혹은 오랫동안 계속되는 우정도 여기에 해당할 수 있다.
바보같은 사랑 (혹은 환상적 사랑)	열정과 전념은 존재하나 친밀감을 결여한다. 전념은 오로지 열정에 기초하므로 회오리 바람같은 사랑에 해당한다.
완전한 사랑	열정과 친밀감 및 전념이 모두 존재한다. 완전한 사랑이라고 해서 변함없이 지속된다는 보장은 없다.

(3) 애착으로서의 사랑

성인기의 사랑은 애착이론으로 설명되기도 한다. 성인의 낭만적 사랑을 애착형성 과정으로 설명한 하잔과 세버(Hazan & Shaver, 1987)를 포함한 이 분야의 많은 연구자들은 성인기의 낭만적 사랑과 영아/양육자간의 애착이 유사한 정서적 역동을 포함한다고 주장하고 사랑은 애착의 형태로 경험된다고 제안하였다(Bringle & Bagby, 1992). 그들에 의하면, 애착과 낭만적 사랑은 표 5-2와 같은 유사성을 지닌다.

인생 초기에 양육자에 대해 형성한 애착의 질적 특성이 성장한 이후의 관계형성에 영향을 준다는 논리적 근거는 볼비(Bowlby, 1980)가 제안한 내적 작동모델(internal working model)의 개념에 기초한다. 내적 작동모델이란 양육

표 5-2 애착과 낭만적 사랑의 유사성

애 착	낭만적 사랑
1. 애착유대의 형성과 질적 특성은 애착대상의 반응성과 민감성에 의존한다.	1. 사랑의 감정은 사랑하는 사람의 관심 및 보답과 관련된다.
2. 애착대상이 존재할 때, 영아는 더 많이 행복하다.	2. 사랑하는 사람과 함께 있으면 더 많이 행복하다.
3. 영아는 애착대상과 장난감, 발견물 및 목표를 공유한다.	3. 사랑하는 사람들은 경험과 재화를 공유하고 선물을 교환한다.
4. 영아는 목을 울리며 좋아하고 유아어(baby talk)를 하며, 노래를 부른다.	4. 사랑하는 사람은 목을 울리며 좋아하고 유아어(baby talk)를 하며, 노래를 부른다.
5. 애착대상과 일체감을 느낀다.	5. 사랑하는 사람과 일체감을 느낀다.

자에 대한 정서경험을 기초로 형성된 자기와 타인에 대한 정신적 표상으로 긍정적 자기모델과 타인모델 및 부정적 자기모델과 타인모델로 구성된다. 다시 말하면 영아가 지니고 있는 애착의 질적 특성에 따라 자기와 타인에 대한 긍정적 혹은 부정적 내적 작동모델이 형성되고, 그것은 이후 애착체계가 활성화될 때 관계형성의 질을 결정하는 역할을 한다는 것이다.

Ainsworth

영아기 애착을 연구한 애인스워스와 그 동료들(Ainsworth, Blehar, Waters, & Wall, 1978)은 애착의 질적 특성을 안정형(secure) 애착, 불안/양가형(anxious/ambivalent) 애착 그리고 회피형(avoidant) 애착으로 구분하였다. 안정형 애착을 지니고 있는 영아들은 어머니가 눈에 보이지 않을 때도 편안하게 느끼며, 어머니가 그들을 보살펴 주고 보호해 줄 것이라고 믿는다. 그러나 불안/양가형 애착을 지니고 있는 영아들은 어머니가 떠나면 분리불안(separation anxiety)을 보이고 어머니가 눈앞에 보이지 않으면 불안해한다. 한편 회피형(avoidant) 애착을 지니고 있는 영아들은 어머니와 신체적 접촉을 하고 싶을 때 어머니가 거부할 것으로 기대하기 때문에 하나의 방어수단으로 어머니를 회피한다.

이와 같은 상이한 애착양식은 성인기에 이르면 성적 요구나 보살핌 행동과 결합하여 독특한 사랑양식으로 발달한다. 레간(Regan, 2003)의 연구에서 남녀 모두 안정형 애착을 지니고 있는 사람들이 낭만적 파트너가 가장 선호하는 파트너 유형이었다. 그들은 파트너와의 관계에서 더 큰 행복과 만족을 경험하고, 파트너에 대해 더 긍정적인 견해를 지니고 있었으며 더 적은 부정적 정서를 나타내었다(Regan, 2003).

대조적으로 회피형 애착을 지니고 있는 성인들은 강한 거부 민감성(rejection sensitivity)을 나타내었다. 거부 민감성이란 거부당할 것을 예상하거나 거부에 대해 과도하게 반응하는 경향성으로 아동의 욕구를 부모가 거부할 때 발달한다(Downey, 1996).

거부 민감성을 지니고 있는 개인들은 파트너와의 관계에서 잠재적인 거부의 표시를 면밀하게 탐지하고 과도하게 분석하며, 파트너로부터 거부당하는 것을 회피하려고 애쓴다. 그들은 사소하거나 모호한 거부의 단서가 존재할 때조차도 거부감을 감지하고 분노와 질투 혹은 의존성을 나타낸다. 높은 거부 민감성을 지니고 있는 사람들은 파트너와의 관계에 대한 만족이 적고 쉽게 관계의 종결을 예상한다.

세 가지 유형의 애착양식을 갖는 성인들의 특성을 설명하면 다음과 같다.

① 안정형 애착

- 타인과 가까워지는 것을 쉽다고 생각한다.
- 타인에게 의지하면 편안함을 느끼고 다른 사람들도 그에게 의지할 수 있도록 한다.
- 타인과의 관계에서 사랑과 지원을 받을 가치가 있다고 생각하고 타인으로부터 그것을 받을 수 있을 것으로 기대한다.
- 버림받을 것을 걱정하지 않으며 타인들이 그와 가까워지려고 하는 것

을 두려워하지 않는다.

- 타인을 착하고 좋은 의도를 가진 사람으로 믿고 자신을 좋아한다고 믿는다.
- 다른 유형의 애착양식 소유자와 비교하여 대중매체가 제시하는 사랑의 정형을 믿을 가능성은 더 적고, 낭만적 사랑이 지속될 수 있는다고 믿을 가능성은 더 많다.
- 행복하고 우호적이고 신뢰할 수 있는 사랑을 경험하며 타인과의 관계에서 더 큰 만족과 전념을 나타낸다.
- 파트너를 더 많이 수용하고 지원한다.

② 불안/양가형 애착

- 자신이 원하는 만큼 타인들이 자신과 가까워지지 않으려 한다고 느낀다.
- 타인이 자신을 진실로 사랑하지 않을까봐 두려워하고 자신에게서 떠날지도 모른다고 걱정한다.
- 타인으로부터 사랑이나 승인을 받는 것을 무가치하다고 느낀다.
- 타인과 완전히 융합되기를 원한다.
- 다른 유형의 애착양식 소유자와 비교하여 사랑에 빠지는 것이 더 쉽다고 생각한다.
- 그들의 사랑은 강박적이고 완전한 결합을 원하며, 높은 수준의 성적 매력과 질투 그리고 극심한 정서적 변화로 특징된다.

③ 회피형 애착

- 타인과 가까워지는 것을 불편하게 느낀다.
- 타인을 신뢰하지 않으며 타인이 자신에게 의지하게 될 것을 두려워한다.
- 거부당하는 고통을 회피하기 위하여 타인과 거리를 유지하고 친밀감을 회피한다.

- 낭만적 사랑은 지속되기 어렵지만, 때로 그것은 처음만큼 강력할 수 있다고 믿는다.
- 친밀감의 형성을 두려워하고 극심한 정서적 변화와 질투심을 나타낸다.

3) 사랑하는 관계의 변화

사랑의 구성요소에 관심을 갖는 이론들은 사랑관계의 변화과정에는 큰 관심을 나타내지 않는다. 그러나 사랑하는 관계도 시간경과와 함께 변화하지 않을 수 없다. 비록 오래된 연구결과이기는 하지만 레이스(Reiss, 1960)는 그림 5-2와 같은 사랑의 수레바퀴 이론(wheel theory of love)을 제안하고 관계 변화의 심리적 과정을 설명하였다.

사랑의 수레바퀴 이론에 의하면, 개별적인 두 사람은 라포형성 단계, 자기노출 단계, 상호적 의존형성 단계, 친밀성 욕구충족 단계의 4가지 단계를

그림 5-2 사랑의 수레바퀴 모델

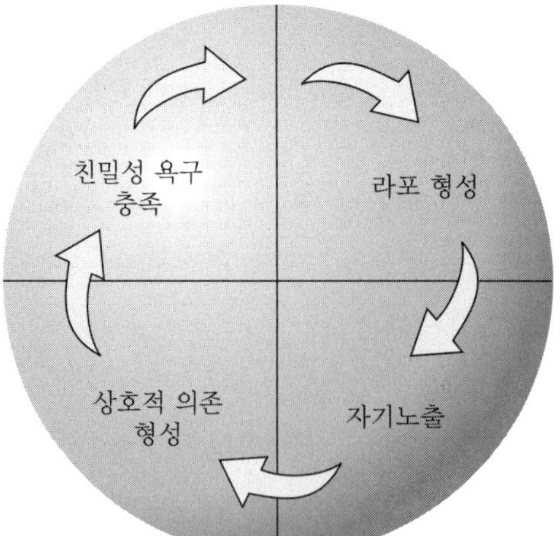

출처: Reiss, 1960.

거쳐 사랑의 감정을 발달시킨다. 그 예로서 낯선 두 사람이 만나 반복된 상호작용을 하면 서로에 대해 편안함과 위안을 느끼고 점차 라포를 형성하게 된다. 커플이 좋은 라포상태에 이르면 그들은 편안하게 자기노출을 할 수 있다. 이후 더 시간이 경과하면 커플은 행동적으로 그리고 정서적으로 서로에게 의존함으로써 상호적 의존단계에 이르고 결국 두 사람의 관계를 통해 파트너의 개별적인 친밀성 욕구가 충족될 수 있다. 만약 서로의 욕구가 지극히 만족스러운 방식으로 충족될 수 있다면, 그 관계는 오랫동안 유지될 것이다.

3. 질 투

질투(jealousy)란 중요하고 가치 있는 관계가 제3자로 인해 손상당할지도 모른다는 위협에 대한 일반적 반응이다(Parker & Barrett, 1997). 질투는 자주 시기(envy)와 동일한 개념으로 생각되기도 하지만, 양자는 뚜렷하게 구별되는 개념들이다. 우선 질투는 '이미 가지고 있는 것을 빼앗기지 않으려는 것' 에 대한 반응인 반면, 시기는 '가지지 못한 것' 에 대한 반응이라는 차이가 있다. 따라서 질투는 상대방이나 제 3자가 이미 확립된 관계나 관계의 질을 위협하는 상황에서 발생한다.

친밀한 관계에서 일어나는 질투는 아동기 동안에는 부모와의 관계를 놓고 형제자매들 사이에서 자주 일어나고 교사의 애정을 사이에 두고 아동들 사이에서도 일어난다. 그러나 청년기 이후에는 연인이나 배우자와의 관계에서 주로 경험된다. 때로 질투는 사랑의 표시로 바람직하게 생각되기도 하지만(Salovey & Rodin, 1991), 사랑과 질투가 반드시 관련되어 있는 것은 아니다. 질투는 오히려 불안정성이나 소유욕을 가늠할 수 있는 지표의 기능을 하기도 한다.

질투는 다음과 같은 이유로 정확하게 이해될 필요가 있다.

첫째, 질투는 분노와 상처로 가득찬 고통스러운 정서이기 때문이다. 특히 질투가 비합리적일 때 질투를 이해할 수 있다면, 우리는 그 고통의 일부를 제거할 수 있다.

둘째, 질투는 관계를 붕괴시키거나 결합시키는 것을 도울 수 있기 때문이다. 질투가 독점적이고 배타적 속성을 지니기 때문에 소중한 관계를 점검하고 유지하거나 향상시킬 수 있게 해주는 순기능이 있는 반면, 그것이 비합리적이고 극단적일 때는 관계를 붕괴시키기도 한다. 따라서 우리는 질투가 언제 어떻게 기능하는지를 이해할 필요가 있다.

셋째, 질투는 자주 폭력과 연결되기 때문이다(Adams, 1990; Russell, 1990). 배우자 폭력과 강간은 자주 질투에 의해 일어나고, 배우자를 학대하는 사람들은 자주 폭력을 정당화하기 위해 질투를 사용한다.

넷째, 질투는 사회에서 금기시되고 있으므로 솔직하게 드러나지 않는 특성이 있기 때문이다. 따라서 질투는 개인적으로 대처하기 어렵고 사회적으로도 접근하기 어려워 문제행동이나 부적응을 초래할 가능성이 있다(함진선, 이장한, 2006).

1) 질투의 심리적 차원

질투는 고통스러운 경험으로 관계의 손상이 일어날지도 모른다는 데서 오는 불안(혹은 공포)과 이런 불안을 유발시킨 상대방에 대한 분노가 질투 반응의 핵심을 이룬다(김교헌, 2004). 그러나 질투는 불안과 분노 외에도 우울, 의심, 굴욕감 등의 복합적 감정으로도 표출된다. 분노를 억압하고 특히 우울로써 질투반응을 표출하는 사람들 중에는 여성들이 많이 있다.

질투반응은 배우자나 연인과의 관계에서 제 3의 인물과 성적 관계가 형성될 때 가장 강하게 나타난다. 사랑하는 사람들 사이에서 이루어지는 사랑의 약속은 성적으로 배타적일 것이라는 규범적 기대를 포함하기 때문에(Lieberman, 1988), 이 약속의 위반이나 붕괴는 부정(不貞)이나 배신 혹은 속았다는 느낌을 초래한다. 관계가 위협받는다고 느끼고 질투심으로 고통을 겪는 사람들은 자기 자신에 대해 혹은 그들의 관계에 대해 자기존중감의 저하를 경험하고 불안정해진다(McIntosh & Tate, 1990).

질투는 의심스러운 질투(suspicious jealousy)와 반응적 질투(reactive jealousy)의 두 가지 유형으로 구분될 수 있다. 전자는 파트너의 행동이 단지 의

심스럽다는 모호한 증거가 있을 때 일어나거나 혹은 파트너가 다른 사람에게 몰입되어 있다는 증거가 전혀 없을 때도 일어날 수 있는 특징을 지닌다. 반면에 후자는 파트너와 다른 사람이 현재 애정적 관계를 형성하고 있거나 과거에 애정적 관계였거나 아니면 미래에 형성할 가능성이 있을 때 일어난다.

일반적으로 의심스러운 질투는 두 사람의 관계가 확고하게 확립되지 않은 초기 단계에서 일어나고, 그것은 지극히 사소한 파트너의 주의산만한 행동이나 무관심 혹은 무시에 기인한다. 물론 아무런 의심의 증거가 없을 때도 이 유형의 질투는 일어날 수 있다.

이때 질투하는 사람은 "내 애인(배우자)이 혹시 다른 사람을 보고 있지 않은지"를 의심하고 걱정하며, 파트너의 일거수 일투족을 주시한다. 의심스러운 질투도 상황적 증거에 대한 합리적 반응으로 어떤 일이 일어날지를 파트너에게 경고하는 기능을 하기도 하지만, 질투하는 당사자가 자기비난적 혹은 자기멸시적 생각을 할 수 있게 하므로 지극히 파괴적인 경향이 있다.

반면 반응적 질투는 파트너가 제 3 의 타인과 성적 관계를 갖거나 가졌거나 혹은 가질 것으로 예상될 때 일어나며, 매우 강한 감정으로 표출된다. 제 3 의 타인과의 관계가 현재 관계의 초기 단계에서 이미 이루어지고 있었다고 가정해 보자. 그러면 그것을 알지 못했던 당사자는 파트너와의 관계가 거짓에 바탕을 두고 있었음을 느낄 것이고 파트너를 신뢰할 수 없게 될 것이며, 이때 받은 상처는 회복되기 어려울 것이다.

2) 질투에서의 성차

남녀 모두 파트너가 관계에 대한 불만족 때문에 혹은 성적 다양성을 추구하려는 욕구 때문에 제 3의 타인에게 매력을 느낄까봐 불안해한다. 특히 여성들은 매력적인 경쟁자에게 파트너를 빼앗길 것을 두려워한다(Nader & Dotan, 1992).

진화론적 관점에서 질투를 설명하는 부스와 그 동료들(Buss, 2000; Buss 등, 1999)은 남성과 여성은 서로 다른 상황에서 질투를 경험한다고 주장한다. 즉 남성들은 파트너가 다른 남성과 성관계를 맺는 상황에서 더 강한 질투심을 느끼는 반면, 여성들은 파트너가 다른 여성과 정서적 애착관계를 발달시키는 상황에서 더 강한 질투심을 경험한다는 것이다.

진화심리학자들에 의하면, 진화역사의 대부분을 차지하는 수렵채취 시기 동안 남성들은 자신이 아기의 생부인지 아닌지 확인하기 어려웠으므로 여성의 성적 부정은 남성의 자손번식을 위협하는 결정적 요인이었다. 따라서 남성들은 파트너의 성적 부정을 암시하는 신호에 민감하지 않을 수 없었으며 이를 방지할 수 있는 적응기제로서 질투가 발달했다는 것이다.

대조적으로 여성들은 자녀양육을 위해 상당한 기간 동안 필요한 자원을 안정적으로 공급해 줄 파트너가 필요하였으므로 장기적인 관계를 유지해야 할 필요가 있었다. 그러나 남성들은 정서적 애착 없이도 성적 관계를 형성할 수 있기 때문에, 다른 여성과의 정서적 애착 형성은 당연히 성적인 접촉을 수반할 것으로 예상될 수 있다. 따라서 여성들은 파트너가 다른 여성과 정서적 관계를 발달시키는 것을 경계하고 이를 방해할 수 있는 능력이 필요하였으므로 질투가 발달했다는 것이다.

진화심리학자들은 질투와 관련된 남녀의 차이는 진화론적으로 보유된 특성이므로 질투는 문화나 연령 혹은 학력과는 상관없이 유지된다고 주장하였다. 흥미롭게도 이런 경향성은 미국(Buss 등, 1992; Harris & Christenfeld, 1996)과 네덜란드, 독일, 일본(Buunk 등, 1996) 그리고 한국(김교헌, 2004)에서도 확인된 바 있다.

따라서 남성과 여성 중 누가 더 강한 질투심을 지니고 있느냐는 질문은 무의미하다. 그럼에도 불구하고 많은 사람들은 여성들이 남성들보다 더 강한 질투심을 지니고 있다고 생각한다. 그것은 아마도 남성들이 성적으로 더 문란하기 때문에 여성들의 질투심을 더 많이 자극한 결과일 것이다.

3) 질투관리

질투는 비합리적인 반응일 수도 있고 순수한 위협에 대한 현실적 반응일 수도 있으나 그것이 개인이나 관계의 안녕을 방해할 때 문제가 된다. 특히 질투가 비합리적일 때 그것은 개인의 불안정성이나 부적절감과 연결되기 때문에 관계의 문제가 아니라 바로 개인 내적 문제로 인식된다. 만약 우리가 불안정성의 원인을 찾아낼 수 있다면, 불합리한 질투에 효과적으로 대처할 수 있을 것이다.

과도한 질투심을 가지고 있는 사람들은 어떤 시점에서 그들 자신의 불합리성과 불안정성에 직면해야만 한다. 그렇지 않으면, 그들은 파트너에게 정서적으로 구속당하고 결국에는 그들이 유지하기를 갈망하는 바로 그 관계를 파괴하는 결과를 초래할 것이다. 반대로 질투가 실제적인 위협에 대한 합리적 반응일 때는 질투의 원인은 개인에 있는 것이 아니라 관계 그 자체에 있을 것이다.

질투를 관리하기 위해서는 의사소통하는 능력과 상대편의 감정과 동기를 인식하는 능력 및 기꺼이 타협하고 절충하는 능력이 요구된다(Ridley & Crowe, 1992). 질투를 잘 활용하면 파트너는 질투심을 유발한 제3자와의 관계를 수정하거나 종결지을 것이므로 질투반응은 자연스럽게 감소될 것이다. 물론 파트너가 제 3자와의 관계를 수정하지 않는다면, 관계는 위기를 맞을 것이고 질투는 큰 변화의 원인요인으로 작용할 것이다.

Ⅱ. 배우자 선택

배우자 선택은 일생에서 개인이 내리는 가장 중요한 결정 중의 하나이다. 대부분의 사람들은 그들이 선택한 배우자와 일생을 함께 하면서 자녀를 출산하고 친족관계를 형성하며 삶의 희로애락을 공유한다. 개인의 삶의 양식 자체가 배우자 선택에 의해 변화될 정도로 누구를 배우자로 선택하는지는 중요한 문제이므로 때로 부모나 가족들이 배우자 선택과정에 개입하기도 한다.

배우자 선택시에 주위 성인들의 개입 정도는 문화에 따라 차이가 있다. 미국이나 서구문화권의 나라들은 몇 가지 기본적인 요건의 충족을 제외하고 젊은이들의 자유로운 선택을 중요시한다. 최근 한국에서도 배우자 선택시에 본인의 결정을 중요시하는 젊은이들이 극적으로 증가하고 있다. 대학생을 대상으로 조사한 결과에서도(홍달아기, 2003), 남학생들의 14.5%와 여학생들의 9.0%가 '전적으로 본인결정' 이라고 응답하였고, 남학생들의 31%와 여학생들의 44%는 '본인 결정 후에 부모동의' 라고 응답하여 본인의 결정이 중요함을 시사하였다.

그러나 전통적 성역할 개념과 결혼관습의 잔재들이 의식 속에 뿌리깊게 남아 있는 문화에서는 부모의 개입이 상대적으로 커지는 경향이 있다. 아직도 한국 사회에는 젊은이들의 자유로운 선택보다는 결정권이 부모에게 집중되는 중매결혼이 존재하고 중매와 연애를 겸한 소위 절충형의 배우자 선택방식도 활용되고 있다.

1. 배우자 선택의 과정

과거는 물론 현재에도 배우자 선택과정에 일관성 있게 적용되는 기본적인 원리는 교환이다. 제 1장의 가족에 관한 이론적 조망에서 제시된 대로, 사회적 교환이론은 배우자 선택의 과정에도 그대로 적용된다. 즉, 개인의 배우자 선택은 손해-이익의 계산에 의해 최상의 이익을 얻을 수 있고, 비용을 최소화할 수 있는 방식으로 이루어진다는 것이다. 많은 사람들은 서로 사랑하기 때문에 결혼하기로 했다고 이야기하기를 좋아하지만 결혼상대자의 선택에는 의식적 혹은 무의식적 계산과 교환이 이루어진다는 것이 교환이론가들의 주장이다.

교환이론가들은 배우자 선택이 교환원리에 의해 이루어진다고 주장한다.

배우자 선택에서의 교환은 결혼관습에 기원한다. 어떤 문화에서는 집안 사이의 흥정에 의해 결혼이 결정되고 흥정조건에 따라 신부 가족들은 지참금을 마련하거나 아니면 신랑집에 신부값을 요구한다. 결혼이 교환에 의해 이루어진다는 흔적들은 우리 문화에서도 발견된다. 신부의 지참금에 해당하는 예단을 신부측에서 적게 마련함으로써 결혼생활이 위기에 처하는 사례들은 예상된 교환이 이루어지지 않음으로써 야기되는 문제들이다.

교환에 근거하는 배우자 선택과정은 자극-가치-역할이론(stimulus-value-role theory)과 여과이론(filter theory)에 의해 가장 잘 설명될 수 있다.

1) 자극-가치-역할이론

멀스테인(Murstein, 1987)은 교환에 근거하여 자극단계, 가치단계 그리고 역할단계로 구성되는 자극-가치-역할이론을 제안하였다. 각 단계에서 후보 배우자에 대한 평가가 이루어지고 교환이 공평하다고 생각되면 다음 단계로 진행된다.

① 자극단계: 이 단계는 실제적 상호작용이 이루어지기 전에 각 개인이 상대편에게 끌리는 정도나 관심을 갖는 정도로 구성된다. 상대편에 대한 관심은 신체적 매력은 물론 명성이나 지위와 같은 사회적인 요인에 기인될 수 있다. 자극단계는 상대편을 평가하기 위한 정보를 거의 갖지 못한 첫만남에 해당한다.

② 가치단계: 이 단계에서 개인들은 서로의 기본적 가치를 평가하고 상대편이 자신과 조화될 수 있는지를 가늠한다. 인생에 대한 철학, 종교적 신념, 성적 가치관, 취미나 오락에 대한 상대편의 성향을 바탕으로 손익계산이 이루어진다. 계산결과 손해라는 판단이 서면 헤어지는 반면, 이익이라고 생각되면 다음 단계로 진행한다.

③ 역할단계: 이제 개인은 상대편이 잠재적 남편이나 아내, 아버지나 어머니, 사랑하는 사람, 동반자 혹은 친구로서의 역할을 어떻게 수행할 것인지를 평가한다. 상대편이 상이한 역할들을 잘 수행할 수 있다는 판단이 이루어지면 배우자 선택과정은 종결된다.

멀스테인의 자극-가치-역할이론은 관계의 발달을 설명하는 유용한 이론임에도 불구하고, 일부의 학자들에 의해 비판을 받고 있다. 허스톤 등(Huston 등, 1981; Huston & Gilbert, 1993)은 모든 남성과 여성들이 멀스테인이 주장하는 것처럼, 그들이 형성하는 관계의 적합 정도를 과연 체계적으로 평가하는지를 의문시한다. 또한 상대편의 적합여부에 대한 개인의 평가는 오류를 범할 수 있고 그 오류는 결혼생활이 시작된 이후에야 심각하게 인식될 수 있다. 그러므로 배우자 선택과정에 대한 자극-가치-역할이론은 모든 사람에게 적용될 수 있는 이론으로 수용되기 어렵다는 것이 허스톤 등의 주장이다.

2) 여과이론

켈코프와 데이비스(Kerckoff & Davis, 1962)에 의해 제안된 배우자 선택과정에 대한 여과이론도 기본적으로 교환에 근거한다. 동시에 상호작용의 기회, 배경과 관심의 유사성, 욕구의 상보성, 비용과 보상 등의 다양한 요인들이 여과이론에 포함된다. 여과이론의 특징은 그림 5-3과 같이 잠재적 배우자의 범위를 단계적으로 좁혀가는 발달적 모형에 의해 배우자 선택과정을 제시한다는 것이다.

(1) 근접성 여과기

배우자 선택의 첫 단계인 근접성 여과기는 우리가 일상적으로 접촉하는 근접한 사람들 중에서 배우자가 선택될 가능성이 많다는 것을 제시한다. 물론 최근의 다양한 중매방법(TV 중매, 비디오 테이프 중매, 혹은 컴퓨터 중매 등)들은 지리적으로 멀리 떨어져 있는 결혼적령기의 젊은이들이 만날 수 있도록 한다. 그러나 많은 잠재적 배우자들은 아동기나 청년기 동안 같은 지역에서 성장하였거나 대학이나 직장에서 함께 생활한 사람들인 경우가 많다. 실제로 결혼한 커플들 중의 상당수는 가족이나 친구, 이웃, 혹은 직장동료를 통해 배우자를 만났다고 보고한다(Michael, Gagnon, Laumann, & Kolata, 1994).

(2) 유사성-상보성 여과기

자주 접촉한다고 해서 모두 배우자로 선택되는 것은 아니다. 그중에서

그림 5-3 배우자 선택의 여과모델

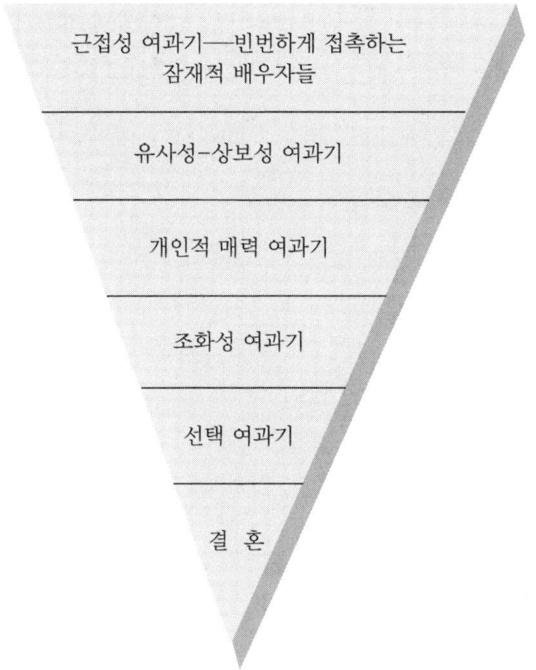

출처: Kerckoff & Davis, 1962.

나와 유사한 특성을 갖거나 정반대의 특성을 갖는 사람들이 잠재적 배우자로 선택된다. 유사성과 상보성은 배우자 선택에서 항상 논의되는 정반대의 개념으로서 학자들에 따라 상이한 견해를 나타낸다.

우리는 유사한 특성을 갖는 사람에게 매력을 느끼는가 아니면 정반대의 특성을 갖는 사람에게 매력을 느끼는가? 일반적으로 사람들은 연령, 종교, 사회적 계층 및 성격특성 등에서 유사한 사람들에게 매력을 느낀다고 생각된다. 서로 유사한 특성을 갖는 사람들이 결혼하면 성역할 기대나 관심 혹은 가치관에서의 충돌이 회피될 수 있을 것이라는 것이 이 입장을 지지하는 사람들의 주장이다(Blackwell, 1998).

대조적으로 상보성을 지지하는 사람들(Winch, 1971)은 서로 상이한 특성을 갖는 사람들이 서로의 약점을 보충할 수 있기 때문에 배우자로서 적합하다고 주장한다. 내성적인 사람은 외향적인 사람을 선택하고 성격이 급한 사람은 성격이 느린 사람을 선택함으로써 조화를 이룰 수 있다는 것이다. 그러나 현재까지 유사성이 상보성보다 결혼생활의 성공을 더 잘 예언할 수 있다는 것이 많은 사람들이 갖는 공통적 견해이다.

(3) 개인적 매력 여과기

이제 잠재적 배우자들은 유사하거나 상보적인 사람들 중에서 개인적 매력을 느끼는 대상으로 좁혀진다. 신체적 매력은 최초의 만남과 만남의 초기 단계 동안 중요한 역할을 한다. 상대편에 대해서 아무것도 알지 못할 때, 우리는 외모로써 그 사람을 판단하는 경향이 있다.

아름답거나 잘 생긴 외모는 외모 자체가 주는 매력도 있지만, 그것이 갖는 후광효과(halo effect) 때문에 중요한 요인으로 인식된다. 즉, 잘 생긴 사람은 매력 없는 사람보다 더 바람직한 특성을 지니고 있을 것이라는 것이다. 외모가 갖는 후광효과를 입증한 디온 등(Dion 등, 1972)은 대학생들에게 매력적인 사람, 보통사람 그리고 매력 없는 사람들의 사진을 보여 주고 그들이 어떤 특성을 지닐 것인지를 추측하게 하였다.

연구결과, 매력적인 사람과 보통사람에 대한 지각차이는 크지 않았으나 매력 없는 사람과는 현저한 지각차이를 나타내었다. 대학생들은 매력적인 남성과 여성들은 친절하고 따뜻하고 사교적이고 성적으로 더 반응적이라고 지각하였으며, 보통사람들보다 더 바람직한 성격 특성을 지니고 있을 것이라고 생각하였다.

배우자의 외모는 여성들보다 남성들에 의해 그리고 나이 많은 사람들보다 젊은 사람들에 의해 더 중요시된다. 여성들은 남성들의 외모보다 경제적 안정성이나 사회적 지위를 그들의 교환조건으로 더 중요시하기 때문에, 남성들의 외모는 배우자 선택에서 중요한 요인으로 작용하지 않는다. 더욱이 외모는 함께 일하거나 규칙적 상호작용을 하는 사람들 사이에서 그 중요성이 약화되기 때문에(Hatfield & Sprecher, 1986), 우리 같은 보통사람들은 그것으로 위안을 삼는다.

(4) 조화성 여과기

우리는 상대편이 매력적이라고 해서 반드시 그 사람에게 끌리는 것은 아니다. 매력을 느끼는 사람이 자신과 조화될 수 있을 때, 즉 자신만큼 매력적인 사람에게 끌리기 쉽다. 배우자 선택시에 조화성 여부가 평가되는 요인들은 다음과 같은 몇 가지 특성들을 포함한다.

① 개인적 외모: 키, 용모, 체격, 피부색깔 등의 신체적 특성들.

② 성격특성: 신뢰성, 의존성, 지능, 유머 감각 등.

③ 경제적 능력: 직업이나 장래 전망.

④ 신념과 가치: 성역할에 대한 태도, 종교적 신념 및 개인의 행동을 지배하는 가치관 등.

⑤ 특별한 흥미나 취미: 운동, 음악, 그림, 오락 등.

⑥ 이상형: 개인이 마음 속에 지니고 있는 이상적 배우자의 유형.

이상과 같은 여섯 요인들을 바탕으로, 대부분의 사람들은 사회적으로 바람직한 정도에서 자신과 현저하게 다른 사람들을 배우자로 선택하는 것을 주저한다.

(5) 선택 여과기

자신과 조화되는 사람 중에서 배우자 선택이 이루어진다. 자신과의 조화 여부를 평가한 요인들을 대상으로 당위항목(must items)과 사치항목(luxuries items)을 구분한다. 당위항목이란 배우자로 선택되는 사람이 반드시 갖추고 있어야 할 특성으로 타협될 수 없는 배우자 선택조건이다. 대조적으로 사치항목은 장래의 배우자가 지니고 있으면 좋긴 하지만, 없어서는 안 될 요인은 아닌 개인적 특성에 해당한다.

당위항목과 사치항목을 바탕으로 잠재적 배우자를 심사하고 부적절한 배우자 후보를 제외시켜 감으로써 최종적인 선택이 이루어진다.

2. 배우자 선택의 조건

배우자 선택의 조건들은 두 가지 원리에 의해 지배된다. 즉, 족내혼과 족외혼 원리 및 동형배우와 이형배우의 원리가 그것이다.

1) 족내혼과 족외혼

족내혼(endogamy)이란 개인이 동일한 국적, 인종집단 혹은 사회적 계층을 공유하는 사람들과 결혼하는 것을 의미한다. 대조적으로 족외혼(exogamy)은 개인이 소속한 집단 바깥의 사람과 결혼하는 것에 해당한다. 일반적으로 족외혼은 배우자들 사이의 이해를 어렵게 만들기 때문에 금기시되는 경향이 있다.

예를 들면, 동일한 한국인들 사이의 결혼은 국적이 다른 한국인과 미국인의 결혼보다 더 평탄하고 적응하기 용이할 것으로 기대된다. 족내혼의 조건을 충족시키지 못하는 잠재적 배우자들은 부모의 거부권 행사나 동년배 집단의 압력에 의해 결혼상대자에서 제외되는 것이 보통이다.

2) 동형배우와 이형배우

동형배우(homogamy)란 개인적 혹은 집단 특성이 우리와 유사한 사람을 배우자로 선택하는 경향성에 해당한다. 따라서 이형배우(heterogamy)는 우리와 상이한 개인적 특성이나 집단 특성을 갖는 사람을 선택하는 것을 의미한다. 사회는 다양한 방식으로 동형배우가 이루어지도록 개인에게 압력을 가한다.

배우자 선택의 조건에 적용되는 동형배우의 요소들은 인종, 종교, 사회경제적 지위, 연령 및 성격 특성들을 포함한다. 우리는 인종이 다른 사람과의 결혼을 주저하고 종교가 서로 상이할 때에도 결혼생활에 갈등을 불러일으킬 것으로 기대한다. 기독교도와 불교도의 결혼은 동일한 기독교인들이나 불교인들 사이의 결혼보다 사고나 관습에서 불일치를 초래할 가능성이 더 많다.

또한 대부분의 사람들은 동일한 사회경제적 계층에 소속하는 사람들과 결혼하고 교육적 배경도 유사한 사람들을 선택하려고 한다. 최근에 여성들의 결혼관 중의 하나로서 자주 신데렐라 증후군이 거론된다. 즉, 동화 속의 신데렐라와 같이 일부의 여성들은 결혼에 의해 급격한 계층이동을 함으로써 신분상승을 꾀한다는 것이다. 극단적으로 상이한 계층 사이의 결혼이 결혼생활의 행복을 얼마나 보증할 수 있는지는 의문스러운 일이다.

연령은 배우자 선택시에 고려되어야 하는 또 다른 중요한 요인이다. 상이한 세대들은 상이한 발달과업에 직면하고 서로 다른 가치와 기대를 갖는다. 비록 남성들이 여성들보다 약간 나이가 많은 경향이 있기는 하지만, 연령차가 적은 배우자들은 동일한 세대를 구성하기 때문에 더 적은 긴장과 갈등을 경험할 것으로 예상된다.

성격 특성에서도 유사한 배우자들이 서로 더 큰 감정이입능력과 이해력을 발휘할 수 있고 바람직한 의사소통을 할 수 있다고 생각된다. 성격 특성에 동형배우의 원리를 적용하려고 노력하는 연구자들(옥선화, 정민자, 1995; 홍달아기, 2003; Buss 등, 2001)은 사람들이 자신과 유사한 성격 특성을 갖는 사람을 선택하는 경향성이 있다고 주장한다.

3. 결혼시장의 특징적 현상

배우자 선택은 소위 결혼시장(marriage market)에서 이루어진다. 결혼시장의 상품은 결혼적령기의 남성과 여성으로서 그들이 지니고 있는 개인적 특성을 바탕으로 공평한 사회적 교환이 이루어질 것으로 기대된다.

우리 사회에서 젊은 여성이 그들의 젊음과 아름다움을 나이 많은 남성의 경제적 안정성이나 사회적 지위와 교환하는 것을 특별하게 비난할 일로 생각하지 않는다. 사회는 오히려 이와 같은 남녀의 교환을 공평하다고 평가한다. 대조적으로 높은 사회경제적 지위를 가진 나이 많은 여성들이 훨씬 더 젊은 남성과 결혼하는 것은 부적절하고 불공평한 교환으로 인식되고 비난받을 일로 간주된다.

결혼시장에서 사회적 교환은 항상 공평하게 이루어지는 것은 아니다. 일반적으로 낮은 자기존중감을 가진 사람들은 그들의 시장가치를 평가절하하고 배우자에게 선택당하는 것에 만족하는 반면, 높은 자기존중감을 갖는 사람들은 배우자를 선택하는 경향이 있다. 특히 배우자 선택으로부터 지나치게 많은 이익을 얻으려고 노력하는 일부의 남성들은 불공평한 관계를 수용하기 쉽다.

결혼시장에서 나타나는 또 다른 특징적 현상은 결혼시장에 나온 상품으로서 남녀 어느 한편이 부족할 때 발생한다. 제2차 세계대전 이후부터 1960년대 초기까지 '베이비 붐'(baby boom)을 타고 출산된 여성들이 결혼할 무렵에 이르렀을 때, 결혼상대자의 부족현상이 일어났다.

일반적으로 여성들은 자신보다 약간 나이 많은 남성들을 배우자로 선택한다. 그러므로 동일한 해에 출생한 남성들보다 여성들은 더 일찍 평균 결혼연령에 도달한다. 그 결과로서 남성들보다 훨씬 더 많은 수의 여성들이 결혼상대자를 찾지 못하는 상황이 초래되었다.

동시에 1960년대 이후부터 시작된 출산율의 감소는 거꾸로 남성들의 배우자 찾기를 어렵게 만들었다. 그 이유는 베이비 붐 이후에 태어난 더 적은 수의 여성들이 더 나이 많은 남성들을 배우자로 선택한 결과로 결혼연령에 도달한 남성들의 수가 상대적으로 더 많아졌기 때문이다.

더욱이 한국 사회에서 문제가 되었던 여아출산의 기피는 성비의 불균형을 일으키는 원인이었고 많은 여성들이 결혼을 기피함으로써 결혼하지 못하는 남성들이 증가하고 있다. 특히 농어촌 지역에 거주하는 남성들은 결혼상대자를 찾기 어려워 결국 국제결혼을 하지 않을 수 없게 되었다.

남성들과는 달리 여성들은 소위 결혼경사도(marriage gradient) 현상 때문에, 배우자 선택시에 어려움을 겪는다. 우리 사회에서 남편은 아내보다 약간 우세한 지위를 할당받고 아내가 남편을 어느 정도 우러러 볼 수 있는 관계의 커플이 형성되도록 격려된다. 남성들은 동일한 계층과 동일한 문화적 배경을 갖는 사람을 배우자로 선택하는 동형배우 내에서도 연령이나 교육 등에서 약간 낮은 여성을 선택함으로써 결혼경사도를 만들어 낸다.

결혼경사도 현상은 특히 교육수준이 높은 여성들의 결혼을 어렵게 만든다. 대학교육 이상의 높은 교육수준을 갖는 남성들은 쉽게 배우자를 찾을 수 있으나 여성들은 결혼경사도에 적합한 남성을 찾아내는 데 어려움을 겪는다. 그 결과 결혼한 남성들 중 가장 높은 비율을 차지하는 사람은 대학교육을 받은 남성들인 반면, 대학 이상의 교육을 받은 여성들은 결혼한 여성들 중 가장 낮은 비율을 차지하는 차이를 나타낸다.

Ⅲ. 데이트하기

배우자 선택은 일시적 데이트에서 심각한 데이트, 약혼 그리고 결혼으로 이어지는 질서정연한 순서로 이루어진다. 그러므로 개인의 구혼과정은 데이트로 시작된다. 젊은이들은 데이트를 통하여 자신과 조화되는 가장 적절한 배우자를 찾아낸다.

1. 데이트의 기능

일시적 데이트이든 혹은 심각한 데이트이든, 데이트는 다음과 같은 사회화 기능을 수행한다.

① 이성의 구성원에 대해 알고 그들과 잘 지낼 수 있는 방법을 학습하게 한다.

② 의사소통능력과 다른 사회적 기술을 개선시켜 사회적 매력을 증대시키고 친밀한 상호작용을 증진시킨다.

③ 파트너와의 상호작용을 통하여 자신을 알고 자신에게 적합한 배우자 선택을 위한 표준을 확립하게 한다.

데이트는 구혼과정의 시작으로 자신에게 적절한 배우자를 찾아낼 수 있도록 한다.

④ 파트너와 자신의 성적 욕구를 인식하고 성적 만족의 추구를 위한 한계를 설정하게 한다.

⑤ 상이한 파트너들과의 조화 정도를 바탕으로 최종적으로 배우자를 선택하게 한다.

일반적으로 어린 연령에서의 데이트는 친구관계를 강조하고 함께 즐거운 시간을 보내는 것을 목적으로 한다. 그러나 연령이 증가될수록 데이트는 이성에 대한 학습과 배우자 선택을 지향한다. 최근에 와서 평등주의적 성역할이 보편화되고 있음에도 불구하고, 일부의 남성들은 데이트를 통해 성적 경험만을 추구하고 교묘하게 결혼을 회피하려는 위선적 행동을 함으로써 여성들의 배우자 선택을 어렵게 만든다.

2. 데이트 풍속도의 변화

전통적 데이트는 공식적 패턴을 지니고 있다. 남성이 주도권을 가지고 데이트를 시작한다. 여성은 남성으로부터 다음 데이트를 위한 연락이 오기를 기다린다. 여성의 상대편에 대한 관심은 단지 간접적으로 표현될 수 있을 뿐이다. 그렇다고 해서 남성들도 고민이 없는 것은 아니다. 그들은 거절당할까 걱정하고 침착하게 보이려고 노력한다. 여성에게 먼저 만나자는 전화를 해야 하고 데이트를 주도해야 하는 남성들은 긴장하지 않을 수 없다.

데이트 비용은 전적으로 남성의 책임이고 여성은 그 대가로 남성을 즐겁게 해 주려고 노력한다. 이와 같은 유형의 전통적 데이트는 궁극적으로 배우자 선택을 목적으로 한다.

그러나 지난 10-20년 동안 남녀의 데이트 풍속도는 현저히 변화되었다. 평등주의적 성역할이 보편화되기 시작함에 따라 데이트는 동등성과 상호성 및 공유를 전제로 이루어지기 시작하였다. 따라서 남성이나 여성 중 필요한 사람이 만나자는 제의를 할 수 있고 데이트 비용도 각자 부담하므로 서로에 대해 부담을 느낄 필요가 없어졌다.

가벼운 일시적 데이트로써 상대편의 매력을 확인하게 되면 파트너들은 심각한 데이트로 이동한다. 일시적 데이트는 배우자 선택을 목적으로 하는 만남이 아니다. 그러나 심각한 데이트가 이루어지면 배우자로서의 선택 가능성이 고려된다.

3. 데이트 관계의 문제

데이트는 즐거움과 친밀함의 근원이지만 갈등이나 불일치도 함께 경험된다. 만약 데이트하는 두 사람 사이에 불일치가 일어난다면, 누가 의사결정권을 갖는가? 그 예로서 한 사람은 영화보기를 원하지만, 다른 한 사람은 바닷가에 가기를 원한다면 어떻게 할 것인가? 만약 한 사람은 성행동을 하기 원하지만, 다른 한 사람이 원하지 않는다면 어떻게 할 것인가? 결국 더 많은 힘을 갖는 사람의 주장이 받아들여질 것이다.

전통적으로 남성들이 여성들보다 더 많은 힘과 권위를 갖는다는 것은 널리 알려진 일이다. 결혼한 부부 사이에서는 경제적 자원을 더 많이 갖는 사람들이 더 큰 힘을 갖지만, 데이트 관계에서는 또 다른 여성과 데이트할 수 있는 남성들의 능력이 더 중요한 힘의 근원으로 작용한다.

남녀가 가지고 있는 각기 다른 성역할 개념 또한 데이트 관계에 영향을 준다. 일반적으로 여성들은 남성들보다 더 평등주의적 성역할을 갖는 반면, 남성들은 여성들보다 더 전통주의적 성역할을 갖는 경향이 있다. 그러나 평등주의적 성역할 개념을 중요시하는 오늘날에도 여성들은 여전히 먼저 데이트 신청을 하기 어렵고, 남성들의 데이트 신청을 기다리는 일이 빈번하다. 이와 같이 데이트 시작의 주도권은 아직도 남성들에게 있으므로 남성들이 더 큰 힘을 갖는다고 볼 수 있다.

데이트하는 남성들의 가장 큰 고민은 데이트시에 파트너와 어떤 이야기를 나누어야 하는가이다. 성역할 고정관념적으로 남성들은 친밀감의 형성과 의사소통 기술의 발달이 저조하기 때문에, 대화를 주도해야 한다고 생각하는 남성들은 큰 어려움을 경험한다. 또한 남성들은 수줍음 때문에 고민한다. 비록 남성들이 데이트 신청을 하지만 거절당할 위험은 언제나 있으므로 수줍어하는 남성들은 거절당하는 데 대한 큰 공포를 경험한다.

놀랍게도 많은 여성들은 데이트시에 남성들의 성적 압력에 시달린다. 성적 압력의 수용여부는 남녀간의 중요한 장벽으로 작용한다. 여성들의 고민은 자신이 원하는 것보다 더 많은 성행동을 하지 않으면서 데이트를 계속할 수 있도록 남성을 설득하는 것이다. 데이트 장소 또한 젊은이들이 고민하는 문제이다. 어디에서 데이트를 하고, 파트너가 과연 그 데이트 장소를 좋아할 것인지의 문제는 남녀 모두가 고민하는 공통적 문제이다.

4. 데이트 관계의 붕괴

아무리 사랑하는 관계도 더 많이 사랑할 수 있는 사람이 나타나면 그 사랑은 식을 수 있고, 때로 사랑은 무관심이나 적개심으로 변할 수도 있다. 데이트하는 커플들은 자기를 노출하는 일이 빈번하므로 부정적 감정까지도 그대로 노출함으로써 두 사람은 불행해지고 결국 헤어지는 결과가 초래된다(Regan, 2003).

데이트 관계는 외부 영향에 매우 민감하다. 만약 파트너 외의 다른 사람에게서 더 큰 행복이나 기쁨을 발견한다면 혹은 자유스럽고 독립적인 상태에서 더 큰 만족감을 경험할 수 있다면, 현재의 만족스러운 관계조차도 붕괴될 수 있을 것이다.

실제로 붕괴는 상호적 동의에 의해 이루어지는 일이 거의 없기 때문에, 항상 고통스러운 과정이다. 일반적으로 두 사람 사이의 관계는 한 사람이 불만족을 느끼면서 시작된다(Vaughan, 1986). 불만족을 느끼는 사람은 두 사람의 관계가 잘못되었음을 지각하고 관계의 종결 가능성과 그 결과를 심사숙고한다. 물론 이러한 모든 과정은 파트너에게 알리기 전에 일어난다.

레간(Regan, 2003)에 의하면, 파트너에게 큰 만족감을 느끼거나 파트너와 가깝다고 지각하는 사람들은 파트너의 종결선언을 믿기 어려울 뿐 아니라 붕괴를 감당하기도 어렵다. 물론 사회적 지원을 받을 수 있고 높은 자기존중감을 지니고 있는 사람들은 관계의 붕괴로부터 더 빠르게 그리고 더 완전하게 회복될 수 있다.

스트롱과 그 동료들(Strong, DeVault & Cohen, 2005)은 붕괴를 시도한 사람과 붕괴의 통보를 받은 사람들에게 도움이 되는 내용을 다음과 같이 정리하였다.

붕괴를 시도한 사람들을 위한 조언

① 당신이 관계의 종결을 원한다는 것을 확실히 하라.

② 파트너가 상처받을 것이라는 것을 인식하라.

③ 관계가 종결되면 상당한 시간이 지날 때까지 이전의 파트너를 친구로서 만나지 말라. 관계의 지속은 당신에게는 이익이 될 수 있지만, 파트너에게는 고통을 줄 뿐이다.

④ 마음을 바꾸지 말라. 관계가 종결된 후에 당신이 느끼는 양가감정은 당신이 잘못된 결정을 하였다는 신호는 아니며 단지 그 관계가 중요했다는 의미이다.

붕괴를 통보받은 사람들을 위한 조언

① 당신이 느끼는 고통과 외로움은 자연스러운 것이다. 그것은 중요한 관계의 상실에 따른 슬픔과정의 일부이지 반드시 사랑의 표시는 아니다. 아무리 큰 고통도 시간이 해결해 준다.

② 당신은 파트너와 함께 있든 아니든 가치 있고 중요한 사람이다. 당신이 좋아하는 일을 하고 친구들과 시간을 보내며 그들과 감정을 공유하라.

③ 유머 감각을 잃지 말라. 유머는 고통을 완화시키는 것을 돕는다.

Ⅳ. 바람직한 배우자 선택은 가능한가?

최근의 이혼율의 증가에도 불구하고, 대부분의 사람들은 죽음이 그들을 갈라놓을 때까지 그들이 선택한 배우자와 함께 할 수 있기를 희망한다. 그러나 많은 사람들은 배우자와의 갈등으로 고통을 겪고 극단적인 경우에는 별거나 이혼으로 결혼생활을 종결짓는다. 결혼생활이 영속적이기 위해 우리는 어떤 배우자를 선택해야 하는가?

1. 배우자 선택의 변화

전통적으로 배우자 선택은 개인의 성역할과 관련되어 있으므로 남성들이 갖는 사회적 지위나 경제적 힘 및 보호자로서의 역할은 여성들의 신체적 매력과 분만 및 가사능력 등과 교환되었다. 그러나 여성들의 교육 정도가 높아지고 평등주의적 성역할이 보편화됨에 따라 여성들의 의식도 변화되기 시작하였다. 그들은 가정주부와 단순한 성적 고용인의 의존적 역할에 만족하지 않고 동등한 파트너로서 자신의 지위를 확고히 하려는 노력을 하고 있다. 따라서 남성들이 갖는 경제적 힘이나 보호자로서의 역할은 조금씩 그 중요성을 잃어가고 있다.

많은 취업한 서구의 여성들은 이제 단순한 부양자가 아닌 동반자로서의 남편을 기대한다. 그들은 배우자의 조건으로 남편의 표현성이나 애정을 그들이 갖는 자원과 교환하기를 원한다. 이제 남성과 여성은 모두 (1) 사랑을 위해, (2) 동반자 관계를 형성하기 위해, 그리고 (3) 자기성취(self-fulfillment)를 위해 결혼한다(Coleman, 1987).

2. 바람직한 배우자

우리는 바람직한 배우자를 선택하기 위하여 어떤 것을 고려해야 하는가? 한국 대학생들에게 질문하였을 때, 남학생들은 바람직한 배우자의 조건으로 '책임과 의무이행'을 가장 많이 응답하였고, 여학생들은 '올바른 성과 사랑'을 가장 많이 응답하였다(홍달아기, 2003). 다시 말하면 남학생들은 자녀양육이나 가족을 보살피는 전통적 역할을 잘 수행하는 여성을 바람직한 배우자로 지각하는 반면, 여학생들은 성적으로 문란하지 않고 배우자와 가족을 사랑하는 남성을 바람직한 배우자로 지각하여 남녀 대학생 모두 전통적 사고를 지니고 있음을 보여 주었다. 또한 가장 바람직하지 못한 배우자로서 남자 대학생들은 바람기 많은 여성을 그리고 여자 대학생들은 무능한 남성을 보고하였다.

실제로 결혼생활에 대한 성공적인 적응이나 낮은 이혼율과 상관이 높은 요인들은 곧 바람직한 배우자의 선택조건에 해당하기 때문에 아래에 제시하였다.

첫째, 행복한 결혼생활을 하는 부모를 가진 사람들이 이혼한 사람이나 불행한 결혼생활을 한 부모를 갖는 사람들보다 바람직한 결혼생활을 영위할 가능성이 더 많다. 연구자들(Greenberg & Nay, 1982)은 행복한 결혼생활은 물론 불행한 결혼생활은 부모로부터 대물림된다고 지적한다. 그 이유는 행복한 결혼생활을 하는 부모의 자녀들은 부모를 통해 애정적인 대인관계기술을 발달시킬 수 있기 때문이다.

둘째, 구혼기간이 길고 결혼이 늦어질수록 이혼율은 감소한다. 10대에 결혼한 사람들은 그 이후에 결혼한 사람들보다 이혼할 가능성이 두 배로 더 많다(Ihinger-Tallman & Cooney, 2005). 아마도 10대에 결혼하는 사람들은 더 적은 교육을 받고 더 낮은 사회경제적 지위를 갖기 때문일 것이다. 더욱이 10대 결혼은 임신에 의해 이루어지는 경우가 많으므로 결혼과 동시에 아동양육의 책임을 져야 하는 이중의 부담을 안을 수 있다.

셋째, 개인적으로 성숙되어 있고 적응능력을 지니고 있는 사람들이 행복한 결혼생활을 한다. 그들은 유능한 의사소통능력과 문제해결능력 및 의사결정능력을 지니고 있는 사람들이다. 성숙하고 적응능력이 있는 사람들은 현실적인 기대를 설정하고 스트레스에 인내하며 결혼생활에 헌신할 수 있는 능력을 지닌다.

넷째, 교육정도가 높고 종교를 가진 사람들이 그렇지 않은 사람들보다 이혼할 가능성이 더 적다. 대학을 졸업한 사람들이 대학을 중퇴하거나 그 이하의 교육을 받은 사람들보다 더 적게 이혼한다. 또한 대부분의 종교는 이혼을 반대하기 때문에 종교를 가진 사람들이 갖지 않은 사람들보다 더 낮은 이혼율을 나타낸다.

다섯째, 배우자들 사이의 연령차이가 클 때보다 적을 때 행복한 결혼생활이 보장될 수 있다. 전통적으로 세대차이를 가져오는 큰 연령차이는 불행한 결혼생활을 초래할 것으로 판단된다.

지금까지 남성들이, 자신보다 약간 나이가 적은 여성을 배우자로 선택하는 것은 당연시되었으나 여성들이 자신보다 약간 나이가 적은 남성을 배우자로 선택하는 것은 금기시되어 왔다. 최근에 와서 연하의 남성들과 결혼하는 여성들이 점차 증가하고 있기는 하지만, 그 수가 많지는 않다.

흥미롭게도 여성이 남성보다 더 나이가 많은 부부 중에서도 안정되고 행복한 결혼생활을 영위하는 사람들이 있다. 아마도 그들은 결혼생활에 대해 많은 것을 기대하지 않고 열심히 노력했을 것이다. 대부분의 부부들이 희망하는 행복한 결혼생활이란 낙원과 같은 어떤 목적지가 아니라 계속적인 노력과 인내가 요구되는 험난한 항해일지도 모른다.

참고로 콜만(Coleman, 1987)이 제시한 결혼생활에 대한 오해들을 제시하면 다음과 같다.

① 사랑은 행복한 결혼생활을 보장한다.

② 대부분의 결혼한 커플들은 낭만적 사랑에 빠져 있다.

③ 자녀들은 불행한 결혼생활을 회복시킬 수 있다.

④ 외로움은 결혼에 의해 치유될 수 있다.

⑤ 강한 종교적 신념을 지니고 있는 여성들은 결혼생활에서 더 적은 성적 만족을 경험한다.

⑥ 인종이나 종교가 다른 사람들 사이의 결혼은 대부분 성공적이지 못하다.

⑦ 전통적인 성역할을 바탕으로 결혼생활을 하는 사람들은 평등주의적 성역할에 의해 생활하는 부부들보다 더 행복하지 못하다.

⑧ 연애결혼이 중매결혼보다 더 행복하다.

⑨ 젊은 사람들 사이의 결혼생활이 나이 많은 사람들 사이의 결혼생활보다 더 행복하다.

⑩ 만약 또 다시 결혼해야 한다면, 사람들은 현재의 배우자를 또 다시 선택할 것이다.

결혼생활의 시작과 유지

가족심리학

제 6 장
결혼생활의 시작과 유지

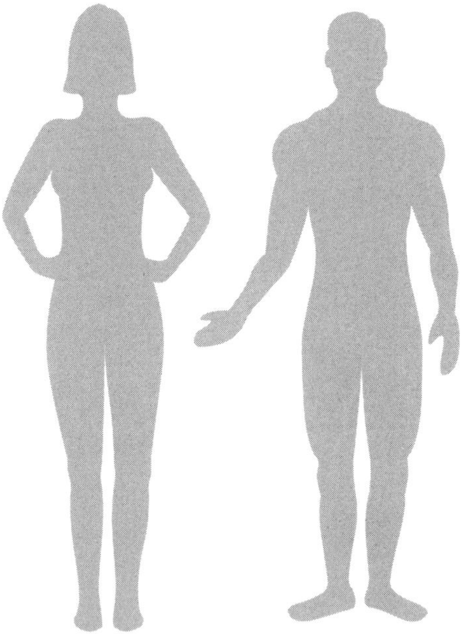

결혼한 남녀는 서로에 대해 친근감을 형성하고 부드럽고 지원적인 관계를 확립해야 한다.

제6장
결혼생활의 시작과 유지

결혼은 관련된 두 사람에게 새로운 사회적 지위를 부여하는 중요한 사건이다. 결혼과 동시에 남녀는 성인으로서의 지위를 획득하기 때문에 결혼한 커플들은 주위의 친척들과 친구들에 의해 다르게 취급되고 다양한 사회적 활동에 함께 참여하거나 함께 초대된다. 결혼한 남녀는 서로에 대해 친근감을 형성하고, 부드럽고 지원적인 관계를 확립해야 한다. 그러나 지난 세기 동안 결혼관계의 확립과 유지에 영향을 주는 여러 가지 사회적 변화들이 일어났으므로 이러한 변화들에 대해서도 함께 논의한다.

Ⅰ. 결 혼 식

결혼식은 독신에게 새로운 사회적 지위를 부여하는 통과의례(a rite of passage)로서 법적-계약적 동의를 포함하는 공식적 행사이다. 결혼식을 치른 개인들은 결코 결혼한 일이 없는 독신의 지위로 다시는 되돌아갈 수 없으며 이제 그들은 결혼한 사람으로서의 생활방식과 가치관을 확립해야 한다.

1. 결혼의식

결혼하는 대부분의 커플들은 결혼식이라는 공개적 의식을 치름으로써 그들이 부부임을 선포한다. 대다수의 젊은이들은 소위 결혼예식장에서 그들이 부부됨을 선언하지만, 어떤 남녀는 우리 고유의 전통적 혼례식을 시도하거나 교회나 성당 혹은 산사에서의 종교적 결혼식을 선호하기도 한다. 그 외 야외나 산야 혹은 그들의 직업이나 취미생활과 관련된 장소에서 결혼의식을 치르는 젊은이들도 있다.

전통적으로 결혼식은 신부의 아버지가 신랑에게 신부를 넘겨 주면 죽음이 그들을 갈라놓을 때까지 부부로 살 것을 서약하고 결혼반지를 교환하는 것을 포함한다. 신부를 신랑에게 넘겨 주는 행위는 지금은 부모가 두 사람의 결혼을 승인한다는 의미를 갖지만, 그 기원은 여성들이 양도 가능한 재산이었던 시대에서 유래한다. 특히 반지의 교환은 상징적 의미를 지닌다. 고대 이집트 시대에서 유래된 이 의식은 반지가 시작도 끝도 없는 물체이기 때문에, 신뢰성과 불변성 및 영원성을 상징하는 것으로 인식된다.

이와 같이 결혼의식은 전통과 밀접하게 연결되어 있다. 사회학자 에밀 둘카임(Emile Durkheim)의 지적대로, 전통과 의식은 사람과 사회 그리고 세대를 함께 묶는 역할을 한다.

결혼식은 성인으로서의 지위를 갖게 하는 통과의례이다.

결혼의식이 끝나고 결혼식장을 떠날 때, 커플은 그들의

독신으로서의 생활을 뒤로 한다. 이제 남성과 여성은 부부의 역할을 맡으며 성인으로서의 새로운 생활을 시작한다.

2. 신혼여행

전통적으로 허니문(honeymoon)은 결혼식이 끝난 후, 커플이 달이 완전한 1주기를 끝마칠 때까지 매일 밤 벌꿀 포도주(honey wine)를 마시는 관습에서 유래되었다. 따라서 허니문은 문자 그대로 도취의 기간으로 신혼여행은 그 기간의 처음 일부를 의미하거나 허니문과 동의어로 사용되기도 한다.

일반적으로 신혼여행은 유용한 기능을 하는 과도기로 인식된다. 독신에서 새로운 사회적 지위로의 이동은 대부분의 개인들에게 충격일 수 있다. 그러나 커플은 신혼여행지에서 처음으로 서로가 보는 앞에서 옷을 벗고 입으며 욕실과 침실을 공유하는 경험을 하기 때문에, 신혼여행은 분리된 개인에서 커플로의 이동을 용이하게 하는 역할을 한다. 그러므로 신혼여행은 일시적 충격흡수장치로서 기능한다고 이해될 수 있다.

동시에 신혼여행은 복잡한 결혼의식을 치르는 과정에서 지쳐 있는 신혼부부에게 휴식을 제공하는 중간 휴식기일 수 있다. 신혼여행을 통하여, 신혼부부들은 곧 경험하게 될 다양한 세속적 문제들을 해결할 수 있는 활력을 회복하는 계기를 마련하기도 한다.

그러나 무엇보다 중요한 것은 신혼여행을 통하여, 커플이 부부로서의 성생활에 적응하는 기회를 갖는다는 것이다. 신혼부부들은 아는 사람이 거의 없는 두 사람만의 오붓한 장소에서 성적 조화를 이루는 연습을 함으로써 앞으로의 성생활을 원만히 해 나갈 수 있는 준비를 갖춘다.

신혼여행은 결혼생활의 시작을 위한 과도기의 역할을 한다.

Ⅱ. 결혼생활에 대한 전통적 스크립트와 평등주의적 스크립트

사람들은 결혼생활에 대해 그들 나름대로의 스크립트를 지니고 있다. 결혼생활에 대한 스크립트는 전통적 스크립트와 평등주의적 스크립트로 구분될 수 있다.

전통적 스크립트를 지니고 있는 사람들은 생계유지자로서의 남편과 주부로서의 아내라는 이분법적 역할모델에 기초한 결혼생활을 영위한다. 반면 평등주의적 스크립트를 갖는 사람들은 성역할에 대한 평등주의적 견해와 결혼생활에 대한 변화된 기대를 바탕으로 가정을 꾸려 간다. 이 두 개의 상이한 스크립트는 다음과 같이 비교될 수 있다(Coleman, 1987).

1. 전통적 스크립트

① 생계유지자로서의 남편, 주부와 아동양육자로서의 아내.

② 전통적 남성성 및 여성성 모델을 따르는 고정관념적 성역할의 고수.

③ 일차적 의사결정자로서의 남편.

④ 성행위는 남편에 의해 시작되고, 아내는 복종한다.

⑤ 남편은 강하고 과묵하며, 아내는 정서적이고 양육적이다.

⑥ 갈등해결은 남편에 의해 이루어진다.

⑦ 주거는 남편의 직장에 의해 결정된다.

⑧ 개인적 성장은 남편에게만 중요시되고 아내에게는 중요시되지 않는다.

2. 평등주의적 스크립트

① 남편과 아내는 생계유지자, 주부 및 아동양육자로서의 역할을 공유

한다.

② 부분적으로 경험과 선택에 의해 결정되는 융통성 있는 성역할을 지닌다.

③ 의사결정은 부부 양자에 의해 공동으로 이루어진다.

④ 성은 부부 어느 한 사람에 의해 시작될 수 있고 부부 양자의 상호적 즐거움이 중요시된다.

⑤ 부부 양자는 서로의 감정을 공유하고, 서로서로 정서적 지원을 제공한다.

⑥ 갈등은 부부 양자의 노력과 협력에 의해 해결된다.

⑦ 주거는 부부 양자의 직장을 고려하여 결정된다.

⑧ 개인적 성장은 부부 모두에게 중요시된다.

최근에 와서 결혼생활에 대한 전통적 스크립트는 평등주의적 스크립트로 대치되고 있다. 동시대를 살아가는 젊은 부부들은 부부 어느 한편의 행복보다는 부부 양자의 행복을 동시에 고려하는 결혼생활을 하기 위해 노력한다.

Ⅲ. 부부의 역할을 확립하기

신혼여행에서 돌아온 신혼부부들 중 일부는 배우자가 그들의 기대와 다르다는 사실을 발견하고 앞으로의 결혼생활에 대한 갈등과 후회로 고민한다. 그들은 구혼기간 동안 행동했던 것과 사뭇 다른 방식으로 행동하는 배우자를 서로 비난하고 속았다고 느낀다. 이 단계를 극복하지 못하는 신혼부부들은 파경을 맞을 수밖에 없고 최근에 나타나는 결혼 초기의 높은 이혼율이 이것을 입증한다.

그러나 많은 부부들은 서로의 관계에 대한 기대를 현실적 수준으로 조정하고 구혼기간 동안의 낭만적 사랑을 점차적으로 회복한다. 그들은 파트너의 긍정적 측면을 기초로 새로운 가정을 건설한다.

결혼식을 치른 신랑신부는 부부로서의 새로운 역할을 수행해야 한다.

행복한 결혼생활이 이루어질 수 있도록 하기 위해 신혼부부들은 남편과 아내로서 그들의 역할을 규정해야 한다. 동시에 개인으로서가 아니라 부부로서의 정체감을 확립하며 양편 부모와의 관계에서도 부부 고유의 영역을 설정할 수 있어야 한다. 즉, 신혼부부들은 독신생활에서 결혼생활로의 성공적 이동을 위해 신혼부부의 발달과업을 성취하고 변화된 정체감을 수용하며 양편 부모나 친척들과도 만족스러운 관계를 확립해야 한다.

1. 신혼부부의 발달과업

20년 이상을 서로 다른 환경에서 성장한 신혼부부들은 행복한 결혼생활을 위해 반드시 성취해야 할 발달과업들을 갖는다. 이 과업들이 성공적으로 수행될 때, 부부만족은 시간경과에 따라 감소한다는 일반적인 경향성과는 반대로 점차적으로 더 큰 만족이 경험될 수 있다.

일차적으로 적응과업인 신혼부부의 발달과업을 제시하면 다음과 같다.

① 부부의 역할과 가족역할을 확립하기: 자신과 파트너가 서로 기대하는

부부의 역할을 논의하고 서로의 욕구에 적응한다. 자녀출산 문제와 부모로서의 역할수행에 대해서도 의견을 교환하고 잠정적인 결정을 내린다.

② 서로에게 정서적 지원을 제공하고 개인적 성취를 이룰 수 있도록 돕기: 사랑과 애정을 주고받는 방법을 학습하고 상대편을 정서적으로 지원할 수 있는 효과적인 방법의 모색을 통하여 개인과 부부로서 자신의 정체감을 성취하는 방법을 학습한다.

③ 서로의 개인적 습관에 적응하기: 상이한 수면패턴과 목욕습관 및 취미활동 등 개인적 습관의 차이를 수용하거나 변화시켜 부부가 조화를 이룰 수 있도록 노력한다.

④ 성역할에 대한 기대를 조화시키기: 개인적 성격과 욕구, 흥미 및 남녀동등을 반영하는 성역할을 확립한다.

⑤ 부부의 성생활에 적응하기: 부부간에 애정이나 사랑을 표현하는 방법을 알고 상호간에 기쁨과 만족이 경험될 수 있는 성행동의 방법과 시기를 결정하며 가족계획을 수립한다.

⑥ 부부간의 의사소통기술을 발달시키기: 부부가 기쁨과 고통의 순간을 공유하고 어려움이 발생할 때 어떻게 의견을 교환해야 하는지를 학습한다.

⑦ 가정의 경제적 문제를 관리하기: 가정을 운영해 가기 위한 예산을 세우고 가족의 장·단기적 목표를 달성하기 위해 예비비 마련을 위한 계획을 수립한다.

⑧ 친족관계를 확립하기: 확장된 가족망의 일원으로 생활하되 친부모와 시부모 혹은 장인과 장모의 관계를 규정하고 부부의 고유영역을 확립한다.

⑨ 가족과 직업 중 어느 편을 우선할 것인지를 결정하기: 가정과 직장이 균형을 이루도록 하고 임금으로 지불되지 않는 가사노동의 중요성을 인식한다. 맞벌이 부부의 경우 누구의 직업이 우선권을 가지며 아동양육과 가사일의 책임을 어떻게 나눌 것인지를 결정한다.

새롭게 결혼한 부부들은 사랑과 협동의 정신으로 상기의 발달과업들을 성취할 수 있도록 노력해야 한다. 발달과업의 성취는 결혼생활을 풍요롭게 하고 부부가 함께 성장할 수 있는 잠재 가능성을 제공한다(Whitbourne & Ebmeyer, 1990). 만약 발달과업의 성취가 회피되거나 자기 위주의 이기적인 방식으로 이루어지면 부부간에 갈등과 불만족이 초래될 것이다.

2. 정체감 확립

결혼한 부부들은 자신의 정체감을 잃을지도 모른다는 두려움 없이 타인과 지원적이고 부드러우며 개방적인 관계를 형성할 수 있는 능력을 지니고 있어야만 한다. 이제 그들은 각기 한 개인으로서의 정체감과 함께 남편으로서 혹은 아내로서의 정체감을 확립해야 하므로 정체감의 수정이 불가피하다. 특히 이후에 태어날 자녀의 어버이로서, 부모의 사위나 며느리로서 그리고 확대가족망의 일원으로서의 정체감이 확립될 때, 성공적인 결혼생활이 이루어질 수 있다.

사랑하는 사람으로서의 성인의 정체감은 "내가 누구인가?"라는 질문에 대한 중요한 부분을 차지한다. 위트본(Whitbourne, 2005)은 성인기 동안 개인의 정체감이 형성되고 수정되는 과정을 그림 6-1과 같이 설명하였다.

그는 피아제 이론의 동화(assimilation)와 조절(accommodation)과정을 활용하여 개인의 정체감이 경험에 의해 어떻게 변화하는지를 설명하려고 하였다. 정체감의 동화과정은 개인이 현재의 상황을 처리하기 위하여 기존의 정체감 측면을 사용하는 과정인 반면, 조절과정은 상황의 변화에 대처하기 위하여 개인의 정체감을 변화시키는 과정에 해당한다. 따라서 동화에 대한 지나친 의존은 변화를 수용하지 못하게 하며 조절은 발달된 정체감을 지니고 있지 않을 때 일어나기 쉽다.

위트본은 성인기 정체감 형성의 가장 중요한 요인은 가족간의 친근감 형성이라고 지적하였다. 새롭게 결혼한 부부들이 남편으로서 그리고 아내로서의 자신을 수용하고 두 사람의 역할변화를 서로 의논하며 그것을 인정할 때, "나는 타인을 사랑하고 능력 있고 좋은 사람"이라는 정체감을 확립할 수 있다.

그림 6-1 위트본의 성인기 정체감 형성과정

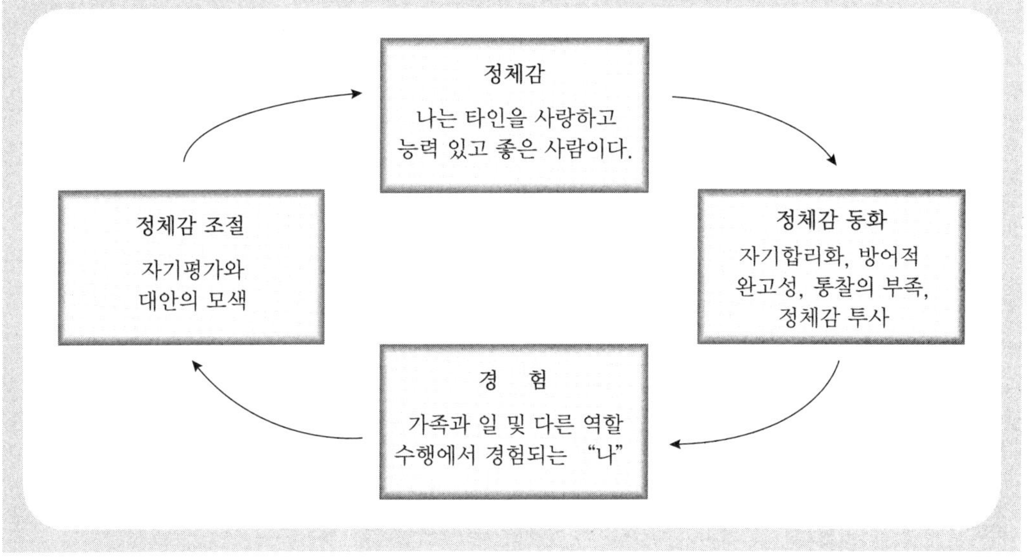

출처: Whitbourne, 2005.

3. 부모나 다른 친인척들과의 관계

자녀의 결혼 이전까지 부모와 자녀는 강한 유대를 형성하고 부모는 심리적 혹은 경제적으로 자녀를 지원한다. 부모는 자녀들에게 그들의 요구를 전적으로 수용할 것을 강요하기도 한다.

그러나 결혼과 함께 부모에 대한 성실성이나 애착은 배우자에 대한 관심이나 애정으로 전환되어야 한다. 부모의 가정과는 독립적인 가정을 형성해야 하는 신혼부부들은 부모, 형제자매 및 다른 인척들과의 관계를 재설정하지 않으면 안 된다.

부부는 부모나 다른 친인척들과의 관계를 서로 의논하고 바람직한 상호작용방식을 확립해야 한다(Knox & Schacht, 2002). 그들은 새롭게 형성된 그들 자신의 가족을 위협하는 외부적 요구들에 효과적으로 대처할 수 있는 준비를 갖추는 것이 중요하다.

일반적으로 부모는 자녀들을 지배하려고 하고 자녀들은 부모에게 종속적인 상태에 익숙해 있다. 어머니의 무리한 요구를 거절하지 못하는 아들과 어머니와 자신을 분리하는 데 어려움을 겪는 딸들은 부모와 배우자 중 누구에게 더 성실해야 할 것인지로 고민한다. 우리 문화에서 빈번하게 문제가 되는 시어머니와 며느리의 갈등은 아들을 사이에 두고 벌이는 두 여성의 일종의 애정싸움으로 다른 가족구성원들에게도 영향을 준다. 빈번한 고부간의 갈등은 부부관계에 부정적 영향을 준다(김밀양, 2004). 일반적으로 고부갈등시에 아들이 아내편을 들면 모자관계가 악화되고 어머니편을 들면 부부싸움이 발생한다(장휘숙, 2004).

그러므로 새롭게 형성된 가족은 그 자체의 영역을 확립해야 한다. 부부는 그들 자신의 가족과 얼마나 많은 상호작용을 해야 하고 부모로부터 얼마나 많은 영향을 받아야 하는지를 결정해야 한다. 확대된 가족망의 일원이면서도 부부의 고유한 영역을 확립할 수 있어야만 지속적이고 행복한 결혼생활이 유지될 수 있다.

Ⅳ. 결혼생활과 성

결혼과 함께 개인의 성적 욕구는 합법적으로 충족될 수 있다. 사회적 및 도덕적 인가를 받은 결과로서 부부의 성생활은 결혼생활의 중요한 일부분이 된다. 부부의 성교횟수는 그림 6-2에 제시된 바와 같이 결혼초기에 가장 많고 결혼 후 약 2년 무렵부터 급격히 감소하기 시작하여 결혼생활 5-6년 동안 크게 감소하며 그 이후에는 보다 더 점진적으로 감소하는 양상을 나타낸다(Christopher & Sprecher, 2000).

성인초기의 성교횟수의 감소는 성적 흥미의 감소에 기인된 것이 아니라 임신이나 자녀양육에 의한 시간부족에 그 원인이 있다. 또한 시간경과와 함께 부부들은 서로에 대해 익숙해지기 때문에 성을 시급한 일로 생각하지 않기 때문이기도 하다(Blumstein & Schwartz, 1983). 특히 맞벌이 가정이나 어린 자

그림 6-2 결혼기간에 따른 성교의 횟수

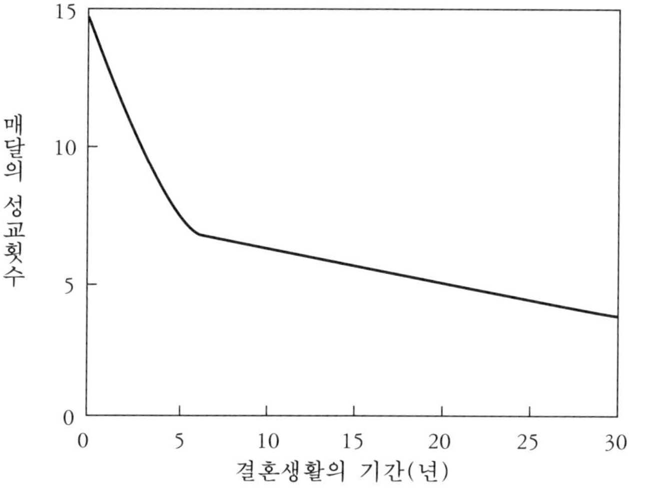

출처: Christopher & Sprecher, 2000.

녀를 가진 부부들은 피로하기 때문에 그리고 부부 두 사람만의 시간을 갖기 어렵기 때문에 성교의 빈도는 자연스럽게 감소한다.

그러나 나이 많은 성인들의 성에 대한 관심과 성교의 빈도는 건강상태에 따라 달라진다(Mooradian & Greiff, 1990). 좋지 않은 건강상태에 있을 때 나이 많은 성인들의 성교횟수는 감소하지만, 배우자에 대한 그들의 성적 민감성이나 만족도 그와 상응하게 감소하는 것은 아니다.

대부분의 결혼한 부부들은 전체적으로 좋은 관계를 유지하고 있으면 성교의 빈도에서의 감소를 특별히 중요한 문제로 생각하지 않는다(Cupach & Comstock, 1990). 결혼생활에서의 성교는 부부가 교환하는 하나의 애정적 유대방법일 뿐으로, 부부는 키스나 포옹, 손잡고 산책하기, 다정하게 이야기 나누기, 서로의 눈을 들여다보기 등 여러 가지 방법으로 애정표현을 할 수 있다. 또한 그들은 함께 일하고 함께 대화를 나누고 함께 운동함으로써 친밀성을 표현하고 부부만족감을 유지할 수 있다.

부부 사이의 정서적 가까움과 성적 즐거움은 서로 밀접한 관련이 있다.

일반적으로 부부관계가 친밀하면 친밀할수록 성은 더 즐겁고 만족스러운 일로 지각된다. 성적 즐거움과 정서적 친밀성은 일 대 일로 대응한다고 말할 수 있을 정도로 밀접한 관련이 있다. 성적 만족은 결혼생활 만족과 결혼생활의 안정성을 촉진시키는 중심적 요인이기도 하다.

또한 결혼한 부부들은 성행동을 통하여 무언의 의사소통을 한다. 전달되는 메시지는 다양할 수 있으나, 부부간의 성은 언어가 전달할 수 있는 것보다 훨씬 더 많은 메시지를 전달할 수 있다. 물론 진정으로 행복한 결혼생활에서라는 단서가 붙기는 하지만, 성은 부부 사이에 이루어지는 의사소통의 가장 기본적 형태로서 기능한다.

1. 결혼맥락 내에서의 성

결혼생활에서 부부간의 성은 혼전성이나 혼외성과 다른 다음과 같은 특성을 갖는다.

첫째, 결혼생활에서의 성은 일생 동안 일부일처일 것을 가정한다.

둘째, 성의 합법적 목표는 생식이다.

셋째, 성은 매일매일의 생활상황에서 일어난다.

결혼한 부부들은 부부 이외의 다른 사람과의 성적 접촉이 허용되지 않는 성적 배타성을 요구하고 일부일처제(monogamy)를 준수한다. 만약 이 기대가 무너진다면 그들의 결혼생활은 파경을 맞기 쉽다. 일부일처제의 이 기대는 일생 동안 계속된다.

또한 부부의 성은 생식, 즉 자녀출산을 전제로 한다. 결혼하기 전에도 임신하는 것이 가능한 일이긴 하지만, 결혼생활은 자녀를 가질 수 있는 유일한 합법적 맥락이다. 최근에 다양한 피임방법의 개발에 의해 성과 생식이 분리될 수 있기 때문에 결혼한 부부는 자녀를 가질 것인지 아닌지를 결정해야 하는 과업에 직면한다.

동시에 부부의 성은 매일매일의 생활상황에서 일어난다. 부부는 다른 가족들에 의해 방해받지 않는 시간에 성을 표현하고 부부 중 한 편이 피곤하거나 화가 났을 때는 성적 표현이 일시적으로 제한되기도 한다. 매일매일의 세계에서 표현되는 부부의 성은 격정적 혹은 낭만적 사랑의 표현이기보다는 보살핌과 헌신을 바탕으로 하는 애정적 표현이다.

결혼생활에서의 성은 부부의 유대를 강력하게 만드는 유용한 도구이다. 부부 사이의 만족스러운 성은 결혼생활의 질에 의존하기 때문에(Strong & DeVault, 1992), 부부의 결혼생활이 행복하다면 그들의 성생활도 만족스러울 가능성이 크다. 만약 부부가 불행한 결혼생활을 하고 있다면 그 불행은 그들의 성적 관계에 반영될 확률이 높다.

남편과 아내 중 누가 성행동을 시작하는가? 부부 사이의 성교는 남성들에 의해 더 많이 시작되고, 여성들은 그들의 관심이나 찬성여부를 신호한다. 아내들은 표정이나 미묘한 행동과 같은 비언어적 단서를 사용하여 성교의 빈도를 조절한다.

많은 남편들은 아내의 행동단서에 따라 성교를 시작하지만, 아내가 성교를 시작하는 부부도 최근에 증가하고 있다. 아내의 성교 시작은 사랑을 표현하는 하나의 방식으로 지각될 뿐 아니라 성에 대한 평등주의적 태도가 수용되고 있다는 증거로 인식된다. 분명한 것은 행복한 부부들일수록 성행동의 시작과 거부에서 거의 비슷한 수준의 책임을 갖는다는 것이다.

2. 성적 조화를 위한 선행조건

결혼생활에서 성이 얼마나 중요한지는 부부에 따라 다르다. 또한 만족스러운 성생활이 어떤 것인지에 대한 부부들의 생각도 각기 다르다.

어떤 부부들은 매우 적은 빈도의 성교를 경험하고 있음에도 불구하고, 그들의 결혼생활은 매우 행복하다고 생각한다. 또한 어떤 부부들은 성이 결혼생활의 전부이고 성적 만족 없이는 결혼생활을 할 수 없다고 생각하기까지 한다. 따라서 부부의 성적 조화를 이루기 위한 선행조건도 각기 상이할 수 있으나 여기서는 지극히 일반적이고 보편적인 조건들을 논의한다.

① 우리 자신의 성욕을 이해한다: 부부가 성적 조화를 이루기 위해서는 각자가 자신의 성욕을 이해하는 것이 필수적이다. 성욕은 인간성의 일부분이고 우리의 자기개념을 구성하는 중요한 요인이기 때문에 자신의 성욕을 이해한다는 것은 만족스러운 성생활을 성취하기 위한 전제조건이다. 특히 성적 감정을 억압하고 성욕을 억누르도록 교육받은 사람들에게는 자신의 성욕을 이해하는 것이 용이한 일이 아니다.

② 부부가 성에 관해 서로 의견을 교환한다: 부부는 자신의 성적 욕구와 기대에 대해 서로 이야기를 나눌 필요가 있다. 많은 부부들은 자신의 내적 욕구를 숨긴 채 배우자가 그들의 마음을 읽어줄 것을 희망하고 기다린다. 만약 배우자가 자신의 속마음을 이해하지 못하면 실망하고 화를 낼 뿐 아니라 무심한 배우자를 비난하게 되어 부부관계를 악화시킨다.

③ 사랑과 친밀감을 유지한다: 부부의 성생활에 진정으로 중요한 것은 오르가즘이 아니라 친밀감이다. 앞에서 이미 언급한 것과 같이 부부관계의 질이 부부의 성생활의 질을 결정하기 때문에 부부가 서로 사랑하고 친밀함을 나누는 것이 무엇보다 중요하다.

④ 성적 민감성이 요구된다: 성적 민감성(sexual sensitivity)이란 배우자의

욕구를 인식하고 그의 정서상태나 신체상태를 파악하여 가능하고 바람직할 때 성행동을 요구하거나 시도하는 능력에 해당한다. 배우자가 심각한 긴장상태하에 있을 때 혹은 지나치게 피로하거나 병이 났을 때 성행동을 요구하는 것은 성적 민감성이 낮은 사람들의 무지한 행동이다.

이상의 네 가지 조건 이외에도 결혼한 부부들은 부부의 성이 특별히 자극적이거나 환상적일 것이라는 기대를 버릴 필요가 있다. 동시에 부부 사이의 친밀성이나 만족스러운 성생활은 하루 아침에 이루어지는 것이 아니라 일생동안의 과업이라는 것을 염두에 두어야 한다.

3. 성적 만족의 변화

부부의 성적 만족이 결혼생활을 통하여 변화하는지 혹은 결혼초기의 만족수준이 그대로 유지될 수 있는지에 대한 상반된 견해가 존재한다. 일부의 연구자들(Ade-Ritter, 1985; Starr & Weiner, 1980)은 성적 만족이 결혼초기 동안 높고 중기에 감소되었다가 결혼 후기에 다시 증가하는 곡선적 변화를 가정한다. 분명한 것은 결혼생활이 진행됨에 따라 성교의 횟수는 감소하지만, 친밀하고 행복한 결혼생활을 통하여 만족스러운 성생활이 유지될 수 있다는 것이다.

일반적으로 부부의 성적 만족은 다음과 같은 세 개의 단계를 거쳐 변화한다(Frank & Anderson, 1980).

1) 결혼초기

결혼생활의 초기 4-5년 동안 대부분의 부부들은 성은 즐겁고 만족스러운 일이라고 보고한다. 조사대상 여성의 91%와 남성의 95%가 만족스럽다고 보고하였다.

2) 결혼중기

결혼 후 약 5년에서 20년까지의 기간이 여기에 해당한다. 이 시기 동안 부부의 관심은 부부 이외의 문제에 집중한다. 자녀양육과 직업세계에서의 활동, 친족관계와 대인관계 등 남편과 아내가 관심을 가져야 할 일들이 증가하고 그것에 수반된 긴장과 위기는 부부의 성에 대한 흥미를 감소시킨다.

이 시기 동안 여성들이 성(性) 자체에 대한 흥미를 잃는 경향이 있는 것과는 대조적으로 남성들은 아내 이외의 다른 여성들에게 매력을 느낌으로써 어려움을 가중시킨다. 그러나 결혼중기의 시기적 특성에도 불구하고 더 많은 수의 부부들은 여전히 그들의 성생활에 만족한다고 보고하였다.

3) 결혼후기

20년 이상 결혼생활을 한 부부들은 결혼초기만큼 빈번한 성생활을 하지 않고 있음에도 불구하고, 그들의 성생활을 만족스럽다고 평가하였다. 이 시기에 이르면 남편들은 그들의 직업에 전념하고 자녀양육이 끝난 아내들은 자신을 위한 생활에 몰두할 수 있다.

부부 사이의 성적 만족은 일반적으로 생각하는 것만큼 결혼생활에 중요한 영향을 주지는 않는다. 성적 만족을 매우 중요시하는 부부들이 있기는 하지만, 대부분의 부부들은 성적 만족은 중요하나 부부의 행복에 필수적인 것은 아니라고 생각한다. 연구자들(Cupach & Comstock, 1990)은 부부가 따뜻하고 애정적 관계를 유지하며 개방적 의사소통을 하는 한, 성교의 빈도는 중요한 문제가 아니라고 지적하였다.

4. 혼외관계에서의 성

사람들은 혼외관계의 성을 공공연히 비난하지만, 점점 더 많은 사람들이 여기에 가담하고 있다고 믿어진다. 그러나 혼외성은 개인적이고 비밀스런 사건이기 때문에 얼마나 많은 사람들이 실제로 경험하고 있는지 알 수 없는 일이다.

대학생 2,385명을 대상으로 혼외 성관계의 허용 여부를 조사한 결과에 의하면(손애리, 천성수, 2005), 여자 대학생의 27.4%와 남자 대학생의 42.3%가 혼외 성관계를 허용한다고 응답하였다. 여학생들과 비교하여 남학생들의 혼외 성관계의 허용비율이 2.2배 더 높아 남학생들은 혼외 성관계에 대해 여학생들보다 더 개방적 태도를 지니고 있음을 보여 주었다.

혼외 성관계를 갖는 사람들은 소외된 사람들이거나 강한 친밀성 욕구를 갖는 사람들이다. 또한 그들은 정서적 독립을 추구하면서 평등주의적 성역할을 지지하는 사람들이기도 하다(Strong, DeVault, & Cohen, 2005). 특히 부부의 결혼생활에 대한 만족도가 낮을수록 그리고 성의 빈도와 질이 낮을수록 혼외 성관계의 가능성은 증가한다. 그러나 개인의 사회경제적 배경과 혼외 성관계 사이에는 유의한 상관이 없다는 것이 지배적인 견해이다.

혼외 성관계는 세 가지 유형으로 구분될 수 있다(Thompson, 1993).

① 성적이지만 정서적이 아닌 관계.

② 성적이면서 정서적인 관계.

③ 정서적이지만 성적이 아닌 관계.

세 가지 유형 중 정서적이지만 성적이 아닌 혼외 성관계에 관한 연구는 아직까지 거의 이루어지지 못하였다. 그러나 톰슨(Thompson, 1993, 1984)은 세 가지 유형의 혼외 성관계가 유사한 비율로 나타난다고 보고하였다.

일찍이 레이스(Reiss, 1980)는 불행한 결혼생활을 하고 있거나 혼전 성경험을 가진 사람들이 혼외 성관계를 많이 갖는다고 제안하였다. 일반적인 관점에서 보더라도, 행복한 결혼생활을 하고 있는 사람들이 배우자 이외의 이성과 성관계를 가질 가능성은 거의 없다. 또한 혼전 성경험은 성에 대한 금지의 역치를 낮추기 때문에, 결혼 후에도 쉽게 혼외 성관계를 가질 수 있게 할 것이다.

혼외의 성적 관계는 결혼생활을 파괴하는 중요한 원인이다. 성적 배타성을 핵심으로 하는 일부일처제의 결혼체제 내에서 이성의 구성원과의 우정도 용납되기 어려운데, 하물며 혼외 성관계는 말할 것도 없다.

모든 혼외관계의 성은 배우자 모르게 이루어지지만, 만약 발각되면 배우자의 질투심과 거부감을 불러일으키고 결국 가정을 파괴하는 것으로 끝을 내는 경우가 많다. 배우자의 혼외 성관계는 부부간의 신뢰감을 무너뜨리므로 결혼생활을 위협하는 가장 중요한 요인이다.

V. 결혼생활의 유형

결혼생활을 유형으로 구분하는 것은 가족을 연구하는 유용한 방법 중의 하나이다. 결혼관계에 대한 많은 분류방법들이 있으나, 여기서는 부부의 힘에 의한 분류방식과 상호작용패턴을 기초로 한 분류방식을 소개하려고 한다.

1. 힘에 의한 분류

결혼생활의 유형을 최초로 분류한 블라드와 울프(Blood & Wolfe, 1960)는 배우자를 통제하기 위하여 부부가 사용하는 힘의 정도에 의해 결혼관계를 구분하였다. 힘의 사용 정도에 따라 다음과 같은 네 가지 유형의 조합이 만들어진다.

① 남편-우월적 조합(husband-dominant union): 대다수의 결정이 남편에 의해 이루어진다.

② 아내-우월적 조합(wife-dominant union): 대다수의 결정이 아내에 의해 이루어진다.

③ 평등주의적 조합(equalitarian union): 의사결정이 부부 양자에 의해 동등하게 공유된다.

④ 독립적 조합(independent type of union): 각 배우자는 미리 정해진 구체적 영역과 문제에 대해서만 의사결정을 하는 책임과 자유를 갖는다.

2. 상호작용패턴에 의한 분류

결혼생활의 유형은 부부의 상호작용패턴에 의해서도 구분될 수 있다. 큐버와 해로프(Cuber & Harroff, 1968)에 의해 제안된 결혼생활의 유형들은 지속적인 결혼생활을 분류하는 효과적인 방식으로 평가된다.

연구자들은 10년 이상 결혼생활을 해 오고 있으나 결코 심각하게 이혼을 생각해 본 일이 없는 부부 400쌍 이상을 대상으로 부부의 결혼에 대한 개념과 상호작용방식을 연구하였다. 연구결과 다섯 가지의 결혼생활 유형이 발견되었다. 즉, 갈등-습관적 관계, 활력이 상실된 관계, 수동-타성적 관계, 활력 넘치는 관계, 그리고 완전한 관계가 그것이다.

결혼생활 유형들의 공통적 특성은 결혼생활의 만족이나 부부의 행복 정도와는 상관없이 모두 지속적이라는 것이다. 처음 세 가지 유형이 실리나 편의에 바탕을 두고 있다면, 나머지 두 가지 유형은 부부간의 상호적 보상에 그 기초를 둔다.

1) 갈등-습관적 관계(conflicted-habituated relationship)

이 유형의 결혼생활은 부부간의 불일치와 말다툼으로 특징을 이룬다. 조화가 아닌 갈등이 가장 현저한 결혼생활의 특성이다. 이 유형의 부부들은 싸우고 싸우고 그리고 또 싸운다. "왜 치약 뚜껑을 열어 놓느냐?" "왜 쓰레기를 아무 데나 버리느냐?"와 같이 싸움은 보통 사소한 말다툼의 형태를 취한다.

항상 논쟁상대를 필요로 하는 이 유형의 부부들은 신체적으로 그리고 정서적으로 서로 상처를 입히지만, 그것이 이혼의 사유라고는 생각지 않는다. 그들은 현재의 배우자를 만나지 못했더라면 제대로 결혼생활을 할 수 없었을 것이라고 생각한다. 부부 사이의 갈등은 오히려 결혼생활의 자극제가 된다.

부부간의 항상적인 싸움에도 불구하고, 가족 이외의 사람들은 그들이 싸운다는 사실을 알지 못한다. 그들은 다른 사람들 앞에서는 다투는 일이 없기 때문에, 주위 사람들은 그들을 행복한 부부라고 생각한다.

2) 활력이 상실된 관계(devitalized relationship)

이 유형의 결혼생활은 결혼초기 동안 활력으로 가득 차 있었다. 그러나 시간이 경과함에 따라 서로 무관심해지고 초기의 흥분과 활기를 잃게 되어 일상적이고 기계적인 생활을 지속하는 특징을 지닌다. 결혼초기의 남편과 아내는 서로 깊이 사랑하였고 함께 즐거운 시간을 보냈으며 만족스러운 성생활을 누렸었다.

이제 그들이 함께 보내는 시간은 단지 부부로서 해야 할 의무로 받아들여지고 유쾌하든 아니든 상관없이 자녀와 함께 시간을 보내며 직업세계에서 자신의 일을 계속한다.

그러나 그들은 특별히 불행하다고 생각하지 않는다. 결혼초기의 낭만적이고 비현실적인 흥분이나 도취상태가 사라지는 것은 지극히 자연스러운 일이라고 생각하며 결혼생활을 유지한다. 부부는 더 나은 파트너를 찾으려는 시도조차 하지 않으며, 만약 그들의 결혼생활이 붕괴된다면 잃는 것이 너무 많을 것이라고 생각한다. 큐버와 해로프는 이 유형의 부부관계가 가장 흔한 형태의 결혼생활일 것이라고 제안하였다.

3) 수동-타성적 관계(passive-congenial relationship)

이 유형의 결혼은 부부가 결혼초기부터 관심이나 흥분 혹은 도취상태를 경험하지 않는 것을 제외하고 활력이 상실된 관계와 매우 유사하다. 따라서 이 유형의 부부들은 서로에 대한 기대가 거의 없이 공허한 관계로 결혼생활을 시작하기 때문에, 낭만적이고 만족스러운 관계를 상실했다는 느낌도 경험하지 않는다.

이와 같은 결혼생활은 대부분 편의에 의해 이루어지며 부부는 각기 결혼관계 바깥에서 만족을 얻는다. 남편은 직업세계에서 일에 몰두하고 남자 동료들과 낚시를 하거나 등산을 하고 다양한 운동경기를 하면서 여가시간을 보낸다. 반면 아내는 자녀들이나 친구들과 시간을 보내고 직업을 가진 여성들은 그들의 일에 몰두한다.

처음부터 파트너에 대한 깊은 애정이나 관심 없이, 단지 외로움을 회피하기 위해 결혼한 사람들이 이 유형의 결혼생활을 영위한다. 부부는 서로 자신의 세계에 몰두할 수 있기 때문에, 배우자의 요구로부터 자유로울 수 있다. 이 유형의 결혼생활은 정서적 개입이 적기 때문에 갈등도 적은 것이 특징이나 부부는 서로에 대해 포기한 채 결혼생활을 유지한다.

4) 활력 넘치는 관계(vital relationship)

활력 넘치는 결혼생활을 하는 부부들은 그들의 관계에 강한 관심을 가지고 서로에게 헌신한다. 부부가 함께 있는 것, 그 자체가 그들에게 즐거움이다. 이 유형의 부부들은 다른 부부들과 똑같이 다양한 집단에 소속하고 아동을 양육하지만, 그들은 서로 강하고 긍정적인 유대를 경험한다. 갈등이 일어날 때에도 서로를 위해 그리고 그들의 관계를 위해 기꺼이 타협하고 협상한다.

따뜻하고 애정적인 관계를 형성하는 이 유형의 부부들은 서로의 자율성을 보장하고 개인적 성장을 이룰 수 있도록 적극 돕는다. 그들은 공개적으로 의사소통을 하고 빠르게 갈등을 해결하며 성을 중요하고 즐거운 일로 인식하기 때문에 성적 조화를 성취하기 위해 노력한다.

활력 넘치는 결혼생활을 하는 부부들은 다음과 같은 성격특성을 지닌다.

① 이기적이기보다는 이타적이다.

② 성적 표현성을 지니고 있다.

③ 결단력이 있다.

④ 높은 자아강도와 긴장에 대한 강한 인내력을 지닌다.

이 유형의 결혼과 다음에 기술될 완전한 결혼은 우리 문화에서 기대하는 이상적 결혼생활에 가장 가깝다. 큐버와 해로프는 활력 넘치는 결혼을 흔하게 발견하기는 어렵지만 가장 만족스럽고 행복한 결혼생활의 유형이라고 제안하였다.

5) 완전한 관계(total relationship)

완전한 결혼은 활력 넘치는 결혼과 유사하나 부부가 더 많은 측면들을 공유한다는 점에서 다소 차이가 있다. 활력 넘치는 결혼과 동일하게, 부부가 서로 가깝고 애정적일 뿐 아니라 공개적으로 의사소통하고 효과적으로 갈등을 해결하며 해결해야 할 갈등도 매우 적은 것이 특징이다.

이 유형의 결혼생활을 하는 부부들은 사업이나 전문적 활동도 함께 수행한다. 가게를 함께 운영하거나 함께 상품을 만들고 판매하고 혹은 함께 연구하고 저술함으로써 부부의 개인적 및 전문적 생활을 함께 한다. 이 부부들은 하루 24시간 동안 함께 있다고 해도 과언이 아니다.

이상에 제시된 다섯 가지의 유형을 바탕으로 개별적 부부의 결혼유형이 분류될 수 있으나, 결혼생활은 시간경과에 따라 변화하기 때문에 하나의 유형에서 다른 유형으로 이동할 수 있다. 자신의 결혼생활이 어느 유형에 해당하는지를 알면 보다 나은 방향으로 결혼생활을 변화시킬 수 있을 것이다.

Ⅵ. 결혼생활 만족

대부분의 젊은이들이 만족스러운 결혼생활을 할 것이라는 기대를 가지고 결혼한다. 때로 결혼생활 만족은 부부의 행복을 의미하는 것으로 인식되기도 한다. 결혼생활의 만족이란 무엇이고 그것은 어떻게 측정될 수 있는가? 그리고 만족스러운 결혼생활은 결혼생활의 안정성을 보장하는가?

1. 결혼생활 만족에 대한 정의

결혼생활 만족이란 부부 각자가 자신의 결혼생활에 대해 갖는 주관적 판단으로 구체적으로 무엇을 의미하는지는 분명하지 않다. 일반적으로 문화적 규준과 주관적 평가 및 구체적 지표의 세 가지 기준에 의해 정의되고 있으나 그중 어느 기준도 결혼생활의 만족을 완전하게 정의하지 못한다. 이상의 세 가지 기준은 상호보완적인 수준에서 이해되는 것이 바람직하다.

1) 문화적 규준

자신의 결혼생활에 대한 개인의 평가는 개인이 소속되어 있는 문화의 영향을 크게 받는다. 성장기 동안의 학습, 부모나 주위에 있는 성인모델의 관찰, 대중매체의 영향, 종교적 신념, 동년배 집단의 표준, 이성과의 개인적 경험 등 개인이 노출되어 있는 문화적 규준에 따라 결혼생활의 만족이나 행복에 대한 표준이 형성된다. 따라서 결혼생활의 만족에 대한 정의는 사회에 따라, 하위문화에 따라 그리고 개인에 따라 크게 다를 수 있다.

2) 주관적 평가

결혼생활 만족은 개인이 자신의 결혼생활을 만족스럽다고 평가하는지 아닌지에 따라 주관적으로 정의될 수 있다. 그러므로 한 개인이 만족스럽다고 평가하는 결혼생활이 타인의 눈에는 전혀 사실과 다른 것으로 판단되기도 한다.

결혼생활 만족에 대한 부부의 주관적 평가도 때때로 크게 차이가 날 수 있다. 특히 전통적인 결혼생활은 남편보다 아내의 희생을 더 많이 요구하기 때문에, 아내들이 남편들보다 결혼생활을 더 불만족스럽다고 평가하는 경향이 있었다. 그러나 남녀 동등사회를 지향하는 오늘날에도 남성들은 여성들보다 결혼생활에서 더 큰 이익을 얻는 것으로 확인됨으로써(Nock, 1998) 결혼연구자들은 '그의' 결혼생활과 '그녀의' 결혼생활을 분리해서 연구해야 할 필요성을 제기한다.

3) 구체적 지표

이 접근방법은 결혼생활 만족과 연합되어 있다고 생각되는 조건들을 지표로 하여 결혼생활의 만족과 행복을 정의하는 기준으로 삼는다. 결혼생활

만족에 관한 초기 연구들은 행복한 아동기, 행복한 결혼생활을 한 부모, 그리고 확고하나 가혹하지 않은 부모의 훈육방식을 만족스럽고 행복한 결혼생활의 지표라고 가정하였다.

그러나 최근에 와서 초기 연구에서 중요시한 개인적 배경보다는 부부 사이의 사랑과 동반자적 사랑, 정서적 성숙, 개방적 의사소통 및 조화로운 성역할이 결혼생활의 만족과 행복을 정의하는 중요한 지표로 평가된다. 결혼생활의 만족을 정의하기 위해 사용되는 이와 같은 구체적 지표들은 결혼생활에 대한 객관적 평정을 가능하게 하기 때문에 매우 유용한 접근방식으로 인식된다.

2. 결혼생활 만족의 측정

만족스러운 결혼생활이 무엇인지를 정의하기 어려운 만큼 그것을 측정한다는 것은 용이한 일이 아니다. 그럼에도 불구하고 우리는 그것을 측정해 내려고 노력하고 있다. 지금까지 이루어진 대부분의 연구들은 질문지법(questionnaires)을 사용하여 결혼생활의 만족 정도를 측정하려고 하였다. 그러나 질문의 내용에 따라 질문지법도 세분화될 수 있기 때문에 여기서는 총체적 측정(global measures)과 결혼생활 적응척도(marital-adjustment scale)로 구분하여 설명한다.

1) 총체적 측정

이 측정방법은 가장 인기 있는 접근방법으로 사람들에게 그들의 결혼생활이 만족스러운지 아닌지를 1에서 10까지의 10점 척도상에 표시하게 하는 평정기법이다. 여기서 1은 가장 불행한 결혼생활을 그리고 10은 완전한 결혼생활을 의미한다.

또 다른 총체적 측정방법에는 결혼생활에 대한 만족 여부와 그것과 관련된 다른 조건들에 대한 질문이 포함되도록 구성하여, 연구자가 관심 갖는 전집이 자세히 기술될 수 있도록 설계된 질문지양식이 있다. 예를 들면, 또 다시 결혼할 기회가 주어진다면 현재의 배우자와 결혼할 것인가? 자녀들은 결혼생활을 만족스럽게 만든다고 생각하는가? 30대에 얼마나 많은 사람들이 스스로 만족스러운 결혼생활을 한다고 생각하는가? 등에 대해 질문한다.

2) 결혼생활 적응척도

이 척도는 결혼생활의 만족과 관련되고 안정성과 연합되어 있다고 생각되는 다양한 측면에 초점을 맞추어 제작된 문항들로 구성된다. 그 예로서 스페니어와 그 동료들(Spanier, 1976; Spanier & Thompson, 1982)의 이원적 적응척도(dyadic adjustment scale)는 다음과 같은 네 가지 측면을 중심으로 하여 설계되었다.

① 일치: 부부의 목표, 가치 및 의사결정에서의 일치 정도.

② 애정: 부부가 서로 따뜻하고 애정적인 정도.

③ 만족: 부부관계에 대해 만족하는 정도.

④ 응집성: 목표와 계획의 실행을 위해 부부가 함께 노력하는 정도.

그러나 이원적 적응척도에서의 문제점은 부부가 많은 문제들에서 불일치하나 가장 중요한 문제에서 일치하고 있을 때, 그것을 어떻게 해석해야 하는지의 문제이다. 왜냐하면 그와 같은 부부들은 척도상의 부부 일치점수는 낮지만 실제로 만족스럽고 행복한 결혼생활을 하고 있기 때문이다. 질문지법이 지니고 있는 이와 같은 문제점을 해결하는 유일한 방법은 제 1 장에서 이미 지적한 바 있는, 다양한 질적 연구들은 병행해야 한다는 것이다.

3. 결혼생활 만족과 안정성 및 갈등

1) 결혼생활 만족과 안정성의 관계

만족스러운 결혼생활을 하는 부부들은 결코 이혼하는 일 없이 끝까지 결혼생활을 지속할 수 있는가? 그러나 결혼생활의 만족과 결혼생활의 안정성(marital stability)은 별개의 개념으로 많은 부부들은 결혼생활에 불만족을 느끼면서도 결혼생활을 계속한다. 일반적으로 시간이 경과하면 결혼생활의 안정성은 증가하지만, 부부의 만족도는 감소한다(Karney & Bradbury, 1995). 부부만족에서의 감소는 특히 결혼초기 4년 동안 급격하고 이후 점진적으로 감소한다(Karney & Bradbury, 1997).

결혼생활의 만족에 영향을 주는 요인에는 어떤 것이 있는가? 카니와 브래드베리(Karney & Bradbury, 1995)는 결혼생활을 연구한 100개의 종단연구를 개관하고 다음과 같은 3가지 요인들이 결혼생활의 만족을 예언하는 핵심 요인들이라고 보고하였다.

① 부부의 성적 만족.

② 부부의 긍정적 행동.

③ 부부의 성격 유사성.

문제는 부부가 현재 만족스러운 결혼생활을 하고 있다고 해서 그들의 결혼생활이 유지된다는 보장이 없다는 것이다. 불만족스러운 결혼생활을 하고 있으면서도 대안이 없기 때문에 혹은 다양한 장벽들 때문에 결혼생활을 지속하는 부부들도 많이 있다.

사회적 교환이론에 의하면, 결혼생활의 안정성은 현재의 결혼생활과 활용가능한 대안에 의해 결정된다. 만약 당신이 현재의 배우자를 가능한 최상의 대안이라고 생각한다면, 당신의 결혼생활은 유지될 수 있을 것이다. 보통 경제문제와 자녀문제, 종교적 신념 및 사회적 압력들이 결혼생활의 붕괴를 방해하는 주된 장벽들로서 결혼생활이 계속될 수 있도록 한다.

카니와 브래드베리(Karney & Bradbury, 1995)는 구체적으로 다음과 같은 5가지 요인이 결혼생활의 안정성에 영향을 준다고 제안하였다.

① 결혼생활의 만족도.

② 태도에서의 유사성.

③ 성적 만족.

④ 가족수입.

⑤ 부부의 교육수준.

비록 취업이 결혼생활의 안정성에 중요한 역할을 하기는 하지만, 부부 중 누구의 취업이냐에 따라 달라진다. 흥미롭게도 남편의 취업은 결혼생활의 안정성에 기여지만, 아내의 취업은 오히려 결혼생활의 안정성을 저해하는 요인으로 평가된다. 그 이유는 아내의 취업은 남편에 대한 경제적 의존을 감소시키고 결혼생활에 문제가 있거나 불행하다고 지각되면 결혼생활을 종결지을 가능성을 높이기 때문이다.

2) 결혼생활의 갈등

갈등은 강한 정서적 연결감을 형성하고 상호적 협조가 필요한, 공동의 목표를 공유하는 관계에서 주로 일어난다. 특히 결혼생활은 부부가 함께 결정하고 해결해야 하는 일이 많기 때문에 서로 다른 의견으로 갈등을 경험하기 쉽다.

일반적으로 결혼한 부부들은 금전문제와 가족문제, 의사소통 문제 그리고 집안일 문제로 자주 갈등한다(Arond & Pauker, 1987). 연구자에 따라 다소 차이가 있기는 하지만 국내연구에서는(천혜경, 최혜경, 강인, 2006; 최혜경, 강진경, 신수진, 1999) 자녀양육문제, 경제적 문제, 성격과 가치관문제, 성문제, 의사소통문제가 부부의 중요한 갈등 원인이었다. 특히 자녀양육문제는 국내연구에서만 나타난 부부의 갈등요인으로 한국부모들이 자녀양육에 얼마나 많은 관심을 갖는지를 단적으로 보여 준다.

(1) 갈등해결 전략

부부가 빈번한 갈등을 경험한다고 해서 그것이 반드시 바람직하지 않다는 것은 아니다. 그 이유는 갈등을 해결하는 과정에서 부부는 효과적인 의사소통 패턴을 발달시키고 문제해결능력을 향상시킬 수 있을 뿐 아니라 친밀감을 증진시키고 오히려 성장할 수 있기 때문이다. 갈등을 해결하는 방식에는 건설적 갈등해결 전략과 파괴적 갈등해결 전략이 있다.

① 건설적 갈등해결 전략: 건설적 갈등해결 전략은 부부가 자신의 생각을 표현하거나 대안적 해결책을 제시하고 서로 의논하고 질문하며 타협함으

로써 문제를 직접적으로 해결하는 행동을 포함한다(Cahn, 1992). 이러한 직접적 해결방식은 문제 자체의 해결을 가능하게 하며, 부부간의 친밀성을 유지하고 증진시키는 역할을 한다. 특히 건설적 갈등해결 전략을 사용하는 부부들은 화자의 발언에 귀를 기울이고 화자의 생각과 감정을 존중한다.

② 파괴적 갈등해결 전략: 파괴적 갈등해결 전략은 위협이나 비난 혹은 냉소같은 행동이나 바람직하지 못한 방식을 사용하여 타인을 통제하려는 행동을 포함한다. 그 외에 대결과 불평 그리고 방어 또한 갈등해결을 방해하며, 문제의 철회나 회피 역시 갈등해결을 방해하기 때문에 파괴적 전략으로 평가된다. 특히 한 사람은 요구하고 다른 한 사람은 철회하는 소위 요구-철회 행동(demand-withdraw behavior)은 파괴적 갈등전략을 사용하는 부부들의 특징적인 의사소통 패턴이다(Sullaway & Christensen, 1983).

일반적으로 행복한 결혼생활을 하는 부부들은 건설적 갈등해결 전략을 사용하기 때문에 결혼생활에서 큰 만족을 경험할 수 있다. 그러나 파괴적 갈등해결 전략을 사용하는 불행한 부부들은 행복한 부부들보다 더 많은 갈등을 경험하고 갈등을 표출하거나 협상하는 데 더 많은 시간을 소비한다. 그들은 의사소통시에 더 공격적이고 더 많은 위협을 사용하며 문제를 회피하는가 하면 요구-철회 행동을 더 많이 사용하는 경향이 있다(Burleson & Denton, 1997; Crohan, 1996).

(2) 갈등해결에서의 성차

남성과 여성들은 갈등에 접근하고 해결하는 방식에서 차이를 보인다. 여성들은 남성들보다 더 직접적으로 문제를 해결하려고 하는 동시에 더 비판적인 경향이 있다. 그러나 남성들은 배우자가 문제해결을 요구할 때조차도 갈등으로부터 철회하고 문제해결에 소극적인 태도를 보인다(김영희, 정선영, 2007; Gottman & Krokoff, 1989).

보통 60%의 부부들이 아내-요구/남편-철회의 패턴을 사용한다(Christensen & Heavey, 1990). 이러한 패턴의 사용은 여성들이 남성들보다 더 강한 친밀성 욕구를 지니고 있고 남성들은 독립의 욕구가 강하기 때문이라고 주장하는 연구자가 있는가 하면, 남성들은 강한 부정적 정서를 처리하는 데 어려움을 겪기 때문이라고 주장하는 연구자도 있다. 그러나 클리네토브와 스미스(Klinetob & Smith, 1996)는 남성과 여성 모두 자신에게 중요한 문제일 때는 요구하는 입장에 서기를 원하지만, 중요한 문제가 아닐 때는 한편이 요구하는 입장에 서면 다른 한편은 철회한다고 주장하였다.

4. 결혼생활의 지속

아무리 애정적이고 친밀한 부부라고 할지라도, 시간이 경과하면 관계를 위협하는 여러 가지 도전이나 변화에 직면하지 않을 수 없다. 직장에서의 승진과 책임은 자녀출산이나 양육과 충돌하고, 경제적 압력은 두 가지 일 중에서 어느 것을 우선할 것인지를 결정하기 어렵게 한다. 확대가족 구성원들의 요구도 부부관계에 갈등을 불러일으키고 결혼생활의 지속에 부정적 영향을 준다. 이러한 도전에 직면하여 부부는 어떻게 그들의 관계를 유지할 수 있는가?

결혼생활이 지속될 수 있기 위해서는 개인적 자율성과 부부의 연결감 사이에 균형이 유지될 수 있어야 한다(Cowan & Cowan, 2000). 부부는 개인적 성장과 성취를 이루기 위해 충분한 독립성과 개별성을 필요로 하는 동시에 친밀한 관계를 유지해야 하는 문제에 지속적으로 노출된다. 물론 부부가 인생의 한 시점에서 이러한 두 가지 문제간에 만족스러운 균형을 이룰 수 있다고 할지라도 그것은 영원한 해결이 되지는 못한다. 인생의 다른 시점에서는 또 다른 인생사건들에 의해 양자간에 갈등이 일어날 수 있으므로, 균형을 이루기 위한 노력이 또다시 요구되기 때문이다.

자율성과 연결감 사이의 균형 문제와 함께 예측가능성과 새로움이나 신기함의 문제도 결혼생활의 지속에 큰 영향을 준다. 그것은 안정성과 변화의 문제로서, 결혼생활이 지속될 수 있기 위해서는 부부의 생활이 예측가능해야 하는 동시에 예측하지 못한 새로운 이벤트성 사건들을 필요로 한다는 것이다.

예측가능성은 부부에게 안정감을 제공한다. 그러나 변화나 새로움 없이 지나치게 많은 예측가능성은 관계를 침체시킨다(Van Lear, 1998). 부부는 예측가능성을 바탕으로 배우자가 특정한 상황에서 어떤 말을 하고 어떤 행동을 할 것으로 예상할 수 있지만, 그것은 관계를 지나치게 단조롭고 지루하게 만들 수 있다. 그러므로 장기적인 결혼생활에서 때때로 새로운 일이나 놀라운 일을 만들어 내는 것은 무엇보다 중요한 일이다.

25년 동안 한결같이 행복한 결혼생활을 해온 한 부부의 예를 들어 보자. 아내는 남편이 출장이나 여행을 가야 할 때, 여행가방 속에 사랑의 편지나 향기로운 손수건을 넣어 남편을 놀라게 한다. 또한 남편이 집으로 돌아오는 날 예상하지 못한 즐거운 일을 계획함으로써 오늘날까지도 남편은, 집에 가면 어떤 일이 일어날지 상상하면서 즐거워한다. 이와 같이 결혼생활에서의 새로움이나 신기함은 결혼생활을 새롭고 흥미롭게 유지될 수 있도록 하는 조미료와 같은 역할을 한다.

1) 결혼생활을 지속하게 하는 유지행동

결혼관계를 지속시키는 유지행동(maintenance behaviors)에는 어떤 것이 있는가? 스태포드와 카나리(Stafford & Canary, 1991)는 다음과 같은 다섯 가지 행동을 제안하였다.

① 긍정성: 밝고 명랑한 관계를 유지하고 서로에게 예의바르게 행동한다.

② 개방성: 기꺼이 서로의 생각과 감정을 공유한다.

③ 확신: 미래에 대한 희망과 관계지속의 의도를 전달할 수 있는 말과 행동을 한다.

④ 공유된 과업: 협조와 공평성의 느낌에 기여한다. 데이트 관계에서 결혼관계로 진행됨에 따라 부부중심의 시간은 감소하고 도구적 과제에 투자하는 시간은 증가한다. 이때 부부 공동의 과업은 두 사람이 함께 할 기회를 제공한다.

⑤ 사회적 연결망에의 참여: 결혼관계를 지원하고 부부의 정체감을 강화

하는 친구나 가족과의 활동에 참여한다.

2) 유지행동의 특성

여성들은 남성들보다 더 많은 관계유지 행동을 나타낸다(Bradbury & Karney, 1993). 그들은 전형적으로 민감한 문제를 제기하는 사람으로서, 관계에 관해 이야기하기를 원하고 문제가 있을 때는 그것을 수정하려고 애쓴다. 여성들의 관계지속 노력은 아마도 남성들보다 그들이 정서적으로 더 민감하기 때문에 그리고 문제가 발생하면 그것을 해결하기 위하여 더 많은 투자를 하기 때문일 것으로 생각된다(Acitelli, 1992). 그러나 더 중요한 것은 여성들은 타인과 관계를 형성하고 유지하는 것을 중요시하도록 사회화된다는 것이다.

한 연구에 의하면(Weigel & Ballard-Reisch, 1999), 배우자를 더 많이 사랑하고 결혼생활에 더 많이 전념하며 더 많이 만족하는 여성들이 유지행동을 더 많이 사용하는 경향이 있었다. 또한 남편이 결혼생활에 만족하고 있다고 지각될 때, 여성들은 더 많은 유지행동을 나타내었다. 그러나 남성들은 스스로 결혼생활에 만족할 때만 유지행동을 사용하는 경향이 있어 여성들과는 차이를 보였다.

문제는 특정 시점에서의 유지행동은 단지 그 시점에서의 결혼관계 만족에만 영향을 줄 뿐 미래의 결혼관계 만족에는 영향을 주지 못한다는 것이다(Canary, Stafford, & Semic, 2002). 따라서 결혼초기에 유지행동을 많이 사용한 부부라고 할지라도, 만족스러운 장기적 관계가 유지될 수 있기 위해서는 부부 양자가 다양한 유지행동을 지속적으로 사용하지 않으면 안 될 것이다.

가족간의 의사소통, 힘, 갈등

Ⅰ. 의사소통
- 1. 언어적 의사소통과 비언어적 의사소통
- 2. 의사소통에서의 성차
- 3. 의사소통과 관련된 요인

Ⅱ. 가족간의 의사소통
- 1. 가족의 의사소통 방식
- 2. 부부의 의사소통 방식
- 3. 부모-청소년 자녀의 의사소통

Ⅲ. 가족 내의 힘
- 1. 남편과 아내의 힘
- 2. 힘과 친밀성의 관계

Ⅳ. 가족 갈등
- 1. 갈등의 유형
- 2. 갈등의 효과
- 3. 갈등해결

제 7 장
가족간의 의사소통, 힘, 갈등

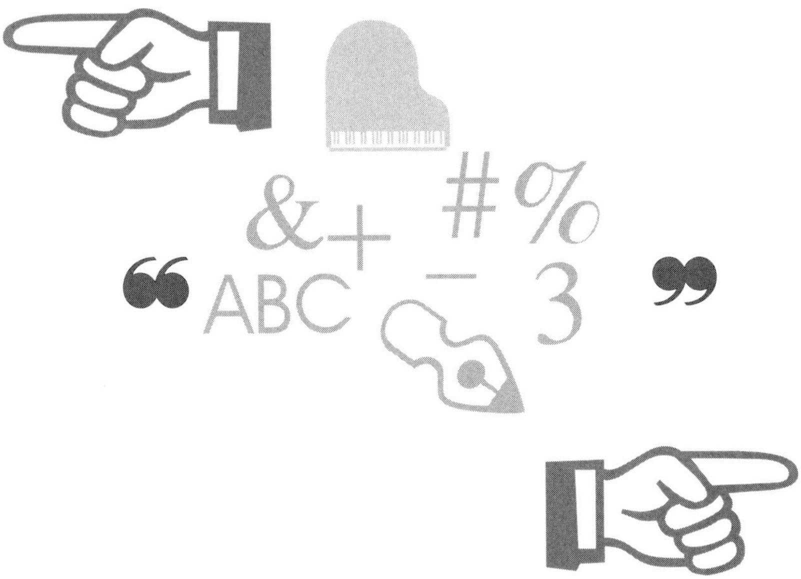

가족구성원들이 지니는 힘과 권위에 따라 의사소통 방식이 달라지며, 잘못된 의사소통은 가족구성원간의 갈등을 증폭시킨다.

제7장 가족간의 의사소통, 힘, 갈등

결혼한 부부들의 가장 흔한 불평 중의 하나는 부부 사이에 의사소통이 이루어지지 않는다는 것이다. 그러나 이러한 불평의 의미는 부부가 의사소통을 하지 않는다는 뜻은 아니며, 단지 차가운 시선을 교환하고 거친 언어로써 분노를 교환하기 때문에 진정한 의사소통이 이루어지지 않는다는 것이다.

그러나 가족 내의 개별적 구성원들은 서로 다른 힘과 권위를 갖기 때문에 의사소통 방식에서 차이를 보인다. 가족전체와 부부간 그리고 부모-자녀간의 의사소통 방식에는 차이가 있으므로 이 장에서는 먼저 의사소통이란 무엇인지를 설명하고 부부간의 의사소통과 부모-청소년 자녀간의 의사소통 방식을 설명한다.

보통 불행한 부부들의 의사소통은 두 사람을 결합시키는 것이 아니라 오히려 멀어지게 하고 갈등을 해결하기보다는 갈등을 증폭시키므로 이 장에서는 부부간의 힘의 문제와 갈등 및 갈등해결 전략도 함께 고찰한다.

Ⅰ. 의사소통

의사소통(communication)이란 개인과 개인 사이에 상징적 매개물을 사용하여 정보와 의사를 교환하고 서로의 행동에 영향을 미치는 과정을 의미한다. 우리는 타인과의 의사소통에 의해 한 동아리에 속한다는 즐거움을 경험하고 미소와 접촉을 교환하며 애정을 담은 침묵을 교류한다. 우리는 의사소통을 통해 우리가 누구인지를 드러내기 때문에, 의사소통에 기인한 자기노출은 친밀성을 싹트게 한다.

1. 언어적 의사소통과 비언어적 의사소통

언어라는 상징물을 사용하는 언어적 의사소통은 부호화(encoding) 과정과 해독화(decoding) 과정을 포함한다. 부호화는 말하는 사람이 자신의 느낌이나 생각을 언어라는 상징으로 표현하는 과정에 해당하는 반면, 해독화는 듣는 사람이 감각기관을 통해 들어온 상징을 해석하고 그 의미를 파악하는 과정에 해당한다(장휘숙, 2002). 말하는 사람과 듣는 사람에 의해 부호화와 해독화가 정확하게 이루어질 때 효과적인 의사소통이 가능하다.

그러나 타인과 의사소통할 때, 우리가 보내고 받는 메시지들은 언어적 요소뿐 아니라 비언어적 요소도 포함한다. 우리는 이야기하지 않을 때에도 침묵으로써 의사소통을 할 수 있기 때문에 비언어적 의사소통은 대인관계에서 중요한 역할을 한다. 그 외에 신체 자세나 머리를 기울이는 방식, 얼굴표정, 타인과의 물리적 거리 등도 비언어적 의사소통 방식으로 활용된다.

비언어적 의사소통의 문제점 중의 하나는 메시지의 정확성이다. 우리는 동일한 침묵에 대해 다른 해석을 할 수 있고 동일한 미소에 대해서도 다른 의미를 부여할 수 있으므로 실제로 잘못된 해석으로 오해를 불러일으킬 수 있다. 의사소통에서 비언어적 요소들을 정확하게 해석하는 능력은 성공적 관계를 형성하고 유지하기 위해서도 중요하다.

집단이나 문화에 따라 비언어적 표현을 중요시하는 정도에서 차이가 있기는 하지만, 비언어적 의사소통 능력은 어떤 문화에서나 요구되고 자주 활용된다. 중국인과 미국인의 낭만적 관계를 비교연구한 결과에 의하면(Gao, 1991), 공유된 비언어적 의미가 두 개의 문화 모두에서 관계의 성공에 매우 중요하였다.

일반적으로 의사소통의 언어적 부분은 메시지의 기본 내용을 표현하는 반면, 비언어적 부분은 화자의 태도(친절한, 중립적, 적대적 등)나 메시지의 해석방식(농담, 요구 혹은 명령 등)을 전달한다. 따라서 메시지가 효과적으로 전달될 수 있기 위해서는 언어적 요소와 비언어적 요소가 일치해야만 한다.

화가 난다면, '나는 화났다' 고 말해야 하는 것은 물론 화난 표정과 음성을 나타내어야 한다는 것이다. 만약 당신이 미소 지으면서 중립적인 톤으로 '나는 화났다' 고 말한다면 당신의 메시지는 모호해질 것이다. 그러므로 메시지의 완전한 이해는 의사소통의 언어적 요소와 비언어적 요소 양자가 모두 활용될 때 가능하다.

특히 한국인들은 자신의 의사를 정확하게 표현하기보다는 침묵에 가치를 두는 이심전심으로 의사를 교환하거나 다양한 비언어적 의사소통 방식을 사용하는 경향이 강하다. 더욱이 가족구성원들은 서로 친밀한 사람들이기 때문에 자주 비언어적 의사소통에 의존하는 경우가 많으므로 여기서는 비언어적 의사소통의 기능과 형태를 설명하기로 한다.

1) 비언어적 의사소통의 기능

비언어적 의사소통은 다음과 같은 기능을 한다.

첫째, 개인적 태도를 전달한다. 우리는 좋아하고 싫어하는 것을 비언어적으로 표현할 수 있다. 손을 잡는 것은 서로 가깝고 친밀하다는 것을 나타내고 긴 의자의 반대편 끝에 앉는 것은 거리감을 표현하며 대화 도중에 서로 바라보지 않는 것은 어색함이나 친밀하지 않다는 것을 의미할 수 있다. 고트만(Gottman, 1995)에 의하면, 배우자의 말이나 불평에 반응하여 눈동자를 굴리는 단순한 행동조차도 말하는 사람의 표현이 타당하지 않다는 감정을 전달할 수 있다.

둘째, 정서를 표현한다. 정서는 신체를 통해 표현될 수 있다. 우울한 사람은 매우 느리게 걷고 행복한 사람은 뛰듯이 걷는다. 미소나 찡그림, 곤두선 눈썹, 불쑥 내민 턱, 모두 정서를 표현한다. 적절한 정서표현은 우리가 어떻게 느끼고 있는지를 상대편이 알고 적절하게 반응할 수 있도록 하기 때문에 그리고 상대편과 우리의 감정을 공유할 수 있도록 하기 때문에 중요시된다.

셋째, 진행되는 상호작용을 조절한다. 청자와 화자의 시선접촉은 청자가 대화에 관심을 갖는다는 것을 의미하고 하품은 지루함을 의미하므로 의사소통의 길이나 상호작용방식이 조절될 수 있다. 특히 자세와 시선접촉은 계속되는 의사소통을 유지하거나 종결짓는 신호의 역할을 한다.

2) 비언어적 의사소통의 구체적 형태

말하는 사람과의 근접성과 시선접촉 그리고 신체접촉은 가장 흔하게 사용되는 비언어적 의사소통 방식이다.

(1) 근 접 성

근접성(proximity)이란 공간적으로 그리고 시간적으로 타인과 가까이 있는 것을 의미한다. 의사소통시에 타인과의 거리는 친밀성의 수준이나 관계의 유형을 나타낸다. 특히 대화 시작시의 면대면의 거리는 그들이 관계를 어떻게 정의하는지를 나타내는 단서의 기능을 한다.

모든 문화에서 면대면의 상호작용이 이루어질 때 중간 정도 떨어진 거리는 중립적인 관계로 해석되고 더 가까운 거리는 더 큰 친밀성을 의미하지만, 때로 위협적 관계를 신호하기도 한다. 물론 면대면의 거리가 더 멀어지는 것은 상호작용을 종결짓겠다는 의지를 반영하는 것으로 해석된다.

(2) 시선접촉

서로를 어떻게 바라보는지를 알면 관계의 질적 특성이 이해될 수 있다. 시선의 접촉은 관심이 있음을 신호한다. 당신이 어떤 사람에게서 눈을 떼지 못한다면, 그것은 당신이 그 사람에게 강한 매력을 느끼고 있다는 의미로 해석된다.

대화가 이루어지는 동안 마음맞는 사람들은 많은 시선접촉을 하는 반면, 갈등하는 사람들은 서로 시선접촉을 피하는 경향이 있으므로 두 사람 사이의 시선접촉의 양은 관계가 갈등적인지 아닌지를 구별할 수 있도록 한다. 시선접촉과 함께 동공의 확장은 성적 관심이 있음을 신호한다.

(3) 신체접촉

촉각은 인간의 가장 기본적 감각으로 기쁨과 아픔, 덥고 차가움 그리고 거칠고 부드러움을 지각하는 수용기를 포함한다. 촉각에 의한 신체접촉은 자주 친밀감이나 정서적 가까움을 나타내므로 신체접촉의 양은 사랑하는 사람과 낯선 사람을 구분하는 기준이 된다.

또한 어떤 곳에서 어떻게 접촉하는가에 따라 그것이 우정인지, 친밀함인지, 사랑인지, 혹은 성적 관심인지가 구별될 수 있다. 신체접촉은 타인에게 자신에 대해 더 많이 이야기하도록 함으로써 자기노출을 촉진시키는 역할도 한다.

신체접촉의 수준은 문화에 따라 차이가 있다. 아시아 문화권의 사람들이 서구 문화권의 사람들보다 더 적은 신체접촉을 보이고, 라틴 문화와 유대문화의 사람들이 미국 백인들보다 더 많은 신체접촉을 한다(Henley, 1977).

남성과 여성 중 누가 신체접촉을 더 많이 하는가? 성역할 고정관념적으로 여성들은 신체접촉을 추구하고 남성들은 회피할 것으로 생각되지만, 전체적인 접촉양에서는 차이가 없다. 또한 여성들이 남성들과 신체접촉을 시도하는 것보다 남성들은 여성들과 더 많은 신체접촉을 시도하지 않으며, 여성들은 낯선 사람으로부터 접촉당하는 것을 특히 싫어한다.

2. 의사소통에서의 성차

남녀의 의사소통방식이 다르다는 것은 널리 알려진 일이다(Basow &

Rubenfeld, 2003; Tannen, 1990). 실제로 성차는 언어적 의사소통과 비언어적 의사소통 모두에서 나타나며 남성과 여성간에 대화가 이루어질 때 특히 두드러진다.

우선 언어적 의사소통에서 남녀는 큰 차이를 보인다(Lindsey, 1997; Tannen, 1990). 여성들은 남성들보다 더 많은 수식어와 더 다양한 억양패턴을 사용한다. 또한 여성들은 더 정확한 문법과 더 간접적이고 공손한 언어를 사용하며 완곡어법을 더 자주 사용한다(Carli, 1990). 대조적으로 남성들은 색깔, 느낌, 음식, 관계, 감정과 관련된 단어를 더 적게 사용하며 욕이나 속어같은 거친 언어를 더 많이 사용한다(Lindsey, 1997).

남녀간에 대화가 이루어질 때 남성들은 여성들보다 말을 더 많이 하고 상대편의 말을 더 많이 중단시킨다(장휘숙, 최영임, 2004; Lakoff, 1990). 그러나 동성간의 대화에서는 남성들은 여성들보다 개인적 정보를 더 적게 노출하고 오히려 스포츠나 정치 혹은 일과 같은, 비교적 안정된 주제에 한정된 의사소통을 한다.

비언어적 의사소통에서도 남녀는 차이를 나타낸다. 여성들은 남성들보다 더 많이 미소짓고 얼굴표정으로 더 다양한 정서를 표현한다. 또한 여성들은 의사소통시에 더 적은 공간을 차지하며 상대편과 더 많은 시선접촉을 유지한다(Lindsey, 1997).

남성과 여성의 언어적, 비언어적 의사소통방식은 그들의 사회적 지위를 반영한다. 일반적으로 남성들의 의사소통방식은 그들의 우월한 지위와 일치하고 여성들의 의사소통방식은 그들의 종속적 지위를 반영한다. 특히 여성들은 협조적 혹은 동조적 의사소통을 함으로써 관계를 형성하고 유지하는 데 기여한다.

3. 의사소통과 관련된 요인

효과적인 의사소통이 이루어지기 위해서는 자기노출과 피드백 및 상호적 긍정이 요구된다.

1) 자기노출

의사소통에서의 자기노출은 상호간의 이해를 위한 환경을 제공한다. 우리는 타인과의 관계에서 자기를 노출함으로써 우리가 누구인지를 발견하고 타인 역시 우리와 자신을 공유할 것이다. 의사소통을 통해 자기노출이 이루어지면 친밀감이 형성된다.

남녀는 자기노출에서 차이를 보인다. 남성들은 여성들보다 자신의 약함이나 부드러움을 표현하지 않으려고 하는 반면, 여성들은 자신의 감정을 쉽게 노출한다. 여성들은 아동초기부터 자신을 표현하라는 격려를 받으면서 성장하였기 때문에 보다 쉽게 자기노출을 할 수 있다.

자기노출은 상호적이기 때문에 우리가 자기노출을 하면 배우자도 자기노출할 것으로 기대된다. 서로가 자기노출을 하면 신뢰감이 구축될 수 있지만, 자기노출을 하지 않으면 신뢰감은 훼손된다. 우리가 자신을 노출하지 않는다는 것은 타인을 신뢰하지 않는다는 것을 의미하기도 한다.

2) 피 드 백

의사소통에서 중요한 또 다른 요인은 피드백이다. 그것은 화자가 전달한 메시지가 어떤 결과를 생성하고 그 결과에 의해 대화가 수정되는 일련의 과정을 의미한다. 성공적인 의사소통은 그림 7-1과 같이 화자와 청자 모두 대화의 내용을 잘 이해하고 있어야 한다. 또한 메시지와 그 이면의 의도가 일치해야 하고 언어적 그리고 비언어적 요소 또한 메시지를 지원해야만 한다. 이 피드백 회로에서 의사소통의 비언어적 측면은 근접성, 시선접촉 그리고 신체접촉을 포함하고 언어적 측면은 언어와 단어선택은 물론 음색, 강약, 고저, 속도 그리고 침묵의 시간을 포함한다.

의사소통의 피드백 회로에서 중요한 역할을 하는 요인은 자기노출이다. 어떤 사람이 우리에게 자기노출을 한다면, 우리는 그 노출에 대해 반응할 필요가 있다. 피드백의 목적은 행동의 결과에 대한 자기인식을 증가시킬 수 있도록 건설적 정보를 제공하는 것이다. 만약 배우자가 결혼관계의 문제점

그림 7-1 성공적 의사소통의 피드백 회로

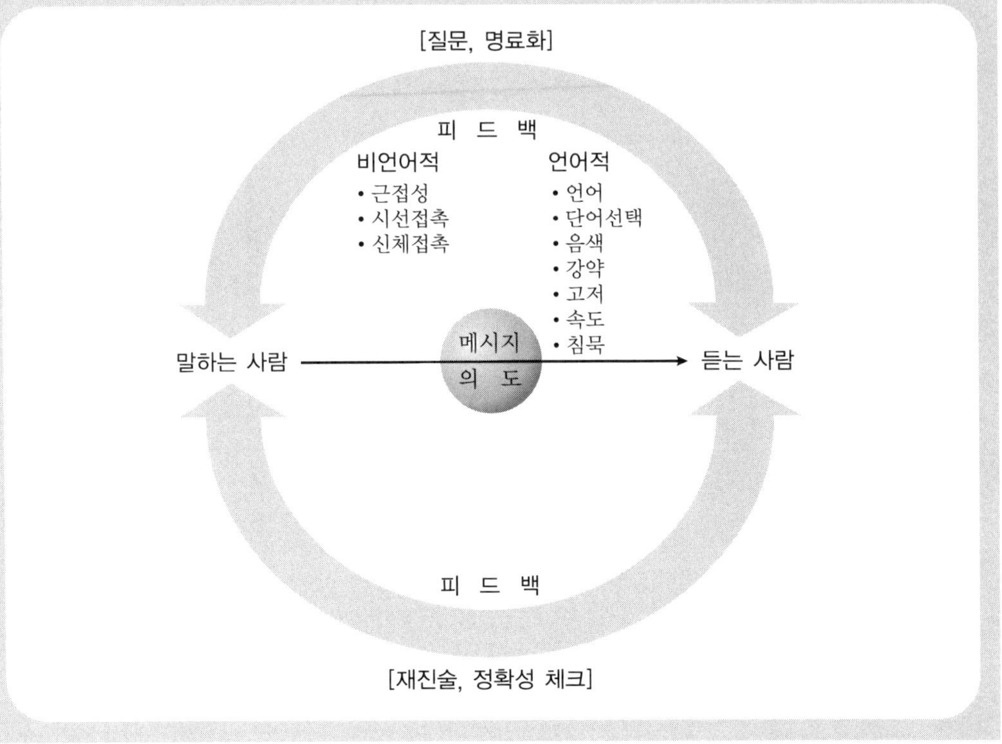

출처: Strong, DeVault & Cohen, 2005.

을 당신에게 털어놓는다면, 당신은 다음과 같은 몇 가지 방식으로 반응할 수 있다.

첫째, 침묵으로 일관한다. 일반적으로 침묵은 부정적 반응으로 당신이 배우자에게 노출하고 싶지 않은 말을 하는 것만큼 강력하다.

둘째, 화를 낼 수 있다. 화를 내는 것은 배우자의 자기노출이 이해와 변화를 불러일으키기보다는 논쟁을 자극한다는 메시지를 전달할 것이다.

셋째, 배우자의 자기노출에 대해 긍정적으로도 그리고 부정적으로도 반응하지 않고 무관심할 수 있다.

넷째, 배우자의 감정이 타당하다는 것을(옳고 그름이 아니라) 인식하고 거기에 대해 당신의 느낌을 노출할 수 있다. 이러한 인식과 반응은 배우자의 의심을 제거할 수도 있고 제거하지 못할 수도 있지만, 적어도 변화의 가능성을 열어둔다는 점에서 건설적이다.

3) 상호적 긍정

친밀한 관계에서 좋은 의사소통은 상호적 긍정(mutual affirmation)을 포함해야 한다. 상호적 긍정은 상호적 수용(mutual acceptance)과 서로 좋아하기, 그리고 말과 행동으로 좋아한다는 것을 표현하는 것을 포함한다.

상호적 수용은 상대편을 있는 그대로 받아들이는 것으로 자신이 좋아하는 어떤 유형이기를 강요하는 것이 아니다. 어떤 사람을 있는 그대로를 수용한다는 것은 그가 가지고 있는 독특한 특성을 좋아한다는 것을 의미하기도 한다. 만약 배우자가 당신이 원하는 유형으로 변화하기를 원한다면 결혼 후에 실망할 것이고 결국 이혼으로 결혼생활을 끝내게 될 것이다.

또한 우리는 온정이나 애정 혹은 사랑의 감정을 표현할 필요가 있다. 실제로 표현하지 못한 말이나 행동, 생각, 친절, 접촉, 애무 혹은 키스는 존재하지 않는 것과 다름이 없다. 사랑을 표현함이 없이 "당신은 내가 당신을 사랑한다는 것을 잘 알잖아"라는 말은 전혀 의미 없는 말이다. 사랑을 소통하는 가장 간단한 법칙은, 사랑한다면 사랑을 보여 주어야 한다는 것이다.

이와 같이 상호적 긍정은 배우자를 있는 그대로 좋아하고 그가 하는 일이 큰 일이든 작은 일이든 존중하며 파트너에게 '사랑한다, 좋아한다, 고맙다'는 말을 하면서 동시에 그것을 행동으로 보여 주는 것이다.

Ⅱ. 가족간의 의사소통

올슨 등(Olson 등, 1983)의 순환모델에 의하면, 의사소통은 응집성 및 적응성과 함께 가족의 역동을 설명하는 중요한 요인이다. 응집성과 적응성이 가족기능의 중심적 차원이라면 의사소통은 가족체계의 응집성과 적응성을 촉진시키거나 저해하는 역할을 한다. 긍정적 의사소통은 가족 구성원들이 서로를 이해하고 지원하며 감정이입을 경험하도록 하는 반면, 비판이나 비난과 같은 부정적 의사소통은 가족 구성원들 사이의 애착이나 적응능력을 감소시킨다.

가족전체의 의사소통 방식과 개별적 구성원간의 의사소통 방식은 서로 다르다.

제1장에서 설명한 바와 같이, 가족체계이론에 의하면 가족은 배우자 하위체계와 부모-자녀 하위체계, 부모 하위체계 그리고 개인적 하위체계를 포함하므로 가족간의 의사소통도 가족구성원 전체의 의사소통 방식과 부부 사이의 의사소통 방식 및 부모-자녀 의사소통 방식으로 구분될 수 있다. 중요한 것은 가족 의사소통에서 정보를 교환하는 사람들이 달라지면 의사소통 방식도 달라지므로 가족 전체의 의사소통 방식과 개별적 가족구성원간의 의사소통 방식은 다를 수밖에 없다는 것이다.

그러므로 이 절에서는 먼저 가족의 의사소통 방식과 부부의 의사소통 방식 및 부모-자녀 의사소통 방식을 차례로 설명한다. 부모-자녀 의사소통의 어려움은 주로 부모와 청년기 자녀 사이에서 일어나므로 이 시기에 국한하여 설명하기로 한다.

1. 가족의 의사소통 방식

가족의 의사소통 방식은 다음과 같은 네 가지 유형으로 구분될 수 있다 (이창덕, 2006).

① 사슬형: 일명 고리형으로도 불리며 메시지가 한 사람으로부터 다른 사람으로 전해지고, 그 사람이 다시 다른 사람에게 메시지를 전달하는 의사소통 방식이다. 보통 권위적 가정의 의사소통 유형으로 가장이 명령을 내리면, 그 명령을 받은 구성원이 다른 구성원에게 전달하는 방식이다. 사슬형에

서는 가족구성원임에도 불구하고 직접 의사소통하지 않는 구성원이 존재한다는 문제점이 있다.

② Y형: 한 사람을 통하여 한 사람 이상의 다른 사람에게 메시지가 전달되는 의사소통 방식이다. 계부나 계모가 있는 복합가족에서 친부나 혹은 친모를 통해서만 자녀들에게 메시지가 전달되는 의사소통 형태에 해당한다.

③ 바퀴형: 메시지를 전달하기 위하여 가족구성원 전체가 한 구성원에게만 의존하는 의사소통 형태이다. 따라서 바퀴형에서는 한 사람이 독재적 지위를 누릴 위험이 있다. 또한 부담스런 메시지가 전달되어야 할 때는 한 사람의 부담이 너무 커지는 문제점도 있다. 보통 어머니가 이러한 소통의 중심역할을 맡는다.

④ 완전통로형: 가족구성원 모두가 어떤 구성원과도 소통하는 의사소통 형태이다. 쌍방향으로 정보가 흐르고 피드백이 가능하므로 정보의 소통이 가장 원활하다. 그러나 무질서하고 혼란스러울 수 있으며 비밀에 붙여야 하는 정보를 다루기에 부적절하다는 단점도 있다.

가족은 의사소통 방식에 따라 응집성과 적응성이 달라지는 하나의 체계이므로 어떤 유형의 의사소통이 이루어지느냐에 따라 가족관계는 물론 가족의 형태도 달라진다. 한국가족의 대화 만족도와 의사소통 구조를 분석한 박해용(2004)은 바람직한 가족소통의 원리로서 (1) 혈연적 동질성과 개체로서의 차이 인정, (2) 부드러우면서도 사실 관계의 정확한 판단에서 나오는 개방적 권위, (3) 자율적이고 창의적인 질서관계 그리고 (4) 자유롭고 배려 있는 자기주장 등을 제안하였다.

2. 부부의 의사소통 방식

부부는 결혼생활을 통하여 지속적으로 상호작용하기 때문에 부부 나름대로의 독특한 의사소통 패턴을 형성한다. 남편과 아내는 그들의 의견이나 감정을 교환하는 과정에서 손실은 적고 보상이 큰 의사소통 패턴을 채택함으로써 성차를 나타낸다.

부부가 의사소통 문제를 가질 때 결혼생활은 붕괴될 위험에 처한다. 의사소통의 본질은 부부만족과 높은 상관이 있기 때문에(박영화, 고재홍, 2005; 한주리, 허경호, 2004; Noller & Fitzpatrick, 1991) 가족연구자들은 이 분야에 큰 관심을 갖는다.

1) 부부의 의사소통 유형

연구자의 관점에 따라 부부의 의사소통 유형은 다양하게 분류될 수 있다. 일반적으로 부부간의 의사소통은 크게 나누어 보상적 의사소통과 혐오적 의사소통으로 구분될 수 있다. 전자가 상호간에 수용이나 감사 혹은 지원을 전달한다면, 후자는 비판이나 부정적 메시지를 전달한다. 또한 가족주기에 따라 개방적인지 혹은 폐쇄적인지에 의해 의사소통 유형이 구분될 수도 있고 기능적 의사소통과 역기능적 의사소통으로 구분되기도 한다.

여기서 기능적 의사소통은 일명 지지적 의사소통으로 불리며, 성실하게 정보를 제공하고 자발적으로 문제를 해결하며 상대를 이해하려고 노력하는 의사소통 방식에 해당한다. 반면에 역기능적 의사소통은 상대편을 지배하거나 무시하고 독선적 태도를 취하며 불명확하고 애매모호한 의사소통을 하는 것을 의미한다(박정숙, 양수, 2005). 그러나 이 분야의 많은 연구자들은 보다 세분화된 유형을 사용하여 부부간에 이루어지는 상호작용의 본질을 규명하려고 한다.

(1) 크리스텐슨과 술라웨이의 유형

일찍이 크리스텐슨과 술라웨이(Christensen & Sullaway, 1984)는 부부의 의사소통 유형을 상호건설적 유형과 상호회피 유형 및 요구-철회 유형으로 구분하였다. 상호건설적 유형은 갈등이 있을 때 배우자의 의견에 귀를 기울이고 서로 허심탄회하게 의논하며, 긍정적 방식으로 감정을 표현하고 해결하는 의사소통 유형이다. 반면 상호회피 유형은 갈등이 있을 때 갈등영역에 대한 의사소통을 회피함으로써 갈등이 지속되도록 한다.

한편 요구-철회(demand-withdraw) 유형은 가장 흔한 부부간의 의사소통 패턴으로 부부가 중요한 문제를 의논할 때 배우자 한편이 다른 한편을 대화에 가담시키려고 노력한다(Klinetob & Smith, 1996). 이때 문제를 제기하는 사람은 배우자의 행동을 비판하고, 불평하며 행동변화의 필요성을 주장하지만, 비판받는 배우자는 논의를 회피하기도 하고 질문에 대답하지 않거나 주제를 바꿈으로써 의사소통으로부터 철회한다.

요구-철회 패턴은 성에 따라 차이를 보인다. 한 연구(Klinetob & Smith, 1996)에서 아내가 요구하고 남편이 철회하는 비율은 전체 부부의 60%였고 그 반대 패턴의 의사소통을 하는 부부들의 비율은 30% 정도였다. 그리고 나머지 10%의 부부가 요구와 철회를 동등하게 사용하였다.

연구자들(Klinetob & Smith, 1996)은 요구자와 철회자의 역할은 논의되는 주제에 따라 달라진다고 주장한다. 즉 아내가 문제를 제기하면, 아내는 요구자가 되고 남편은 철회자가 되는 반면, 남편이 문제를 제기하면 남편은 요구자, 아내는 철회자가 된다는 것이다. 그렇다면 아내들이 남편들보다 더 자주 요구자가 되는 이유는 무엇인가? 결혼관계에서 남편들은 더 많은 혜택을 받기 때문에 문제를 제기할 가능성이 더 적은 반면, 아내들은 결혼관계에서 더 많은 불만족을 느끼고 문제를 제기하게 됨으로써 요구자가 될 가능성이 더 많아진다는 것이다.

요구-철회 의사소통 패턴은 건강하지 못한 의사소통 유형으로 부부간의 갈등을 효과적으로 해결하지 못한다. 이 유형의 의사소통을 하는 부부들은 더 적은 부부만족을 경험하고 관계붕괴의 더 큰 위험성을 갖는다(Regan, 2003).

(2) 콜만의 유형

콜만(Coleman, 1987)은 다음과 같은 다섯 가지 유형의 부부간 의사소통방식을 제시하였다.

① 상보적(complementary)

부부는 배우자를 위한 보완적 역할을 담당한다. 부부 어느 한 편이 이야기하면 다른 한 편은 귀를 기울이나 서로 대화의 중심이 되기 위해 경쟁한다. 융통성이 있는 의사소통유형이다.

② **관례적**(conventional)

실제적 문제의 논의를 회피하기 위하여, 부부는 날씨에 대한 이야기같은 일시적이고 가벼운 대화로 일관한다. 부부 각자의 자기노출은 최소화된다.

③ **탐색적**(speculative)

개인적 감정의 노출보다는 사실과 문제해결을 강조하는 분석적 의사소통양식으로서 부부는 다양한 문제의 해결을 위해 노력한다. 부부 중의 한 사람이 아이디어나 잠정적 해결방식을 제시하면 다른 한 사람은 열심히 경청한다.

④ **통제적**(controlling)

파트너의 행동을 수정하거나 통제하기 위해 설득하거나 방향을 제시하는 의사소통유형이다. 부부 중 의견을 제시하는 편의 자기노출은 많으나 상대편의 신념이나 감정은 억압되는 경향이 있다.

⑤ **접촉적**(contactful)

부부가 서로서로 아이디어와 감정을 공유한다. 부부는 서로의 생각과 감정을 솔직하게 표현하고 상대편의 의견에 기꺼이 귀기울인다. 반응적이고 수용적인 이 유형의 의사소통은 높은 정도의 자기노출을 포함한다.

한국 부부의 의사소통유형을 연구한 결과들은 각기 상이한 결과를 보고하고 있지만, 공통적인 내용은 한국 부부의 의사소통 방식이 부정적이라는 것이다. 이정순과 박성연(1991)은 한국 부부의 의사소통 유형을 독선형, 순종형, 무관심형, 권위지향형, 상호존중형으로 구분하였고, 송성자(1985)는 권위지향형, 불성실지향형, 지배지향형, 희생지향형, 소심지향형으로 구분한 바 있다.

일반적으로 결혼 전에 보잘것 없는 의사소통을 한 부부들은 결혼 후에도 동일한 패턴을 유지함으로써 불행한 결혼생활을 하기 쉽다. 따라서 부부가 결혼 전에 어떻게 의사소통하였는지는 결혼 후의 부부만족을 결정하는 중요한 요인이다(Cate & Lloyd, 1992).

연구자들은 만족스러운 결혼생활을 하는 부부들과 불행한 결혼생활을 하는 부부들은 의사소통 패턴에서 차이를 보인다고 강조한다(Gottman, 1995; Noller & Fitzpatrick, 1991). 불행한 부부들의 의사소통은 부부를 결합시키기보다는 멀어지게 하고 갈등을 해결하기보다는 오히려 부채질한다. 부부 사이에 교환되는 차가운 표정은 거친 말보다 분노를 더 효과적으로 전달할 수 있다.

그러나 만족스러운 결혼생활을 하는 부부들은 의사소통을 통하여 긍정적 사고와 감정을 표현할 수 있는 능력을 지니고 있다. 그들은 불만족스러운 결혼생활을 하는 부부들보다 더 많은 시간을 의사소통에 할애하고 동등한 수준의 애정적 언어와 접촉을 교류한다. 특히 만족스러운 결혼생활을 하는 한국 부부들은 "서로 상처를 주는 말을 피한다"는 공통적 특성을 지니고 있었다(박해용, 2004). 만족스러운 결혼생활을 하는 부부들의 일반적인 특징을 정리하면 다음과 같다.

① 갈등을 기꺼이 수용하며, 건설적인 방식으로 갈등에 대처한다.

② 더 적은 갈등을 경험할 뿐 아니라 갈등에 더 적은 시간을 소비한다. 만족스러운 결혼생활을 하든 그렇지 않든, 모든 부부들은 의사소통 문제, 성 문제, 성격특성 문제로 갈등을 경험한다.

③ 배우자에게 긍정적인 개인적 생각과 감정을 노출하는 반면, 불만족스러운 결혼생활을 하는 부부들은 배우자에게 부정적인 생각을 노출하는 경향이 있다.

④ 부부 양자가 동등한 수준의 애정을 표현한다.

⑤ 개인적 문제를 이야기하고 논의하며 긍정적인 방식으로 감정을 표현하는 데 더 많은 시간을 할애한다.

⑥ 언어적 그리고 비언어적 메시지를 정확하게 부호화하고 해독화하는 능력을 지니고 있다. 불행한 부부들은 배우자의 메시지보다는 낯선 사람의 메시지를 더 정확하게 해독한다.

2) 의사소통에서 남편/아내의 차이

가족체계 내에서 남편과 아내의 의사소통방식에는 차이가 있다(Klinetob & Smith, 1996). 성역할 사회화과정의 결과로서 남성들은 자신의 내적 감정이나 경험을 표현하지 않는 과묵함을 갖도록 격려되는 반면, 여성들은 자신의 정서나 감정을 표현하도록 강화를 받는다. 그 결과 남편들은 아내들보다 부부간의 의사소통에 대해 관심도 적고 적극적이지도 못하다. 부부간의 의사소통에서 나타나는 남편/아내의 차이는 다음과 같이 요약될 수 있다.

첫째, 아내는 남편보다 더 분명한 메시지를 보낸다. 남편은 아내의 메시지에 응답하지 않는 경우가 많으나 아내는 남편의 메시지에 민감하고 반응적이다. 아내는 긍정적이든 부정적이든 분명한 응답을 보낸다.

둘째, 남편은 아내보다 중립적 메시지를 더 많이 사용한다. 만약 아내가 남편에게 "저녁을 먹으러 갈 것인가" 혹은 "영화를 보러 갈 것인가"라고 물으면 "무엇이든"이라고 대답하는 경향이 있다. 남편의 중립적 반응은 아내가 남편의 진정한 의사를 파악하는 것을 어렵게 한다.

셋째, 아내는 남편보다 정서적 호소와 위협을 더 많이 사용한다. 부부간의 의사소통에서 갈등을 고조시키거나 해결할 수 있는 분위기를 조성하는 사람은 아내편이다. 남편의 설득이나 화해노력은 아내의 정서적 대응에 효과를 발휘하지 못한다.

남편과 아내의 차이에도 불구하고, 부부간의 의사소통에서 무엇보다 중요한 것은 언어적 혹은 비언어적 메시지를 정확하게 보내고 받는 능력이다. 일반적으로 남성들은 여성들보다 메시지의 표현능력이나 이해능력에서 뒤떨어지기 때문에, 남편들은 아내와의 원만한 의사소통을 위해 주의와 관심을 기울일 필요가 있다.

동시에 부부 사이의 의사소통은 자기노출(self-disclosure)을 포함해야 한다. 우리는 타인에게 자신을 드러내는 과정에서 내가 누구인지를 발견할 수 있을 뿐 아니라 상호적 자기노출을 통하여 타인과 내가 서로를 공유할 수 있다. 지나치게 많지도 않고 지나치게 적지도 않은 자기노출이 부부 상호간에 이루어질 때 부부는 높은 수준의 만족을 경험한다(Derlega 등, 1993).

결론적으로 행복한 결혼생활을 하는 부부들은 서로의 욕구와 감정에 민감하고 서로서로 많은 이야기를 나누며 비언어적 의사소통도 많이 사용하는 경향이 있다.

3) 부부의 성적 의사소통

부부간의 성은 친밀감을 표현하는 하나의 중요한 방법으로(Gottman & Silver, 2000; Olson & DeFrain, 2000) 그 자체가 하나의 의사소통 기제이기도 하다. 부부는 만족스러운 성관계를 가질 수 있기 위해 서로의 성적 선호나 기대 혹은 요구에 대해 효과적으로 의사소통할 수 있어야 한다.

부부 사이의 성적 의사소통은 성관계의 빈도와 질을 결정하고 부부의 성생활 만족도를 높이며 더 나아가 결혼생활 전반에 대한 만족도를 증가시킨다(Byers & Demmons, 1999). 그럼에도 불구하고 부부는 일상적인 문제와는 달리 성에 관해서는 직접적으로 의사소통하지 못하는 경향이 있다(Sprecher & Regan, 2000).

일반적으로 부부의 성행동은 성적 스크립트를 따라 이루어진다. 즉 남편이 성관계를 요구하고 아내는 남편의 요구를 수용하거나 거부하는 위치에 선다는 것이다. 그러나 이 분야에 관한 선행연구들을 개관한 결과에 의하면, 성행동이 수용될 때는 누가 성행동을 시작하는지와 상관없이 배우자 한편의 성적 시도에 의해 자연스럽게 긍정적 반응이 뒤따르고 특별한 언어적 표현이 요구되지 않는다(Regan, 2003). 대조적으로 성행동의 시작에 대한 거부나 관심 부족은 직접적으로 그리고 언어적으로 표현된다. 예를 들면, "오늘 밤은 안 돼, 할 일이 많아"식으로 표현된다는 것이다.

성적 의사소통은 언어적 의사소통은 물론 눈빛, 몸짓, 얼굴표정, 움직임 같은 비언어적 의사소통 방식에 의해서도 이루어진다. 부부는 성적 대화를 통해 자신이 원하는 것을 명확하게 표현하고 상대방의 요구를 잘 파악할 수 있어야만 만족스러운 성생활을 영위할 수 있다. 그러므로 부부는 성적 욕구와 소망을 표현할 수 있을 정도로 배우자를 신뢰해야 하는 동시에 비판하거나 방어하지 않은 상태로 배우자의 소망과 욕구에도 귀를 기울일 수 있어야 한다.

한국의 30, 40대 기혼남녀의 성적 의사소통과 결혼생활의 질을 연구한 결과(남영주, 옥선화, 김지애, 2006)에 의하면, 성에 관한 대화나 성적 상호작용의 조절 및 성관계 후의 상호작용은 전반적으로 높은 수준을 나타내었다. 그러나 구체적인 내용에서는 긍정적이고 적극적인 의미에서 원활한 의사소통이 이루어지기보다는 부정적인 정서나 대화를 회피하는 소극적 의미의 의사소통이 더 많은 비중을 차지하였다.

4) 부부의 잘못된 의사소통 유형

빈번하게 사용되는 부부의 잘못된 의사소통 유형을 정리하면 다음과 같다(Satir, 1988).

① 회유형: 항상 화자에게 동의하는 회유형은 의사소통시에 수동적이고 화자의 비위를 맞추는 방식으로 이야기하며 무기력하게 행동한다. 회유형은 자신이 원치 않을 때 배우자가 성행동을 하기 원하면 거절하지 못한다. 실제로 어느 누구도 회유형이 무슨 생각을 하는지, 무엇을 원하는지를 알지 못하며, 심지어 회유형 자신도 자신이 무엇을 원하는지를 알지 못한다.

② 비난형: 비난형은 긴장하고 우월적인 태도를 취하며 자주 화를 낸다. 그러나 이 유형은 내적으로는 매우 허약하며 자신의 허약함을 숨기기 위해 정반대의 태도를 취한다. 비난자는 배우자에게 귀를 기울이지도 않고 항상 책임을 회피하기 위해 노력한다.

③ 계산형: 이 유형은 계산적이고 합리적이며 감정을 나타내는 일이 없다. 그들은 위험하다고 생각될 때조차도 감정을 억제하며 의사소통시에도 교과서적이고 기계적인 반응을 보인다.

④ 분산형: 분산형은 관련된 문제에 대해 거의 이야기하지 않는다. 그러나 그들의 말이나 행동은 매우 경박하고 부산스러우면서도 자신은 외롭다고 느낀다. 어려운 상황에 처하면, 분산형은 담배에 불을 붙이고 관련된 감정에 관해 논의하는 것을 회피하기 위하여 학교나 정치, 사업 등에 관해 이야기한

다. 배우자가 심각한 문제를 의논하고 싶어할 때도 분산형은 주제를 바꾼다.

종단적인 관찰연구를 통하여 부부의 의사소통 패턴을 연구한 고트만과 그 동료들(Gottman, 1995; Gottman, 등, 1998)은 애정과 관심을 소통하고 갈등의 와중에도 유머 감각을 유지할 수 있는 배우자들은 긍정적 정서를 교류함으로써 잠재적으로 위협적인 갈등을 완화시킬 수 있음을 확인하였다. 대조적으로 문제있는 부부들은 갈등하는 문제에 대해 서로 멸시와 비판, 방어, 저항 및 투쟁의 반응을 나타내었다. 이러한 5가지의 부정적 반응은 결국 이혼을 초래하는 위험한 요인들이었다.

3. 부모-청소년 자녀의 의사소통

부모로부터 독립하기를 원하는 청소년들은 부모와 갈등을 경험하면서도 부모의 애정과 이해를 필요로 한다. 이 시기의 부모들은 청소년 자녀들이 성공적으로 정체감을 확립하고 사회에 적응할 수 있도록 돕기 위해 개방적이고

청소년과 부모는 의사소통에 의해 서로를 이해할 수 있는 계기를 마련한다.

효과적인 의사소통을 할 수 있도록 노력해야 한다.

부모와 청소년 사이의 의사소통은 부모에 대해 양가적 감정을 갖는 청소년들을 돕는 가장 효과적인 방법이다. 부모와 청소년 자녀들이 부담 없이 대화를 나눌 때, 청소년들의 고민이나 갈등이 해결될 수 있고 서로를 이해할 수 있는 계기가 마련될 수 있다.

1) 부모-청소년 자녀의 의사소통 유형

부모와 청소년 사이의 의사소통 유형은 연구자에 따라 조금씩 다르게 구분된다. 뷰빈(Beaubien, 1970) 및 반즈와 올손(Barns & Olson, 1982)의 구분방식을 소개한다.

(1) 뷰빈의 의사소통 유형

뷰빈은 청소년의 대화행동과 어머니의 반응을 기초로 부모와 청소년 자녀의 의사소통 방식을 연구하였다. 그는 의사소통의 과정에서 나타나는 메시지의 선택과 전달 방식을 기초로 다음과 같은 네 가지 유형의 의사소통 방식을 제안하였다.

① 쌍방 차단형

청소년의 대화행동과 어머니의 반응점수가 모두 낮은 의사소통 유형으로 효과적인 의사소통이 이루어지지 않는다.

② 청소년 차단-어머니 개방형

청소년 대화행동점수가 낮고 어머니 반응점수가 높은 유형으로 청소년 자녀가 어머니와의 대화를 회피하는 데 기인한다.

③ 청소년 개방-어머니 차단형

청소년 대화행동점수가 높고 어머니 반응점수가 낮은 유형으로 어머니가 청소년 자녀와의 대화를 거부한다.

④ 쌍방 개방형

청소년 대화행동점수와 어머니 반응점수가 모두 높은 유형으로 청소년과 어머니 사이에 효과적인 의사소통이 이루어질 수 있다.

고등학교 청소년 444명을 대상으로 연구한 이정우와 김규원(1989)에 의하면, 청소년 자녀가 지각한 어머니와의 의사소통 유형은 쌍방 개방형이 40.3%, 쌍방 차단형이 34.5%, 청소년 차단-어머니 개방형이 13.1% 그리고 청소년 개방-어머니 차단형이 12.2%를 차지하였다. 쌍방 차단과 어느 한 편의 일방 차단을 모두 합치면 60% 정도에 이르러 과반수 이상의 가정이 어머니와 청소년 자녀간에 효과적인 대화가 이루어지지 않는다는 것을 알 수 있다.

쌍방 차단형이거나 일방 차단형의 의사소통을 하는 어머니와 청소년 자녀 사이에 언쟁이나 폭력행동이 더 빈번하게 나타난다(최선남, 1990). 또한 청소년 자녀와 아버지 사이에 쌍방 차단형 혹은 일방 차단형의 의사소통이 이루어질 때 청소년 자녀들은 더 높은 우울성향을 나타낸다(임점숙, 2000).

(2) 반즈와 올손의 의사소통 유형

부모-자녀간의 상호작용 방식에 따라 의사소통 유형을 구분한 반즈와 올손은 다음과 같은 두 가지 유형의 의사소통 방식을 제시하였다.

① 개방형 의사소통: 부모와 자녀가 의사소통할 때 자녀는 특별한 압력을 받는다는 느낌 없이 자유롭게 개인적 생각이나 감정을 표현할 수 있는 의사소통 유형이다. 부모-자녀간에 솔직한 감정표현과 자유로운 정보교환이 이루어지며 의사소통을 통해 높은 이해와 만족을 경험할 수 있다.

② 폐쇄형 의사소통: 부모의 무조건적인 지시와 통제 및 명령에 의해 부모-자녀간에 원활한 의사소통이 이루어지지 못한다. 자녀는 부모를 불신하고 두려움과 경계심을 가지고 있어 의견교환을 주저한다. 폐쇄적 의사소통은 때로 문제형 의사소통으로 불리기도 한다.

여자 청소년들이 남자 청소년들보다 부모와 개방적 의사소통을 더 많이 하였으며, 연령이 어릴수록, 성적이 좋을수록, 가정형편이 좋을수록, 부모와의 대화량이 많을수록 그리고 대도시 지역에 거주할수록 개방적 의사소통을 하는 경향이 있었다(장해순, 강태완, 2005). 특히 아버지의 교육수준이 높을수록 자녀와 개방적인 의사소통을 하였고, 교육수준이 낮을 때는 폐쇄적 의사소통을 하는 경향이 있었다(이영숙, 김정옥, 2002).

개방형 의사소통은 청소년들의 자기존중감과 정적 상관을 나타내고 폐쇄형 의사소통은 부적 상관을 나타내었다(김태현, 이영자, 2005; Felson & Zielinski, 1989). 또한 개방형 의사소통은 청소년의 자아분화와 정적 상관을 나타내고 우울이나 불안과는 부적인 상관을 보이는 반면, 폐쇄형 의사소통은 자아분화와는 부적 상관을 그리고 우울이나 불안과는 정적 상관을 나타내었다(최인재, 2007).

2) 부모-청소년 의사소통의 관련변인들

부모와 청소년 자녀간의 의사소통은 여러 가지 요인들의 영향을 받는다. 보통 아버지보다 어머니가 청소년 자녀들과 더 많이 대화하고 보다 더 개방적 의사소통을 한다(김태현, 이영자, 2005). 특히 자녀의 성별에 따라, 아버지와 아들 그리고 어머니와 딸의 대화통로가 발달되어 있고 특히 모녀간의 의사소통이 빈번하다(Laursen & Collins, 2004).

가정의 사회경제적 지위도 가족구성원들의 의사소통에 중요한 역할을 한다. 일반적으로 가족의 사회경제적 지위가 높을수록 부모-자녀간의 의사소통이 빈번하다. 중류계층의 어머니들은 하류계층의 어머니들보다 자녀들과 더 많이 의사소통하고, 서로의 의견이나 감정을 솔직하게 표현하는 경향이 있다. 특히 뷰빈은 민주적 가정의 자녀들이 부모와 빈번한 의사소통을 한다고 지적하여 가정분위기의 중요성을 강조하였다.

의사소통의 관련변인으로 어머니의 연령도 중요한 역할을 한다. 선행연구에 의하면(옥선화, 1988), 아버지의 연령보다 어머니의 연령이 청소년 자녀와의 대화에 더 큰 영향을 미치며 젊은 어머니들이 늙은 어머니들보다 청소년 자녀들과 더 개방적 의사소통을 할 수 있었다.

Ⅲ. 가족 내의 힘

가족 내에서 누가 더 큰 힘(power)을 갖는지의 문제는 매우 복잡하고 갈등을 불러일으키는 문제이다. 힘이란 타인이나 집단에 영향력을 행사하는 능력을 의미한다. 그러나 우리는 대부분의 인간관계에서 힘의 속성이나 특성을 잘 알지 못하고 생활하고 있다.

그 이유는 친밀한 관계가 두 사람 사이의 애정에만 기초한다고 믿는 경향이 있기 때문이기도 하고, 힘을 행사한다는 것이 미묘하기 때문이기도 하다. 그 증거로서 부부 사이에 작용하는 힘은 강압이나 폭력과 같은 일반적인 힘의 형태로 나타나지 않으며 매우 다양한 형태로 표출된다. 또한 힘의 문제는 두 사람 모두에게 중요한 문제에서만 일어난다는 것도 우리가 힘을 잘 인지하지 못하는 이유가 될 수 있다.

1. 남편과 아내의 힘

가정 내에서 남편과 아내는 얼마나 많은 힘을 갖는가? 힘의 문제는 그렇게 단순한 문제가 아니며 매우 역동적이고 다차원적 과정이다. 실제로 어떤 사람도 생활의 모든 측면에서 항상 큰 힘을 가질 수는 없을 뿐 아니라 단순히 성별이나 연령 혹은 관계에 따라서 힘이 결정되는 것도 아니다. 가정 내의 힘은 논의되는 문제에 따라 개인에서 개인으로 이동한다.

1) 힘의 유형

비록 오래된 연구결과이기는 하지만, 부부 사이에 행사되는 힘은 다음과 같은 6가지 유형으로 구분될 수 있다(French & Raven, 1959).

① 강압적 힘(coercive power): 처벌의 두려움에 기초하며 언어적 위협이나 협박 혹은 얕잡아보는 태도로써 상대를 두려움에 떨게 하기도 하고 정서적 혹은 신체적 공격이 사용되기도 한다. 이러한 유형의 힘은 흔하게 사용되지

는 않지만 주로 배우자 강간이나 학대에 사용된다.

② 보상적 힘(reward power): 제안된 문제에 동의하면 상대편이 그 보답으로 어떤 일을 해줄 것이라는 믿음에 기초한다. 예를 들어, 배우자가 특정한 문제에 대한 당신의 기분을 이해하려고 노력한다면 배우자는 당신도 어떤 문제가 생기면 그렇게 해줄 것으로 기대한다는 것이다.

③ 전문가적 힘(expert power): 배우자의 한 편이 다른 한 편보다 더 많은 지식을 가지고 있다는 신념에 기초한다. 만약 배우자가 아동양육에 대해 더 많은 지식을 지니고 있다는 믿음을 갖는다면, 당신은 배우자의 의견을 따를 것이다.

④ 합법적 힘(legitimate power): 배우자에게 일치를 요구할 권리를 부여하는 데 기초한다. 성역할은 합법성의 중요한 부분으로 전통적 성역할은 남성이 데이트를 시작하고 여성은 그것을 수용하거나 거절하는 것을 합법화한다. 사회학자들은 합법적 힘을 권위(authority)라고 명명한다.

⑤ 참조적 힘(referent power): 배우자와 동일시하고 유사하게 행동함으로써 만족을 얻는 데 기초한다. 만약 당신이 배우자의 의사소통 기술을 존경한다면, 당신은 그의 말에 귀를 기울이고, 피드백을 제공하며 솔직하게 자기노출함으로써 배우자를 모방할 가능성이 커진다.

⑥ 정보적 힘(informational power): 설득적 설명에 기초한다. 배우자가 규칙적으로 운동하기를 거부할 때, 당신은 운동부족에 기인한 여러 가지 부작용이나 질병에 대한 정보를 제공할 수 있다.

2) 부부의 힘에 영향을 미치는 요인

가정 내에서 부부가 갖는 힘은 여러 요인들의 영향을 받는다. 우선 누가 가정에 더 큰 자원을 가져오는가에 따라 부부의 힘은 달라진다. 부부는 사랑과 돈, 도움, 지위 등을 교환하지만, 부부 사이의 주고받기는 동등하게 이루어지지 않으므로 부부 중 어느 한 편이 더 많은 것을 가져오는 일은 빈번하게 일어난다. 두 사람의 관계에서 더 많은 것을 받는 입장에 있는 사람은 더 의존적이 될 수밖에 없다.

두 사람의 관계에서 사랑은 중요한 힘의 근원으로 서로 동등하게 사랑하는 사람들은 힘을 동등하게 공유할 수 있다. 이러한 부부들은 참조적, 전문가적 혹은 합법적 힘에 따라 의사결정을 한다. 재정적 자원 역시 중요한 힘의 근원이다. 전통적으로 남편은 가정의 재정적 자원의 유일한 제공자이거나 아내가 직업을 가지고 있을 때도 아내보다 더 큰 재정적 자원을 가정에 제공하기 때문에 가정 내에서 아내보다 더 큰 의사결정권을 가질 수 있었다.

부부의 힘은 최소관심의 원리(principle of least interest)에 따라서도 영향을 받는다. 월러(Waller & Hill, 1951)에 의해 제안된 이 용어는 관계를 유지하는 데 큰 관심을 갖지 않는 배우자가 더 큰 힘을 갖는다는 원리이다. 멜로 드라마에서 이 원리를 잘 반영하는 말들이 자주 등장한다. 그 예로서 "당신이 원하는 것은 무엇이든 할테니 제발 나를 떠나지만 말아줘"라는 말이 여기에 해당한다.

언쟁을 벌이는 부부들은 언쟁에서 이기기 위하여 무의식적으로 이 원리를 사용한다. 언쟁시에 두 사람의 관계에 더 적은 관심을 갖는 배우자가 "당신이 그렇게 하지 않는다면, 나는 내 길을 가겠다"고 위협한다. 이러한 위협은 의존적인 배우자에게 압력을 가할 때 특히 효과적이다. 물론 의존적인 배우자가 이러한 원리를 사용한다면 그 효과는 전무할 것이다.

3) 아내가 갖는 힘의 현주소

전통적으로 남편은 아내보다 더 많은 힘과 권위를 행사하였고 가정의 최종적 의사결정권자로서 아내 위에 군림하였다. 그러나 서구 사회에서는 1960년대부터 그리고 우리 사회에서는 1990년대부터 남편과 아내는 가정 내에서 힘을 공유해야 한다는 평등주의적 사고가 보편화되기 시작함으로써 아내들은 가정에서 더 많은 힘을 얻게 되었다.

실제로 여성들은 어떤 차를 사고 어디에서 휴가를 보내며 어떤 영화를 관람할 것인지를 결정하는 문제에서 남성과 동등한 힘을 발휘할 수 있다. 그러나 아직도 가사일과 자녀양육은 전적으로 여성의 일로 인식되고, 성적 만족에서의 불평등과 배우자 폭력으로 고통을 겪는 여성들이 많이 있다. 보통 남성들의 힘은 경제적, 정치적 혹은 종교적 문제와 관련된다.

일반적으로 동등한 부부들은 서로에게 관심을 갖고 상호 조절하며 욕구나 소망을 충족시키기 위해 배우자로부터 협조를 얻는 동등한 능력을 갖는다. 문제는 자타가 공인하는 동등한 부부라고 할지라도, 남편이 아내보다 더 큰 힘을 갖는다는 것이다(Kudson-Martin & Mahoney, 1998).

그 증거로서 남편보다 더 많은 아내들이 남편의 스케줄에 맞추기 위해 노력하고 양보한다. 또한 아내들은 남편과의 갈등이나 불화를 두려워하고 남편의 욕구나 소망을 충족시켜 주기 어렵다고 보고한다(Fox & Murry, 2000). 그러므로 진정으로 동등한 결혼생활은 존재하기 어려우며, 동시대의 여성들은 아직도 남성들보다 더 힘든 결혼생활을 한다고 볼 수 있다.

2. 힘과 친밀성의 관계

두 사람 사이의 힘의 불균형은 친밀감의 형성을 방해한다. 부부관계이든 부모-자녀관계이든 혹은 친구관계이든, 두 사람의 관계에서 한 사람이 더 많은 힘을 행사하면 할수록 두 사람 사이의 애정과 사랑은 감소한다. 진정한 친밀함은 힘의 관계에서 동등할 것을 요구한다. 만약 부부가 동등한 관계에 있지 않다면, 자기노출은 억제될 것이고 서로 친밀해지기 어려울 것이다.

행복한 결혼생활에서의 의사결정은 강압이나 공격이 아니라 보살핌과 상호성 및 상호간의 존중에 기초한다. 배우자로부터 상처받을 것이라고 생각하는 남편이나 아내는 감정을 숨기거나 사실과는 다른 생각과 감정을 표현한다. 동등한 힘을 공유하지 못한다고 생각하는 부부들은 힘을 갖기 위하여 배우자와 다투고 충돌할 것이다.

문제는 두 사람이 전체적인 관계구조 속에 포함되어 있기 때문에 두 사람 사이의 불평등한 힘의 관계를 변화시키는 것이 쉬운 일이 아니라는 것이다. 그렇다고 해서 변화가 불가능한 것은 아니며, 최선의 방법은 서로 대화하고 이해하고 협상하는 것이다. 물론 변화를 시도하는 과정에서 두 사람의 관계가 소원해지거나 관계가 붕괴될 위험이 있으므로 변화가 초래할 가능한 이점과 불리점을 먼저 계산해야 할 것이다.

Ⅳ. 가족 갈등

사랑하는 사람들 사이에 갈등이 존재한다는 것은 매우 역설적 현상이다. 서로 사랑한다면 두 사람은 쉽게 하나가 될 수 있을 것으로 생각되지만, 현실적으로 서로 사랑한다고 할지라도 두 사람은 각기 개별적 정체감과 상이한 욕구나 소망을 갖기 때문에 결코 하나가 되지는 못한다.

분명한 것은 두 사람이 친밀해질수록 갈등을 경험할 가능성은 더 커진다는 것이다. 그 이유는 무엇일까? 두 사람이 유사한 특성이나 흥미를 지니고 있다고 할지라도 모든 점에서 유사할 수는 없기 때문에, 일부의 다른 특성들이 서로 충돌할 수 있다. 특히 두 사람이 가지고 있는 차이 나는 특성들이 서로 보완적이 아닐 때 갈등은 불가피해진다. 그러므로 결혼생활이나 가족 내에 존재하는 갈등은 사랑이 식었다는 것을 의미하지 않으며 오히려 사랑이 계속되고 있다는 신호로 인식되어야 한다.

일반적으로 갈등은 부정적인 속성을 지니고 있고 회피되어야 한다고 생각되지만, 갈등이 존재한다고 해서 반드시 위기가 초래되는 것은 아니다. 친밀한 관계에서 위험한 것은 갈등 그 자체가 아니라 갈등이 해결되는 방식이다.

1. 갈등의 유형

결혼한 부부들의 갈등은 조화되지 않은 욕구와 기대 그리고 목표를 가질 때 발생한다. 특히 부부 개인의 성격과 결혼생활의 맥락 및 결혼생활의 기간에 따라 많은 다양한 잠재적 갈등이 존재할 수 있다. 보통 의사소통문제와 자녀문제, 성문제, 돈문제, 성격차이 문제, 여가시간 문제, 친인척 문제, 성적 배신 문제, 집안일 문제 등 매우 다양한 문제에서 갈등이 일어난다.

일반적으로 갈등은 크게 기본적 갈등과 비기본적 갈등으로 구분될 수 있으며, 양자는 관계의 질과 안정성에 서로 다른 영향을 미친다. 일반적으로 기본적 갈등은 관계의 기본 규칙을 파괴하고 관계의 종결가능성을 증가시키는 반면, 비기본적 갈등은 더 흔하고 당연시되는 불일치로서 부부는 갈등과 함께 생활하는 방법을 터득한다.

1) 기본적 갈등

기본적 갈등은 부부애를 유지하고, 생계유지를 위해 취업하며 자녀를 양육하는 것과 같이 가족의 기능이나 부부의 기본적 역할과 관련된 갈등이다. 결혼하면 부부는 성관계를 가질 것으로 기대되지만, 만약 부부 중 한 편이 종교적 이유로 성행위를 거부한다면 이때 기본적 갈등이 발생한다. 이때는 타협의 여지도 없다.

또한 가족역할에서의 변화에도 불구하고 아직도 남편은 생계유지자의 역할을 할 것으로 기대된다. 그럼에도 불구하고 남편이 직장을 그만두고 생계유지자의 역할을 포기한다면, 아내는 그의 행동을 부당하다고 느낄 것이고 부부 사이에 갈등이 초래될 것이며 결혼생활은 심각한 위협을 받게 될 것이다.

2) 비기본적 갈등

비기본적 갈등은 부부관계를 파괴하는 직접적 역할을 하지는 않는다. 예를 들어 남편은 직장을 옮기고 다른 도시로 이사하기를 원하지만, 아내가 이사하기를 거부하는 경우가 여기에 해당한다. 이것은 중요한 갈등이기는 하지만 남편이 궁극적으로 생계유지자로서의 역할을 거부하는 것이 아니므로 기본적 갈등은 아니다. 또한 부부가 성행동의 빈도에 대해 일치하지 못할 때도 성행동 자체를 거부하는 것이 아니므로 이때의 갈등 역시 심각하다고 할지라도 기본적 갈등에 해당하지는 않는다. 물론 이사문제나 성행동의 빈도 문제 모두 해결가능한 갈등들이다.

2. 갈등의 효과

부부의 갈등은 사소한 갈등에서부터 심각한 갈등까지 매우 다양하다. 라자러스와 포크만(Lazarus & Folkman, 1984)은 때때로의 중요한 불일치보다 사소한 매일의 말다툼이 결혼생활에 더 파괴적 영향을 줄 수 있다고 지적하기는 하였지만, 부부갈등의 효과는 몇 가지 요인들의 영향을 받는다.

우선 갈등의 수가 많을수록, 갈등을 일으키는 문제가 부부에게 중요할수록, 그리고 갈등이 오래 지속될수록 결혼생활을 위협한다. 그러나 부부가 스트레스에 대해 얼마나 큰 인내력을 지니고 있고 가족체계 외부로부터 얼마나 많은 도움을 받을 수 있는지에 따라 갈등의 효과는 달라진다.

1) 긍정적 효과

갈등은 부부의 결혼생활에 부정적 영향만을 주는 것으로 생각되기 쉬우나 긍정적인 측면도 있다. 우선 갈등의 표출은 부부의 긴장을 해소시키고 배우자에 대한 분노를 감소시킨다. 긴장이나 분노의 누적은 심리생리적 질환(psychosomatic disease)을 유발시키고 해결될 수 없는 극한 상황으로 결혼생활을 몰아갈 수 있기 때문에 적절하게 표출되는 것이 바람직하다.

동시에 어떤 갈등은 부부의 문제해결기술을 발달시키므로 부부의 결혼생활에 바람직한 영향을 준다. 부부는 갈등해결을 통하여 서로를 이해하고 미래의 불필요한 갈등을 회피하는 것을 학습한다. 공개적 의사소통에 의한 효과적 갈등해결은 부부 사이의 신뢰감과 친밀감을 증진시킬 수 있다.

2) 부정적 효과

갈등표출의 긍정적 효과에도 불구하고, 갈등표출이 빈번하고 갈등의 강도가 클 때 부부의 결혼생활은 위협을 받는다. 격렬하고 해결되지 않은 갈등이 계속되면 부부 사이의 친밀성은 파괴되고 신뢰감이 감소한다. 동시에 부부의 갈등대처능력이 저조할 때, 갈등은 부부관계에 역기능적으로 작용한다.

일반적으로 불행한 결혼생활을 하는 부부들이 행복한 결혼생활을 하는 부부들보다 훨씬 더 많은 갈등을 경험한다.

결혼생활을 통하여 부부가 경험하는 동일한 불일치들이 반드시 동일한 갈등을 초래하는 것은 아니다. 결혼초기에 심각했던 불일치가 10년 혹은 20년 이후에는 사소하게 취급될 수도 있다. 또한 부부의 갈등해결기술은 시간 경과에 따라 개선되기 때문에 결혼초기에 심각했던 갈등도 후기에는 무난히 해결될 수도 있다.

3. 갈등해결

갈등은 건강한 관계의 불가피한 한 부분이기는 하지만, 갈등이 계속되고 관계의 본질이 훼손되기 시작하면 사랑과 애정은 괴로움과 증오로 변화한다. 다음과 같은 요인들은 갈등해결의 장벽으로 작용한다(Coleman, 1987).

① 문제의 존재를 부정하기.

② 문제에 대한 논의를 거부하기.

③ 싸우려고 들거나 양보 혹은 위축하기.

④ 배우자를 공격하기.

⑤ 정서적, 방어적, 비합리적 태도를 취하기.

⑥ 변화가 요구되는 사람은 상대편이라고 주장하기.

⑦ 부부가 문제해결의 주도권을 잡기 위해 경쟁하기.

⑧ 부부 양자가 결혼생활을 다르게 지각하기. 그 결과 '그'의 결혼생활과 '그녀'의 결혼생활이 존재한다.

⑨ 과거의 문제를 들먹이기.

⑩ 갈등의 해결방법 자체가 새로운 갈등을 초래하기.

결혼한 부부들은 갈등을 해결하려는 강한 동기를 지니고 있다. 그들은 악화된 부부관계에서 오는 심리적, 정서적, 재정적 부담을 회피하기 위해 노력한다. 부부 사이의 갈등이 파괴적 방식이 아니라 건설적 방식으로 해결된다면, 부부관계는 더욱 공고해질 수 있으므로 갈등해결과 관련된 요인들을 차례로 설명한다.

1) 분노의 해결

두 사람 사이의 갈등이나 의견차이는 분노를 유발하고 분노는 긴장과 싸움, 분리, 불신으로 변형된다. 대부분의 사람들은 분노를 표출하거나 억압함으로써 분노를 해결하는 것을 학습한다.

많은 부부들은 애정-분노 주기(love-anger cycle)를 거쳐간다(Mace & Mace, 1980). 부부가 서로 가까울 때 갈등을 경험하므로 그들은 서로를 더 많이 증오하고 더 크게 분노한다. 다시 말하면 부부가 가깝다고 느끼는 순간에 그들의 친밀성은 파괴된다는 것이다. 분노가 어느 정도 가라앉으면, 부부는 다시 싸우고 멀어질 때까지 점차 가까워지기 시작한다. 그러나 부부는 반복된 애정-분노의 과정에서 갈등을 타협하는 방법과 무엇을 노출하고 무엇을 노출하지 않아야 하는지를 학습한다.

분노를 해결하는 또 다른 방법은 분노를 억압하는 것이다. 억압된 분노는 표면하(表面下)에서 항상 부글부글 끓고 있기 때문에 위험하다. 궁극적으로 억압된 분노는 배우자를 원망하고 관계를 손상시킬 수 있는 적개심을 생성한다.

분노를 해결하는 세 번째 방법은 폭력으로, 가족비밀주의가 존재하는 문화에서 주로 나타난다. 이러한 문화에서는 가정 내의 폭력이 합법화되고 사랑하는 사람에게 폭력을 행사할 권리가 있다고 생각되므로, 부부 사이에 분노가 커지면 폭행과 상해는 물론 심지어 죽음까지 초래할 수 있다.

2) 갈등해결과 부부만족

행복한 부부는 배우자가 요구하는 대로 행동을 변화시키거나 합리적인 대안을 제시함으로써 갈등을 긍정적인 방식으로 해결하는 경향이 있다. 대조적으로 불행한 부부들은 갈등을 해결하려고 시도할 때 더 부정적인 전략을 사용한다. 그 예로서 배우자가 옷을 아무 곳에나 벗어 놓는다고 불평하면, '당

표 7-1 행복한 부부와 불행한 부부의 갈등해결시의 의사소통 특성

행복한 부부	불행한 부부
1. 상대편의 말을 요약함으로써 대화의 내용을 분명히 한다.	1. 잘못한 사람은 오히려 당신이라고 말하면서 서로 싸운다.
2. 자신의 말로 상대편의 말을 반복한다.	2. 한 사람이 '당신이 잘못했다'고 공격하면 다른 사람은 자신이 잘못하지 않았다고 방어한다.
3. 상대편의 감정을 확인하는 동시에 그것을 인정한다.	3. 한 사람이 불평하면 다른 사람은 방어한다.
4. 상대편의 말을 분명히 하기 위해 부연설명을 요구한다.	

출처: Ting-Toomey, 1983.

신이 정리하면 될 것 아니냐' 라고 소리침으로써 오히려 갈등을 고조시킨다.

행복한 부부와 불행한 부부들은 갈등을 해결하기 위하여 사용하는 의사소통 방식에서도 표 7-1과 같이 차이를 보인다.

애착양식 또한 갈등이 표현되는 방식에 영향을 준다(Pistole, 1989). 안정형 애착을 지니고 있는 성인들은 회피형 혹은 불안/양가형 애착을 지니고 있는 성인들보다 배우자와의 관계에 더 많이 만족하고 관계가 유지될 수 있는 전략을 주로 사용한다. 또한 안정형 애착을 지니고 있는 성인들은 불안/양가형 애착을 지니고 있는 성인들보다 타협할 가능성이 더 많고, 불안/양가형 애착을 지니고 있는 성인들은 회피형 애착을 지니고 있는 성인들보다 배우자가 동의하든 아니든 배우자의 소망을 수용할 가능성이 더 많다.

3) 구체적 갈등해결 방법

갈등을 종결짓고 문제를 해결할 수 있는 수많은 방법들이 있다. 당신은 무조건 양보할 수도 있지만, 갈등이 공평하게 해결되지 않았다면 당신은 화가 날 것이다. 또한 힘이나 위협을 사용하여 갈등이 해결되었다면 그것은 억울하고 부당하다는 느낌을 갖게 할 것이다.

생산적이지 못한 갈등해결 전략에는 강압(위협, 비난, 빈정거림 등)과 조작(상대편이 죄책감을 갖도록 시도한다) 및 회피가 있다(Regan, 2003). 대조적으로 갈등을 해결하는 긍정적 전략에는 상대편을 지원하기(적극적인 경청과 타협 혹은 동의를 통하여), 주장하기(당신의 입장을 분명하게 말하기, 주제에 대한 의사소통을 유지하기 등), 추론하기(합리적인 논쟁의 사용과 대안의 고려) 등을 포함한다(Regan, 2003).

협상을 통해 갈등이 해결될 수도 있다. 특히 행복한 결혼생활을 하는 부부들은 의사소통에 의한 협상(negotiation)으로 부부 사이의 갈등을 해결한다. 그들은 방어지향적인 대신에 과제지향적이기 때문에, 적극적인 협상을 통하여 문제를 해결하려고 한다. 코헨(Cohen, 1980)은 "성공적인 협상은 당신이 원하는 것을 얻으면서 상대편이 진정으로 원하는 것이 무엇인지를 확인하고 그것을 얻을 수 있도록 돕는 것"이라고 주장하였다.

따라서 부부의 의사소통에 의한 협상은, (1) 문제를 정확하게 파악하기, (2) 가능한 모든 해결방법을 모색하기, (3) 가장 적절한 해결방안을 선택하기의 순서로 이루어져야 한다.

우선 부부는 그들이 무엇 때문에 충돌하는지를 알아야 한다. 부부가 빈번하게 충돌하는 문제는 단지 표면적 이유일 뿐, 근본적 이유는 숨겨져 있을 가능성이 있다. 예를 들면, 아침마다 치약을 아무렇게나 눌러 사용하는 남편의 행동 때문에 말다툼하는 부부들의 경우, 치약사용의 문제는 단지 표면적 이유일 뿐 근본적 이유는 모든 것을 마음대로 처리하는 남편의 독선적 태도에 있을 수 있기 때문이다.

문제를 인식하면 부부는 문제가 해결될 수 있는 최상의 해결책을 모색해야 한다. 보상과 비용의 차원에서 부부 양자에게 가장 보상적일 수 있는 해결방법이 선택될 수 있도록 노력한다. 이 과정에서도 상대편의 생각을 하찮게 보거나 무시하는 것은 문제해결을 어렵게 만든다.

실제로 협상은 다양한 형태를 취한다. 지배-피지배의 관계에서는 자주 피지배의 지위에 있는 파트너가 양보하지만, 협상은 부부 양편의 교환(trade-off)형태로 이루어진다. 아내의 빈번한 외출 때문에 화를 내는 남편이 일주일에 1회의 외출이 바람직하다고 제시하면, 아내는 그것을 수락하는 조건으로

그림 7-2 가족문제 해결의 환상(環狀)회로

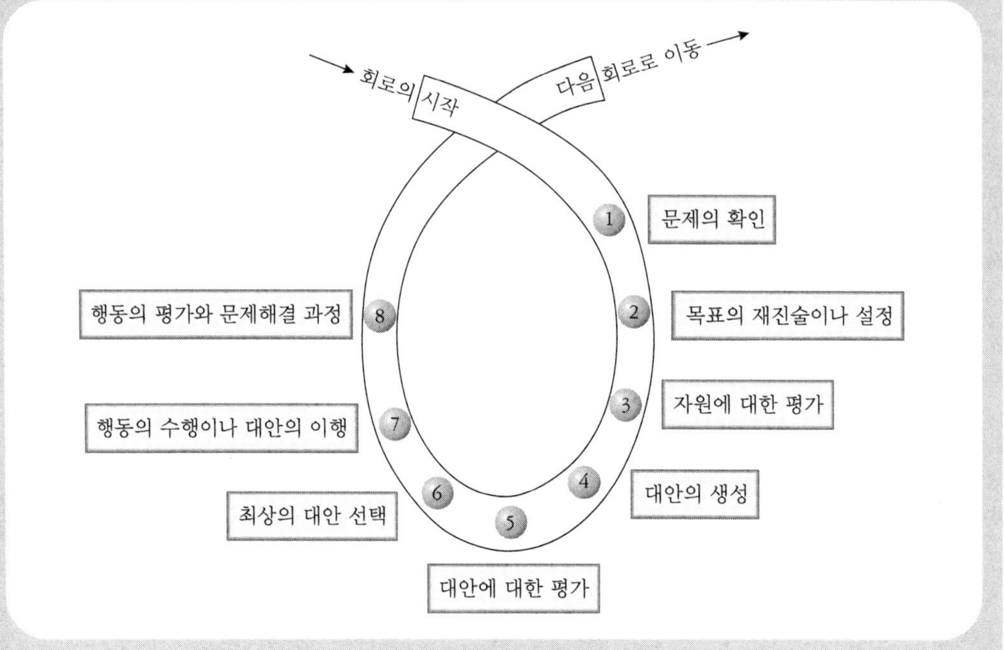

출처: Kieren, Maguire, & Hurlbut, 1996.

남편의 늦은 귀가를 주 1회로 제한하는 요구를 한다. 그림 7-2에 제시된 바와 같이 가족문제는 일련의 과정을 거쳐 합리적으로 해결될 수 있지만, 이와 같은 부부협상 방식은 우리 문화에서는 생소하고 이기적 해결방식으로 생각될 수도 있다. 그러나 남편-아내관계를 대등한 인간관계로 인식하는 서구에서는 보편화된 갈등해결방식으로 평가된다.

효과적인 갈등해결방식에도 불구하고, 결혼생활에서 야기되는 불필요한 갈등은 미연에 방지되는 것이 무엇보다 중요한 일이다. 갈등예방을 위해, 부부는 서로에게 조그만 '숨쉴 공간'을 마련해 줄 필요가 있다. 부부 양자는 어느 정도의 자율성과 자유를 요구하는 독립적 개체이기 때문에, 상대편의 자유를 제한하고 그를 소유하려고 하면 불필요한 갈등이나 질투심이 초래된다.

부모되기와 자녀양육

Ⅰ. 부모되기
- 1. 자녀출산
- 2. 자녀출산의 영향

Ⅱ. 부모역할의 시작
- 1. 부모역할의 학습
- 2. 부부관계의 변화와 어머니 및 아버지의 차이
- 3. 부모역할 적응에 영향을 미치는 요인

Ⅲ. 아동양육 문제
- 1. 아동양육의 목표
- 2. 건강한 발달을 돕는 심리적 조건
- 3. 부모역할 양식
- 4. 부모의 개인적 욕구와 부모역할 행동에 영향을 주는 요인
- 5. 영아기부터 청년기까지 부모역할의 변화

Ⅳ. 변화와 위기에 대한 가족체계의 적응
- 1. ABC-X모델
- 2. 자녀양육과 관련된 잠재적 스트레스 유발사건

제 8 장
부모되기와 자녀양육

부모역할의 어려움은 자녀의 연령에 따라 자녀양육방식이 변화해야 한다는 데 있다.

제 8 장
부모되기와 자녀양육

결혼한 부부들 중에는 자녀 출산을 연기하거나 무자녀 가족을 선택하는 부부들도 있지만, 아직도 절대 다수의 부부들은 자녀를 출산하고 양육한다. 이 장에서는 자녀출산과 그에 따른 변화, 부모역할, 그리고 자녀양육 문제를 차례로 논의한다. 부모역할의 어려움은 자녀의 연령에 따라 자녀양육방식이 변화해야 한다는 데 있으므로 자녀의 연령단계에 적합한 부모역할 방식을 설명하는 동시에 변화와 위기에 대한 가족체계의 적응모델도 함께 소개한다.

Ⅰ. 부모되기

결혼한 부부들은 자녀를 출산함으로써 두발의 가족생활주기의 2단계에 진입한다. 부모가 아닌 상태에서 부모역할로의 갑작스러운 이동은 경험 없는 부부들에게 상당한 스트레스를 불러일으킨다.

전통적으로 결혼이나 자녀출산같은 중요한 인생사건들은 그 사회가 합의한 연령규준에 따라 이루어졌기 때문에, 사회적 시계(social clock)의 개념이 중요시되었다. 사회적 시계란 사회구성원들의 행동을 자극하고 제어하는 연령규준과 기대연령을 의미한다(Neugarten, Moore & Lowe, 1965).

그러나 부모역할에 대한 사회적 시계의 개념은 크게 약화되었고, 자녀출산과 관련한 사회적 압력 역시 현저하게 감소하였다. 이제 결혼한 부부가 무자녀 가족을 선택한다고 할지라도 사회는 특별히 비난받을 일로 생각하지 않는다. 남녀 모두 자녀 없이도 행복하고 성공적인 결혼생활을 할 수 있다고 생각하기 때문에 '자녀를 출산할 것인지 아닌지' 그리고 '언제, 얼마나 많은 자녀를 출산할 것인지' 도 삶에서의 다른 일과 마찬가지로 부부의 자유로운 의사결정 사항으로 인식된다.

1. 자녀출산

결혼한 부부들이 부모가 되기로 결정할 때, 가장 큰 영향을 미치는 요인은 부모역할과 직업역할을 병행할 수 있는가의 문제이다(Schoen 등, 1997). 자녀출산은 부부 특히 여성의 직업역할을 방해하므로 교육수준이 높은 전문직업을 가진 여성들은 자녀출산을 망설인다(Spain & Bianchi, 1996). 대학교수와 변호사 및 의사의 직업을 가진 결혼한 여성들의 무자녀 비율이 일반여성들과 비교하여 2-3배 더 높고 자녀가 있다고 할지라도 더 적은 수의 자녀를 갖는다는 것은 놀랄 일이 아니다.

부모가 되지 않기로 결정하는 부부들은 자녀를 가질 때 발생하는 생활양식의 변화도 중요시한다. 그들은 자녀양육이 부부의 사회적 활동이나 외출을 제한하고 부부가 함께 할 시간을 감소시킬 것이므로 부부관계에도 바람직하지 못한 변화가 일어날 것으로 기대하기 때문에 부모되기를 거부한다.

어떤 부부들은 자녀양육을 위한 충분한 경제적 자원을 마련할 때까지 출산을 연기하기도 한다. 그러나 경제적 문제는 자녀를 출산할 것인지 아닌지를 결정하는 데 영향을 주기보다는 오히려 첫 자녀를 출산한 후에 더 많은 자녀를 출산할 것인지 아닌지를 결정할 때 더 큰 영향을 미친다.

1) 자녀를 갖는 이유

부부가 자녀를 갖는 이유는 다양하다. 그러나 어떤 이유로 태어나든 자녀는 부모에게 성인의 지위를 부여하는 역할을 하고 남편이나 아내로서 그리고 아버지나 어머니로서의 정체감을 확립하게 한다. 자주 논의되는 자녀출산의 구체적 이유를 정리하면 다음과 같다.

① 사회적, 문화적 규준

전통적으로 결혼한 부부들은 자녀를 출산하고 그 집단의 미래에 기여하도록 사회적, 문화적 압력을 받는다. 최근에 와서 이 압력의 강도가 과거보다 현저하게 감소되기는 하였지만, 완전히 소멸된 것은 아니다. 우리의 부모와 동년배 및 대중매체들은 결혼이나 가족의 개념을 중요시하고 영속화시키는 경향이 있다.

② 자녀가 가져다 주는 보상

부부는 아동을 기르는 행복을 경험하기 위하여 자녀를 출산한다. 또한 자녀출산으로 자신이나 배우자 부모와의 유대를 강화하고 그들에게 손자녀를 안겨줄 수 있음을 기쁘게 생각한다(Cowan & Cowan, 2000).

어떤 부부들은 그들의 불행한 결혼생활을 개선시키는 하나의 수단으로 자녀를 출산하기도 한다. 그러나 자녀들은 즐거움과 행복의 근원이기도 하지만, 부모에게 큰 희생과 대가를 요구하는 존재이기도 하다. 그들은 시간과 에너지를 요구할 뿐 아니라 큰 재정적 부담을 초래하기 때문에 오히려 부부만족을 감소시키는 역할을 할 수도 있다.

③ 노년기의 지원

사회보장제도나 연금제도가 확립되어 있는 나라들에서는 부모의 노후를 지원하기 위해 자녀를 출산하지는 않는다. 그러나 복지제도가 미흡한 나라에서는 자녀들이 노부모를 책임지지 않을 수 없기 때문에, 노부모의 부양이 자녀출산의 중요한 이유 중의 하나이다. 어떤 부모도 자녀에게 짐이 되기를 원하지 않지만 기력의 현저한 쇠퇴나 질병은 노인들의 독립적 생활을 불가능하게 한다.

④ 불멸성의 확립

인생은 유한하기 때문에, 사람들은 이 세상을 살고 간 흔적을 남기기 위해 자녀를 출산한다. 영국의 왕실 가족과 같이 혈통이 추적될 수 있는 가문에서는 특히 가계의 존속을 위해 자녀출산은 중요한 의미를 갖는다. 자녀출산은 세대가 거듭되는 삶의 여정에서 우리가 기억되고 우리의 불멸성을 확립하는 하나의 중요한 방법이다.

⑤ 우연적 임신

낙태를 인정하지 않는 사람들이 우연적으로 임신하게 되면 자녀를 출산하기도 한다. 우연적 임신은 결혼한 부부들 사이에서도 일어날 수 있지만, 피임을 하지 않은 10대나 미혼모에게서 더 빈번하게 일어나기 때문에 심각한 사회문제가 되고 있다.

2) 자녀출산의 연기

우리나라를 포함하여 세계 여러 나라에서 초혼연령이 증가하고 있고, 출산을 연기하는 여성들이 늘어나고 있다. 여성들의 대부분이 취업하는 나라들에서 자녀출산의 연기는 이제 보편적 현상으로 인식되고 있다. 어떤 결혼한 부부들은 직업세계에서 안정될 때까지 자녀출산을 연기하기도 한다. 문제는 자녀출산의 지연이 결국 더 적은 수의 자녀를 출산하게 한다는 것이다.

최근의 의학기술의 발달은 자녀출산을 연기하는 것을 돕는 역할을 한다. 과거에는 35세 이상의 여성들이 아기를 출산하는 것은 아기나 산모 모두에게 위험하다고 생각되었으나 최근의 발달된 의학기술은 아기출산의 전통적 연령 장벽을 제거하였다. 이제 35세 이상의 여성들도 — 심지어 40대의 여성들도 — 20대 초기의 여성들과 동일하게 안전한 임신과 건강한 아기를 분만할 수 있게 되었다.

결혼 당시부터 영구적으로 자녀를 갖지 않기로 결정하는 부부들도 증가하고 있다. 그들은 스스로 훌륭한 부모가 될 수 없다고 판단하고 자녀를 갖지 않는 것이 최상의 선택이라고 미리 결정한 사람들이다. 또 다른 부부들은 주위의 친척이나 친구들이 자녀양육으로 혼란과 갈등을 겪는 것을 목격하고,

그들이 부모로서의 역할책임을 성공적으로 수행할 수 있을 때까지 자녀를 가질 수 없다고 결정한다.

대조적으로 불임 때문에 자녀를 갖지 못하는 부부도 있다. 일반적으로 부부가 1년 동안 정상적인 부부생활을 계속하였음에도 불구하고, 임신이 되지 않을 경우 불임으로 진단된다. 1990년대까지 한국의 가임연령 부부의 약 10-15%가 불임으로 진단받았으나 최근 그 비율은 16%로 증가하였고(이은애 등, 2001) 앞으로도 계속 증가할 것으로 예상된다. 그 이유는 생식능력이 감소하는 30세 이후의 출산율 증가와 성병의 증가 및 지나치게 잦은 피임 때문이다.

대부분의 불임부부들은 거부당하고 있다거나 버림받았다는 느낌과 함께 처벌받고 있다는 기분을 떨쳐버리지 못한다. 그들은 성적 불만족을 경험하기도 하고 자주 부부갈등에 처함으로써, 그들의 전체적 생활만족도는 저하되고 신체 건강에도 이상이 일어날 수 있다(김헌수, 김현실, 민병근, 1994; Andrews, Abbey, & Halman, 1991).

최근에는 불임치료 기술이 발달하여 많은 불임부부들이 도움을 받고 있다. 그러나 불임의 진단과 시술과정에서 불임여성들은 심각한 정서적, 심리적 스트레스를 경험하고 큰 재정적 부담을 안기 때문에 이를 감소시킬 수 있는 다양한 중재방법들이 모색될 수 있어야 할 것이다.

2. 자녀출산의 영향

첫 아이의 출산은 어떤 부부들에게는 위기로, 또 어떤 부부들에게는 과도기적 사건으로 인식된다. 어느 경우이든 자녀의 출산은 가족생활주기의 새로운 단계가 시작됨을 의미한다.

1) 정체감의 변화

결혼한 부부의 부모로서의 정체감은 첫 아이의 출산 직전에 나타난다. 코완과 코완(Cowan & Cowan, 2000)은 곧 부모가 될 사람들에게 원을 반지름으로 구분하는 파이도표(pie chart) 속에 그들의 다양한 사회적 지위나 역할을 구분하여 그리게 하였다. 파이도표 속의 조각 크기는 삶에서 요구되는 투자나 참여 정도가 크면 그에 상응하게 커진다.

이 연구에서 부모로서의 정체감은 자녀 출산 직전에 나타나고, 부모로서의 정체감을 표시한 파이도표 속의 조각 크기는 아버지들보다 어머니들에서 더 크다는 것이 확인되었다. 더욱이 정체감 변화에서의 성차는 아기의 출산 후에 극적으로 증가하였다. 자녀 출산 6개월 후에 어머니 역할에 대한 여성들의 파이도표 속의 조각크기는 전체의 34%를 차지함으로써 아버지들의 조각크기보다 3배 정도 더 컸다.

왜 이러한 차이가 나타나는가? 임신기간 동안 여성들은 아기와 일체감을 가지고 9개월을 보냈을 뿐 아니라 출산 후에 아기를 돌보기 위해 더 많은 노력을 하지 않을 수 없다. 더욱이 사회는 아버지로서의 남성역할보다 어머니로서의 여성역할을 더 강조하기 때문에 부모로서의 정체감은 여성 정체감의 대부분을 차지하게 될 것이다.

문제는 평균적인 부모역할 파이조각을 갖는 여성들보다 유의하게 더 큰 파이조각을 갖는 여성들이 더 낮은 자기존중감을 갖는 반면, 평균적인 남성들보다 더 큰 부모역할 파이조각을 갖는 남성들은 더 높은 자기존중감을 갖는다는 것이다. 아마도 정체감의 대부분을 어머니 역할에 할당하는 여성들은 삶에서 다른 일을 할 여지가 거의 없기 때문에 자신을 위한 시간을 할애하기 어려울 것이다. 그들은 부모역할이라는 새로운 역할요구의 덫에 걸렸다고 생각하게 되므로 자기존중감의 하락을 경험할 것이다.

흥미롭게도 어머니 역할 외에 다양한 지위나 역할을 함께 수행하는 여성들은 정신적으로 매우 건강하였고, 직업을 가지고 있으면서도 아버지 역할이 그들의 중심역할인 남성들 또한 심리적으로 매우 건강하였다. 다시 말하면 여성들은 부모역할과 함께 다른 역할을 함께 수행함으로써 그리고 남성들은 직업역할과 함께 부모역할을 함께 수행함으로써 심리적으로 건강할 수 있다는 것이다.

많은 부부들은 자녀출산 후에 배우자는 정체감의 중요한 부분을 차지하지 않는다고 보고하지만, 배우자역할과 부모역할이 서로 균형을 이루는 것이 중요하다. 코완 등의 연구에서 배우자가 파이도표 속에 비교적 큰 부분을 차지하는 사람들은 더 높은 자기존중감과 더 적은 스트레스를 경험하였다. 특히 배우자역할과 부모역할의 조각크기가 유사한 사람들은 가장 큰 부부만족을 보고하여 역할간에 균형을 이루는 것이 중요하다는 것을 보여 주었다.

2) 부부의 생활변화

첫 아이의 탄생은 전통적인 가족체계 내에 두 개의 새로운 하위체계를 생성시킨다. 즉 아기와 어머니 및 아기와 아버지 하위체계이다. 가족체계 내의 하위체계들은 상호의존적이기 때문에, 새로운 부모-아동 하위체계의 출현은 부부 하위체계의 기능에 영향을 준다. 그림 8-1은 부부관계와 부모역할의 양방향적 영향은 물론 이러한 두 가지 하위체계가 아동의 행동과 발달에 영향을 주고 아동의 행동과 발달은 또 다시 두 가지 하위체계에 영향을 준다는 것을 보여 준다.

그림 8-1 가족 하위체계들의 상호의존성에 관한 벨스키(Belsky) 모델

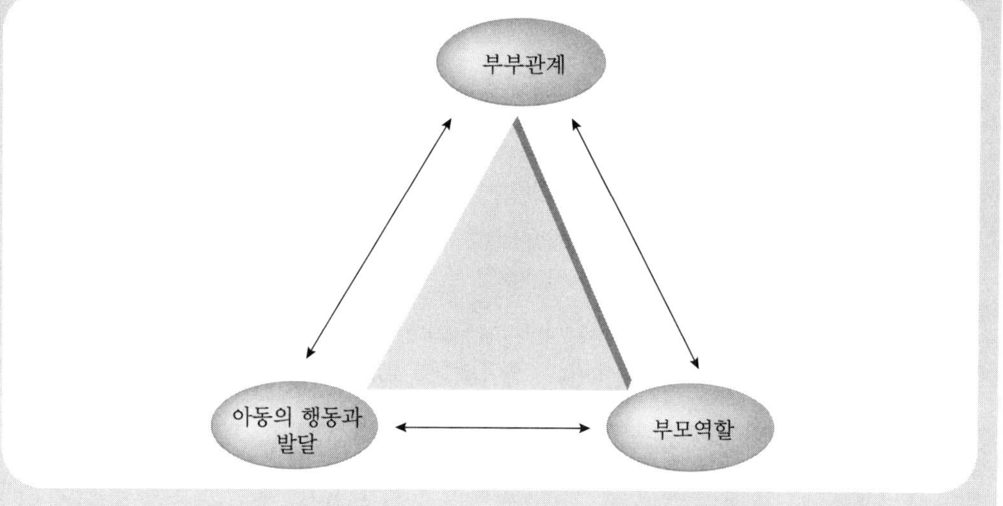

출처: Belsky, 1981.

그림 8-1에서 알 수 있는 것처럼 이미 확립된 상호작용 연결망 속에 첨가된 아기는 부부의 상호작용패턴을 복잡하게 변화시킨다. 이제 부부는 새로운 일상을 확립해야 하고 가정의 자원과 시간 및 에너지를 재배치해야 한다. 그러나 거의 모든 부부들이 부모역할을 위한 체계적 교육을 받지 못했기 때문에 첫 아이 출산 후에 어려움을 경험한다.

부모역할로의 이동은 부부중심의 활동이나 부부가 함께 즐길 수 있는 여가시간을 크게 감소시킨다. 부부가 함께 할 수 있는 시간조차도 서로 대화하고 함께 여가시간을 보내면서 부부관계를 증진시키는 활동을 하기보다는 가사일이나 아동양육같은 도구적 과제에 대부분 할애된다. 부부의 상호작용패턴의 변화는 자녀를 출산하지 않았을 때도 일어나지만, 자녀출산과 함께 특히 현저해진다.

새롭게 부모가 된 부부들이 경험하는 큰 어려움 중의 하나는 성역할의 재확립이다. 첫 아이의 출생 이전에 평등주의적 결혼생활을 해 왔던 부부들도 자녀가 태어나면, 그들의 생활은 보다 더 전통적으로 변화함으로써 아내는 집안일을 그리고 남편은 가정 밖의 일을 주로 맡는다. 실제로 아기는 가정 바깥의 일보다 주로 집안일을 증가시키므로 여성들의 가사일 부담이 크게 증가한다. 취업한 여성들조차도 자녀출산 후 아동양육과 가사일의 대부분을 맡게 됨으로써 직장생활을 계속하기 어렵다. 그러나 남성들은 보다 더 직업지향적으로 변화하고 늘어난 가족구성원들의 생계유지에 더 큰 관심을 갖는다.

자녀출산과 함께 부부가 보다 더 전통주의적 성역할로 변화하는 이유는 무엇인가? 어느 설명이 더 타당한지는 분명하지 않지만, 다음과 같이 세 가지 설명이 존재한다.

첫째, 여성들은 그들의 생물학적 특성 때문에, 분만과 양육에 대해 남성들과 상이한 반응을 보이고 부모역할에 대한 더 큰 관심을 나타낸다(Ross, 1977).

둘째, 어린 날에 형성된 전통주의적 부모역할 스크립트가 자녀출산과 함께 활성화된다(Cox, 1990).

셋째, 경제적 현실이 여성을 가정에 머무르게 한다. 일반적으로 남성들의 수입이 여성들보다 더 많기 때문에, 남성이 가족의 경제적 문제를 책임지고 여성은 부모역할과 가사일의 책임을 맡는다(Cox, 1990).

첫 아이를 출산한 부부가 겪는 또 다른 어려움은 중다의 역할 요구에 기인한 역할긴장(role strain)이다. 부모역할, 부부역할, 주부역할, 직업역할 등 부부는 여러 개의 역할을 동시적으로 수행해야 한다. 특히 여성들은 중다의 역할요구 때문에, 긴장하고 극심한 피로를 경험한다. 이때 여성들은 상황에 대한 긍정적 견해를 갖고 역할의 우선순위를 정하며, 우선순위에서 떨어지는 역할의 수행표준을 조절함으로써 중다의 역할요구에 대처해야 한다.

Ⅱ. 부모역할의 시작

에릭슨의 심리사회적 발달단계에서 첫 아이가 기본적 신뢰 대 불신 및 자율성 대 수치와 의심의 발달단계를 거쳐가는 동안, 부모들은 이전 단계에서 확립한 친밀감을 바탕으로 생산성 대 자기몰두(혹은 침체)의 발달과업을 성취해야 한다. 두발의 가족생활주기에서 자녀를 출산하는 가족단계에 이른 부부들은 생산성이 무엇이고, 어떤 종류의 부모역할을 수행하며 아동양육 목표를 어떻게 설정해야 하는지에 관해 심사숙고한다.

1. 부모역할의 학습

많은 부부들은 첫 아기를 출산한 이후에 실제적인 부모역할(parenting)을 학습하고 연습한다. 두발이 제안한 가족생활주기의 두 번째 단계인 자녀를 출산하는 가족단계에 이른 부부들은 처음으로 부모로서 그들의 신념과 태도 및 행동을 시험하고 부모역할이나 부모-아동 상호작용패턴을 발달시킨다.

첫 아기를 출산한 부부들은 부모역할을 위해 그들이 이미 가지고 있는 부모역할 스크립트를 활용한다. 각 개인은 자신의 부모는 물론 주위의 성인들을 관찰한 결과로서 그 나름대로의 부모역할 스크립트를 지니고 있지만, 그것은 실제로 부모역할을 수행할 때까지 활성화되지 않는다. 만약 개인이 아동후기나 청년기에 동생이나 어린 아동을 돌볼 기회가 있었다면 부모역할을 연습해 볼 수 있었을 것이다. 일반적으로 소녀들이 소년들보다 초보적 아동양육기술을 학습할 더 많은 기회를 갖는다.

그러나 아동양육의 실제상황에 처한 부부들은 그들에게 내재되어 있는 스크립트만으로 아동을 양육할 수 없다는 것을 발견한다. 이제 그들은 아동양육에 관한 책을 읽기도 하고 부모나 주위의 경험 많은 친지들 혹은 아동양육 전문가들로부터 도움을 구하기도 한다. 때로 TV나 신문, 잡지 등의 대중매체로부터 부모역할에 대한 아이디어를 얻기도 한다.

아동양육의 어려움은 부모역할이 아동의 성장과정에 맞추어 변화해야 한다는 데 있다. 그 예로서 생후 1년 동안의 영아들은 주로 애정적 보살핌을 제공받고 안전의 욕구가 충족될 수 있으면 충분하다. 그러나 두 번째 생일을 보낸 유아들은 개인적 자율성(autonomy)이 획득될 수 있도록 보살핌을 받아야 한다. 이와 같이 아동은 각 발달단계마다 상이한 부모역할 기술을 요구하기 때문에, 부모는 아동의 변화하는 욕구와 행동에 맞추어 그들의 행동을 변화시킬 수 있어야 한다.

동시에 이상적 부모역할이나 표준적 부모행동은 사회변화와 함께 변한다는 사실이 지적되어야 한다. 20세기까지만 하더라도 가장 바람직한 어머니는 가정에서 24시간 동안 아동과 함께 생활하고 아동의 일거수 일투족에 관심을 갖는 부모였다.

그러나 어머니의 지나친 관심은 아동의 발달에 오히려 장애가 된다는 것이 밝혀졌고 취업한 주부들도 아동양육의 많은 측면에서 바람직할 수 있음이 확인됨으로써 이상적 부모역할은 변할 수밖에 없게 되었다. 미국에서는 이미 아동양육을 수행하고 가사책임을 맡으면서 취업한 어머니들이 이상적 어머니 혹은 좋은 어머니로 인식되고 있다.

2. 부부관계의 변화와 어머니 및 아버지의 차이

결혼초기 동안 부부만족과 부부간의 긍정적 상호작용은 점차 감소하고 갈등과 부정적 정서가 증가한다(Kurdek, 1998). 물론 이러한 변화는 새로운 부모역할에 의해 촉진되고 강화된다. 첫 자녀를 출산한 부모들은 점점 더 많은 갈등을 경험하고 긍정적 상호작용에서 큰 감소를 경험함으로써 그들의 부부만족은 부모역할을 수행하지 않는 다른 부부들과 비교하여 현저하게 낮아진다.

특히 어머니들은 아버지들보다 부부만족의 저하를 더 크게 경험한다. 자녀 출산 후에 여성들은 신체적 변화와 호르몬 변화는 물론 자녀양육과 가사일에 기인된 누적되는 피로에 적응해야 한다. 동시에 자녀양육으로 가정에 머물게 됨으로써 여성들은 사회적 고립에도 적응하지 않으면 안 된다.

우리 문화에서는 아직도 어머니 역할을 그들의 운명으로 받아들이는 여성들이 있지만, 많은 여성들은 자녀출산이 가져다 줄 영향을 심각하게 고려함이 없이 어머니가 된다. 어머니가 될 때, 그것은 여성 정체감의 가장 중요한 부분을 차지한다.

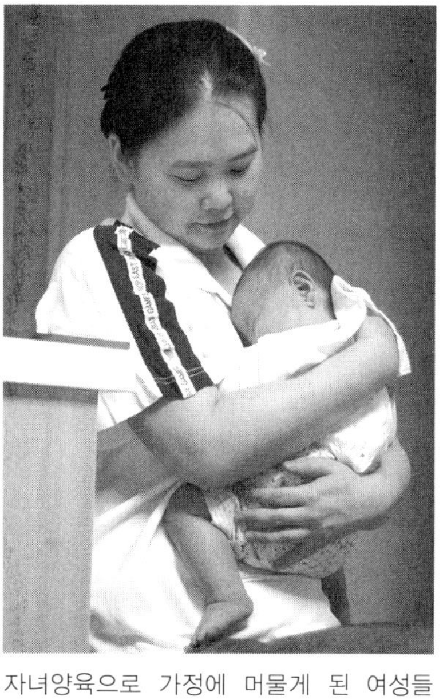

자녀양육으로 가정에 머물게 된 여성들은 사회적 고립에 적응해야 한다.

어머니라는 새로운 역할은 적응능력을 요구하는 힘든 과업이다. 무기력하고 의존적인 아기는 많은 시간과 에너지를 요구하기 때문에, 어머니는 아기의 요구와 남편의 요구 그리고 가사일의 부담으로 고통을 겪는다. 그러나 시간경과와 함께 대부분의 여성들은 어머니로서의 새로운 역할에 적응하고 유능하게 수행해 낼 수 있다는 자신감을 갖는다.

대조적으로 남성들은 여성이 어머니 역할에 적응하는 것보다 아버지 역할에 적응하기 위하여 더 큰 어려움을 겪어야 한다. 전통적으로 남성들은 부양자나 보호자로서의 도구적(instrumental) 특성을 지니기 때문에 여성들처럼 표현적(expressive)이 된다는 것은 쉬운 일이 아니다. 남성과 여성의 전통적 역할구분은 크게 약화되고 있지만, 아직도 일부의 남성들은 아버지로서의 표현적 특성을 나타내는 것을 주저한다.

첫 아이의 출산으로 초래된 역할변화나 아내와의 관계에 대한 남성들의 반응은 큰 차이를 보인다. 어떤 남성들은 아내의 임신과 분만을 편안하게 받아들이고 아버지로서의 역할에 쉽게 적응할 수 있는 반면, 어떤 남성들은 아내의 관심과 애정을 한 몸에 받는 아기에게 질투심을 느끼고 아내와 함께 보낼 수 있는 시간이 감소한 것에 분노한다.

첫 아이의 출산으로 부부가 경험하는 변화를 정리하면 다음과 같다(Cowan & Cowan, 2000).

① 정체감과 내적 생활변화: 첫 아이를 출산한 부부들은 이제 더 이상 자녀를 출산하기 이전의 자신과 동일하지 않다는 것을 인식한다. 그들의 개인적 선호나 가치도 변화하고, 이전에는 관계가 없거나 중요하지 않았던 문제들이 오히려 중요하고 실질적인 개인적 문제가 되기도 한다.

② 부부역할과 관계에서의 변화: 부모역할은 가사일을 구분하고 할당하는 방식을 변화시킨다. 그들은 부족한 수면과 더 많아진 가사일로 피로감을 느끼고 부부관계의 질적 저하를 경험한다.

③ 세대간 관계에서의 변화: 부모가 됨으로써 부부의 부모와의 관계가 개선되고 강화된다.

④ 가정 바깥의 역할과 관계의 변화: 어머니의 직업역할이나 친구관계에서 변화가 일어난다. 비록 이러한 변화들이 일시적이기는 하지만, 그들은 부모역할 때문에 직업을 포함한 가정 바깥의 여러 가지 일에 관심을 갖기 어렵다.

⑤ 부모역할과 관계의 변화: 부모가 된다는 것은 부부가 아동양육 역할

을 분담하지 않으면 안 되게 하지만, 아동양육 역할을 공평하게 분담하는 것은 쉬운 일이 아니다. 부부 어느 한 편이 자녀양육에 더 많은 시간과 에너지를 소비해야 한다면, 부부 사이의 불만족은 크게 증가할 수 있다.

3. 부모역할 적응에 영향을 미치는 요인

아무리 친밀하고 애정적인 부부라고 할지라도 첫 아이의 출생은 부부의 불만족과 부정적 상호작용을 증가시킨다. 그러므로 무엇보다 중요한 것은 부모역할을 촉진시키는 요인들을 찾아내는 것이다. 거시적으로 부모역할은 사회적 가치나 기대, 성역할 개념, 국가 의료정책 등의 영향을 받지만, 부부관계와 부부의 개인적 기대 및 아동의 특성이 부모역할에 직접적인 영향을 준다.

1) 부부관계

부모역할로의 이동기 동안 부부관계가 어떻게 변할 것인지는 생활변화에 대한 부부의 의사결정이나 계획과정에 달려 있다. 특히 부부가 임신 전에 부모역할을 어떻게 규정하느냐에 따라 부모역할에 대한 적응은 달라진다.

코완과 코완(Cowan & Cowan, 2000)은 부모역할을 계획했거나 부모역할을 운명으로 받아들이는 부부들이 부모역할의 초기 수년 동안 비교적 안정된 부부만족 수준을 유지할 수 있다고 보고하였다. 반면에 부모역할에 대해 부부가 불일치하거나 양가적으로 보는 등 갈등적 감정을 가졌던 부부들은 부부만족의 현저한 감소를 경험하였다.

부모역할에 대한 적응은 또한 부부관계가 얼마나 강하고 안정적인지에 따라서도 달라진다. 강하고 안정적인 관계를 형성한 부부들은 더 자주 의사소통하고 비밀 없이 솔직하게 대화를 나눌 수 있기 때문에, 임신을 하기 전에 미리 임신에 대한 공포와 희망 및 기대에 대해 논의할 수 있다. 그러므로 그들은 자녀 출산 후에 부부문제와 부모역할 문제에 보다 건설적으로 대처할 수 있었다.

2) 부부의 개인적 기대

부부 각자가 가지고 있는 개인적 기대는 부모로서의 수행에 중요한 역할을 한다. 우선 아기의 출산 전에 어머니가 기대했던 어머니 역할과 실제적인 어머니 역할이 크게 다를 때 어머니는 부모역할에 잘 적응하지 못한다. 출산 전에 많은 여성들은 자녀의 양육요구나 배우자와 함께 할 수 있는 시간에 대해 매우 비현실적인 기대를 지니기 때문에 실제적인 어머니 역할에 잘 적응하지 못한다.

또한 출산 전에 배우자가 자녀양육에 참여할 것으로 기대했던 것과 실제 참여 정도에서 차이가 있을 때 어머니는 부모역할에 잘 적응하지 못한다. 코완 등의 연구에서(Cowan & Cowan, 2000), 부모역할에 큰 불만족을 느끼는 어머니들은 배우자가 가사일과 아동양육에 참여할 것으로 기대했던 것과 실제로 참여한 정도간에 큰 차이가 있는 부부들이었다.

많은 예비부모들이 갖는 부모역할과 가족생활에 대한 비현실적 기대는 중재 프로그램을 요구한다. 국내에서는 각 병원마다 예비부모들을 위해 출산준비교실을 운영하고 있기는 하지만, 부모역할로의 이동기 동안 일어나는 변화에 관해 다양한 정보를 제공할 수 있는 프로그램들이 개발될 수 있어야 할 것이다(Gilliland, Hawkins, Christiaens, & Carroll, 2002).

3) 아동의 특성

아동의 특성 또한 부부의 부모역할 적응에 영향을 준다. 러너(Lerner, 1993)는 아동의 섭식과 수면패턴, 정서상태, 주의집중수준 및 활동상태를 결정하는 기질적 특성이 부모역할의 적응에 영향을 주는 핵심요인이라고 지적하였다.

일찍이 토마스와 체스(Thomas & Chess, 1977, 1991)는 뉴욕종단연구(New York Longitudinal Study)를 통하여 아동의 기질을 바탕으로 세 가지 유형의 아동을 분류하였다. 즉, 순한 아동(easy child), 까다로운 아동(difficult child) 및 반응이 느린 아동(slow-to-warm-up child)이 그것이다.

세 가지 유형 중 순한 아동은 규칙적인 생활을 빠르게 확립하고 새로운 환경에 쉽게 적응한다. 또한 반응이 느린 아동들은 낮은 활동수준을 지니고 있지만, 새로운 환경에 반복적으로 노출되면 점진적으로 적응할 수 있다(장휘숙, 2007). 그러나 까다로운 아기들은 수면과 섭식 모두 불규칙하고 새로운 환경에 잘 적응하지 못하며 울 때에도 잘 달래지지 않는다. 그들은 부모의 스트레스를 크게 증가시키고 부모역할에 대한 적응문제를 야기시키는 장본인들이다(Sirignano & Lachman, 1985).

조산이나 건강문제 혹은 발달문제 또한 부모의 적응에 영향을 준다. 로우치와 그 동료들(Roach, Orsmond, & Barratt, 1999)은 다운증후군 아기의 부모들이 정상아기의 부모들보다 더 많은 스트레스와 부모역할에서의 무능력을 경험한다는 것을 발견하였다. 또한 아기의 심각한 질병도 부모역할에 부정적 영향을 준다. 그 예로서 소아암 환자의 부모들은 아동의 질병에 기인한 스트레스 때문에 부부간에 성적 관심이 감소하였고 더 많은 의사소통문제를 경험하였다(Hughes & Lieberman, 1990).

Ⅲ. 아동양육 문제

가족체계이론에 의하면, 가족은 상호관련된 하위체계들의 조직으로 구성되므로 영아의 발달은 각 하위체계들간의 상호작용 결과로써 이루어진다. 동시에 아동은 브론펜브레너(Bronfenbrenner, 1979)가 제안한 대로 가족체계에 직접적 혹은 간접적으로 영향을 주는 이웃과 또래집단, 학교 및 더 큰 사회의 영향을 받는다. 그러므로 부부의 아동양육 방식은 아동과 가족 그리고 그들의 외부적 환경 사이의 상호작용에 의해 결정된다.

그러나 아동은 부모나 주위의 환경적 영향을 수동적으로 받기만 하는 존재가 아니라 독특한 특성을 지닌 한 개체로서 부모와의 상호작용을 시도하는 능동적 참여자이다. 그럼에도 불구하고, 성인들의 눈에 자칫하면 무기력하고 무능력하게 보일 수 있는 어린 아동들을 위해 미국의 정신건강 공동위원회

(Joint Comission on Mental Health of Children, 1970)는 일찍부터 다음과 같은 권리장전을 제정하였다.

① 부모가 원하는 자녀일 권리.

② 건강하게 태어날 권리.

③ 바람직한 환경에서 생활할 권리.

④ 애정적 보살핌을 받을 권리.

⑤ 사회에 효과적으로 대처하기 위한 지적, 정서적 그리고 사회적 기술을 획득할 권리.

비록 이 권리장전이 오래 전에 제정되었음에도 불구하고 오늘날에도 여전히 활용될 수 있는 내용들을 담고 있다.

1. 아동양육의 목표

영아기부터 성인기까지 개인이 성장하고 발달할 때, 그들에게 기대되는 것은 무엇인가? 부모는 자녀가 어떤 사람으로 성장하기를 원하는가? 특정한 사회나 개인에 따라 다소 차이가 있기는 하지만, 부모는 아동이 다음과 같은 방향으로 성장하기를 기대한다(Coleman 등, 1987).

① 의존에서 자기관리로

의존적인 영아는 독립적이고 자기관리를 할 수 있는 성인으로 자랄 수 있도록 기대된다. 자기관리를 할 수 있는 사람은, '내가 누구인가'의 질문에 대답할 수 있는 자아정체감(ego-identity)을 획득한다. 그들은 생활하는 데 필요한 능력과 정보를 갖추고 즉각적 충동을 통제할 수 있으며 긴장에 대처할 수 있는 능력을 지니고 있다.

② 무식에서 유식으로

비록 아기가 완전한 무지상태에서 태어난다고 할지라도, 자신과 세계에 대한 정보를 빠르게 획득한다. 성장함에 따라 이 정보는 개인의 행동을 인도할 수 있는 참조체제로 조직화된다.

③ 무능에서 유능으로

성인기 이전의 시기는 성인기에 필요한 지적, 정서적, 사회적 능력의 발달을 위한 준비기간이다. 문제해결능력과 의사결정기술을 획득하고 통제를 학습하며 만족스러운 대인관계의 확립에 의해 각 개인은 성인기의 직업역할, 부부역할 및 부모역할을 수행할 수 있다.

④ 무도덕에서 도덕으로

갓 태어난 영아는 옳고 그름에 대한 개념을 지니고 있지 않다는 의미에서 그들은 무도덕적이다. 그러나 그들은 사회화 과정을 통하여 부모의 가치관을 내면화함으로써 점차 옳고 그름을 판단할 수 있고 선과 악을 구별할 수 있다.

⑤ 자기 중심적에서 타인 중심적으로

영아나 어린 아동들은 오로지 자신의 욕구충족에만 관심을 갖는다. 성장과 함께 타인의 욕구나 관심을 고려할 수 있는 조망수용능력(perspective taking ability)이 발달되면 타인을 이해할 수 있고 그들의 관점을 고려할 수 있는 능력을 획득한다.

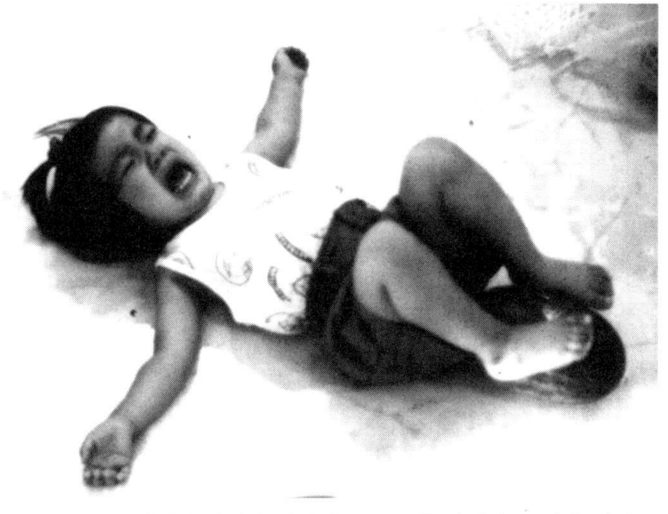

아동은 부모의 사회화 과정에 의해 옳고 그름을 판단할 수 있게 된다.

2. 건강한 발달을 돕는 심리적 조건

건강한 발달이란 발달이 정상적(normal)으로 이루어지는 동시에 최적의(optimal) 발달이 이루어지는 것을 의미한다. 발달심리학자들은 명백한 심리적 병리현상을 발견할 수 없고 집단평균으로부터 현저하게 이탈되어 있지 않을 때 정상적 발달이 이루어지고 있다고 판단한다. 또한 개인의 능력이 최대한으로 실현되고 독특한 잠재능력이 성취될 수 있을 때, 그것은 최적의 발달이라고 평가된다.

지금까지의 연구에서 아동의 건강한 발달과 연합되어 있다고 확인된 심리적 조건들을 제시하면 다음과 같다.

1) 사랑과 수용

사랑과 수용은 아동의 건강한 발달을 보증하는 가장 중요한 요인으로 부모와 그들 주위 세계에 대한 영아의 기본적 신뢰감이 발달될 수 있도록 한다. 신뢰감은 공포와 불안에 대한 안전장치의 기능을 하기 때문에, 아동은 영아기에 형성한 신뢰감을 바탕으로 환경을 능동적으로 탐색하고 다양한 기술을 획득한다. 특히 사랑과 수용은 아동의 건강한 발달에 중요한 자기존중감의 발달을 자극한다.

아동을 사랑하고 아동의 있는 그대로를 수용하는 부모들은 한 사람의 인간으로서 아동을 존중한다. 그들은 아동과 세상 사이의 상호작용을 격려하고 강제적이 아닌 통제를 사용한다. 그러나 아동을 거부하는 부모들은 아동에 대한 애정이나 관심이 부족하다. 그들은 거칠고 일관성 없는 훈육을 제공하며 아동의 권리와 감정을 존중하지 않는다. 그들은 아동의 불안정감과 부적절감 및 낮은 자기존중감을 야기시키고 지적 발달을 지체시키며 공포나 불안 증상을 유발시킨다.

2) 구조화된 환경

구조화된 환경(structured environment)이란 아동이 어떤 행동을 할 수 있고 어떤 행동을 할 수 없는지를 알 수 있는, 질서정연하고 일관성 있는 환경이다. 구조화된 환경은 다음과 같은 세 가지 요소를 포함한다.

① 허용 가능한 행동을 위한 분명하게 정의된 표준과 한계.

② 적절하게 정의된 가족구성원들의 역할.

③ 바람직한 행동을 격려하고 비행을 억제할 수 있는 확립된 훈육방법.

그러나 아무리 구조화된 환경이 중요하다고 할지라도, 아동의 개별적인 특성이 무시된 환경조건이나 훈육방식은 의미가 없다. 그 이유는 한 아동에게 적절한 훈육방식이 다른 아동에게는 오히려 불안과 위축을 불러일으키고 반항심만을 자극할 수 있기 때문이다. 아동이 건강하게 발달할 수 있기 위해서는 아동의 연령과 욕구 및 능력이 고려되고 현실적인 한계와 역할을 설정하는 것이 무엇보다 중요하다.

3) 능력과 자신감의 격려

아동은 지적 능력은 물론 신체적, 정서적 그리고 사회적 능력을 발달시킬 수 있도록 도움을 받아야 한다. 우리는 아동의 지적 능력의 발달을 돕는 것을 당연시하지만 그들의 정서적 표현능력이나 대인관계기술 등의 발달을 돕기 위한 지도가 필요하다는 것을 깨닫지 못한다. 아동들은 그들이 이해할 수 있기 이전에 많은 아이디어나 다양한 상황에 노출되기 때문에, 그것을 이해하고 적절한 가치관을 확립할 수 있도록 지도를 받아야 한다.

또한 아동은 성공하고 그 성공을 인정받을 필요가 있다. 성공경험과 함께 부모나 중요한 타인으로부터의 인정이나 승인은 능력과 자신감을 발달시키는 역할을 한다. 그러나 항상 성공할 수는 없으므로 아동은 좌절이나 실패에 대처할 수 있도록 도움을 받을 필요가 있다. 실패가 다음의 성공을 위한 디딤돌이 될 수 있도록 아동의 감정에 귀 기울이고 실패로부터 얻은 교훈을

잊지 않도록 지도하는 것은 무엇보다 중요한 일이다.

4) 적절한 역할모델의 제시

아동은 단순한 식탁 예절에서부터 위기에 대처하는 중요한 행동까지도 모델의 행동을 관찰함으로써 학습한다. 부모는 아동에게 가장 중요한 행동모델이다. 비행청소년이나 알코올 중독자가 되는 젊은이들은 적어도 부모 중 한 사람이 반사회적 행동을 하거나 알코올 중독자일 가능성이 있다.

그러나 부모가 바람직하지 않은 역할모델이라고 해서 모든 아동들이 문제청소년이나 성인이 되는 것은 아니다. 어느 한쪽 부모의 지혜와 관심만으로도 바람직하지 않은 부모의 영향은 상쇄될 수 있다. 더 나아가 문제 있는 부모를 부정적 역할모델로 지각하고 올바르게 자랄 수 있는 아동들도 있기 때문에, 아동양육에는 많은 융통성이 개입될 수 있음을 알 수 있다.

5) 자극적이고 반응적 환경

영아와 어린 아동들은 보고, 듣고, 만지고, 맛 보면서 끊임없이 탐색한다. 신경과 근육이 성숙되고 정신능력이 발달함에 따라 그들의 탐색범위는 넓어지고 곧이어 이루어지는 언어의 획득은 그들의 경험세계를 확장시킨다.

아동의 강한 호기심은 부모가 제공하는 환경자극에 의해 강화될 수도 있고 약화될 수도 있다. 아동의 호기심에 적절하게 반응할 수 있는 반응적 부모들은 새롭지만 지나치게 자극적이 아닌 환경을 아동에게 제공하고 그들의 질문에 귀 기울이며 기꺼이 의사소통함으로써 피드백을 제공한다. 아동이 호기심을 충족시킬 기회를 갖지

어린 아동은 주위 환경을 끊임없이 탐색함으로써 최적의 발달을 이룰 수 있다.

못하거나 환경 자체가 자극적이지 못할 때 그의 탐색행동은 억압되고 이후에 스스로 학습할 의욕을 보이지 않는다.

3. 부모역할 양식

부모가 아동을 양육하고, 훈련하고, 가르치고, 그리고 돕는 방식은 부모의 성격, 아동과 아동양육에 대한 부모의 태도 그리고 부모가 아동에게 제시하는 역할모델에 따라 달라진다.

아동연구의 초기부터 많은 연구자들은 부모가 어떤 방식으로 초등학교 입학 이전의 아동들을 양육해야 하는지에 관심을 가졌다. 바움린드(Baumrind, 1971)는 아동의 유형과 부모의 양육방법 사이의 관련성을 분석하고 권위적 부모, 독재적 부모 그리고 허용적 부모의 세 가지 유형의 부모역할(parenting) 양식을 제시하였다.

그러나 부모역할 양식에 관한 선행연구를 개관한 마코비와 마틴(Maccoby & Martin, 1983)은 바움린드의 연구결과를 기초로 그림 8-2와 같은 4가지 유형의 부모역할 양식과 차원을 제시하였다. 마코비와 마틴이 제시한 네 가지의 유형의 부모역할 양식을 설명하면 다음과 같다.

① 권위적(authoritative) **유형**

이 유형의 부모들은 아동이 점진적으로 자율적이 될 수 있도록 돕는 것을 중요시한다. 그들은 자녀들과 허심탄회하게 대화하고 의사결정에 대한 이유를 설명하며 아동의 견해에 귀를 기울인다.

권위적 부모들은 성숙한 행동을 위한 확고한 표준과 규칙을 설정하기는 하지만, 아동의 욕구와 소망을 인정하고 그들의 연령을 고려하기 때문에, 아동에게 합리적인 정도의 자유를 허용한다. 추론이나 긍정적 강화를 통하여 아동의 성숙한 행동을 자극하고 때로 엄격한 통제가 사용되기도 한다. 그러나 권위적 부모들이 사용하는 통제는 합리적이라는 것이 독재적 부모들과 차이가 있다.

권위적 부모의 자녀들은 유능하고 우호적이며 자주적이고 자발적으로 통

그림 8-2 부모역할 양식과 차원

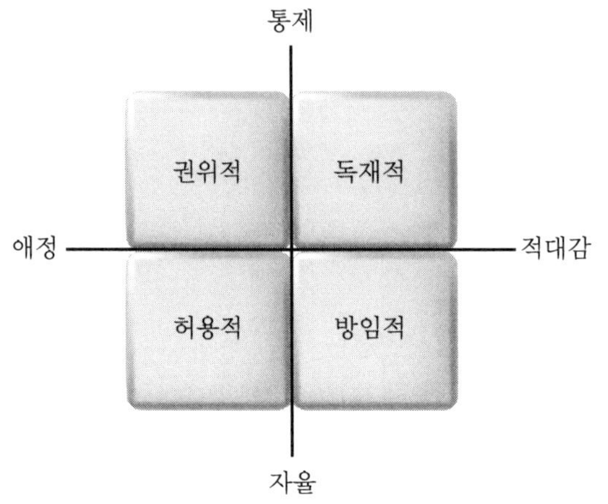

출처: Maccoby & Martin, 1983.

제할 수 있기 때문에, 가장 높은 수준의 도덕성 발달을 이룬다.

② **독재적**(authoritarian) **유형**

아동을 엄격하게 다루어야 한다고 생각하는 부모들이 이 유형의 부모역할을 수행한다. 이 유형의 부모들은 아동을 통제하기 위하여 규칙과 표준을 설정하고 아동이 그것을 위반하면 처벌한다. 아동에게 요구되는 가장 중요한 특성은 복종이다. 신체적 처벌과 같은 강제적 방법을 사용하여 아동이 복종하도록 강요한다.

독재적 부모들은 규칙이나 규정 이면의 논리에 대해 아동에게 설명하는 일이 거의 없으며 부모의 말은 아동에게 곧 '법'이다. 왜 그와 같은 규칙을 지켜야 하는지에 대한 아동의 질문은 "내가 그렇게 말했기 때문에"라는 부모의 반응에 의해 억압된다. 독재적인 부모의 자녀들은 도덕성 발달수준이 낮고 자발성이 부족하며 높은 수준의 공격성과 적개심을 나타낸다. 또한 그들은 냉담하고 권위에 반항적이다.

③ **허용적(permissive) 유형**

허용적 부모역할은 1940년대 후반부터 1970년대 초반까지 인기가 있었던 아동양육 방식이다. 이 유형의 부모들은 아동을 수용하며 아동에게 애정적이고 반응적이지만, 아동의 자율성을 지나치게 강조한다. 그들은 규칙이나 표준에 일치하도록 아동을 강요하는 일이 거의 없고 명백한 통제를 행사하지 않으며 아동 스스로 자신의 행동을 조절하도록 허용한다. 부모는 아동에게 권위인물이 아니라 아동의 의사결정에 활용될 수 있는 자원이기를 원한다.

허용적 부모의 자녀들은 버릇이 없고 제멋대로이며 타인의 욕구를 고려하지 않는다. 그들은 충동적이고 자기중심적이며 책임감이 부족하다.

④ **방임적(indifferent) 유형**

이 유형의 부모들은 부모로서의 역할을 수행하지 않는다. 그들은 아동을 사랑하지 않으며 아동과 함께 시간을 보내려고도 하지 않으므로 아동의 욕구는 대부분 무시되거나 거부된다. 자녀와의 접촉은 부모 자신의 즉각적 욕구에 의해 이루어질 뿐 일관성 있는 지도나 훈육을 제공하지 않는다.

방임적 부모의 자녀들은 행동의 제한이나 규칙의 준수에 대한 어떤 정보도 얻지 못하기 때문에, 자기중심적이고 불복종적이며 적대적이고 공격적이다. 성장하면 비행이나 범죄를 저지를 가능성이 많다.

4. 부모의 개인적 욕구와 부모역할 행동에 영향을 주는 요인

1) 부모의 개인적 욕구

모든 부모는 자녀를 잘 키우려는 욕구 외에도 그들 자신의 개인적 욕구를 갖는다. 아동양육기 동안 대부분의 부모들은 가정 바깥에서의 일을 제한당하고 부부의 사생활은 침해를 받는다. 부부는 개인적 발달욕구(personal developmental need)와 함께 결혼생활의 만족을 유지하려는 욕구를 동시에 충족시켜야 하는 어려움에 직면한다.

특히 어머니들은 자녀출산과 함께 가정 바깥에서의 일을 병행하기 어렵기 때문에, 개인적 성장이나 자아실현의 욕구를 억압당한 채 자녀양육이나 가사일의 수행에 대부분의 시간을 할애한다. 이때 자녀가 결함이나 장애를 갖게 되면, 여성들은 자녀를 잘 돌보지 못했다는 죄책감으로 고통스러워한다. 그러나 아동은 독특한 기질적 특성을 지니고 있고 성장과정 동안 수많은 환경적 조건에 노출되므로 아동이 갖는 결함이나 장애의 책임을 전적으로 어머니에게 귀인시키는 것은 바람직하지 못하다.

사회적으로 성공한 유명인사 400명의 생애를 연구한 고전적 결과에 의하면(Goertzel & Goertzel, 1962), 단지 58명만이 비교적 문제가 적은 가정출신들이었고 그 외의 대부분은 병리적 가족환경에서 성장한 역사를 가지고 있었다. 바람직하지 못한 환경조건에도 불구하고 잘 자랄 수 있었던 것은, 그들이 다른 사람을 비난하기보다는 문제를 해결하기 위한 해결책을 모색하고 사소한 시련이나 갈등을 참고 견딜 수 있는 힘을 지니고 있었기 때문이다. 그들은 심각한 좌절경험 후에도 회복될 수 있는 강한 탄력성(resiliency)을 지니고 있었다.

아동양육은 물론 그들 자신의 개인적 일이나 직업활동을 병행하는 동시대의 많은 부모들은 소모증후군(burnout syndrome)으로 고통을 받는다. 소모증후군이란 과중한 역할요구에 기인된 극단적인 정서적, 신체적 피로증후군으로서 아동양육기 동안 부모들에 의해 경험되는 병리적 증상이다. 초인적 아버지(superdad)와 초인적 어머니(supermom)가 되기를 원하는 현재의 중류계층 부모들은 적어도 소모증후군의 초기 단계에 처해 있다는 것이 발달심리학자들의 공통적 주장이다.

그러나 부모가 자녀에게 바람직한 양육환경을 제공하기 원한다면, 부부는 부모역할과 분리된 부부의 유대를 유지할 수 있어야 한다. 여기에 대처할 수 있는 효과적인 부모역할 기술은, 가사일에서 무엇이 시급하고 무엇이 연기될 수 있는지를 결정할 수 있도록 활동의 우선순위를 정하는 능력이다. 부부는 시급하지 않은 가사일을 연기함으로써 부부유대가 유지될 수 있는 최소한의 시간을 확보할 수 있을 것이다. 불행하게도 많은 젊은 부부들은 결혼생활이 확립되기 이전에 자녀를 출산하거나 아니면 자녀의 출산과 함께 부부생활을 무시함으로써 부적응적 가족패턴을 야기시킨다.

참고로 아동발달에 유해한 영향을 주는 다섯 가지 유형의 부적응적 가족 패턴을 정리하면 다음과 같다(Coleman 등, 1987).

① 부적절한 가족(inadequate family): 부적절한 가족은 일상적인 생활문제에 대처하는 능력을 결여한다. 가족구성원들의 요구를 충족시킬 자원이 부족한 이 유형의 가족들은 아동에게 안전감을 제공할 수 없고 아동의 능력을 적절하게 발달시킬 수 없다.

② 혼란된 가족(disturbed family): 이 유형의 가족은 많은 병리적 특성을 지닌다. 부부는 그들 사이의 힘의 균형을 유지하기 위하여 빈번하게 싸우며 아동에게 사랑을 주지도 않고 그들을 지도하지도 않는다. 아동은 불합리하고 정서적으로 혼란된 부모역할 모델에 항상적으로 노출된다.

③ 반사회적 가족(antisocial family): 이 유형의 가족은 범법행위를 일삼는 것을 특징으로 한다. 부모가 공공연히 혹은 은밀히 사회적 표준을 파괴하고 사회가 수용하지 않는 가치를 채택함으로써 아동들은 일찍부터 반사회적 역할모델과 접촉한다.

④ 학대가족(abusive family): 학대가족은 아동을 보살피지 않고 학대한다. 아동학대는 유기, 신체적 학대, 거부에 의한 정서적 학대 및 성적 학대의 형태를 취한다.

⑤ 붕괴된 가족(disrupted family): 일반적으로 아버지의 유기에 의해 가족 붕괴가 일어난다. 아버지의 유기로 가족구성원들은 경제적 어려움을 겪는다. 부모로부터 거부당했다는 느낌은 아동의 발달에 치명적 영향을 준다.

2) 부모역할 행동에 영향을 주는 요인

부모역할(parenting) 행동은 여러 가지 요인들의 영향을 받는다. 일찍이 벨스키(Belsky, 1984)는 부모역할 양식에 영향을 주고 궁극적으로는 아동의 행동에 영향을 주는 중요한 6가지 요인들은 확인하였다. 즉 부모의 발달역사와 부모의 성격특성, 아동의 성격특성, 사회적 지원과 부모의 관계망, 부부관계 그리고 부모의 직업 등이 부모역할 행동에 영향을 준다.

(1) 부모의 발달역사

부모가 아동기 동안 자신의 부모와 어떤 경험을 했는가에 따라 성인기의 부모역할 행동이 달라진다. 예를 들면 아동기에 어머니와 안정된 유대를 형성한 여성들은 더 반응적이고 민감한 어머니가 될 수 있다(Gara, Rosenberg, & Herzog, 1996). 또한 자녀에게 관심이 많은 아버지를 가졌던 아버지들이 그들의 자녀와 더 많은 시간을 보내고 자녀에게 적절한 통제를 행사하며 더 큰 아동양육 책임을 맡는 경향이 있다(Hofferth, 2003). 반면에 거친 훈육을 경험한 어머니와 아버지들은 자녀에게 차갑고 거친 부모역할 양식을 사용하였다.

부모의 발달역사에 포함되는 교육수준 또한 이후의 부모역할과 높은 상관이 있다. 교육수준이 높은 어머니들은 낮은 어머니들보다 더 아동중심적이고, 지원적인 부모역할을 수행하였다.

또한 연령이 증가하면 더 많은 경험을 쌓고 더 성숙해질 수 있기 때문에 어머니의 연령 또한 부모역할 행동에 영향을 준다. 나이많은 어머니와 비교하여 어린 어머니들(예, 청소년 어머니)은 아동에게 지원적이지 못하고 자극적이지 못한 환경자극을 제공하며 비교적 낮은 정서적, 언어적 반응성을 나타내었다(Coll, Hoffman, & Oh, 1987). 물론 어린 어머니들은 더 낮은 교육수준을 지니고 있어 어린 연령과 낮은 교육수준의 연합으로 아동발달에 더 유해한 결과를 초래하였다.

(2) 부모의 성격특성

부모역할과 일관성 있게 연결된 부모의 성격특성은 우울이다. 한 연구(Bluestone & Tamis-LeMonda, 1999)에서 우울한 어머니들은 아동의 조망과 욕구를 고려하지 못하고, 추론보다는 엄격한 통제를 사용함으로써 권위적 부모역할 행동을 할 가능성이 매우 적었다. 부모의 우울은 무감각한 부모역할 행동을 동반하기 때문에 다양한 부정적인 결과를 초래한다.

전통적으로 한국 부모들은 아동양육시에 독립과 개인적 성취보다는 가족집단에 대한 의존과 일치를 중요시함으로써 집합적 행동과 집합적 선(善)을 강조하였다. 그 결과 우리 문화에서는 가족과의 협동이 중요시되고 성인자녀들이 노부모을 봉양하는 것이 당연시되었다(Pyke & Bengtson, 1996). 미국내에서도 흑인과 아시아계 그리고 라틴 아메리카계 미국인들이 아동에게 독립보다는 상호의존을 가르치는 경향이 있다(Harrison 등, 1990). 그러나 최근의 한국 부모들은 집단보다는 개인, 집합적 선보다는 개인적 선을 중시함으로써 아동들은 이기적이고 자기밖에 모르는 사람으로 성장한다는 비난을 받는다.

일반적으로 교육수준이 높고 독립적 사고와 의사결정 능력 및 책임감이 요구되는 직업에 종사하는 중류계층의 부모들은 아동양육의 목표로서 독립성과 자발성을 중요시한다. 반면에 교육수준이 낮고 독립적 사고를 하기 보다는 상사의 명령을 따르며 일상적인 기계적 과업을 수행하는 직업을 갖는 근로자 계층의 부모들은 아동에게 권위에 복종하고 일치를 강요하는 경향이 있다. 일반적으로 아동의 독립성과 자발성을 중요시하는 부모들은 아동의 환경탐색을 격려하고 보다 허용적인 양육을 실시하는 반면, 타인에 대한 일치를 강조하는 부모들은 아동을 더 많이 통제하고 지원적이지 못한 부모역할을 수행한다(Gerris, Dekovic, & Janssens, 1997).

(3) 아동의 특성

아동의 특성 또한 부모역할에 영향을 주는 중요한 요인이다. 아동의 성별은 부모역할에 영향을 주는 가장 명백한 특성이다. 부모는 딸보다는 아들을 더 거칠게 훈육하지만, 딸보다는 아들에게 더 관대하고 아들의 잘못된 행동에 대해 더 허용적이며 아들을 딸보다 더 중요시한다(Gager, Cooney, & Call, 1999). 성별에 따른 부모역할에서의 차이는 아동기에서 청년기로 이동할 때 보다 더 현저해진다(Locke, 1992).

부모역할은 아동의 기질적 특성에 따라서도 차이를 보인다. 아동이 까다로운 기질을 지니고 있을 때 부모는 아동에게 자주 화를 내고 처벌적 훈육방식을 사용하기 쉽다. 이때 아동은 반항적이고 불복종적으로 행동하므로 까다로운 기질-처벌적 훈육의 악순환이 반복되고 부모역할 방식은 자연스럽게 독재적으로 변화한다(Belsky, Fish, & Isabella, 1991).

(4) 부모의 사회적 체계

부부의 사회적 연결망(social network)에 해당하는 친척이나 친구, 이웃, 직장동료 혹은 아동양육에 관한 전문가도 부모역할에 영향을 준다. 그들은 부부의 개인적 안녕과 가족안녕에 기여할 수 있지만, 때로 그것을 방해할 수도 있다. 다시 말하면 부모역할은 가족 외부의 타인들로부터 도움과 지원을 받을 수도 있지만, 연결망 구성원들이 너무 많은 시간과 에너지를 요구할 때는 개인과 가족의 안녕을 방해할 수 있다는 것이다(Antonucci, Akiyama, & Lansford, 1998).

부모의 사회적 연결망은 아동에게 직 · 간접적 영향을 줄 수 있다. 직접적 영향으로 아동은 부모의 사회적 연결망에 노출됨으로써 더 광범위한 인지적, 사회적 자극을 경험할 수 있다. 또한 사회적 연결망의 다양한 구성원들과 상호작용함으로써 가정에서 관찰한 것과는 상이한 상호작용방식과 사회적 관습을 접할 수 있고 접촉하는 사람에 따라 달라지는 대화방식이나 행동방식을 관찰함으로써 사회적 기술을 발달시킬 수 있다.

부모가 근무하는 직장의 근무조건은 아동양육 방식에 간접적 영향을 준다. 한 예로서 부모가 퇴근시간 이후까지 일을 해야 하거나 잦은 출장을 가야 할 때 효과적인 부모역할을 수행하기 어렵다. 또한 남성이 유일한 생계유지자일 때, 아버지는 가정 바깥에서 아버지 역할과는 상치되는 행동을 하는 남성들로 구성된 사회적 연결망에 노출됨으로써, 효과적인 아버지 역할을 수행하지 못한다. 물론 연결망 구성원들이 부모에게 유익한 기회를 제공한다면, 아동도 유익한 경험을 할 수 있을 것이다.

(5) 부부관계

부부관계의 질적 특성은 부모역할 양식을 결정하는 역할을 한다. 조화롭고 지원적인 부부관계는 긍정적 부모역할을 위한 발판을 제공한다(Parke & Tinsley, 1987). 특히 부부가 아동에 관해 그리고 아동과의 개별적 경험에 관해 좋은 의사소통을 할 수 있을 때 부모역할 촉진(parenting facilitation)이 일어날 수 있다.

부모역할 촉진이란 배우자로부터 자녀에 관한 정보를 얻고 그것을 바탕으로 자녀에게 긍정적 부모역할을 수행하는 것을 의미한다. 부모역할 촉진의 예로서 주중에는 자녀들과 접촉할 시간을 거의 갖지 못하는 아버지가 주말에 외식을 함으로써 자녀들과 접촉하려고 한다고 하자. 아버지는 이미 아내와의 의사소통을 통해 자녀들이 좋아하는 음식이 무엇인지를 알고 있으므로 자녀들과 좋은 분위기에서 식사할 수 있고 자녀들에게 긍정적으로 지각될 수 있다. 이와 같이 아버지들은 어머니들보다 부모역할 촉진에 더 많이 의존해야 하므로 아버지 역할은 어머니 역할보다 부부관계와 더 밀접하게 연결되어 있다.

부부는 서로의 부모역할을 지원할 수도 있고 방해할 수도 있다. 부부가 서로의 부모역할을 지원할 때, 아동에게 분명하고 일관성 있는 메시지를 전달하고 행동지침을 제공할 수 있으므로 아동의 안녕감에 기여할 수 있다(McHale & Rasmussen, 1998).

대조적으로 갈등적이고 불행한 결혼생활을 하는 부부들은 자신의 문제에 몰입되어 있으므로 아동의 욕구에 민감하지 못하다. 또한 부부간에 일어나는 빈번한 공격행동은 아동과의 상호작용에서도 공격행동을 일삼게 함으로써 거친 훈육방식이 사용될 수 있도록 한다. 다시 말하면 갈등적이고 불행한 결혼생활에 기인한 부정적 정서는 그대로 부모역할로 전이됨으로써 부모역할을 훼손시킨다는 것이다(Kerig, Cowan, & Cowan, 1993). 특히 갈등적 결혼생활을 하는 남성들은 부부관계로부터 철회하는 동시에 부모역할로부터도 철회하는 경향을 보인다(Christensen & Heavey, 1990).

5. 영아기부터 청년기까지 부모역할의 변화

부모역할은 아동의 성장과 함께 변화하지 않으면 안 된다. 부모는 아동의 발달을 이해하고 그들의 요구에 민감하게 반응할 수 있어야만 아동은 정상적으로 성장할 수 있다. 그러므로 이 절에서는 출생부터 청년기까지 부모역할이 어떻게 변화해야 하는지를 고찰한다.

1) 영아기의 부모역할

영아기 동안 부모는 양육적 보살핌과 물질적 보살핌, 사회적 보살핌 및 교육적 보살핌을 제공해야 한다. 우선 양육적 보살핌(nurturant caregiving)은 음식물과 보금자리, 의복 및 안전한 환경을 제공함으로써 아동의 신체적 욕구를 충족시키고 생존을 가능하게 한다.

물질적 보살핌(material caregiving)은 기본적인 생존욕구를 넘어 아동의 물리적 세계를 어떻게 구조화하고 조직하는지의 문제와 관련된다. 이러한 유형의 보살핌은 장난감이나 책, 혹은 음악과 같이 부모가 제공하는 자극의 수준을 포함한다.

사회적 보살핌(social caregiving)은 시각적 접촉과 신체적 접촉, 발성하기, 미소짓기, 포옹하기와 같은 부모역할의 대인간 측면에 해당한다. 한편 교육적 보살핌(didactic caregiving)은 부모가 아동의 상호작용을 자극하고 양육자-영아 이외의 세계에 대한 이해를 격려한다. 영아가 환경 내의 사물이나 사건에 관심을 갖게 하고 환경과 상호작용할 수 있도록 하는 것이 교육적 보살핌의 핵심이며, 이러한 보살핌은 영아기 말경에 특히 중요해진다(Bornstein, 1995).

2) 유아기의 부모역할

2-3세의 유아들은 신체기술과 언어능력 및 인지능력이 발달함에 따라 부모와 상호협조적으로 행동할 수 있고 보다 더 독립적으로 기능할 수 있다. 이제 그들은 세계를 탐색하기 위하여 부모의 항상적인 지도나 도움을 필요로 하지 않기 때문에 부모의 요구에 자주 "싫어"라고 대답한다. 주변 환경을 탐색하고 사물을 조작하는 유아의 능력은 부모의 더 많은 감독을 필요로 하고 부모는 외부세계에 대한 유아의 이해를 도와줄 수 있어야 한다.

유아의 증가된 활동과 능력은 부모를 기쁘게도 하지만 자주 부모를 좌절시킨다. 이 시기의 좌절적인 부모역할을 정리하면 다음과 같다.

① 주변을 어지럽히고 지저분하게 해놓은 것을 청소하기.

② 보채고 조르고 불평하는 유아에게 귀를 기울이기.

③ 부모의 요구를 따르지 않는 유아를 훈육하기.

④ 성인의 대화를 중단시키는 유아를 훈육하기.

그러나 이러한 유아의 행동도 초등학교에 입학할 무렵에 이르면 그 수가 크게 감소하고 부모와 아동이 함께 하는 시간도 거의 절반 수준으로 감소한다.

3) 아동초기의 부모역할

2, 3세부터 초등학교 입학 이전의 시기에 해당하는 이 기간 동안 인지능력이 극적으로 발달한다. 어린 아동들은 세계를 더 깊게 탐색하고 어떤 일이 왜, 어떻게 일어나는지에 큰 관심을 보이며 세계에 대한 그들 나름대로의 이해를 구축한다(Sroufe, Cooper, & DeHart, 1996). 또한 언어발달이 촉진됨으로써 평균 어휘수는 3세와 5세 사이에 거의 세 배로 증가한다. 이제 자신의 생각을 전달하기 위하여 여러 개의 단어를 유의미하게 연결할 수도 있다.

이 시기에 부모와 아동간의 언어적 의사소통이 현저하게 증가한다. 이제 어떻게 해야 하는지를 행동으로 보여 주기보다는 언어로 지시하고 지도할 수 있으므로 부모가 아동을 위해 해야 할 일은 크게 감소하며, 그것은 아동의 독립심 발달에 기여한다. 또한 부모는 아동과 행동의 규칙이나 기대를 공유할 수 있고 아동은 왜 규칙을 따라야 하는지를 생각할 수 있다. 규칙이 분명하게 확립되고 일관성 있게 적용될 때 아동은 바람직하게 성장할 수 있다. 규칙 적용의 일관성 결여는 아동에게 큰 혼란을 불러일으킨다(Sroufe 등, 1996).

정서경험에 관한 의사소통도 이루어져야 한다. 이 시기의 아동들은 행동과 정서가 서로 연결되어 있음을 이해할 수 있는 동시에 정서통제도 가능하기 때문에 부모는 아동과 정서의 표현과 통제에 관해 서로 이야기를 나눌 수 있다. 따라서 이 시기의 부모역할은 아동이 경험한 정서를 확인할 수 있도록 하고 효과적으로 정서를 표현하기 위해 무엇을 해야 하는지를 이해할 수 있도록 돕는 것이다. 부모와의 의사소통을 통해 아동은 타인에 대한 감정이입적 경험도 할 수 있다(Bigner, 1998).

이 시기 동안 부모로부터 정서의 표현과 통제를 학습한 아동들은 일상생활에서 더 적은 스트레스를 경험하고 시간경과와 함께 더 잘 적응할 수 있었다(Gootman, Katz, & Hooven, 1996).

4) 아동중기의 부모역할

초등학교 생활로 특징되는 이 시기 아동들은 사회가 요구하는 기본적 기술을 습득하는 외에도 시간을 효율적으로 조직하고 목표를 설정하며 의사결정능력과 문제해결전략을 발달시킬 수 있어야 한다. 또한 아동들은 신념과 가치관을 확립할 수 있도록 도움을 받아야 하는 동시에 사회적 지원도 받을 수 있어야 한다.

이와 같은 새로운 학업적 그리고 사회적 과업은 스트레스를 유발하므로 스트레스에 대처할 수 있도록, 아동들은 정서적 지원자로서의 부모역할을 필요로 한다. 그러므로 부모는 아동초기까지 활용되었던 4가지의 부모역할유형을 확장시켜 이 시기의 아동들에게 적합한 부모역할을 할 수 있어야 한다.

리메스터즈(LeMasters, 1983)는 마코비와 마틴(Maccoby & Martin, 1983)의 부모역할 유형을 세분화하여 아동기에 적절한 부모역할 유형을 제시하였다. 다섯 개의 유형으로 구성되는 리메스터즈의 부모역할 유형은 다음과 같다.

① 경찰관유형

독재적이고 권위주의적인 부모역할 양식이 여기에 해당한다. 부모는 규칙을 만들고 아동은 무조건 그것에 복종하도록 요구된다. 부모의 의무는 아동의 행동을 통제하는 것이므로 부모의 통제에 대한 아동의 불복종은 처벌의 대상이 된다.

② 친구유형

경찰관유형의 반대로서 부모는 아동에게 매우 허용적이고 거의 무한한 자유를 허용한다. 아동과의 갈등을 원하지 않는 부모들은 아동 스스로 규칙과 목표를 설정하도록 격려한다. 부모는 아동에게 권위인물이 아니라 친한 친구의 역할을 한다.

③ 순교자유형

이 유형의 부모역할은 아동의 죄책감을 유발시켜 행동을 통제하려고 한다. 즉 부모는 아동의 모든 행동을 통제하고 조절하기 위해 죄책감을 활용한다. 바람직하지 못한 행동을 할 때마다 죄책감을 느끼도록 학습한 아동은 부모가 존재하지 않을 때에도 행동을 통제할 수 있는 강한 내적 통제력을 갖는다. 순교자유형의 부모들은 아동을 불안하게 만드는 챔피언들이다.

④ 운동코치유형

이 유형의 부모들은 아동을 자극하는 방법으로 격려를 사용한다. 부모는 아동의 잠재능력을 개발하기 위하여 아동을 격려하고 아동이 자신의 능력을 성취할 수 있도록 돕는 역할을 한다. 가족구성원들의 행동을 규제하기 위한 규칙은 가족체계의 모든 구성원들에 의해 만들어진다. 부모는 규칙을 집행하는 책임을 맡지만, 집행은 강압적이거나 거칠게 이루어지지 않는다.

⑤ 교사-상담자유형

이 유형의 부모역할은 운동코치유형과 매우 유사하나 발달적 상호작용(developmental interaction)을 중요시한다는 점에서 차이가 있다. 발달적 상호작용이란 아동의 발달단계에 맞추어 부모는 아동에게 영향을 주고 아동은 부모에게 영향을 주면서 서로에게 적응한다는 것이다.

교사-상담자유형의 부모들은 아동이 변화하는 개체라는 것을 인식하고 그에 따라 그들의 부모역할 행동을 변형시켜 나간다. 그들은 아동의 발달단계에 적합한 부모역할 행동이 아동의 발달에 크게 기여할 수 있다고 생각하고 아동의 잠재능력을 개발하려고 노력한다.

위에 제시한 부모역할 유형 중 어느 유형이 가장 바람직한지는 아동에 따라 달라진다. 어떤 아동에게는 교사-상담자유형이 그리고 다른 아동에게는 운동코치유형이 더 바람직할 수 있다. 가족생활주기의 이 시기 동안 아동에게 중요한 것은 아동이 한 사람의 독립된 개인으로 인정받고 일관성 있는 부모역할을 경험할 수 있도록 하는 것이므로 이것을 가능하게 하는 부모역할이 이루어져야 할 것이다.

5) 청년기의 부모역할

청년기의 시작과 함께 부모와 자녀 사이에 큰 변화가 일어난다. 청년초기와 중기의 청소년들은 부모보다는 친구로부터 더 큰 정서적 지원을 얻으려고 하기 때문에 친구는 어떤 측면에서 부모보다 더 영향력 있는 인물이다. 부모와 자녀가 함께 하는 시간은 초등학교와 중학교 사이에 거의 절반 정도로 감소한다(Larson & Richards, 1991). 청소년이 되면 부모와 함께 했던 대부분의 시간이 친구들과 함께 하거나 혼자 있는 시간으로 대치되므로 이제 부모는 큰 영향력을 갖지 못한다.

그렇다고 해서 부모의 영향력이 완전히 사라진다는 것은 아니다. 청소년들은 대인관계 문제나 성문제, 약물문제와 같은 개인적 문제에 관해 조언을 구할 때는 친구에게 의존하지만, 가치관이나 미래의 목표 혹은 학업수행과 같은 문제에 직면하면 여전히 부모에게 의존하고 부모의 도움을 요청한다.

대중매체들은 청소년에 대한 부모의 감소된 영향력이 양자간의 갈등을 증가시키는 중요한 원인이라고 지적한다. 그러나 대부분의 부모-청소년 관계는 갈등적이 아니며 단지 10-20%의 가족만이 심각한 관계문제를 경험할 뿐이다. 더욱이 부모와 청소년자녀 사이에 심각한 갈등을 경험하는 가족들의 대부분은 아동기부터 갈등적 관계를 형성하고 있었던 가족들이다(Holmbeck, Paikoff, & Brooks-Gunn, 1995).

부모와 청소년간에 자주 갈등을 일으키는 문제는 집안일이나 매일의 일상적인 문제들에 한정된다(Barber, 1994). 또한 성문제, 약물문제, 음주문제 때문에 청소년들은 부모와 갈등을 빚지만, 갈등의 빈도는 일상적인 문제들보다 훨씬 더 적다.

그러나 청소년들은 부모와의 갈등을 경험함으로써 갈등해결 기술을 발달시키고 상이한 견해에 대한 인내심을 증가시킬 수 있다. 또한 갈등과정에서 청소년들은 자신을 부모와는 별개의 존재로 보기 시작함으로써 개별화 과정을 촉진시킬 수도 있다. 물론 부모에게도 청소년 자녀와의 갈등은 부모역할이나 훈육방식을 변화시켜야 한다는 신호의 기능을 하므로 부모와 청소년간의 갈등이 반드시 유해한 것은 아님이 분명하다.

비록 오래된 연구결과이기는 하지만, 엘더(Elder, 1962)는 다음과 같이 청소년 자녀들을 위한 7가지 유형의 부모역할을 제안하였다.

① 독재적(autocratic) 유형: 청소년들은 그들의 생활에 영향을 주는 의사결정에 참여하거나 의견을 제시할 자유를 갖지 못한다.

② 권위주의적(authoritarian) 유형: 청소년들의 의사표현은 허용되나 그들의 생활에 영향을 주는 의사결정은 여전히 부모에 의해 이루어진다.

③ 민주주의적(democratic) 유형: 청소년과 부모는 의사결정을 할 수 있는 힘을 공유하나, 부모는 청소년 자녀가 내린 결정을 거부할 수 있는 권리를 갖는다.

④ 평등주의적(equalitarian) 유형: 청소년과 부모는 동등한 지위와 힘을 가지며 의사결정은 공동으로 이루어진다.

⑤ 허용적(permissive) 유형: 대부분의 결정은 청소년들에 의해 이루어지고 부모는 의사결정과정에 의견을 제시하는 역할을 한다.

⑥ 방임적(laissez-faire) 유형: 모든 일을 청소년 스스로 결정하고 거기에 대해 책임을 진다. 부모는 단지 사소한 일에 대해서만 의견을 제시하지만 부모의 의견은 청소년 자녀들에 의해 자유롭게 무시될 수 있다.

⑦ 무시(ignoring) 유형: 부모는 청소년 자녀의 행동에 관심을 갖지 않는다.

일반적으로 부모역할 유형은 자녀수가 많은 가족일수록, 수입이 적은 하류계층일수록 그리고 자녀가 어릴수록 엄격해지는 경향이 있다. 또한 성역할 사회화과정의 일환으로 부부는 상이한 부모역할 유형을 사용한다. 일반적으로 아버지들은 독재적 혹은 권위주의적 부모역할 유형을 사용하는 반면, 어머니들은 칭찬이나 긍정적 강화와 같은 애정지향적(love-oriented) 접근방식을 선호한다.

성공적인 자녀양육으로 유명한 미국의 중류계층 부모들은 민주주의적, 평등주의적 혹은 허용적 부모역할 유형을 주로 채택한다(Bigner, 1998). 그들은 청소년 자녀들을 설득하고 그들과의 협상을 통하여 청소년들이 자기규제(self-regulation)를 획득하고 개인적 자율성과 자기존중감을 증진시킬 수 있도록 노력한다. 부모의 권위나 힘의 사용이 부모-청소년관계를 손상시킨다는 것을 잘 알고 있는 미국의 중류계층 부모들은 의사소통에 의해 문제를 해결하려고 노력한다. 의사소통은 부모와 청소년 자녀의 갈등을 감소시키고 가족 응집성을 증가시키는 유일한 방법으로 인식된다.

전통적으로 한국의 부모들은 부모-자녀관계를 지배-복종관계로 생각하였으나 최근에 민주주의적 혹은 평등주의적 부모역할이 점차 보편화되고 있다. 만약 아동기에 사용되었던 강압적 통제방식이 청년기 동안에도 그대로 사용된다면, 그것은 청소년들의 반항심을 부추기고 폭력이나 가출 혹은 약물중독을 증가시키는 원인이 될 것이다.

Ⅳ. 변화와 위기에 대한 가족체계의 적응

하나의 가족체계가 형성되어 그것이 해체될 때까지 각 가족체계는 많은 변화와 위기에 직면한다. 이 변화와 위기에 대처하는 방식은 가족체계에 따라 차이를 나타낸다.

1. ABC-X모델

가족체계가 위기에 대처하는 방식은 ABC-X모델(Hansen & Hill, 1964)로 설명될 수 있다. 여기서 A는 스트레스 유발사건, B는 스트레스 유발사건에 대처하는 가족의 자원과 능력 그리고 C는 스트레스 유발사건에 대한 가족의 해석을 의미한다. 따라서 ABC가 상호작용할 때 가족위기 X가 초래된다고 설명된다.

그림 8-3은 가족체계가 위기에 대처하는 과정을 도식화하고 있다. 스트레스 유발사건이 일어나기 전에 특정한 가족체계는 독특한 체계와 규칙을 지

그림 8-3 스트레스와 위기에 대한 가족반응패턴

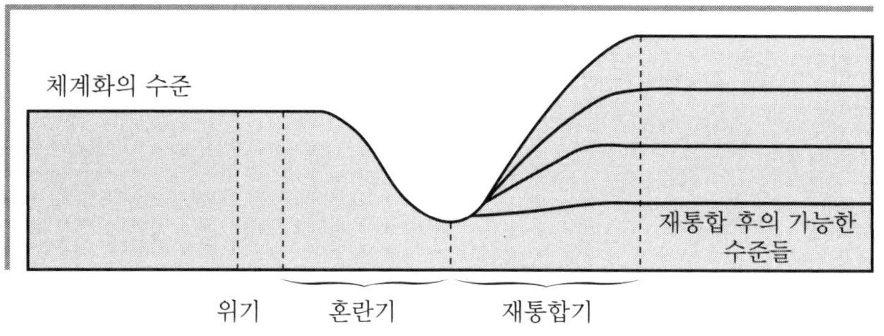

출처: Hansen & Hill, 1964.

니고 있다. 체계나 규칙이 지극히 구조화된 가족이 있는가 하면, 매우 느슨하고 예측 불가능한 가족도 있다. 그림에서 체계화의 수준이 여기에 해당한다.

그림에서 위기로 명명된 스트레스 유발사건은 가족발달단계에 따라 차이가 있다. 자녀를 출산하는 가족단계에서는 첫 아이의 탄생이 가장 큰 스트레스 유발사건으로 인식된다. ABC-X모델에 따라 스트레스 유발사건이 발생할 때, 가족체계는 그 사건에 대해 해석을 내린다. 위기에 대한 가족체계의 해석은 사건의 예측 가능성과 파괴성의 정도에 의해 영향을 받는다. 사건이 예측 불가능하고 파괴적이라고 지각되면 될수록 ABC값이 커지므로 가족위기, X값은 커지고 그 결과 가족체계의 적응은 더욱 어려워진다.

그러므로 X값의 크기는 가족체계가 겪는 혼란의 정도를 결정한다. 그림 8-3의 혼란기 동안 가족구성원들은 어떻게 행동할 것인지를 알지 못하여 우왕좌왕하거나 분노와 우울반응을 나타내기도 한다. 이 기간 동안 가족구성원들 사이의 상호작용방식이 변하고 친인척같은 사회적 지원체계가 활용될 수도 있다. 그러나 건강한 해결을 위한 가족구성원들의 노력이 부족할 때, 가족의 효율적 기능은 감퇴한다.

혼란기 동안 건강한 가족체계는 위기나 역경을 성장을 위한 기회로 활용한다. 건강한 가족들은 위기상황에 직면하면 구성원들 사이의 협조를 통하여 역경에 대처하는 건설적 방식을 학습한다. 대조적으로 불건강한 가족체계는 스트레스 유발자의 본질이나 위협의 정도를 고려함이 없이, 자신이나 타인을 비난하는 데 몰두한다. 건강한 가족체계일수록 인간이 통제할 수 없는 사건들이 일어날 수 있다는 것을 인식하고 죄책감을 떨쳐버림으로써 위기에 대처한다.

가족체계가 그림 8-3의 재통합단계에 이르면 그들이 갖는 대처방식에 따라 가족체계는 위기로부터 회복한다. 어떤 가족들은 스트레스 유발사건의 해결 이후에 더 나은 체계화 수준으로 이동하는 반면, 어떤 가족들은 스트레스 유발사건 이전의 수준으로 이동하거나 더 보잘것 없는 수준으로 가족기능이 감퇴한다. 스트레스 유발사건에 대한 가족체계의 가장 보잘것 없는 대처방식은 이혼이나 별거와 같이 가족체계를 해체시키거나 가족체계의 효율성을 최저 수준에 이르게 하는 것이다.

가족구성원들 사이의 상호작용을 중요시하는 가족체계이론은 가족이 위기나 변화에 직면할 때, 항상성(homeostasis)이나 역동적 평형(dynamic equilibrium)을 유지하려고 노력한다고 주장한다. 따라서 가족체계 내의 질서나 기대를 무너뜨리는 변화는 위기로 평가된다.

건강한 가족은 가족체계의 규칙과 경계를 변화시키고 공개적으로 해결책을 논의하며 서로의 감정을 표현하는 과정을 통하여 문제를 해결하려고 시도한다. 대조적으로 불건강한 가족은 위기와 변화에 대한 반응으로 공포와 좌절을 행동으로 나타내므로 문제해결을 억압하고 다양한 방어기제를 동원한다.

2. 자녀양육과 관련된 잠재적 스트레스 유발사건

ABC-X모델에서 A에 해당하는 스트레스 유발사건은 가족생활주기의 각 단계에 따라 다르다. 부부의 적응과 자녀양육이 중요한 발달과업인 가족생활주기의 처음 다섯 개 단계와 관련된 스트레스 유발사건들을 정리하면 다음과 같다(Boss, 1987).

① 새롭게 형성된 부부단계
- 배우자와의 관계형성.
- 결혼과 함께 형성된 친인척관계.
- 배우자 부모들과의 관계.
- 결혼 전에 형성된 우정의 재편성.

② 자녀를 출산하는 가족
- 새로운 가족구성원의 탄생.
- 직업세계로부터의 이탈과 직장동료의 상실.

③ 유아와 아동초기 및 중기가족
- 초등학교 입학에 기인한 아동과의 분리.
- 자녀출산으로 직장을 떠났던 어머니들의 직장으로의 복귀.
- 직업에 기인한 아버지들의 부재.

④ 중·고·대학생 자녀를 갖는 가족
- 학교입학, 동년배집단에의 동조 및 대학진학, 군입대에 기인한 청년기 자녀의 가족체계로부터의 분리.
- 청년기 자녀의 동성이나 이성친구의 획득.

가족체계에 영향을 주는 잠재적 스트레스 유발사건들은 가족구성원들의 반복된 분리나 재결합과 관련된다. 가족생활주기의 나머지 단계에서도 떠났던 구성원들의 가족체계로의 복귀(은퇴나 이혼에 의해)와 죽음에 의한 영원한 이별 등이 강력한 스트레스 유발사건으로 작용한다.

성인중기와 후기의 가족체계

Ⅰ. 가족체계의 변화
- 1. 성인중기의 가족체계
- 2. 성인후기의 가족체계

Ⅱ. 중년기의 특성과 역할
- 1. 갱년기 장애
- 2. 성욕의 변화
- 3. 텅 빈 보금자리 증후군과 중년기 위기감
- 4. 조부모 역할
- 5. 노부모의 사망

Ⅲ. 성인후기의 특징
- 1. 노인의 사회적 지위
- 2. 성인후기의 성욕
- 3. 성인후기의 자아통합과 자살

Ⅳ. 성공적 노화
- 1. 성공적 노화의 정의
- 2. 성공적 노화와 주관적 안녕
- 3. 성공적 노화에 관한 국내 연구결과

제 9 장
성인중기와 후기의 가족체계

성인중기와 후기 동안 가족체계는 구조와 기능에서 큰 변화를 겪는다.

제9장
성인중기와 후기의 가족체계

성인중기는 두발의 가족생활주기의 성인자녀를 갖는 가족과 중년기 가족단계를 통합한 시기이고 성인후기는 노화하는 가족에 해당한다. 성인중기 동안 가족체계의 제일 큰 아이가 성인초기에 들어가고 막내자녀가 집을 떠남으로써 부부만 남게 된다. 성인중기 동안 부부는 부모역할 책임을 완전히 끝내고 조부모라는 새로운 역할을 맡는다.

그러나 성인후기에 들어갈 때, 가족체계는 다시 한번 구조와 기능에서 변화를 겪는다. 특히 직업에서의 은퇴는 가족체계의 안정성에 영향을 주며, 부부의 생활양식에 변화를 가져온다. 이제 부부는 서로의 쇠퇴하는 건강상태에 적응해야 하고 조만간 배우자의 사망에도 적응하지 않으면 안 된다.

Ⅰ. 가족체계의 변화

1. 성인중기의 가족체계

성인중기의 부모들은 가족체계를 유지하면서 성인기에 진입하는 자녀들에게 더 큰 자율성을 허용하는 부모역할을 수행해야 한다. 가족체계이론에 의하면, 가족의 하위체계에서 변화가 일어날 때마다 체계의 안정성은 위협을 받는다. 물론 가족체계가 특정 구성원의 변화에 적응할 수 있을 때 가족체계의 안정성은 회복될 수 있다.

이 시기에 변화를 일으키는 주역은 집을 떠나 자급자족하려는 성인자녀들이다. 성인자녀의 독립은 부모와 자녀 모두에게 스트레스를 유발한다. 이제 가족체계는 자녀의 성인기 진입을 공식적으로 인정하고 집을 떠난 자녀들이 주기적으로 되돌아올 수 있도록 지원적 가정토태를 유지하는 과업을 수행한다. 이 시기 동안 부모와 성인 자녀는 여러 해 동안 형성된 상호의존 관계를 성공적으로 재정리할 수 있어야 한다.

1) 부모-성인자녀의 관계

성인기에 진입한 자녀들은 가족체계로부터 개별화하기 위해 노력한다. 그들은 독립적 기능과 개인적 생활양식을 확립하기 위한 탐색으로 분주하다. 동시에 부모는 빠르게 성인이 되고 있으나 아직도 여러 가지 측면에서 부모에게 의존하는 자녀들과 어떻게 상호작용하고 의사소통해야 하는지를 잘 알지 못해 스트레스를 경험한다.

이 시기에 부모는 자녀들에게 필요한 조언을 해야 한다는 책임감을 느끼면서도 과연 진정으로 도움을 줄 수 있는 조언을 할 수 있는 능력이 그들에게 있는지를 의심한다. 자녀들도 부모에게 비밀을 털어놓고 솔직한 대화를 할 수 있기를 소망하나 부모의 진부하고 전근대적 충고방식에 화가 치밀 뿐이다.

그러므로 이 시기의 부모-자녀관계는 혼란스럽고 갈등적일 수밖에 없다. 더욱이 이 시기는 성장한 자녀에 기인한 생활비 증가와 대학 혹은 그 이상의 교육을 받는 자녀들의 학비 때문에 가족은 더 큰 스트레스를 경험한다.

문제는 대학 이상의 연장된 교육이 자녀의 독립을 지연시키는 역할을 한다는 것이다. 어떤 부모들은 자녀를 지나치게 사랑하여 의존성을 조장하고 자녀의 개별화를 위협하는 부모역할 양식을 사용하기도 한다(Ashner & Myerson, 1990; Halpern, 1990). 그러나 많은 부모들은 아동기까지의 권위주의적 부모역할 양식을 버리고 민주주의적 역할양식이나 평등주의적 역할양식을 채택함으로써 자녀의 개별화과정을 지원한다. 권위주의적, 과보호적, 혹은 무관심한 부모역할 양식은 자녀의 의존성을 격려하고 개별화를 방해한다.

성인자녀들의 독립 지연은 전적으로 부모에 의해서만 조장되는 것은 아니다. 대학졸업 후에도 취업하지 못해 어쩔 수 없이 부모로부터 독립하지 못하는 젊은이들이 많이 있지만, 성인기 자녀들 스스로 독립하기를 거부하여 의존기간이 연장되기도 한다. 그들은 게으르고 혼자 힘으로 결정하거나 선택하는 것을 두려워하며, 실패를 회피하려고 하므로 독립하기를 거부한다. 또한 타인으로부터 애정과 관심을 얻으려는 강한 욕구에 의해 부모에게 의존하는 젊은이들도 있다. 때로 부모의 실수나 가혹함에 대한 복수로서 성인기 자녀들은 가족체계로부터의 독립을 거부하기도 한다.

2) 부부관계

성인자녀들이 대학진학이나 군입대, 취업 혹은 결혼 등으로 가정을 떠날 때, 부부의 결혼생활은 중요한 전환기를 맞이한다. 부부는 가족생활주기의 약 1/2을 자녀양육과 그들의 사회화에 전념하였기 때문에 부부만을 위한 시간이나 생활은 거의 이루어지지 못하였다. 지금까지의 결혼생활은 부부관계보다는 부모-자녀관계가 가족체계의 기초를 이루면서 지속되어 왔다.

그러나 분명한 사실은 자녀양육은 언젠가는 끝나지만, 부부의 결혼생활은 계속된다는 것이다. 부부관계의 중요성을 인식하는 부부들은 자녀양육기 동안에도 어느 정도의 부부만족이 유지되도록 노력함으로써 부부관계 문제를 미연에 방지한다(Gullotta, Adams & Alexander, 1986).

자녀가 떠난 후, 부부는 자녀양육에 투자하였던 시간과 에너지를 새로운 목표나 과업수행을 위해 사용한다. 가족치료가들에 의하면, 가족생활주기의 이 단계 동안 부부가 경험하는 가장 흔한 문제는 권태와 습관화(habituation)이다(Call, Sprecher, & Schwartz, 1995). 20년 이상 계속되어 온 결혼생활은 부부에게 이제 더 이상 새로울 것도 없는 지루하고 반복적 일상을 유지하도록 할 뿐이다. 그러므로 이 시기의 부부들은 부부만으로 구성되는 가족체계 내에서 일 대 일의 관계를 재형성하지 않으면 안 된다.

물론 자녀양육기 동안 부부만족이 어느 정도 유지될 수 있도록 노력한 부부들은 자녀들이 떠난 후 부부간의 애정과 응집성이 증가하는 경험을 한다. 그들은 아직도 금전문제나 종교문제, 자녀문제 혹은 여가문제 때문에 부부간에 불일치를 경험하기는 하지만(Carstensen, Gottman, & Levenson, 1995), 지금까지 유지되어 온 부부만족을 바탕으로 이 시기의 어려움을 극복할 수 있다. 그러나 불행한 결혼생활을 해 왔던 부부들은 자녀양육이 끝남에 따라 이제 더 이상 불행한 관계 속에 머물 필요가 없다고 생각하고 이혼하기도 한다.

이 시기에 부부만족을 약화시키는 또 다른 사건은 가까운 친척이나 친지들의 장기적 질병이다. 병간호 때문에, 자녀가 떠난 후에도 가족구성원에 대한 책임으로부터 벗어날 수 없는 부부들은 좌절하지 않을 수 없다. 환자의 병간호는 부부가 함께 할 수 있는 시간을 감소시키고 재정적 압박을 초래하므로 부부만족에서의 회복을 방해한다.

동시에 여성들의 성격적 변화는 부부관계에 역기능적으로 작용한다. 자녀진출기를 그들의 해방기로 지각하는 일부의 여성들은 부부만 남게 될 때, 보다 더 자기주장적, 공격적 그리고 독단적으로 변화한다(Bigner, 1994). 부부양자가 협력하고 적응하며 상호 수용해야 하는 시기에 여성의 이기적이고 독단적 행동은 배우자를 좌절시킨다. 그 결과 남편은 남편대로, 아내는 아내대로 그들의 남는 시간을 활용하는 생활패턴을 확립하게 되어 부부관계는 오히려 더 소원해진다.

3) 중년자녀와 노부모

중년기의 부부들은 성인기 자녀의 부모일 뿐 아니라 그들의 노부모의 자녀들이기도 하다. 노부모를 봉양하는 일은 중년자녀들에게 또 다른 역할긴장을 초래하는 힘든 과업이다.

(1) 샌드위치 세대

길어진 평균수명과 결혼 및 자녀출산의 지연에 따라 중년기의 부부들은 성인기에 진입한 자녀를 지원하는 동시에 노부모를 부양해야 하는 책임을 맡는다. 그들은 성인기 자녀들에게 정서적 혹은 재정적 지원을 제공해야 할 뿐 아니라, 노부모를 직접적으로 보살피거나 재정적으로 돕는 이중적 역할을 수행한다. 물론 노부모 봉양은 중년의 며느리나 딸에 의해 대부분 이루어지며, 특히 서양에서는 주로 중년의 딸이 노부모 봉양의 책임을 맡는다.

그림 9-1은 성인중기의 이중적 역할을 설명하는 하게쉬타트(Hagestad,

그림 9-1 중년자녀의 역할

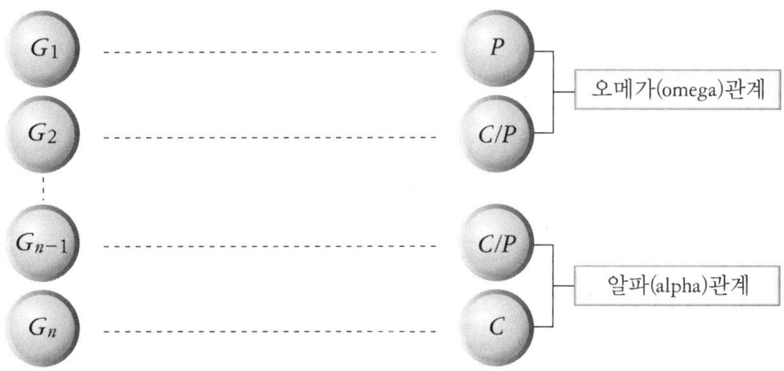

P=부모, C=자녀
omega관계: 최상위 세대의 부모-자녀 관계
alpha관계: 최하위 세대의 부모-자녀 관계

출처: Hagestad, 1982.

1982)의 모델이다. 가장 윗세대(G_1)는 부모역할만 수행하고, 가장 아랫세대(G_n)는 오직 자녀역할만 수행하지만, 중간세대는 부모역할과 자녀역할을 동시에 수행한다는 것을 제시한다. 이와 같이 이중적 역할을 수행하는 중년기 부모세대를 '샌드위치 세대'(sandwich generation) 혹은 '감금당한 세대'(caught generation)라고 부른다.

중년자녀와 노부모의 관계에서 노화하는 부모들은 자녀들에게 정서적 지지를 구하고 물질적 원조를 원한다. 또한 필요할 때 친구가 되어 주고 어려움이 있을 때 보살펴 주기를 기대한다. 그러나 중년자녀와 노부모들은 세대차이에 기인된 가치관과 태도 및 행동에서의 차이로 자주 갈등을 경험한다. 동시에 노부모나 중년자녀 중 어느 한편의 생활방식의 강요는 간섭으로 받아들여지고 힘의 구조에 기인된 의사소통의 어려움 때문에 원만한 부모-자녀관계가 이루어지기 어려울 때도 있다. 그럼에도 불구하고 대부분의 노부모와 중년자녀들은 이전보다 더 자주 접촉하고 서로에게 도움을 제공하며 애정적 관계를 유지한다(Lye, 1996; Fingerman, 1996).

(2) 한국의 중년자녀와 노부모 관계

한국 사회에는 전통적으로 효의 사상에 뿌리를 둔 가족주의 가치관이 보편화되어 있기 때문에, 노부모 봉양은 자녀들에 의해 이루어졌다. 한국인들은 부모의 은혜에 보답하고 부모에 대한 책임을 완수하며 가족이 화목하기 위하여 노부모를 봉양하였다.

그러나 노인인구의 증가와 핵가족의 보편화는 노부모를 보살피는 가족의 수를 현저히 감소시키는 추세에 있다. 통계청(2006) 자료에 의하면, 65세 이상 노인들의 1인 가구 비율이 1995년 13.3%, 2000년 16.2% 그리고 2005년 18.1%로서 매년 증가하고 있다. 또한 노부부만으로 구성된 노인 단독가구도 1995년도에 전체 노인가구의 23.3%였으나 2000년도에는 28.7% 그리고 2005년도에는 39.6%로 증가하였다.

과거에 한국 노인들은 좋든 싫든 노부모와 자녀의 동거를 당연시하였으나 이제 자녀와의 동거를 원하지 않는 노인들(52.5%)이 동거를 원하는 노인들

(47.5%)보다 더 많다. 또한 85% 이상의 노인들이 양로원이나 요양원보다 자기집에 거주하기를 희망하였다(통계청, 2006). 이러한 상황에서도 도움이 필요하면 한국의 노부모들은 아직도 가족을 찾고 가족 중에서도 장남이나 며느리 혹은 다른 아들과 며느리에게 의지하려고 한다.

최근 급격히 쇠퇴하고 있는 가족주의 가치관은 부모 공경의식의 약화를 초래하고 있다. 일반적으로 연령이 낮을수록 그리고 남성들보다 여성들이 가족가치관에서 더 큰 변화를 보이므로(유영주, 김순옥, 김경신, 2004), 중년자녀와 노부모 모두 독립적 생활이 가능하면서도 언제라도 도움을 주고받을 수 있는 생활양식을 확립하는 것이 시급하다. 동시에 국가는 노부모를 봉양하는 가족들을 도울 수 있는 다양한 노인복지서비스를 개발하여 가족의 스트레스를 감소시켜 줄 수 있는 방안을 마련해야 할 것이다.

2. 성인후기의 가족체계

1) 부부관계

중년기까지 따뜻하고 애정적 관계를 유지하였던 부부들은 노년기에도 계속해서 애정적 관계를 유지한다. 지금까지 부부간에 자주 갈등을 일으켰던 시간문제나 금전문제 혹은 자녀문제와 관련한 일상적인 말다툼은 현저히 감소하고 이제 자녀는 오히려 부부의 기쁨의 근원이다(Levenson, Carstensen, & Gottman, 1998). 그러나 중년기까지 소원했던 부부들은 이 시기에도 여전히 소원한 상태로 생활한다.

남편-생계유지자, 아내-가정주부의 생활을 해온 전통적 부부들은 남편의 은퇴 후 두 사람의 생활에 잘 적응하지 못한다. 결혼생활의 대부분을 낮시간 동안 혼자 집에 남아 있었던 아내들은 하루 종일 남편과 함께 시간을 보내야 하는 것을 부담스러워 한다.

직업으로부터 은퇴한 남편들 역시 그들 자신을 정의했던 주된 활동을 상실함으로써 정체감 혼란을 경험한다. 남성들 중의 일부는 실제로 은퇴하지 않고 파트타임 형식으로 일을 계속하거나 자원봉사자 활동을 하기도 하지만,

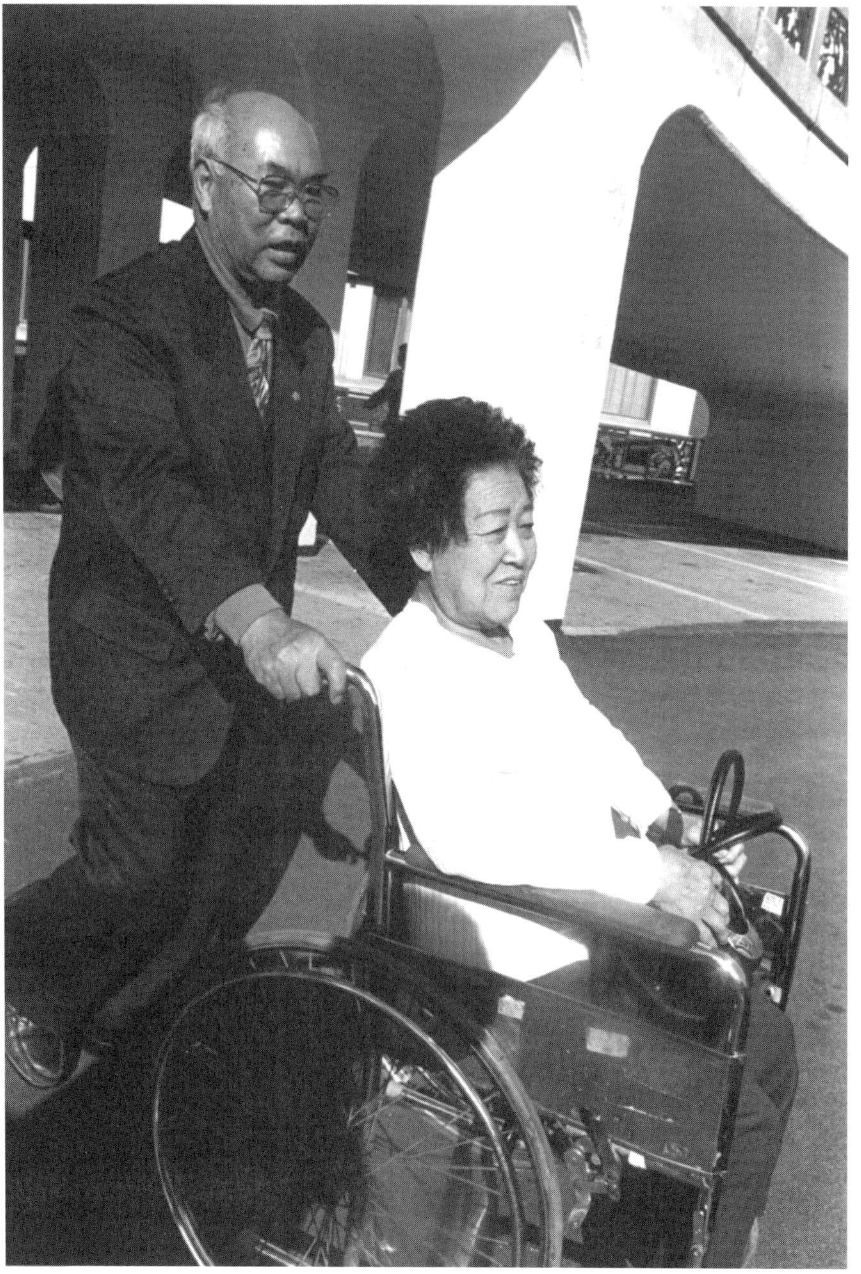

부부 중 한 사람이 기능적 문제를 가질 때 부모-자녀형의 부부관계가 형성된다.

많은 남성들은 은퇴 후의 생활에 적응하기 위해 노력한다. 그들은 아내와의 여가생활을 즐기고 가사일을 분담함으로써 더 평등주의자가 된다.

그러나 은퇴하는 여성들은 남성들과 동일한 정체감 문제에 직면하지 않는다. 여성들은 그들이 직업인으로서 활동을 해 오는 동안에도 아내로서, 주부로서, 어머니로서 그리고 할머니로서의 역할을 수행해 왔기 때문에 은퇴 후 특별한 상실감을 경험하지 않는다. 그러므로 적절한 수입원을 가지고 있고 전반적으로 좋은 건강상태에 있으며 높은 부부만족을 경험하는 여성들은 동일한 상태에 있는 남성들보다 은퇴 후에 더 높은 수준의 만족을 경험한다(Selvin & Wingrove, 1995).

은퇴 후의 부부관계는 다음과 같은 세 가지 유형으로 구분될 수 있다(Medly, 1987).

① 남편-아내형: 노부부들은 친밀한 관계를 유지하면서 더 많은 시간을 함께 보내기 위해 노력한다.

② 부모-자녀형: 배우자 중의 한 사람은 부모와 같은 보호자 역할을 맡고 나머지 한 사람은 자녀와 같이 의존적, 복종적 역할을 맡는다. 부부 중 한 사람이 신체적 혹은 정신적으로 무능력해질 때, 나타나는 부부관계유형이다.

③ 친 구 형: 노부부는 친구관계를 유지하지만, 그들은 결혼생활의 바깥에서 행복한 순간을 찾으려고 한다.

2) 부부만족

직업으로부터 은퇴한 노부부들은 함께 여행하고 자녀나 손자녀들에게 더 많은 시간을 할애하며 더 많은 일을 함께 할 수 있기 때문에 더 큰 부부만족을 경험할 수 있다. 노부부들은 성인자녀와 손자녀의 활동이나 성취, 휴가계획 혹은 함께 할 활동에 관해 대화를 나눈다. 그들은 젊은 부부와 비교하여 서로 더 큰 애정과 친밀감을 교류하며 기쁨을 공유한다(Carstensen, Gottman, & Levenson, 1995).

그러나 은퇴한 남편에 대한 아내들의 반응은 개인에 따라 매우 다양하기 때문에 노년기의 결혼생활에 대한 부부의 만족 정도에는 차이가 있다. 특히 부부의 결혼생활보다는 자신의 일에 더 많은 관심을 갖는 아내들은 은퇴한 남편을 걸리적거린다고 생각하므로 부부만족에서 현저한 감소를 경험한다.

은퇴가 부부의 상호작용에 영향을 준다고 할지라도, 건강상태에서의 변화만큼 큰 영향을 주지는 못한다. 그 이유는 부부가 건강한 한, 노부부는 결혼생활을 계속할 수 있지만, 배우자 중의 한 사람이 질병이나 장애를 갖게 되면 정상적 결혼생활이 불가능해지기 때문이다. 이때 노부부는 건강한 사람이 병든 배우자를 돌보아야 하고 성인 자녀나 다른 친척으로부터 도움을 받아야만 한다.

이 시기의 또 다른 특징적 현상은 부부 사이에 성역할 역전이 일어난다는 것이다. 여성들은 자기주장적, 공격적, 독단적으로 변하기 때문에 남성들은 가족체계 내에서의 우월성이나 사회적 힘을 잃게 된다. 자녀들과 친밀한 관계를 줄곧 유지해 온 여성들과는 대조적으로, 생계유지자로서 가정 바깥에서 주로 활동했던 남성들은 은퇴 후 확대가족구성원의 일원으로서 친밀감을 회복하지 못하고 외롭고 소외된 생활을 하기 쉽다.

3) 노부모와 성인자녀의 관계

(1) 부모-자녀 관계의 변화

노화와 함께 노인들은 점차 가족이나 친족에 대한 의존성이 높아진다. 노인들의 의존상태는 수입의 저하에 기인된 경제적 의존과 외로움이나 고독을 경감시키기 위한 정서적, 심리적 의존 그리고 가사일이나 생활의 잡다한 일들을 처리하기 위한 서비스 의존을 포함한다.

노부모의 자녀에 대한 경제적 의존은 양세대 모두에게 부정적 영향을 주고 가족관계에 갈등을 일으킨다. 성인자녀들은 자신의 자녀를 위한 생활비와 교육비 부담으로 노부모에게 충분한 경제적 원조를 제공할 여유가 없기 때문에 노부모의 부양은 성인자녀들에게 큰 부담이 되지 않을 수 없다.

노부모의 경제적 의존과 함께 정서적, 심리적 의존 및 서비스의 의존도 자녀의 가족체계에 부정적 영향을 준다. 그 이유는 노부모의 외로움이나 고독을 덜어 주기 위해 노부모를 자주 방문하거나 노부모와 함께 생활하는 성인

자녀들이 노부모 중심의 생활을 하는 것은 중년기 자녀의 개인적 생활을 방해하기 때문이다.

노부모와 중년자녀의 관계는 양자간에 상호성이 유지될 때, 세대간의 갈등은 감소한다. 실제로 노인들은 도움을 받기만 하는 것이 아니라 도움을 주기도 한다. 일반적으로 하류계층의 노부모들은 성인자녀로부터 물질적 원조를 받고 그 대가로 손자녀를 돌보거나 가사일을 돕는 서비스를 제공한다. 반면 중상류계층에서는 노부모가 자녀들에게 물질적 원조를 주고 그 대가로 자녀가 부모를 방문하고 서비스를 제공하는 경향이 있다.

역기능적 가족은 노부모를 학대함으로써 위기를 해결하려고 한다.

그러나 노부모의 건강이 쇠퇴하고 경제적 지원이나 보살핌이 요구될 때, 동거하지 않던 노부모들도 중년자녀의 가족체계 속으로 들어가게 되므로 일종의 확대가족이 형성된다. 성인자녀가 노부모의 일차적 보살핌을 맡게 될 때, 부모-자녀관계는 역할전환(role reversal)을 경험한다. 자녀의 영아기에서부터 보살핌을 주는 편은 부모였고 보살핌을 받는 편은 자녀였으나, 이제 자녀가 부모를 보살피는 입장에 서게 된다. 그러나 가족주의 가치관의 약화에 기인된 효의식의 약화는 역할전환시에 부모와 자녀 모두 어려움에 처하게 한다.

특히 위기대처능력이 부족한 중년의 자녀들은 부모를 보살펴야 한다는 심리적 부담 때문에 수면이나 섭식문제를 일으키고 정서적 우울이나 알코올 남용 등의 증상을 유발하기도 한다. 역기능적 패턴을 확립한 가족체계에서는 노부모를 보살피기보다 학대하거나 유기함으로써 위기를 해결하려고 한다.

(2) 노부모-성인자녀간의 갈등

노부모와 성인자녀, 특히 늙은 어머니와 중년의 딸은 서로 매우 가까우면서도 자주 갈등관계를 형성한다. 일반적으로 여성들은 어린 연령에서부터 윗 세대나 아랫 세대의 구성원들과 더 가까운 관계를 형성하도록 사회화되며, 이러한 성향은 인생후기에 더 강해지므로 늙은 어머니와 딸은 점점 더 많은 것을 공유하게 된다. 그러므로 노부모-성인자녀의 관계에 관심을 갖는 연구자들은 주로 늙은 어머니와 중년의 딸의 관계를 연구한다(Zarit, Johansson, & Jarrott, 1998).

흥미롭게도 어머니와 딸은 2원적 관계로 상호작용하는 반면, 가족 내의 남성들은 더 큰 집단으로 상호작용하는 경향이 있다(Fingerman, 2001). 특히 늙은 어머니와 중년의 딸은 젊은 어머니와 딸의 관계는 물론 다양한 연령에서의 아버지와 딸의 관계나 아버지와 아들의 관계보다 더 많은 긍정적 감정과 더 적은 부정적 감정을 교환한다(Luescher, 2002; Luescher & Pillemer, 1998). 그들은 서로의 관계를 매우 중요시하고 낮은 비율의 외현적 갈등을 경험하지만, 서로에 대해 부정적 감정도 지니고 있다.

그러나 우리 사회와 같이 가치관의 급격한 변화를 경험하는 문화에서는 노부모-성인자녀간에 더 큰 갈등을 경험할 수 있다. 그 이유는 노부모들은 성별과 연령에 따른 엄격한 서열주의와 권위주의를 지향하는 사회화를 경험한 반면, 성인자녀들은 개인주의적이고 평등주의적 가치관을 지향하도록 교육받았기 때문이다(최재석, 1982; Talbott, 1990). 또한 성인자녀들은 노부모보다는 배우자나 자녀들과 더 가까울 뿐 아니라 가족이 갖는 거의 모든 자원들을 자녀교육에 투자해야 하므로 노부모와의 관계는 덜 중요하게 지각될 수 있다.

더욱이 의존과 독립의 차원에서, 노부모는 이미 신체적, 경제적으로 자녀의 보살핌을 받아야 하는 의존적 존재로 변해가기 때문에, 자녀가 그것을 어느 정도로 수용하느냐에 따라 부모-자녀간의 관계는 달라진다(Cicirelli, 1983). 노화와 함께 자녀들에게 제공할 자원이 없어진 노부모들은 어쩔 수 없이 도움을 받기만 함으로써 호혜성의 불균형을 초래한다. 이때 자녀들은 부모에게 일방적인 지원을 제공해야 하므로 가장 효성스러운 자녀조차도 때로 화나고, 우울하고, 분개하고, 그러면서도 죄책감 때문에 고통스러워한다(Cavanaugh,

1999).

노부모를 돌보는 역할을 맡는 사람은 노부모의 배우자이거나 성인자녀들이며, 그들 대부분은 여성들이다. 돌보는 사람이 배우자일 때도 여성 배우자가 돌보는 역할을 맡는 이유는 여성들은 보통 더 나이많은 남성과 결혼하고 남성들보다 더 오래 살기 때문이다. 성인자녀들이 노부모를 돌볼 때 서구에서는 중년의 딸이 노부모 부양을 맡는 반면(Dilworth-Anerson, Williams, & Cooper, 1999), 우리 문화에서는 며느리들이 노부모의 부양을 책임지기 때문에 고부갈등이라는 또 다른 양상의 가족갈등이 일어난다.

보살핌 수령자의 심리적 안녕을 연구한 뉴섬(Newsom, 1999)은 그림 9-2와 같은 모델을 제시하였다. 이 모델은 보살핌의 여러 가지 측면들이 직접적으로 혹은 보살핌 제공자와 수령자 사이의 상호작용에 영향을 주어 부정적 반응을 생성하고 그것은 노부모의 심리적 안녕을 저해한다는 것을 보여 준

그림 9-2 보살핌 지각에 관한 Newsom의 모델

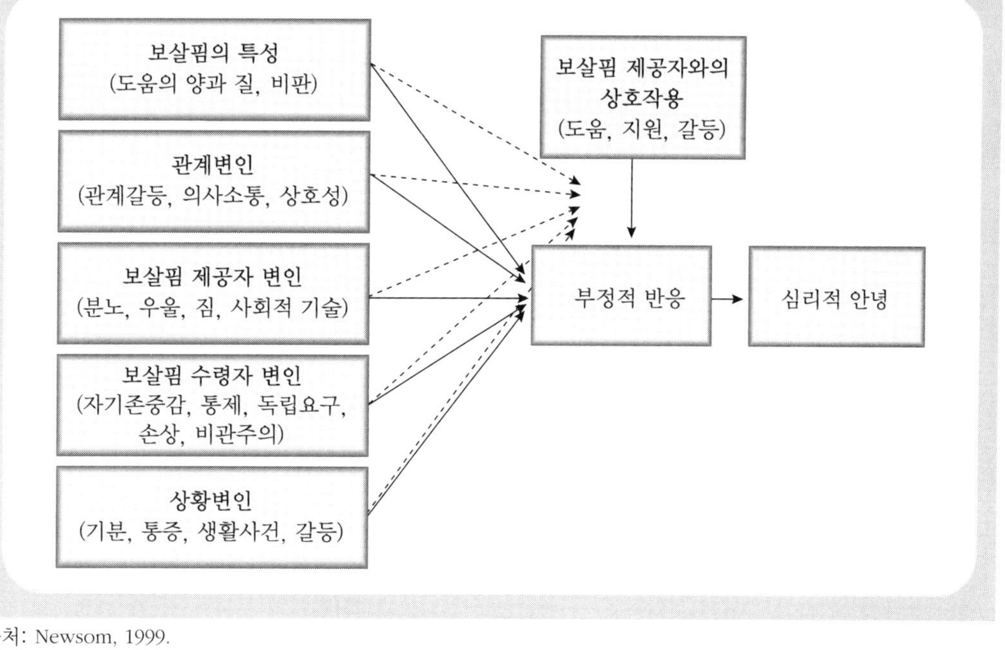

출처: Newsom, 1999.

다. 다시 말하면 보살핌을 제공하는 성인자녀와 보살핌을 받는 노부모 양자의 관계갈등은 직접적으로 혹은 갈등적 상호작용을 통하여 부정적 반응에 영향을 주고 그것은 결국 보살핌 수령자의 심리적 안녕에 부정적 영향을 준다는 것이다.

Ⅱ. 중년기의 특성과 역할

중년기는 부모-자녀관계에서의 변화와 함께 생물학적 변화가 일어나는 시기이다. 남녀 모두 돋아나는 흰머리 때문에 염색을 걱정하고 시력의 변화로 돋보기 안경을 착용하기 시작하며 체력이 현저히 감소해감을 느낀다. 특히 여성들은 폐경이라는 생물학적 변화를 통하여 자신이 노화하고 있음을 절감한다. 자신의 노화와 죽음에 대한 지각은 중년 남녀들이 자신을 돌아보는 계기가 된다. 또한 가까운 친척이나 주위 사람들의 장례식에 참석하는 빈도가 많아지고 노부모와 사별하는 일도 발생한다. 이 시기 동안 부부역할과 부모역할 그리고 자녀역할과 함께 조부모 역할도 시작된다. 할머니, 할아버지라는 호칭은 때로 중년 성인들을 당황하게 하고 자신의 노화에 대한 인식을 새롭게 한다.

1. 갱년기 장애

남성과 여성들은 생식기관의 노화에서 차이를 나타낸다. 여성들과 비교하여 남성들은 매우 점진적으로 노화한다. 그들은 40대에서 시작하여 50대, 60대 혹은 그 이후까지 서서히 노화하며 어떤 경우에는 80대의 남성이 생식능력을 갖기까지 한다. 그들은 생식기관의 노화에 기인한 신체상의 어려움을 거의 경험하지 않으며, 단지 호르몬의 불균형으로 음성이 고음으로 변하고 머리카락의 양이 적어지는 정도의 변화를 겪을 뿐이다.

반면에 여성들은 40대 후반에서 50대 초반 사이에 생리의 중지를 가져오는 폐경을 경험하기 때문에 노화의 분명한 증후를 스스로 인식할 수 있다. 생리의 중지는 생식력의 상실을 의미하고 여성 호르몬의 감소를 야기시킨다. 정상수준의 1/6 정도로 감소된 여성 호르몬은 자궁과 유방의 퇴화를 가져오고 관절조직을 약화시키며 골격 내의 칼슘성분을 감소시켜 뼈의 약화를 초래한다.

일반적으로 폐경기의 신체적 증후는 얼굴이 화끈 달아오르는 증상, 두통, 메스꺼움, 현기증, 골반통, 유방통 그리고 호흡장애나 헐떡거림과 같은 증상으로 경험된다. 또한 우울이나 불안과 같은 심리적 증상도 나타난다. 이와 같은 변화는 호르몬 생성의 증감에 의한 급격한 내분비체계의 변화에 기인한다.

그렇다고 해서 모든 여성들이 폐경기 증상으로 우울이나 불안을 경험하는 것은 아니다. 성공적으로 자녀를 양육하고 직업이나 과업수행을 통하여 개인적 정체감을 충족시킬 수 있었던 여성들은 심각한 증상을 나타내지 않는다. 그들은 오히려 폐경을 공동체 지향적인 과업에 에너지를 투자할 수 있는 시기가 시작되었음을 의미하는 것으로 받아들이고 직업활동이나 지역사회활동에 전념한다. 그러나 자식만이 그들의 삶의 목표였고 유일한 자아충족수단으로 인식하였던 여성들은 이 시기에 심각한 우울이나 불안을 경험한다.

2. 성욕의 변화

개인의 성욕은 신체적 노화와 함께 감퇴하는가? 700명의 중년 여성들을 대상으로 6년 간격으로 두 번 면접한 한 종단연구(Hällstrom & Samuelsson, 1990)는 중년기 동안 성적 욕구에서 큰 변화가 없음을 보고하였다. 이 연구에서 여성들의 2/3 정도는 6년 후에 성적 욕구에서 변화를 경험하지 않았고 27%는 감소를 경험했으며 10%는 오히려 성적 욕구가 증가하는 현상을 나타내었다.

이와 같은 결과는 중년기의 성욕이 개인의 신체적 노화와 관련되어 있는 것이 아니라 부부만족의 정도나 개인의 정신건강과 높은 상관이 있음을 의미한다. 그 증거로서 6년간에 걸쳐 성적 욕구의 감퇴를 경험한 여성들은 부부 사이에 친밀성이 결여되어 있었고 우울증에 빠져 있었으며 알코올 중독자의 남편을 가지고 있었다. 대조적으로 성욕이 증가된 여성들은 문제 있는 결혼생활로 인해 우울증에 시달리고 낮은 수준의 성욕을 지니고 있었으나 연구기간 동안 부부관계가 개선됨으로써 정신건강은 물론 성욕도 증가하는 결과가 초래되었다.

그러므로 여성의 폐경은 생식능력의 종결을 의미할 뿐 성적 욕구의 종결을 의미하는 것은 아니다. 그럼에도 불구하고 폐경은 여성 호르몬인 에스트로겐(estrogen)의 분비를 감소시키기 때문에, 여성의 질을 얇고 건조하게 변화시키므로 성행위를 어렵게 한다. 최근에 활용되고 있는 호르몬 치료는 부인과 질병을 예방하고 성행위를 원활하게 한다고 평가된다(Walling, Anderson & Johnson, 1990).

일반적으로 여성의 성적 반응성(sexual responsiveness)은 청년초기부터 시작하여 30대 후반이나 40대 초반에 절정에 이를 때까지 계속적으로 증가하며 60대 이후까지 동일한 수준을 유지한다. 그러나 남성들의 성적 반응성은 청년후기나 성인초기에 절정에 이르고 20대부터 개인이 감지할 수 없는 정도로 천천히 감퇴하기 시작한다. 남성들이 자신의 성적 반응성의 감퇴를 인지하는 것은 40-50대에 이르렀을 때이다. 그들은 노화와 함께 발기하기 위해 더 많은 자극과 더 오랜 시간을 필요로 하지만, 50대 이후에도 성적 반응성의 감퇴는 매우 점진적이기 때문에 개인에 따라서는 70, 80대에도 생식능력을 지닐 수 있다.

이와 같이 성적 욕구와 성적 반응성의 변화를 상이하게 경험하는 남성과 여성들은 노화에 대한 반응에서도 차이를 나타낸다. 남성들은 50대에 이르면 그들의 성적 능력의 상실을 두려워할 뿐 성적 매력의 상실을 두려워하지는 않는다. 그러나 여성들은 성적 매력의 상실에만 관심이 있을 뿐 성적 능력의 상실을 걱정하지는 않는다. 성적 능력을 남성성의 가장 중요한 요인으로 간주하는 남성들에게 성적 능력의 상실은 남성으로서의 그들의 존재 자체를 위협하는 역할을 한다.

3. 텅 빈 보금자리 증후군과 중년기 위기감

텅 빈 보금자리 증후군(empty-nest syndrome)이란 자녀들이 군입대나 취업 혹은 결혼 등으로 가정을 떠남으로써 부부만 남게 되므로 나타나는 여러 가지 증상들을 의미한다. 부모역할후기(postparental period), 부모역할의 은퇴 혹은 자녀진출기로 불리워지는 이 시기는 막내자녀의 떠남에서 시작하여 약 15년간 계속된다.

자녀양육의 종결은 부부에게 자신을 되돌아볼 수 있는 시간적 여유를 주기 때문에 이 시기의 부부들은 자아의 성장에 큰 관심을 갖는다(Loevinger, 1979). 1980년대까지만 하더라도 여성들은 자녀양육의 종결과 함께 불행감을 느끼고 우울증을 경험한다고 생각되었다. 그들은 독립한 자녀에 대한 걱정, 남편과 노부모에 대한 염려와 함께 자기실현 문제에 직면하기 때문에 중년기 특유의 위기감을 경험한다는 것이다(김명자, 1988; Troll, 1982).

중년기 위기(midlife crisis)라는 개념이 대중매체에 처음 등장한 것은 1970년대 초반으로 저널리스트인 쉬이(Sheehy, 1974)가 레빈슨(Levinson 등, 1978)의 이론을 바탕으로 저술한 『통과: 성인생활의 예측가능한 위기』(Passages: Predictable Crises of Adult Life)라는 책을 출판하면서였다. 쉬이의 주장에 의하면, 각 개인은 인생의 중반(40-45세) 무렵에 이르러 성격특성에서 급격한 변화를 경험한다는 것이다.

일반적으로 중년기에 이르면 노화의 증후들이 처음으로 나타나고 자녀들은 하나둘씩 가정을 떠나며 노부모를 모셔야 하는 책임을 맡게 됨으로써 가족생활주기에서 변화가 일어난다. 특히 남성들은 젊은 날에 꿈꾸었던 직업적 성공이 더 이상 가능하지 않다는 생각으로 괴로움을 경험할 수 있다. 미국 예일대학교의 사회심리학 교수였던 레빈슨(Levinson 등, 1978)은 이 시점에서 각 개인은 젊은 날에 설정했던 목표와 현재의 성취를 비교하고 지금까지 살아온 날에 대해 회의하며 이제 무엇을 하기에는 너무 늦었다는 생각으로 중년기 특유의 위기를 경험한다고 주장하였다.

그러나 많은 후속연구들은 부부가 텅 빈 보금자리 시기로 진입하면 우울하거나 불행하기보다 오히려 심리적으로 더 건강해지고 더 큰 부부만족이나 행복을 경험한다고 보고한다. 나이데거(Nydegger, 1991)같은 연구자는 성인자녀의 독립으로 부부는 자신과 자녀 사이에 어느 정도 거리를 둠으로써 소위 부모성숙(parental maturity)을 이룰 수 있다고 주장하였다. 여기서 부모성숙이란 자녀의 양육과 성장에만 관심을 가졌던 부모들이 자신을 되돌아보고 보다 객관적으로 자녀를 바라볼 수 있는 것을 의미한다.

성격의 5요인 모델[1]을 개발한 맥크레와 코스타(McCrae & Costa, 2003)도, 만약 중년기 위기가 존재한다면 40세와 45세 사이에 정서적 불안정성 점수가 크게 높아져야 한다고 가정하였다. 그들은 성격점수에서의 변화를 연구한 결과, 남녀 모두 정서적 불안정성과 외향성 및 경험에 대한 개방성에서 연령에 따른 변화가 일어나지 않는다는 것을 확인하였다. 단지 10년 전에 정서적 불안정성 점수가 높았던 사람들만이 중년기에 정서적 불안정성 점수가 더 높아지는 결과가 나타났을 뿐이었다. 이러한 결과는 중년기 위기가 보편적 현상이 아니며, 만성적인 심리적 문제를 지니고 있는 사람들 사이에서만 나타나는 독특한 현상이라는 것을 의미한다.

남편과 아내 모두에게 중년기는 그들의 결혼생활을 재인식하고 재검토하는 시기인 것만은 분명하다. 어떤 부부들은 이 시기에 혼외 연애사건을 일으켜서 가정을 파괴하기도 한다. 젊음을 확인해 보고 싶고 젊음을 되찾고 싶은 소수의 남성들은 결혼한 남성이라는 사실에도 주저하지 않고 접근하는 젊은 여성들에게 매력을 느낀다. 아내들도 자녀양육이 끝난 지금 새롭게 발견한 자신의 성적 욕구를 충족시켜 줄 수 있는 젊은 남성을 만나기도 한다.

그러나 대부분의 부부들은 배우자와 인간적인 관계를 새롭게 확립하고 서로에 대한 매력을 재형성하려고 노력한다. 그들은 열심히 직업활동을 수행하고 노화하는 부모를 돌보면서 결혼생활의 활력을 회복한다.

---

1) 성격의 5요인 모델: 개인의 성격은 정서적 불안정성, 외향성, 경험에 대한 개방성, 호감성, 성실성의 5가지 요인으로 구성되어 있다는 성격특성 모델. 맥크레와 코스타(McCrae & Costa, 2003)에 의해 수행된, 성인의 성격발달에 관한 볼티모어 종단연구에서 확인되었다.

4. 조부모 역할

전통적으로 부모가 중년이 될 때 첫 손자가 태어난다. 과거보다 더 적은 수의 자녀를 출산하고, 결혼연령이 늦어지고 있으므로 조부모 역할이 부모역할과 중복될 가능성은 거의 없다. 그러나 현재의 가족체계 내에서 조부모들이 어떤 역할을 하는지는 분명하지 않다. 한국 사회의 핵가족화 추세에 의해 조부모와 손자녀가 동거하는 비율이 점차 감소하고 있기 때문에, 조부모의 손자녀에 대한 영향력도 현저히 감소되었다.

1) 조부모의 기능

조부모들은 가족체계 내에서 실제적 기능은 물론 조부모라는 사실 그 자체에 기인된 상징적 기능도 수행한다. 일반적으로 조부모들은 다음과 같은 기능을 수행한다.

① 확대가족체계의 과도기에 안정성의 중추로서 기능한다.
② 필요할 때 양육을 제공하고 가정을 지키는 기능을 한다.
③ 가족갈등의 시기에 중재자의 기능을 한다.
④ 과거, 현재 그리고 미래를 연결짓는 가족역사가의 기능을 한다.

전통적으로 조부모들은 가족구성원들을 위한 지혜의 보고로서, 현명하고 성실한 조언자로서, 역할모델로서 그리고 대리적 양육자로서 가족체계를 유지하는 핵심적 역할을 수행하였다.

2) 조부모 역할의 유형

사람들은 가족체계의 특성과 자신의 입장에 적절한 조부모 역할유형을 만들어 낸다. 뉴가르텐(Neugarten, 1973)은 다음과 같은 다섯 가지 조부모 유형을 제시하였다.

최근에 와서 손자녀에 대한 조부모의 영향력은 현저히 감소하고 있다.

① 공식적 유형

손자녀 양육은 자녀에게 맡기고 오직 주어진 조부모 역할만 수행한다. 자녀들이 원하지 않는 충고는 하지 않는다.

② 기쁨추구형

손자녀들과 놀아 주는 것을 최상의 기쁨으로 생각한다. 친구같이 편안하고 우호적인 조부모-손자녀관계를 유지한다.

③ 대리부모형

자녀를 대신하여 능동적으로 손자녀 양육활동을 수행한다.

④ 지혜의 원천

가족 내에서 최고 권위를 지니고 전제군주의 위치를 유지한다. 손자녀에게 가계의 문화와 전통을 전달하고 지식과 지혜를 제공한다.

⑤ 원거리형

특별한 날(생일, 졸업 · 입학식, 장례식 등)에만 손자녀와 접촉하므로 손자녀와의 접촉은 빈번하지 않다. 보통 물리적으로 멀리 떨어진 거리에 거주하는 조부모들은 원거리형의 조부모역할을 수행할 수밖에 없다.

조부모들은 부모의 자녀양육방식에서 결여되는 부분을 채워줌으로써 가족체계에 다음과 같은 영향을 준다(Barranti, & Ramirez, 1985).

① 부모들이 수용할 수 없는 행동과 특성을 수용한다.

② 부모들이 제공할 수 없는 보살핌을 제공한다.

③ 가치, 윤리, 및 도덕에 대한 가르침을 제공한다.

④ 부모에게 부모-자녀간의 상호작용문제나 갈등을 해결할 수 있는 대안을 제시한다.

⑤ 가족체계 내에 균형을 유지하는 평형장치로서 행동한다.

부모의 보충적 양육제공자로서가 아니라 손자녀 양육을 전적으로 담당하는 대리부모형 조부모들이 증가하고 있다. 결혼한 여성들의 취업이 증가하기 때문이기도 하지만, 그 외에도 부모가 이혼했을 때, 사망했을 때, 정신적으로 불안정할 때, 물질남용자일 때, 아동을 학대할 때, 법적 문제가 있을 때, 경제적 문제 때문에 그리고 부모의 직장이 다른 지역에 위치할 때도 조부모의 대리부모 역할이 이루어진다. 불행하게도 저소득계층이나 농촌지역에서 대리부모형 조부모들이 훨씬 더 많은 빈도로 나타난다(박충선, 이영석, 정일선, 2003; Joslin & Brouard, 1995).

조부모가 보충적 양육제공자로서가 아니라 손자녀 양육을 전적으로 담당할 때 바람직하지 못한 손자녀 양육이 이루어질 수 있다. 인생에서 대부분의 역할을 이미 수행한 조부모들은 손자녀들을 그들의 삶에서의 유일한 미래로 지각하기 때문에 한없이 귀여워하고 소중하게 여긴다. 그 결과 조부모들은 자녀를 양육할 때와 같은 엄격한 훈육을 손자녀들에게 실시하지 못하고 그들을 버릇없는 아동으로 양육하기 쉽다.

조부모들과는 달리 많은 부모들은 자녀양육기 동안 생활하느라고 너무 바빠 자녀들과 여유 있게 즐길 수 있는 시간을 갖지 못한다. 그들은 자신에 대한 애착이 너무 강하여 자녀들의 소중함을 진지하게 생각해 볼 겨를도 없이 바쁜 삶을 영위한다. 그러나 시간경과와 함께, 부부가 조부모가 될 무렵에 이르면 삶에 대한 조망은 물론 자녀의 의미도 달라진다. 새롭게 성취할 일도 없는 조부모들에게 손자녀는 오로지 소중한 존재일 뿐이므로 조부모는 손자녀들에게 관대하기만 하다.

최근에 와서 한국의 급속한 핵가족화는 조부모와 손자녀의 접촉을 제한하는 역할을 하고 있다. 조부모와 손자녀가 물리적으로 먼 거리에서 거주하는 가족들이 많아져 조부모-손자녀관계는 자연적으로 소원해지고 있다. 더욱이 부모, 특히 어머니의 시부모에 대한 친밀감 부족은 친조부모와 손자녀의 정서적 유대를 약화시키는 역할을 하였다. 산업화와 도시화의 영향으로 메말라가는 아동들에게 조부모의 훈훈한 옛날 이야기와 무조건적 사랑은 따뜻한 인간애를 되살리는 역할을 할 수 있을 것이다.

5. 노부모의 사망

부부가 성인후기에 이를 때까지 생존한 부모를 갖는 부부들은 거의 없으며, 대부분 성인중기에 부모의 사망을 경험한다. 비록 중년성인들이 부모의 죽음을 예상했다고 할지라도, 부모의 죽음은 개인의 안녕에 큰 영향을 준다. 한 종단연구(Umberson & Chen, 1994)에 의하면, 어머니의 죽음은 높은 수준의 심리적 괴로움과 연합되고, 아버지의 죽음은 알코올 섭취를 증가시키며 신체건강 문제를 초래하였다.

부모의 죽음에 대한 반응과 적응은 개인에 따라 차이를 보인다. 일반적으로 딸은 아들보다 부모의 사망 후에 더 큰 정서적 괴로움을 보고한다. 보통 사망한 부모가 젊을수록 그리고 부모-자녀관계가 가까울수록 성인자녀들은 더 많이 괴로워한다(Moss, Resch, & Moss, 1997). 또한 사망 전에 건강상태가 좋지 않았던 어머니의 딸들은 건강상태가 좋았던 어머니의 딸들보다 어머니의 사망 후에 더 적은 정서적 괴로움을 보고한 반면, 아들들은 오히려 더 큰 정서적 괴로움으로 고통스러워하였다(Umberson & Chen, 1994).

그 이유는 무엇일까? 어머니의 사망 전에 딸은 직접적으로 어머니를 보살피는 책임을 맡았기 때문에 어머니 사망 후, 의존적인 어머니을 보살피는 일이 감소함으로써 오히려 약간의 안도감을 느끼는 경향이 있다. 그러나 고통받는 어머니를 직접적으로 보살피지 못한 아들들은 죄책감 때문에 더 큰 정서적 괴로움을 경험하기 쉽다.

부모의 죽음에 대한 또 다른 반응은 자신의 죽을 수밖에 없는 운명에 대한 인식으로(Moss 등, 1997), 마지막으로 생존한 부모가 사망할 때 더욱 현저해진다. 중년성인들은 아동기부터 줄곧 지니고 있었던 "부모는 우리를 돕기 위해 죽는 일 없이 항상 거기에 있을 것"이라는 생각이 잘못되었음을 인식하고 "다음은 내 차례"라는 사실에 직면한다. 그들은 자신의 삶을 뒤돌아보고 앞으로의 삶을 심사숙고하며, 출생부터 계산하던 시간계산 방식에서 사망까지의 남은 시간을 계산하는 방식으로 시간조망도 변화한다. 노부모의 죽음을 통하여 중년의 자녀들은 보다 더 독립적이고 자기통제가 가능한, 보다 완전한 개인으로 성장할 수 있다.

부모의 죽음은 성인 형제자매들의 관계에도 영향을 준다. 부모가 사망하면 형제자매들은 이전보다 더 자주 만나고 더 가까워진다(Gold, 1996). 그러나 부모가 형제자매들의 관계를 중재하고 조정했던 가족들 사이에서는 부모의 사망 후에 형제자매간에 더 큰 갈등이 일어나고 상호작용 빈도도 현저히 감소한다(Connidis, 1992). 다시 말하면 부모의 사망 전에 가까웠던 형제자매들은 더 가까워지는 반면, 소원했던 형제자매들은 오히려 더 멀어진다는 것이다.

Ⅲ. 성인후기의 특징

65세 이상의 성인후기 노인들은 노화에 기인된 여러 가지 생활변화를 겪는다. 신체적 노화와 함께 직업의 상실은 사회적으로는 물론 가족 내에서의 노인의 지위를 약화시키고 정체감의 변화를 초래한다.

1. 노인의 사회적 지위

사회는 노인을 조심스럽고 융통성이 없으며 소심할 뿐 아니라 편견을 지닌 구세대로 취급한다. 우리 사회에서 연령을 기초로 노인과 젊은이를 다르게 인식하는 소위 연령차별주의(ageism)는 노인을 부정적으로 지각하게 하는 중요한 원인이다. TV는 물론 각종 대중매체들은 이와 같은 연령차별주의를 조장하고 영속화시키는 역할을 한다.

노인인구의 증가는 빠르게 변화하는 사회에서 경제력을 상실한 계층을 양산하므로 노인들은 가정이나 사회의 짐으로 부각되고 있다. 통계청(2006) 자료에 의하면, 0세부터 14세까지 어린이 인구에 대한 65세 이상의 노인인구 비율인 노령화 지수가 1980년에 11.2였고 2000년에는 34.3 그리고 2005년에 47.4였으나 2030년에 이르면 213.8로 크게 증가할 전망이다.

노화과정에서 나타나는 문화적 차이를 연구한 코우길과 홈즈(Cowgill & Holmes, 1972)는 어느 사회에서나 현대화가 진행될수록 노인의 지위는 낮아진다고 주장하였다. 그들은 현대화와 노인의 지위와의 관계를 다음과 같이 요약하였다.

① 사회가 현대화될수록 평균수명은 길어지고 노인인구의 비율은 증가한다.

② 노인인구의 증가에도 불구하고 현대사회에서 노인의 지위는 더 낮아졌다.

③ 현대화는 곧 경제적 생산기술의 발전을 의미하므로 노인이 가진 지식이나 기술은 이미 시대에 뒤떨어져 쓸모없게 된다.

④ 현대화된 사회에서의 교육의 대중화와 도시화의 촉진은 부모가 자녀들보다 더 낮은 사회경제적 지위를 갖도록 한다.

⑤ 현대화될수록 노인들은 사회로부터 유리(disengagement)된다. 사회로부터의 유리는 자발적일 수도 있지만, 많은 노인들은 연령증가와 건강의 쇠퇴로 강제적으로 유리될 수밖에 없다.

2. 성인후기의 성욕

노인과 성욕은 자주 상관이 없는 일로 생각되고 성욕이나 성적 매력은 젊은 사람들의 전유물로 인식된다. 연애나 사랑을 이야기할 때 우리는 젊은 사람들을 연상한다. 더욱이 우리는 성욕과 출산을 연결짓기 때문에 이미 생식능력을 상실한 노인들이 젊은 사람들과 유사한 성적 욕구를 가질 것으로 기대하지 않는다.

그러나 노인들도 사랑의 감정을 느끼고 성적 욕구를 갖는다는 증거는 많이 있다. 비록 서양연구의 결과이긴 하지만, 80세와 100세 사이의 남녀에 관한 연구(Bretschneider & McCoy, 1988)에서 노인들은 접촉, 애무 그리고 자위행위의 순서로 성적 활동을 하고 있었고 성교는 네 번째로 많이 이루어지는 성행동이었다.

노인의 성적 활동은 개인의 건강상태와 배우자의 존재여부에 크게 좌우된다(Strong & DeVault, 1992). 노인들이 건강할수록 그리고 배우자와 함께 생활할수록 부부의 성적 활동은 오래 지속될 수 있다. 배우자가 있는 평균 70세 노인들의 54%가 성적으로 활동적이었으나 독신이나 미망인들이 성적 활동성을 유지하는 비율은 단지 7%에 지나지 않았다. 심지어 75세 이상의 배우자가 있는 노인들도 계속해서 성욕을 느끼지만 건강문제 때문에 표현하지 못할 뿐이었다.

그러나 남성노인과 여성노인들은 서로 다른 성문제로 고민한다. 남성노인들은 성교의 빈도가 감소하는 것을 걱정하고 발기를 위한 시간이 점점 더 길어지므로 발기불능에 이를지도 모른다고 불안해한다. 대조적으로 여성노인들은 남성노인들보다 성적으로 더 반응적임에도 불구하고, 남성들보다 더 큰 사회적 제약에 직면한다(Robinson, 1993).

특히 노년기에서의 성비의 불균형[2]과 여성이 미망인이 될 더 큰 가능성, 여성과 연하의 남성의 결혼에 대한 사회적 혐오 및 노화에 대한 이중기준(double standard)[3]은 여성의 성욕을 억압하는 역할을 한다. 더욱이 배우자의 죽음에 기인한 슬픔이나 우울은 여성의 성욕을 급격히 감퇴시킨다.

3. 성인후기의 자아통합과 자살

1) 자아통합의 획득

노화를 수반하는 중요한 긍정적 변화 중의 하나는 개인의 철학적, 내부지향적 경향성이다(Neugarten, 1973). 이 시기의 개인들은 점차 반성적(反省的)으로 변화하고 종교에 대해 큰 관심을 나타내며 삶에 대한 지혜를 획득하

2) 성비의 불균형: 65-69세: 여성노인 100명당 남성노인 81.8명
70-74세: 여성노인 100명당 남성노인 69.6명
75세 이상: 여성노인 100명당 남성노인 48.2명(통계청, 2006)

3) 노화에 대한 이중기준: 사회가 남녀의 노화에 대해 각기 상이한 기준을 적용하여, 여성노인을 남성노인보다 더 부정적으로 지각하는 현상.

게 된다. 지혜(wisdom)란 실제적 생활문제에 대한 탁월한 판단과 충고가 가능한 전문가적 지식체계로 인생후기에 획득될 수 있는 인지적 능력이다 (Baltes & Kunzmann, 2004).

성인후기는 에릭슨이 제안한 심리사회적 발달의 마지막 단계인 자아통합 대 절망의 위기를 해결해야 하는 시기이다. 에릭슨에 의하면, 자아통합이란 자신이 살아온 인생을 수용하고 두려움 없이 죽음에 직면할 수 있는 능력으로 어떤 방식으로든 타인이나 사물을 돌보고 보살핀 사람은 큰 어려움 없이 인생의 유한성과 외로움 및 실망감을 극복하고 승리감을 경험할 수 있다. 특히 에릭슨은 다가오는 죽음에 기인된 혼란과 무력감, 신체적 유한성, 상실의 느낌 등이 개인을 절망에 빠지게 한다고 기술하였다.

그러므로 자아통합에 이르지 못하고 절망감을 경험하는 사람들은 시간이 너무 짧고 그들의 인생은 실패했으며 다시 한번 더 살 수 있기를 희망한다. 그들은 자신의 죽음을 조용하게 수용할 수 없으며 자신이나 타인을 원망하며 강한 우울증상을 나타낸다(장휘숙, 2006a).

로버트 펙(Robert Peck, 1968)은 다음과 같이, 자아통합 대 절망의 단계에서 해결해야 할 구체적 발달과업을 제안하였다.

① 분화 대 역할몰입: 직업역할에서 벗어나 다른 일로써 자기가치를 재정의한다. 직업역할과 자녀양육에 사용되었던 시간들이 이제는 다른 가치 있는 활동에 투자될 수 있어야 한다.

② 신체초월 대 신체몰입: 쇠퇴하는 건강에 대처한다. 노화함에 따라 만성적 질병과 신체기능에서의 쇠퇴는 노인들의 정체감과 생활만족에 심각한 위협으로 작용한다. 그러나 대부분의 노인들은 질병을 가지고 있으면서도 노화하는 신체에 몰입하지 않고 인생을 즐길 수 있다.

③ 자아초월 대 자아몰입: 죽음이 불가피하고 얼마남지 않았음을 인식한다. 자녀양육이나 직업역할을 통하여 미래 세대의 성장에 기여하였으므로 이제 자아를 초월하여 편안하게 죽음을 맞이할 수 있다.

자아통합에 이를 수 있는 구체적 방법으로 웹스터와 양(Webster &

노인들은 지나온 삶을 되돌아보면서 자신의 인생을 회고한다.

Young, 1988)은 인생회고(life review)를 제안하고, 그림 9-3과 같이 세 개의 과정을 거쳐 인생회고가 이루어진다고 주장하였다.

그림 9-3에 제시된 바와 같이 인생회고의 첫 단계는 회상으로 시작된다. 삶의 중요한 측면들에 대한 기억으로 구성되는 회상은 즐거운 사건과 연합될 수도 있고 위기나 외상(trauma)과 연합될 수도 있다.

두 번째 단계는 평가과정이다. 평가는 과거에 이루어진 행동의 옳고 그름에 대한 판단과 도덕적, 윤리적 문제에 대한 판단 및 자신의 삶은 물론 타인의 삶에 영향을 준 중요한 결정의 바람직함에 대한 판단으로 구성된다. 그러나 과거에 이루어진 행동이나 결정은 그 당시의 맥락에서는 위기적이고 부도덕하게 보이지만, 현재의 맥락에서는 사소한 것일 수도 있다. 노인들은 인생회고를 통해 죄책감과 불행의 근원이었던 사건을 재평가할 수 있는 기회를 가질 수 있으므로 죄책감에서도 벗어날 수 있다.

마지막으로 과거의 중요한 사건들을 회상하고 평가한 후에 그것들을 현

그림 9-3 인생회고과정

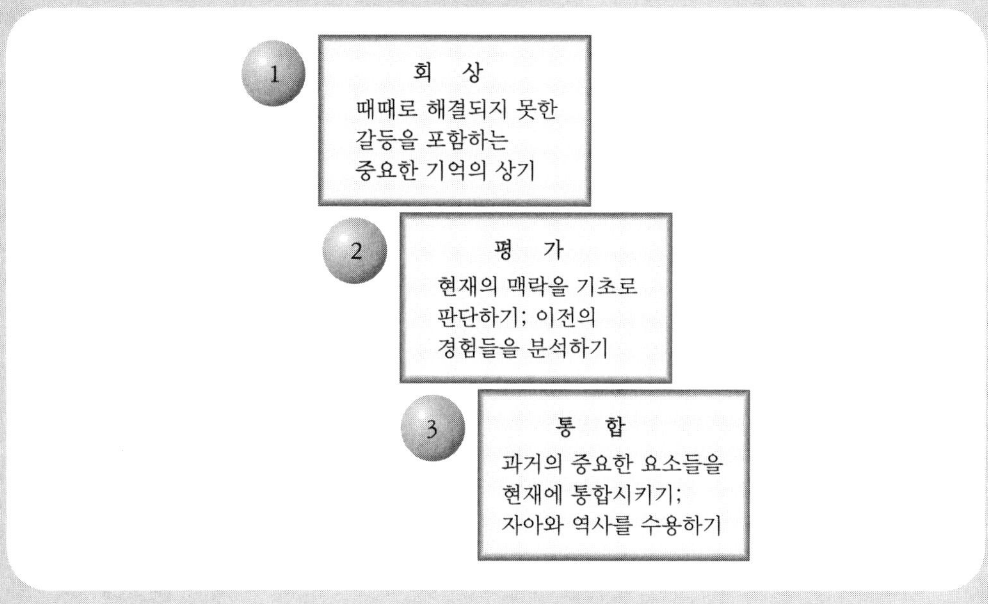

출처: Webster & Young, 1988.

재의 상황에 통합하려는 시도가 이루어진다. 만약 인생회고의 결과가 긍정적이면, 에릭슨의 심리사회적 위기의 마지막 해결에서 자아통합을 이룰 수 있다.

자아통합을 성취한 개인들은 자신의 삶을 그 자체로서 수용하고 갈등이나 실패를 자아 속에 포함시키며 그의 인생은 만족스러웠고 의미있었다고 평가한다. 그들은 다가올 죽음을 조용하게 수용할 수 있다. 그러나 인생회고의 결과가 부정적이면, 개인은 절망감에 빠진다. 그들의 인생은 낭비되었고 성취하려고 노력하기에는 너무 늦었다고 판단한다. 자신이나 타인을 원망할 뿐 아니라 다가올 죽음을 수용할 수도 없으므로 절망감에 빠진다.

2) 성인후기의 자살

자살이라고 하면 청소년이나 젊은 사람을 연상하기 쉬우나, 자살은 일반

표 9-1 노인 자살 사망자수의 변화(1995-2004)

연 도	1995	1998	2000	2001	2002	2003	2004
65세 이상 (%)	614 (12.7)	1,159 (13.5)	1,164 (18.0)	1,453 (21.0)	2,023 (23.4)	2,760 (25.2)	3,189 (27.7)
65-74세 (%)	376 (7.8)	671 (7.8)	643 (10.0)	818 (11.8)	1,042 (12.1)	1,482 (13.6)	1,755 (15.2)
75세 이상 (%)	238 (5.0)	488 (5.7)	521 (8.1)	635 (9.2)	981 (11.4)	1,278 (11.7)	1,434 (12.5)

출처: 통계청, 1996-2005.

적으로 노인들에 의해 감행되는 절망의 행동으로 최근에 더욱 증가하고 있다. 연령별 사망자 수 대비 자살사망자수의 비율에서 노인층의 자살률이 가장 높아 노인자살이 얼마나 심각한 상태에 있는지를 짐작할 수 있다. 표 9-1은 2004년도에 65세 이상 노인들의 27.7%가 자살로써 삶을 마감하였음을 보여준다.

자살하는 사람들은 자살하는 것 외에 아무것도 할 일이 없다고 생각한다. 특히 성인후기의 직업에서의 은퇴나 배우자 사망과 같은 발달적 사건들은 노인들에게 심각한 정서적 우울을 불러일으키므로 자살을 기도하게 하는 직접적 원인으로 작용한다.

일반적으로 성인기나 노년기에서의 자살은 여성들보다 남성들 사이에서 더 빈번하게 일어난다. 동시에 고혈압, 관절염, 심장혈관 질환같은 노년기에 출현하는 다양한 질병과 수입의 감소는 노인의 자기존중감을 손상시키므로 자살을 기도하게 한다. 특히 친밀한 사회적 상호작용을 공유할 친구가 없을 때 노인들은 삶에 대한 의욕을 잃게 된다.

2003년부터 2005년까지 조선일보, 한국일보 그리고 한겨레신문에서 65세 이상 노인 자살기사를 검색한 결과에 의하면(김형수, 2006), 표 9-2와 같이 가장 많은 노인들이 신병비관으로 자살하였고, 그 다음이 신변비관, 생활고, 자녀에 대한 부담 순이었으며, 부부싸움이나, 배우자 살해 후 자살 및 배우자와의 사별 후 자살 등 배우자와의 관계에서 오는 자살도 매우 높은 비율을 차지하였다.

표 9-2 65세 이상 노인의 자살동기에 대한 신문기사 분석

항 목	사 례 수(%)
우울증	4(5.0)
부부싸움(가정불화)	6(7.4)
신변비관(가족의 죽음 등)	17(21.0)
신병비관(지병, 질환 등)	19(23.5)
자녀에 대한 부담	7(8.7)
배우자 살해 후 자살	3(3.7)
배우자와의 사별 후 자살	4(5.0)
생활고(채무, 빚 등)	13(16.0)
범죄 후, 시국비관 등	2(2.4)
기 타	6(7.4)
합 계	81(100.0)

출처: 김형수, 2006.

노인들의 자살을 예방하기 위한 여러 가지 방안들이 제안되고 있으나 무엇보다 중요한 것은 극빈층 노인의 수를 감소시키고 은퇴시기를 늦추는 것이다. 또한 병원 이용을 용이하게 하고 대인관계를 형성하게 하거나 여가시설의 이용을 장려하는 등의 방안이 추천되고 있다(De Leo & Scocco, 2000). 즉 노인들의 삶의 질을 개선시킴으로써 자살의도의 발생을 사전에 차단해야 한다는 것이다.

Ⅳ. 성공적 노화

전통적으로 노년기는 의존(dependency)과 질병(disease), 무능력(disability) 및 우울(depression)로 특징되는 4D의 시기로 인식되었다. 그러나 과거와는 달리 높은 경제력과 교육수준을 갖춘 노인들이 증가함으로써 노년기에도 독립적이고 생산적인 삶이 가능한 시기로 인식되고 있다.

장휘숙(2007)의 개관에 의하면, 늙어간다거나 노화한다는 말 속에는 머리카락이 흰색으로 변화하고 허리선이 굵어지는 것과 같이 단순히 변화한다는 의미도 있지만 감퇴한다는 부정적 의미를 강하게 내포한다. 실제로 인간은 70세경에 이르면 40세에 인지할 수 있었던 냄새의 50%만을 지각할 수 있고 흐린 빛에서의 우리의 시각은 점진적으로 감퇴하므로 80세경에는 밤에 운전할 수 없게 되며 90세경에는 50% 정도가 대중교통수단을 이용할 수 없게 된다(Woodruff-Pak, 1997).

그러나 노화라는 의미 속에는 발달이나 성숙의 의미도 함께 포함하므로 노년기를 긍정적 시기로 볼 수 있는 근거가 된다. 마치 오래된 포도주가 더 맛있는 것처럼 노화와 함께 인내심이 증가하고 타인에 대해 더 애정적이고 관대해진다(Carstensen, 1992). 또한 역설(逆說)을 인내할 수 있게 되며 현재는 과거뿐 아니라 미래와 연결되어 있다는 것을 이해할 수 있으며 지혜를 갖게 됨으로써 보다 더 현명해질 수 있다(Baltes & Baltes, 1990).

그렇다면 잘 늙어간다는 것은 어떤 의미인가? 그것은 곧 성공적 노화를 의미한다. 성공적 노화(successful aging)라는 개념이 공식적으로 소개된 것은 1986년 미국 노년학회 연례회의에서였으나(Fisher, 1995) 성공적 노화와 관련된 연구는 이미 1960년대부터 이루어지고 있었다. 현재까지 많은 연구자들은 성공적 노화에 영향을 주는 요인들을 찾아내려고 노력하고 있지만, 성공적 노화가 무엇이고 어떻게 정의해야 하는지에 대해서는 아직도 논란이 계속되고 있다.

1. 성공적 노화의 정의

성공적 노화란 무엇인가? 연구자에 따라 그리고 관심갖는 측면에 따라 성공적 노화의 정의는 달라진다. 전통적으로 성공적 노화란 생물학적 측면에서 주로 건강과 수명문제에 기초하여 정의됨으로써 유능한 일상생활 활동이나 신체적 수행으로 정의되었다(Strawbridge 등, 1996). 1948년 세계보건기구(WHO)에서는 성공적 노화를 신체적 건강(기능상태)과 정신적 건강(정서적, 인지적 상태) 및 사회적 건강(생산적 참여)으로 정의한 바 있다(Garfein & Herzog,

1995).

최근 성공적 노화에 관한 종합적이고 포괄적인 정의로서 인기 있는 3요인 모델과 4요인 모델을 소개한다.

1) 로우와 칸의 3요인 모델

미국의 맥아서 재단(MacArthur Foundation, Chicago, IL: MacArthur Foundation Research Network on Successful Aging)의 지원을 받아 성공적 노화를 연구한 로우와 칸(Rowe & Kahn, 1997)은 그림 9-4와 같이 질병과 무능력의 회피, 신체적, 인지적 기능의 유지 그리고 사회적, 생산적 활동에의 참여를 성공적 노화를 결정하는 세 가지 구성요소로 가정하였다. 그들은 이러한 세 가지 요소들은 위계적 순서를 이루고 있다고 주장하고, 질병과 무능력

그림 9-4 성공적 노화 모델

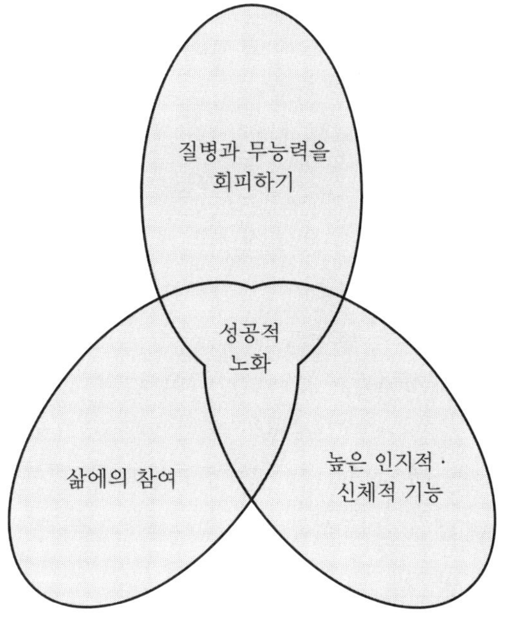

출처: Rowe & Kahn, 1997.

이 없으면 정신적, 신체적 기능이 유지되기 쉽고, 그것은 적극적인 인생참여를 가능하게 하여 인생후기의 도전에 대처할 수 있게 한다고 설명하였다.

(1) 질 병

로우와 칸의 모델에서 성공적 노화가 가능하기 위해서는 질병 자체의 부재뿐 아니라 질병에 대한 위험요인들도 부재해야 한다. 질병이나 질병에 대한 위험요인은 유전의 영향을 받는다고 생각되지만 유전가능성은 연령과 함께 감소하며 55세 이후에는 오히려 환경적 영향이 더 중요해진다.

특히 체지방의 양과 분포(Elahi 등, 1982; Kohrt 등, 1990), 감소된 신체활동 및 습식요인들(Zavaroni 등, 1986)은 질병을 일으키는 우세한 위험요인들이다. 결국 내재적 요인들만이 질병을 일으키는 것은 아니며, 생활양식을 포함한 외부적인 환경적 요인들도 중요한 위험요인이라는 것이다. 로우과 칸은 개인 수명의 거의 대부분이 환경적 요인에 의해 설명된다고 주장하기도 하였다.

(2) 인지적, 신체적 기능

노인들의 인지기능 특히 학습능력과 단기기억 능력이 유지되는 것은 성공적 노화를 결정하는 또 다른 중요한 요인이다. 그러나 인지기능이 유지되기 위해서는 높은 교육수준을 지니고 있고(Albert 등, 1995), 좋은 폐기능(심장혈관 질환의 예언자이기도 함)과 정력적인 신체활동 및 높은 자기효능감을 지니고 있어야 한다(Neeper 등, 1995).

특히 자기효능감은 노인들의 인지기능을 지속시키는 역할을 한다(Lachman & Leff, 1989; Lachman 등, 1992). 자기효능감(self-efficacy)이란 상황이 요구하는 행동을 수행할 수 있다는 확신감으로 반두라(Bandura, 1995)에 의해 제안된 개념이다. 성공할 수 있다는 확신이 있을 때 개인의 수행은 증가된다(장휘숙, 1993).

놀랍게도 지능에서 연령관련적 감소패턴을 보인 노인들을 대상으로 자기효능감 훈련을 시켰을 때 상당한 증가를 보였고 개선된 상태는 유지될 수 있었다(Schaie & Willis, 1986). 이러한 결과는 노인들도 가소성을 지니고 있으므로 훈련에 의해 인지기능이 개선될 수 있음을 나타낸다.

(3) 삶에의 적극적 참여

성공적 노화의 세 번째 구성요소로서 대인관계와 생산적 활동을 유지하는 것을 포함한다. 고립과 타인과의 연결부족은 높은 질병 이환율과 사망률을 예언하였고 사회적 연결망은 특히 남성 수명을 결정하는 중요한 요인이었다(House, Landis & Umberson, 1988).

노인들은 타인과의 관계를 유지함으로써 사회정서적 교류와 도구적 교류가 가능하다. 사회정서적 교류란 타인과 애정이나 존경을 주고받는 것인 반면, 도구적 교류는 신체적으로 돕거나 잡일을 해주기, 교통편을 제공하기 혹은 돈을 주기와 같은 직접적 원조(Kahn & Byosiere, 1992)를 의미한다. 특히 배우자는 노년기 동안 정서적 지원의 근원으로 생산적 활동을 지속하게 하였고 신체수행을 증진시키는 역할을 하였다.

또한 생산적 활동은 노인들이 자신을 늙었다고 생각하지 않게 하기 때문에 성공적 노화를 위한 중요한 요건이다. 생산적 활동이라고 하면 임금받는 일만을 생각하기 쉬우나 비공식적인 도움주기나 자원봉사자 활동 모두 생산적 기여로 평가된다. 보통 임금을 받는 일은 55세 이후에 급격하게 감소하지만, 자원봉사일은 35-55세에 절정을 이루고 친구나 친척 혹은 이웃을 돕는 비공식적 도움행위는 55-64세까지는 물론 75세 이상에서도 계속될 수 있다.

2) 4요인 모델

코로우서와 그 동료들(Crowther 등, 2002)은 성공적 노화를 정의하기 위해 로우와 칸이 제안한 세 가지 요인 외에도 긍정적 영성(positive spirituality)이라는 개념이 첨가되어야 한다고 주장하고 그림 9-5와 같은 수정모델을 제안하였다.

긍정적 영성이란 삶에 대한, 삶의 의미에 대한 그리고 특히 초월자와의 관계에 대한 궁극적 질문에 대답하려는 개인적 탐색으로, 초월자와의 내면화

그림 9-5 Rowe와 Kahn모델의 수정

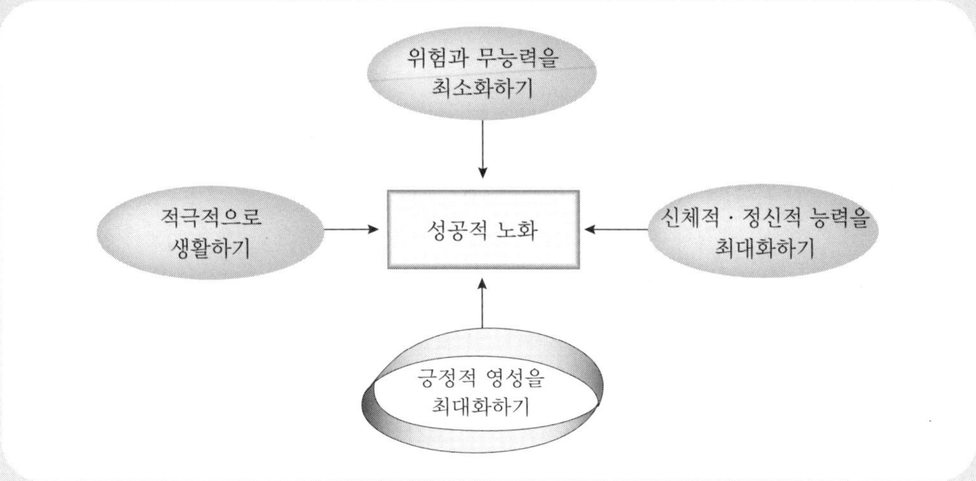

출처: Crowther, 등 2002.

된 개인적 관계로 정의된다(Koenig, McCullougy, & Larson, 2000). 개인은 긍정적 영성을 통해 고독감에서 벗어나고 스트레스에 효과적으로 대처하며 질병에 대한 통제감을 증가시킬 수 있으므로 자기는 물론 타인의 건강과 안녕을 증진시킬 수 있다는 것이 연구자들의 설명이다.

영성이라는 단어 앞에 굳이 긍정적이라는 단어를 첨가하는 이유는 개인이 추구하는 영성에 의해 가족으로부터 분리되고 카리스마적 리더에게 무조건 헌신하거나 복종하고 의학적 치료를 거부함으로써 건강를 해칠 수도 있기 때문이다. 이와 같이 부정적 영성의 효과가 존재하기는 하지만, 영성은 실제로 안녕의 주관적 측면을 개선시키고(Ellison, 1991), 우울과 괴로움의 수준을 감소시키며(Koenig 등, 1995), 면역기능을 강화하는가 하면(Schaal 등, 1998) 질병에서 빨리 회복될 수 있게 하고 수명을 연장시키는 역할을 하였다(Levin, 1996).

2. 성공적 노화와 주관적 안녕

성공적 노화와 동일한 의미로 자주 논의되는 개념으로 주관적 안녕(subjective well-being) 혹은 심리적 안녕(psychological well-being)이 있다. 주관적 안녕이란 표 9-3과 같이 긍정적 정서와 부정적 정서 및 생활만족을 포함하는 개념으로(Diener 등, 1985) 처음 두 개의 구성요소들은 개인의 정서적 측면에 해당하는 반면, 후자는 인지적-판단적 측면에 해당한다.

중요한 것은 세 가지 개념 모두 연구자가 판단한 기준이 아니라 개인 자신의 판단에 기초한 개인의 정서상태나 생활의 질에 대한 판단이라는 것이다. 주관적 안녕 혹은 심리적 안녕이 성공적 노화의 측정치로 사용될 때 자주 생활만족으로 조작화된다(Pinquart & Sörensen, 2000).

생활만족이란 개인 자신이 설정한 표준에 기초한 삶의 질에 대한 개인의 평정으로 전체적인 생활만족을 측정할 수도 있고 생활의 구체적 영역에 대한 생활만족을 측정할 수도 있다. 일반적으로 노인들은 전체적 평가를 더 중요시하는 반면, 더 젊은 반응자들은 구체적 영역들을 더 빈번하게 언급한다. 구체적 영역 중에서 노인들은 건강과 생활변화를 더 중요한 요인으로 지각하지만, 중년성인들은 직업이나 경력문제, 자신감, 자기수용, 자기인식을 중요시

표 9-3 주관적 안녕의 구성요인

쾌정서	불쾌정서	전체적(일반적) 생활만족	영역별 생활만족
기쁨	죄책감과 수치심	생활을 변화시키려는 소망	일
의기양양	슬픔	현재의 생활에 대한 만족	가족
만족	불안과 걱정	과거에 대한 만족	여가
득의(긍지, 자랑)	분노	미래에 대한 만족	건강
애정	스트레스	개인의 삶에 대한 유의미한 타인의 견해	재정
행복	우울		자기
황홀(희열)	질투(부러움)		개인의 집단

출처: Diener 등, 1999.

하고 젊은 성인들은 교육과 일, 자기, 성격 및 행복을 더 많이 강조하였다 (Westerhof, Dittman-Kohli & Thissen, 2001).

3. 성공적 노화에 관한 국내 연구결과

노화는 특정한 사회-생태학적 맥락에서 일어나기 때문에 사회가 달라지면 성공적 노화의 기준도 달라진다. 그 예로서 미국 노인은 성공적 노화를 노년기의 자급자족으로 이해하는 반면, 중국 노인들은 노년기 동안 경제적, 심리적, 신체적 욕구를 충족시켜 주는 가족의 영향력을 중요시하고 특히 성인자녀들이 성공적 노화에 중요한 역할을 한다고 주장하여 문화적 차이를 보였다(Torres, 2002).

청년기, 중년기, 노년기의 한국 여성 각각 35명씩 전체 105명을 대상으로 성공적 노화가 무엇인지를 질문한 강인(2003)은 세 개의 연령집단 모두 신체적 건강, 개인적 성장, 정서적 안녕, 자율성, 가족지향, 경제적 안정의 6가지 요인을 성공적 노화를 구성하는 핵심요인이라고 보고하였다. 그러나 각 요인의 중요성 정도에서는 표 9-4와 같이 연령에 따라 차이를 보였다.

즉 노년기 여성들은 신체적 건강을 가장 중요하게 지각하였고 그 다음이 가족지향, 경제적 안정 등의 순이었다. 그러나 중년기 여성들은 개인적 성장을 가장 중요시하고 그 다음이 신체적 건강, 자율성 등의 순이었으며 청년기

표 9-4 성공적 노화에 대한 지각 (단위: 사례수와 %)

요 인	노년기 여성	중년기 여성	청년기 여성
개인적 성장	5(14.3)	16(45.7)	17(48.6)
자율성	6(16.3)	12(34.3)	14(40.0)
신체적 건강	18(51.4)	14(40.0)	7(20.0)
정서적 안녕	10(28.6)	10(28.6)	13(37.1)
가족지향	15(42.9)	8(22.9)	4(11.4)
경제적 안정	11(31.4)	11(31.4)	5(14.3)

출처: 강인, 2003.

여성들은 개인적 성장, 자율성, 정서적 안녕 순으로 중요하다고 보고하여 연령에 따른 차이를 나타내었다.

이 연구에서 개인 자신의 성공적 노화 정도에 대한 평가에서, 노년기 여성의 62.9%와 중년기 여성들의 42.9% 그리고 청년기 여성들의 31.4%가 자신이 성공적으로 노화하고 있다고 평가하여, 노인들은 우리가 생각하는 것보다 자신을 더 성공적으로 노화하고 있다고 지각한다는 것이 밝혀졌다.

한국 노인들이 지각하는 성공적 노화에서 성차는 나타나지 않으나 계층에 따라서는 큰 차이를 보인다. 최혜경과 백지은 및 서선영(2005)의 질적 연구에 의하면, 상류계층의 노인들은 성공적 노화란 '어딜 가도 떳떳하다' '아무에게도 짐이 되지 않는다' '욕심을 버린다' '시간을 보람있게 잘 보낸다' '자식이 잘 컸다'로 언급하였다. 또한 중류계층 노인들은 '자녀의 성공은 나의 노력이며 나의 공이다'("성공은 내가 젊어서 고생해 돈 벌어가지고 자식 똑똑히 갈쳐가지고 자식 성공하고 그냥 부모한테 참 자기들이 잘 살고 그러면 성공이제…") 그리고 '자녀로 인해 부러움을 산다'로 언급하였다.

그러나 하류계층의 부모들은 성공적 노화란 '내 한 몸 추스리는 삶'으로 언급하여 과거에 자녀들에게 투자하지 못했기 때문에 자녀에 대한 특별한 기대 없이 오로지 자녀들에게 미안한 마음을 가지고 있었다. 그들은 물론 더 나아질 것이라는 기대나 계획을 가지고 있지 않았고 단지 현재의 삶에서 마음 편하게 살다가 죽음을 맞이하는 것을 성공적인 노화로 인식하고 있었다.

가족의 문제와 해체

가족심리학

제 10 장
가족의 문제와 해체

가족체계는 영원히 존재하지 않으며 때로 이혼에 의해 그리고 죽음을 통해 해체된다.

제10장 가족의 문제와 해체

정서적으로 친밀하고 가까운 사람들로 구성되는 가족집단 내에서도 폭력이나 학대와 같은 문제가 발생한다. 친밀한 관계는 항상 갈등을 내포하므로 가족구성원들은 갈등을 해결하는 과정에서 폭력이나 학대를 경험한다. 그러나 가족체계는 영원히 존재하는 것은 아니며 이혼에 의해 그리고 죽음을 통해 해체될 수 있다.

이 장에서는 가정폭력을 중심으로 배우자 학대를 포함하여 아동학대와 노인학대를 설명하고 가족체계의 해체를 초래하는 이혼과 죽음의 문제를 논의한다. 부부 중 한 사람이 사망하고 그리고 남아 있는 배우자가 사망할 때 가족체계는 영원히 해체된다.

Ⅰ. 가족의 문제

1. 가정폭력

가정폭력(family violence)이란 개인이 자신의 가족구성원들에게 행하는 의도적인 폭력행위로서 배우자나 자녀, 혹은 부모에 대한 폭력이나 학대를 의미한다(Gelles & Cornell, 1990). 가정폭력은 지구상의 어떤 사회에도 존재하지만, 그것은 가정의 질서를 파괴하고 인간의 기본권을 박탈하며 가족구성원들에게 심각한 신체적, 심리적 피해를 준다(Alissa, Alytia, & Michael, 2001). 신체적 폭력 외에도 가족구성원에 대한 거부적 태도와 같은 심리적 학대, 언어적 위협, 원치 않는 강압적인 성행위 모두 가정폭력에 포함될 수 있으나 여기서는 신체적 폭력행위만을 설명하기로 한다.

가정폭력의 희생자는 대부분 아내와 자녀들이다. 미국에서는 전체 여성인구 중 21-34%가 전생애 동안 파트너나 배우자에게 신체적인 학대를 당한다는 보고가 있다(Browne, 1993). 7,500명의 한국 여성을 대상으로 조사한 결과에서도 61%의 아내들이 배우자로부터 한 번 이상 구타를 당한 경험을 가지고 있었다(한국형사정책연구원, 2003). 가정폭력은 폭력을 경험한 배우자는 물론 폭력을 목격한 아동들에게도 부정적 영향을 준다는 점에서 문제의 심각성이 있다.

미국에서는 1960년대부터 가정폭력이 중요한 사회문제로 인식되었으나 국내에서는 1998년 "가정폭력 방지 및 피해자 보호 등에 관한 법률"이 시행됨으로써 사회문제로 부각되기 시작하였다. 우리 사회에서 가정폭력이 오랫동안 사회문제로 인식되지 못한 이유는 가부장적 사고방식과 남아선호사상이 여전히 존재하고 부부싸움이나 가정폭력을 가정 내적인 문제로 취급했기 때문이다(신민섭 등, 2004).

우리 사회에는 가정폭력에 관한 불합리한 신화들이 존재한다. 불행하게도 가정폭력의 가해자와 피해자 모두 가정폭력에 대한 이러한 불합리한 신화들을 수용하는 경향이 있다. 우리 사회에 흔한 잘못된 신화들을 정리하면 다음과 같다.

① 가정폭력은 매우 드물게 일어난다.

② 가정폭력은 낮은 교육수준과 낮은 사회경제적 지위를 갖는 가정에서 주로 발생한다.

③ 대부분의 가정폭력은 알코올이나 약물남용 때문에 일어난다.

④ 폭력적인 배우자나 부모는 정신병질적 인격의 소유자들이다.

⑤ 폭력적 가족은 서로 사랑하지 않는다.

⑥ 폭력 피해 여성들은 폭력을 당할 만한 이유가 있다.

⑦ 폭력 피해 여성들은 항상 집을 떠날 수 있다.

⑧ 아동에 대한 성적 학대는 낯선 사람들에 의해 이루어진다.

⑨ 가정 내의 성적 학대는 매우 드물게 일어난다.

⑩ 학대받은 아동들은 성장하여 자신의 자녀를 또한 학대한다.

⑪ 폭력 피해 여성들은 경찰로부터 적절한 보호를 받을 수 있다.

⑫ 대부분의 사회는 가정폭력을 용납하지 않는다.

우리 사회에 존재하는 이러한 신화들은 가정 내에서 일어나는 신체적 혹은 성적 학대를 은폐하게 함으로써 가정폭력의 처치와 예방을 방해한다.

1) 가정폭력 모델

가정폭력을 설명하는 몇 가지 모델을 제시한다. 각 모델은 단일적인 해결책을 찾기 어려운 가정폭력이라는 복잡한 문제에 관해 유용한 정보를 제공한다.

(1) 정신병적 모델

정신병적 모델(psychiatric model)은 가정폭력이 학대자의 성격에 기인한다고 주장한다(O'Leary, 1993). 이 모델에서 폭력은 성격장애나 정서장애 혹은 물질사용의 결과이다. 실제로 가정폭력의 10% 정도가 정신병적 원인에 기인하고, 아내학대 사례의 25%가 알코올과 관련되어 있으므로 가해자가 정신이 상자이기 때문에 혹은 술에 취했기 때문에 폭력적이 된다는 생각을 뒷받침한다(Gelles & Cornell, 1990). 다시 말하면 폭력이나 학대는 정신이상이나 질병의 산물이므로 가정폭력을 해결하기 위해서는 가해자보다는 그에게 영향을 준 가족이나 사회를 연구해야 한다는 것이다.

(2) 생태학적 모델

생태학적 모델(ecological model)은 가족환경 내에서의 아동의 발달과 지역사회 내에서의 가족의 발달을 고찰하는 체계조망을 활용한다. 이 모델을 제안한 갈바리노(Garbarino, 1982)는 사회문화가 폭력이나 학대를 지지하고 지역사회가 가족을 지원하지 못할 때 가정폭력이 증가한다고 주장하였다. 이 모델에 의하면, 부모와 조화를 이루지 못하는 아동(정서장애나 발달장애를 갖는 아동)과 스트레스 상황에 있는 가족(실직이나 질병) 그리고 지역사회의 지원 부족(육아나 의료서비스)이 서로 결합하여 아동학대를 증가시킨다는 것이다.

(3) 여성해방론자 모델

여성해방론자 모델(faminist model)은 가정 내에서의 남성의 우월을 가정폭력의 원인으로 설명한다. 전통적으로 사회는 남성을 우월시하고 여성을 남성에게 종속적인 존재로 취급하였으므로 남성들의 폭력에 관대하였고 여성이나 아동에 대한 남성의 폭력은 당연시되었다.

그러나 이 모델은 동일한 사회 내에서도 가족에 따라 폭력 사용의 정도에서 차이가 있다는 사실을 설명하지 못한다(Yllo, 1993). 더욱이 여성들도 때때로 남편에게 폭력을 행사하고 아버지보다 아동을 더 많이 학대하는 어머니들이 있기 때문에 여성해방론자 모델로써는 가정폭력을 충분하게 설명하지 못한다.

(4) 사회학습 모델

사회학습 모델(social learning model)은 인간의 행동은 다른 사람의 행동을 관찰하고 모방한 결과로 이루어지기 때문에 가정폭력자들은 사회와 가정으로부터 폭력적 행동을 학습한다고 주장한다(Ney, 1992). 비록 가정폭력의 많은 가해자들이 아동기에 학대를 당한 경험이 있기는 하지만, 그렇다고 해서 아동기 폭력의 희생자들이 모두 폭력적 부모가 되는 것은 아니므로 사회학습이론도 가정폭력을 설명하는 데 한계가 있다.

(5) 자원 모델

굳(Goode, 1971)의 자원이론(resource theory)을 활용한 이 모델은 사회체계가 힘이나 힘의 위협에 기초한다고 가정하고 각 개인은 개인적, 사회적 그리고 경제적 자원을 축적함으로써 힘을 획득한다고 주장한다. 따라서 많은 자원을 가진 사람들은 충분한 힘을 가졌으므로 폭력적 힘에 의지할 필요가 없지만, 자원을 거의 갖지 못한 사람들은 힘을 갖는 수단으로 폭력을 행사하기 쉽다는 것이다.

그와 같은 전형적 상황으로 가정에서 우월한 지위를 차지하기 원하는 남성이 있다고 가정하자. 그는 교육도 거의 받지 못했고 임금수준도 낮은 직업에 종사하며 대인관계 기술도 부족하기 때문에 그는 우월한 지위를 유지하기 위한 수단으로 가족구성원들에게 폭력을 행사한다는 것이다.

(6) 교환/사회 통제 모델

겔러스와 코넬(Gelles & Cornell, 1990)에 의해 제안된 교환/사회 통제 모델(exchange/social control model)은 교환이론과 사회 통제이론 양자를 포함한다. 이 이론에서 교환이론은 사회적 상호작용시에 사람들은 항상 손해와 이익을 계산하여 행동한다고 주장한다. 따라서 가정폭력도 폭력의 대가가 이익을 초과하지 않을 때 발생한다는 것이다. 가해자는 폭력을 행사함으로써 우월함을 과시하고 분노나 스트레스를 해소하며 복수할 수 있는 이점을 얻는다. 물론 폭력행사에 기인한 손해는 자신이 폭력을 당하는 것, 체포되거나 감옥에 가는 것, 사회적 지위를 잃는 것 혹은 가족이 해체되는 것 등일 것이다.

한편, 사회 통제이론은 폭력적 행동에 의해 체포나 투옥, 지위상실 혹은 수입상실과 같은 손해가 초래되므로 폭력적 행동이 억압될 수 있다고 주장한다. 그러나 가족체계는 사회통제를 감소시키고 폭력을 사용하게 하는 다음과 같은 특징을 지니고 있다.

첫째, 불평등성이다. 남성들이 여성들보다 더 강하고 더 많은 경제적 힘과 더 높은 사회적 지위를 갖는다. 또한 성인은 아동보다 더 많은 힘을 갖는다.

둘째, 가정은 사적인 공간이다. 가족구성원들은 가족 이외의 다른 사람들에게 도움받기를 원하지 않으며 타인들 역시 사적인 문제에 개입하는 것을 주저한다. 따라서 가까운 친구나 친척들이 많아질수록 가정폭력의 가능성은 감소한다(Gelles & Cornell, 1990).

셋째, 남성상도 문제가 된다. 사회는 공격적인 남성행동을 제지하기보다 오히려 남성다운 행동으로 간주하고 부추기기까지 한다.

요약하면 교환/사회 통제 모델은 억압되지 못한 폭력적 행동이 가해자의 우월한 지위를 강화할 때 가정폭력이 발생한다고 설명한다.

2) 가정폭력에 영향을 주는 요인

① 성　별

여성해방론자들은 성적 불평등이나 남성성이 폭력의 원인이라고 주장한다. 비록 여성들이 남성들에게 폭력을 가하는 경우도 있기는 하지만, 남성들에 의한 폭력이 더 극단적일 뿐 아니라 폭력의 이유(힘과 통제 대 자기방어)나 결과(신체적 손상과 우월)도 남녀간에 차이가 있으므로 가정폭력은 남성의 문제라는 것이다.

② 힘과 통제

가정폭력에 관한 여성해방론자 모델이나 자원 모델의 핵심은 폭력의 목적이나 결과와 관련된다. 이 이론들에서 폭력은 힘을 획득하고 유지하기 위한 도구로 사용되므로 가정 내에서의 여성에 대한 남성의 폭력과 아동에 대한 성인의 폭력은 힘으로 설명될 수 있다.

문제는 힘과 통제 외에도 다른 많은 요인들이 가정폭력에 영향을 준다는 것이다. 실제로 형제자매들의 관계에서도 심각한 폭력이 발생하고, 아동 또한 부모를 폭행하며 아내 또한 남편을 폭행할 수 있기 때문에 더 큰 힘을 가진 사람이 반드시 더 적은 힘을 갖는 사람에게 폭력을 행사하는 것은 아니다. 분명한 것은 힘은 친밀한 관계에서 이루어지는 폭력의 중요한 원인이라는 것이다.

③ 스트레스

가정폭력에 관한 생태학적 모델은 스트레스가 폭력에 기여한다고 강조한다. 불행하게도 가정은 스트레스가 많은 장소로서 가족은 실직이나 질병, 임신, 사망과 같은 심각한 스트레스 사건들을 경험한다. 특히 저소득계층 가정이나 실직 가정에서 가정폭력이 더 빈번하게 일어난다는 사실은 스트레스와 가정폭력간의 관계를 입증하는 중요한 증거이다. 그러나 스트레스만으로 가정폭력을 완전하게 설명할 수 있는 것은 아니다(McCaghy, Capron, & Jamieson, 2000). 스트레스는 폭력의 가능성을 증가시키기는 하지만, 폭력의 원인은 되지 못한다.

④ 친 밀 성

장기적인 전념관계로 특징되는, 친밀한 가족관계는 자주 불일치와 갈등을 일으키고 그것은 부정적인 정서반응을 유발함으로써 폭력을 불러일으킬 수 있다. 더욱이 사회는 사랑하는 사람들에게 서로의 행동에 영향을 줄 수 있는 권리나 책임을 부여하는 경향이 있다. 그 예로서 "매를 아끼면 아동을 못쓰게 만들 위험이 있다"는 생각이 여기에 해당한다. 또한 아내를 폭행하는 남편들에게 왜 아내를 구타하는지를 질문했을 때, 남편은 "사랑하기" 때문이라고 응답하는 것도 또 다른 예가 될 수 있다.

3) 가정폭력의 가해자

(1) 남성 가해자의 특성

아내에게 폭력을 행사하는 남성들은 다음과 같은 특성을 지닌다(Gelles &

Cornell, 1990; Vaselle-Augenstein & Erlich, 1992).

① 가해자는 가정폭력에 관한 신화를 믿는다.

② 가해자는 전통적인 남편역할과 아내역할은 물론 성역할 고정관념을 고수한다.

③ 가해자는 낮은 자기존중감을 지니고 있고, 힘이나 적절성을 보여 주는 수단으로 폭력을 사용한다.

④ 가해자는 가학적이고 병적으로 질투심이 강하거나 수동공격적이다.

⑤ 가해자는 공격적 행동으로 성(sex)을 사용한다.

⑥ 가해자는 폭력적 행동을 도덕적으로 올바른 행동이라고 믿는다.

그러므로 남성의 폭력행동은 배우자와의 상호작용 결과도 아니고 배우자가 지니고 있는 자극적인 성격특성 때문도 아니다. 가해자들은 아동기에 애완동물이나 무생물 혹은 다른 사람에 대한 폭력행동을 목격하거나 폭행을 당한 경험이 있고 때로 폭력행동에 가담한 경험을 가지고 있으며 전과기록을 가진 사람도 있었다. 또한 폭력적인 부모의 아들 중 약 20%가 폭력적인 사람으로 성장하였다는 보고도 있으므로(Johnson & Ferraro, 2000), 가정폭력의 최상의 예언자는 과거의 폭력행동의 역사이다.

폭력을 당하는 여성들은 다치지 않기 위해 손이나 팔로 몸을 가리는 수동적 방어에서부터 친구에게 도움을 청하거나 사회봉사단체에 공식적 도움을 요청하는 등의 다양한 방법을 사용한다. 그러나 어떤 행동도 폭력을 중지시키는 효과적 전략은 되지 못한다.

불행하게도 많은 여성들은 폭력을 행사한 직후에 후회하고 사과하는 남편의 말을 믿고 더 이상의 폭력은 일어나지 않을 것으로 기대하지만, 그것은 헛된 소망에 지나지 않는다. 폭력상황을 변화시킬 수 있는 유일한 방법은 폭력은 종결되어야만 한다는 여성 자신의 의지와 결심이다.

(2) 여성 가해자의 특성

가정폭력 희생자의 대다수가 여성이기는 하지만, 아내로부터 폭력을 당하는 남성들이 있다. 일반적으로 가해 여성들은 남편에게 폭력을 행사하기도 하지만 많은 경우 자기방어로 폭력을 사용한다. 그러나 아내들의 폭력은 남편에게 심각한 신체적 손상을 주지도 못하고 자신을 방어하려다 오히려 자신이 심각한 상처를 입는 일이 빈번하다.

부부가 비슷한 비율의 폭력을 사용한다고 할지라도 상처를 입는 사람은 대부분 아내들이다. 분명 배우자를 폭행하는 여성들은 배우자를 폭행하는 남성들만큼 큰 상처를 입히지 못한다. 그러므로 이 분야의 연구자들은 여성 폭력을 남성 폭력만큼 심각하게 생각하지도 않고 중요하게 다루지도 않는다(Straus, 1993).

그러나 여성폭력도 다음과 같은 이유로 심각하게 다루어져야만 한다.

첫째, 남편이든 아내든 배우자에 대한 폭력은 부도덕한 행위이다.

둘째, 여성폭력에 심각하게 대처하지 않으면 부부 사이의 폭력을 허용하는 문화적 규준을 무의식적으로 수용하는 결과를 가져온다.

셋째, 누구에 의한 폭력이든 폭력은 더 강한 폭력을 부른다.

넷째, 배우자 폭력은 아동에게 폭력행동의 모델로 작용한다. 아버지의 폭력행동을 목격하는 것과 똑같이 어머니의 폭력행동은 아동의 폭력행동을 부추긴다.

2. 아동학대

아동학대란, 아동복지법에 의하면, 보호자를 포함한 성인에 의하여 18세 미만 아동의 건강 · 복지를 해치거나 정상적 발달을 저해할 수 있는 신체적 · 정신적 · 성적 폭력 또는 가혹행위 및 아동의 보호자에 의해 이루어지는 유기와 방임을 말한다. 실제로 아동학대 사례의 80% 이상이 부모에 의해 일어나기 때문에(보건복지부 · 중앙아동학대 예방센터, 2002), 아동학대는 쉽게 감추어지고, 심한 손상이나 사망에 이를 때까지 거의 노출되지 않는다.

중앙아동보호전문기관(2007)에 의하면, 아동학대는 2003년 4,330건, 2004년 5,764건, 2005년 6,659건 그리고 2006년 7,329건으로 매년 증가하고 있다. 2006년도의 아동학대 사례유형별 발생건수는 방임이 2,842건(38.8%)으로 가장 많고 그 다음이 정서적 학대 2,182건(29.8%), 신체적 학대 1,827건(24.9%), 성적 학대 372건(5.1%) 그리고 유기 106건이었다.

여기서 방임은 의식주를 포함한 기본적인 보호와 양육 및 치료를 소홀히 하는 것에 해당한다. 또한 정서적 학대는 아동에 대한 무시나 거부 혹은 애정이나 칭찬을 하지 않는 것과 같은 소극적 형태의 학대와 함께 끊임없이 고함을 치거나 위협, 공포, 트집잡기 혹은 아동에 대한 언어적 거부 등과 같은 정신적 학대를 포함한다.

신체적 학대는 아동의 신체에 손상을 주는 학대행동이며, 성적 학대는 아동에게 성적 수치심을 주는 성희롱이나 성추행, 성폭행 등의 학대행위를 말한다. 한편, 유기는 보호와 감독의 책임을 맡은 사람이 아동을 보호 없는 상태에 둠으로써 아동의 생명과 신체에 위험을 가져오는 일체의 행위를 말한다.

가족 내에서 거의 힘을 갖지 못한 아동들은 쉽게 학대의 대상이 된다. 어느 사회에서나 부모가 아동을 매질하는 것은 학대행위로 생각되지 않으며, 훈육 차원에서 정상적인 행동으로 간주된다. 그 결과 미국에서도 부모의 폭력은 아동의 중요한 사망원인 중의 하나로서 매년 약 1,300명의 아동이 부모나 다른 가까운 친척의 폭력에 의해 사망한다(McCormick, 1994).

1) 아동학대의 위험요인

아동학대를 유발하는 위험요인으로 부모관련요인, 아동관련요인, 및 환경관련요인을 설명한다.

(1) 부모관련 위험요인

① 부모의 알코올과 약물남용

아동학대에 영향을 주는 부모관련 위험요인으로 부모의 알코올 남용과 약물남용이 있다. 선행연구에서도 알코올이나 약물남용의 전력이 있는 부모들이 그렇지 않은 부모들보다 아동을 학대할 가능성이 더 많았고(노충래, 2002; 이현기, 2005; Ammerman 등, 1999), 알코올 문제의 전력이 있는 어머니들이 그렇지 않은 어머니들보다 폭력적 처벌을 더 많이 사용함으로써(Miller, Maguin, & Downs, 1997) 신체적 학대의 가능성을 보여 주었다.

② 부부관계와 결혼생활 스트레스

배우자 학대가 일어나는 가정에서 아동을 학대하기 쉽다(Applel & Holden, 1998). 배우자 폭력이 일어나면, 자녀들은 매맞는 부모(보통 어머니)를 보호하기 위해 애쓰다 상처를 입는다. 또한 부부의 결혼생활이 불만족스러울 때 불만의 해소과정에서 아동을 학대할 가능성이 높아진다. 이와 함께 장애아동을 갖는 가정에서는 자녀양육 스트레스가 크기 때문에 아동학대가 일어나기 쉽다(박명숙, 2002).

③ 부모기능의 손상

어머니의 질병, 어머니의 음주문제, 어머니의 장기부재, 부부갈등, 부모의 약물중독 및 처벌적 양육방식은 성적 학대의 위험성을 증가시킨다(Nelson, Heath, & Madden, 2002).

④ 부모의 아동학대 역사

부모 자신이 어린 시절에 학대행위를 경험한 사람들이 자녀를 학대하기 쉽다. 세대간의 학대 전이율은 약 30%로 추정되므로(Kaufman & Zigler, 1987), 아동기에 학대받은 경험이 있는 사람들의 약 1/3이 자녀를 학대할 것이라는 것이다.

⑤ 부모의 양육태도

아동에 대해 애정적이고 지지적인 태도를 지니고 있는 어머니들은 아동을 학대하거나 위협을 사용할 가능성이 매우 적다. 그러나 체벌을 사용하여 아동의 행동을 바로잡을 수 있다고 생각하는 부모들은 양육스트레스를 경험할 때마다 아동에게 신체적 학대를 가할 수 있다(김혜영, 장화정, 2002).

이외에도 아동학대가 일어나는 가정에서는 아버지가 지배적인 권위인물로 지각되고 부부관계는 중요하게 인식되지 않는다. 일반적으로 학대하는 부모들은 아동에 대한 비현실적 기대를 가지고 있고, 부모가 아동을 보살피는 것이 아니라 아동이 부모의 욕구를 충족시켜 주어야 한다는 잘못된 생각에 젖어 있다. 그들은 아동이 입은 심각한 상처에도 관심을 보이지 않는다(Strong, DeVault, & Cohen, 2005).

(2) 아동관련 위험요인

아동관련 위험요인으로 생물학적 위험요인과 심리사회적 위험요인을 포함한다.

① 생물학적 위험요인

출산시는 물론 성장과정에서의 아동의 질병과 합병증, 낮은 지능 그리고 발달장애 등이 아동학대를 일으키는 중요한 위험요인들이다. 조산아와 선천성 장애를 갖는 아동 혹은 발달장애를 갖는 아동들은 부모에게 스트레스를 주기 때문에 학대를 당하기 쉽다. 그러나 동일한 생물학적 위험요인을 지니고 있다고 할지라도, 나이많은 아동들보다는 어린 아동들이 그리고 여아보다는 남아들이 학대받을 가능성이 더 많다(이시연, 박은미, 2004).

성적 학대를 당할 위험성은 남아보다는 여아가 2.5-3배 정도 더 높고, 연령이 증가하면 성적 학대의 위험성 또한 증가한다. 이와 함께 시각장애나 청각장애 혹은 정신지체같은 장애를 가진 아동들도 성적 학대의 희생자가 되기 쉽다(Westcott & Jones, 1999). 때로 정상 아동 중에서도 계획하지 않은 임신의 결과로 태어났을 때, 부모가 원하지 않는 성별을 가질 때, 그리고 혼외성관계에서 태어난 아동일 때, 아동학대의 대상이 될 수 있다.

② 심리사회적 위험요인

아동의 기질과 행동이 부모에게 스트레스를 주고 아동학대를 불러일으키는 원인이 되기도 한다(이재연, 한지숙, 2003). 특히 까다로운 기질을 갖는 아동들은 영아기에서부터 부모의 민감한 보살핌을 받지 못한다. 아동이 2세 정도에 이를 무렵에 이미 부모는 아동에게 화를 내고 처벌적 훈육을 사용하기 시작한다. 과활동적인 아동 역시 아동학대의 대상이 된다.

(3) 환경관련 위험요인

가족, 학교, 지역사회가 아동학대에 영향을 준다. 많은 수의 아동학대 가족들은 가장이 실직상태에 있고 심각한 경제적 스트레스를 경험하며 자주 접촉할 친척이나 친구도 거의 없이 사회적으로 고립상태에 있다. 때로 심각한 건강문제를 가진 가족 내에서도 아동학대가 일어나고, 특히 편부가정이나 편모가정에서 아동학대가 빈번하게 발생한다.

한 부모 가정은 두 부모 가정보다 더 많은 생활 스트레스를 경험하고 아동을 양육하기 위한 경제적 자원이 부족하여 아동을 학대할 가능성이 매우 높다. 또한 부모 어느 한편의 부재는 성적 학대의 위험성을 증가시키며, 특히 계부와 한집에 사는 여아들은 성적 학대를 당할 더 큰 위험성에 노출된다(Finkelhor, 1993). 이와 함께 아동을 학대하는 가족들은 폭력과 신체적 공격을 당연시하고 범죄와 폭력이 빈번한 이웃 속에서 살고 있으며, 의료혜택이나 보육서비스를 거의 받지 못한다.

중요한 것은 부모관련 위험요인과 아동관련 위험요인 및 환경관련 위험요인들이 서로 상호작용하여 아동학대에 영향을 줄 수 있다는 것이다. 그러므로 연구자들은 아동학대에 영향을 주는 개별적 요인들뿐 아니라 가능한 모든 위험요인들을 동시적으로 고려할 수 있어야만 아동학대에 관한 이해는 물론 효과적으로 대처하는 방법을 찾아낼 수 있을 것이다.

2) 아동학대의 영향

아동학대는 아동의 발달에 심각한 부정적 영향을 준다. 우선 학대받은 아동들은 낮은 학업성취를 보인다(김원경, 권희경, 전제아, 2006; Chao & Willms, 2003). 연구자에 따라서는 학대유형에 따라 학업성취에 미치는 영향이 달라진다고 주장하기도 하지만, 분명한 것은 신체적 학대든, 방임이든, 성적 학대든, 학대를 경험한 대부분의 아동들이 낮은 학업수행을 나타낸다는 것이다. 또한 학대받은 아동들은 우울성향을 보이며, 심각한 아동학대는 외상후 스트레스장애(PTSD)나 다중인격장애를 유발할 수도 있다(Hund & Espelage, 2006).

아동학대는 자기존중감과 자기효능감도 저하시킨다. 부모로부터 존중받

아동학대는 아동의 학업성취는 물론 우울증을 유발하고 자기존중감과 자기효능감을 저하시킨다.
출처: 동아일보 2008년 1월 30일자.

지 못하는 아동들은 자신을 무가치하고 무능한 존재로 지각하므로 학대받은 아동들은 낮은 자기존중감과 자기효능감을 갖는다(Chao & Willms, 2003). 흥미롭게도 나은숙과 정익중(2007)은 그림 10-1과 같이 아동학대가 아동의 우

그림 10-1 아동학대가 학업성취에 영향을 미치는 경로모형

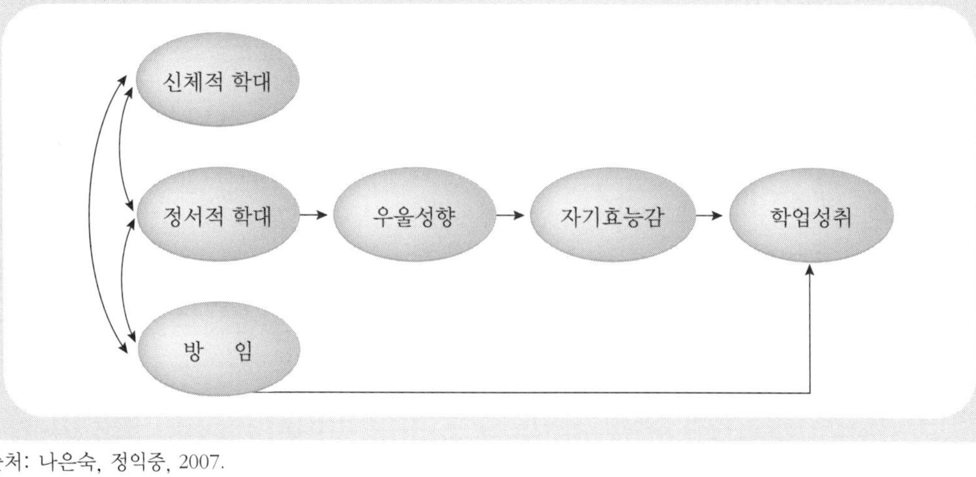

출처: 나은숙, 정익중, 2007.

울성향에 영향을 주고 그것은 다시 자기효능감에 영향을 주어 학업성취를 저하시킬 수 있음을 확인하였다.

이 모형에서 신체적 학대는 학업성취와 관련이 없었고 정서적 학대나 방임이 아동의 학업성취에 영향을 준다는 것을 알 수 있다. 또한 방임은 아동의 학업성취에 직접적으로 부정적 영향을 주지만, 정서적 학대는 우울성향을 증가시키고 증가된 우울성향이 자기효능감을 저하시켜 아동의 학업성취에 부정적 영향을 주는 것으로 밝혀졌다.

3. 노인학대

노인학대(elderly abuse) 문제는 미국이나 영국 혹은 캐나다 같은 선진국에서도 1970-80년대에 이르러서야 관심을 가졌을 정도로, 아동학대나 배우자 학대에 비해 다소 늦게 사회문제로 등장하였다. 그럼에도 불구하고 서구에서는 이미 노인학대의 실태와 원인에 관한 폭넓은 조사연구를 수행하고 다양한 대책과 서비스를 개발 · 실시하고 있다(National Center on Elder Abuse, 2004). 그러나 국내에서는 1990년대에 이르러 가정폭력의 일환으로 관심을 갖게 되었을 뿐 아직까지 대책이나 예방을 위한 특별한 노력이 이루어지지 못하고 있다.

2007년에 개정된 노인복지법 제 1조에 의하면, 노인학대란 "노인에 대하여 신체적, 정신적, 정서적, 성적 폭력 및 경제적 착취 또는 가혹행위를 하거나 유기 또는 방임을 하는 것"으로 정의된다. 이 법조문에 기초하여 연구자들은 노인학대 유형을 각기 다르게 분류하고 있으나, 대체로 노인학대는 신체적(육체적) 학대, 정서적(언어적, 심리적) 학대, 재정적 학대(경제적 착취), 방임(방치, 무관심)으로 분류될 수 있다(고보선, 유용식, 2004; 한국형사정책연구원, 1995).

1) 노인학대의 원인

노인을 돌보는 사람들의 대부분이 자녀나 가까운 가족구성원들임에도 불구하고, 노인학대가 일어나는 이유는 무엇일까? 노인학대의 원인은 다음과 같은 두 가지 이론 즉, 고갈된 부양자 이론(exhausted caregiver theory)과 외부적 스트레스 유발자 이론(external stressors theory)으로 설명될 수 있다(Curry & Stone, 1995).

고갈된 부양자 이론은 노인들이 점차 의존적으로 변화하고 신체적, 인지적으로 손상이 일어나면 부양자에 대한 요구는 점점 더 증가한다고 설명한다. 그에 따라 부양자는 점점 더 큰 좌절과 스트레스를 느끼게 됨으로써 노인을 학대한다는 것이다.

이와는 달리 외부적 스트레스 유발자 이론은 질병이나 경제적 어려움과 같은 다른 사건들이 발생함에 따라 부양자가 이미 느끼고 있는 스트레스를 더욱 악화시킴으로써 노인학대의 위험성이 커진다고 설명한다. 즉 부정적인 외부적 사건들이 부양자의 스트레스를 가중시키고 그것은 결국 노인을 학대하게 한다는 것이다. 현재로서 어느 이론이 더 타당한지는 분명하지 않지만, 두 가지 이론 모두 노인학대를 설명하는 인기 있는 이론으로 알려져 있다.

그러나 노인 자신들은 노인학대의 원인을 노인을 차별하는 사회풍조라고 지적하고 사회에 만연해 있는 노인 차별주의(ageism)가 제거되어야만 노인학대가 감소될 수 있다고 생각하였다(김한곤, 2003).

결국 고갈된 부양자 이론이나 외부적 스트레스 유발자 이론 모두 부양자의 과도한 부담이 노인학대를 일으킨다고 설명한다. 실제로 자녀에 대한 노인의 지나친 의존이나 부양기대는 자녀에게 과도한 부양부담을 줌으로써 학대 가능성을 높이는 역할을 한다. 사회는 노인 부양자의 과도한 부담을 감안하여, 노인학대자를 아동학대자보다 더 적게 비난하는 경향이 있다.

2) 노인학대에 영향을 주는 요인

노인학대에 영향을 미치는 요인들을 개인관련 요인과 가족상황적 요인 그리고 부양자 요인으로 구분하여 고찰한다.

(1) 개인관련 요인

남성노인들보다 여성노인들이 학대를 더 많이 경험하고, 연령이 많을수록 그리고 교육 정도가 낮을수록 학대받을 가능성은 더 커진다(배진희, 정미순, 2007). 특히 연령은 중요한 요인으로 75세 이상의 노인들 사이에서 노인학대가 빈번하게 일어나고 80세에 이르면 노인학대의 가능성은 일반 노인들보다 60% 이상 높아진다(National Elder Abuse Incidence Study, 1998). 또한 배우자가 없는 노인들이 있는 노인들보다 학대받을 위험성이 더 크다(김한곤, 2003; Wolf, 1999). 배우자 없이 성인자녀와 동거할 때 노인들은 쉽게 학대의 대상이 된다.

노인의 심리적 특성도 노인학대의 중요한 위험요인이다. 우선 우울한 노인과 고집센 노인들은 부양자가 보살피기 어렵기 때문에 학대받기 쉽다(Decalmer, 1993). 또한 학습된 무력감(learned helplessness)*을 지니고 있거나 자기존중감이 낮은 노인들이 학대의 피해자가 될 위험성이 크다. 그 이유는 무기력한 노인들은 문제해결을 위한 노력을 하지 않기 때문에 그리고 자기존중감이 낮은 노인들은 가정 내에서 자주 문제를 일으키고 쉽게 무기력해질 수 있기 때문에 학대당하기 쉽다.

신체적, 인지적 장애를 가진 노인들 역시 학대받기 쉽다(이성희, 한은주, 1998; Wilber & McNeilly, 2001). 그들은 생존을 위해 부양자에게 보호와 안전은 물론 심지어 의사결정까지 의존하지 않으면 안 되므로 쉽게 학대를 불러일으킬 수 있다. 특히 노인성 치매와 같은 심각한 인지적 손상은 가족에 대한 심각한 의존을 초래함으로써 학대 가능성을 증가시킨다. 또한 노인들의 경제상태도 학대 발생 요인으로 작용한다. 독립적으로 생활할 수 없을 정도로 가난한 노인들은 결국 자녀들에게 생활비를 의존하게 되므로 학대받을 가능성을 증가시킨다.

(2) 가족상황적 요인

노인학대의 가해자는 노인의 자녀나 배우자가 대부분이므로 가족역사가

*학습된 무력감(learned helplessness): 아무리 노력해도 원하는 결과를 얻을 수 없다는 생각.

노인학대에 영향을 미친다. 특히 자녀가 노인들의 부양자일 때 과거에 부모로부터 학대받은 자녀들은 노년기 부모를 학대한다(Decalmer, 1993). 그들은 부모에게 강한 적개심을 가지고 있으므로 쉽게 부모를 학대할 수 있다.

일반적으로 동거하는 자녀들이 노인학대의 가해자들이기 때문에 동거하지 않는 자녀들이 부모를 어느 정도로 지원하는가에 따라 학대 정도가 달라진다. 가족의 지지가 노인학대 피해와 부적 상관을 보인다는 연구결과(권중돈, 2004)는 동거하지 않는 자녀들이 부모를 지원할 때 동거하는 자녀들의 노인학대는 감소할 것이라는 것을 시사한다.

또한 학대받는 노인들은 그렇지 않은 노인들보다 훨씬 더 작은 사회적 연결망을 가지고 있다(Decalmer, 1993). 그들은 가까운 친구나 친척도 없이 사회적으로 고립되어 있다. 형제자매들은 노인들이 위기에 처할 때 중요한 지원체계의 기능을 할 수 있으며, 그 외 친구나 동료, 또는 전문가들이 노인의 지원체계가 될 수 있다.

(3) 부양자 요인

남녀 모두 노인학대의 가해자가 될 수 있지만, 남성과 여성들은 학대유형에서 차이를 보인다. 남성들은 주로 신체적 학대의 가해자인 반면, 여성들은 방임의 가해자들이다(Pilemer & Suitor, 1988). 또한 부양자의 연령이 낮을수록 그리고 경제적으로 가난할수록 노인을 학대하기 쉽다(배진희, 정미순, 2007; 한은주, 김태현, 2000).

부양자의 성격 또한 노인학대의 유발요인으로서 노인학대의 가해자들은 무절제하고 충동적 성격을 지니고 있으며, 알코올이나 약물에 중독되어 있다. 또한 그들은 우울이나 분노 혹은 적개심을 지니고 있고 정신장애를 가지고 있을 가능성도 있다(한은주, 김태현, 2000; Decalmer, 1993).

불행하게도 우리 사회는 노인학대의 해결이나 예방을 위한 사회서비스 체계가 제대로 구축되어 있지 않음으로써 노인학대의 위험성이 상존한다. 노인공경 의식의 약화와 사회에 만연한 노인차별주의는 노인들을 사회적으로 열등한 지위에 처하게 하고 노인학대의 가능성을 증가시킨다. 더욱이 강한 가족주의 의식은 노인학대를 은폐하게 함으로써 노인들이 계속적으로 학대를 당할 수 있는 상황을 만들고 있다. 노인을 위한 서비스체계의 구축은 우리 사회가 가장 시급하게 해결해야 할 과제 중의 하나일 것이다.

Ⅱ. 가족해체

결혼으로 형성된 가족관계는 부부의 사망으로 결국 해체된다. 그러나 아무리 가깝고 애정적인 부부라고 할지라도 같은 시간에 사망할 수는 없으므로(특별한 경우를 제외하고), 부부 중 한 사람이 먼저 사망하면 남은 사람은 배우자의 사별에 적응해야 하는 어려운 상황에 처한다. 물론 남은 배우자까지 사망하면 가족은 영구적으로 해체된다.

가족의 해체는 이혼에 의해서도 일어난다. 그러나 혼인관계의 종결인 이혼은 부부 두 사람만의 문제가 아니다. 두 사람 사이에 태어난 자녀가 있다면 이혼 후에도 부부는 자녀양육의 공동책임을 맡아야 한다. 이 절에서는 먼저 가족의 해체를 초래하는 이혼의 원인과 이혼을 촉진시키거나 방해하는 요인들을 살펴보고 이혼 후의 적응 문제를 논의한 후 죽음과 죽어가는 과정 및 사별을 설명한다.

1. 이 혼

이혼은 법적 이혼, 정서적 이혼, 경제적 이혼, 부모역할 이혼, 지역사회 이혼, 심리적 이혼 등의 6가지 측면을 포함하는 복잡한 과정으로(Bohannan, 1970), 법적으로 결혼관계가 종결되기 훨씬 전부터 시작된다. 즉 이혼은 단순히 혼인관계의 법적 해소라는 이분법적 사건이 아니라 연속적이고 다측면적 과정이라는 것이다.

예를 들어 정서적 이혼은 결혼관계의 문제를 인식하고 배우자와 정서적 거리두기를 시도할 때 시작되므로 법적 이혼이 이루어지기 훨씬 전에 시작된다. 경제적 이혼은 이혼과정 동안 이루어지는 재산분할의 복잡한 과정에 해당한다.

부모역할 이혼은 이혼 후 자녀의 양육권과 방문권 및 자녀 지원문제와 관련되므로 이혼 후에까지 계속될 수 있다. 지역사회 이혼 역시 부부의 이혼으로 야기되는 사회적 맥락의 변화로서 법적 이혼 후에 현실화한다. 이제 과거의 친인척은 더 이상 친인척이 아니며, 옛친구들을 잃거나 새로운 친구로 대치해야 한다.

이혼과정 중 가장 최종단계인 심리적 이혼은 ㅇㅇ의 아내/남편으로가 아니라 독립적 개인으로 자신을 정의하는 과정이다. 개인에 따라 심리적 이혼과정은 이혼 후에도 오랫동안 계속될 수 있다.

1) 이혼 결정

결혼생활의 종결은 배우자 중 한 사람이나 두 사람 모두 강한 불만족과 소외감을 느낄 때 시작된다(Kayser, 1993). 이때 두 사람은 관계를 조정하고 재협상하려고 노력한다. 예를 들면, 가사일의 분담이 갈등의 근원이라면, 두 사람은 대화와 협상을 통해 가사일을 새로 분담하려고 시도한다. 이 과정에서 부부가 사용하는 가장 좋지 않은 방법은 비판과 불평 및 조작(manipulation)으로 두 사람의 관계에 변화를 가져오기는커녕 관계를 더욱 더 악화시킨다.

부부의 노력에도 불구하고 문제가 해결되지 않고 갈등의 근원으로 계속 남아 있거나 아니면 수년 동안 문제가 무시되거나 회피된 상태로 지속되면, 결국 배우자 중의 한 사람이나 두 사람 모두 이혼을 생각하게 될 것이다. 그러므로 이혼의 부정적 효과는 실제로 법적 이혼 수년 전부터 시작되므로 이 기간 동안 부부 사이에는 갈등이 일어나고 그것은 아동의 행동문제를 초래한다(Amato, 2000). 그럼에도 불구하고 이혼한 가정의 아동이 나타내는 행동문제는 법적 이혼 때문이라고 잘못 이해된다.

부부는 왜 이혼하는가? 한 연구(한경혜, 김주현, 강혜원, 2004)에서, 한국 부부에게 가장 중요한 이혼원인은 경제문제와 배우자의 부정행위였다. 놀랍게도 배우자의 무관심이나 대화부족, 혹은 행복하지 않아서 등의 정서문제는 그렇게 중요한 이혼원인이 아니었다. 또한 확대가족문제로 이혼을 고려한다는 응답은 여성들보다 남성들이 더 많아 한국 남성들은 아직도 가부장적, 부계가족 관념을 지니고 있음을 보여 주었다. 이혼경험에 관한 질적 분석을 시도한 연구(유정이 등, 2006)에서도 경제적 문제와 가정폭력이 전형적인 이혼의 원인이었고 배우자의 외도도 중요한 이혼원인이었다.

흥미롭게도 부부는 이혼 결정을 내리기 전에 가장 많은 스트레스를 경험하고 그 다음은 실제 이혼 결정을 내릴 때이며 이혼결정을 한 후에는 가장 적은 스트레스를 경험한다(Kitson, 1992). 그렇다면 누가 이혼을 제기하는가? 일반적으로 여성들은 남성들보다 평소에 이혼을 더 많이 생각하지만, 그렇다고 해서 여성들이 반드시 먼저 이혼을 제기하는 것은 아니다.

그러나 어떤 연구는 이혼의 63–67%는 아내에 의해 그리고 30–33%는 남편에 의해 그리고 4–9%는 부부 양자의 상호적 결정에 의해 시작된다고 보고한다(Braver, Whitley, & Ng, 1993). 또 다른 연구는 그 비율이 각각 21%, 32% 그리고 26%라고 보고하고 있어(Sweeney, 2002) 정확한 실상을 알기 어렵다.

2) 이혼을 촉진시키는 요인들

어떤 요인들이 이혼을 촉진시키는가? 지난 40년 동안 이루어진 이 분야의 연구들을 종합한 결과 다음과 같은 10가지 요인들이 이혼을 촉진시키는 역할을 하였다(Ihinger–Tallman & Cooney, 2005).

① 10대의 결혼.

② 결혼 전의 임신이나 출산.

③ 배우자들의 낮은 수입수준과 교육수준.

④ 남편이나 아내 부모들의 이혼.

⑤ 결혼 전에 다른 사람과의 동거.

⑥ 배우자 중 적어도 한 사람이 초혼이 아님.

⑦ 부부간의 서로 다른 종교.

⑧ 자녀가 없음.

⑨ 자녀가 있으나 아들이 아닌 딸일 때.

⑩ 부부가 많은 시간을 함께 하지 않는 것.

이러한 10가지 요인 외에도 이 분야의 연구자들은 가정의 수입이나 소득 수준이 이혼가능성과 연결되어 있다고 주장한다. 일반적으로 아내가 전업주부일 때 남편의 수입은 결혼생활의 안정성에 긍정적 영향을 주고, 남편의 실직은 부정적 영향을 준다(Ono, 1998). 주택을 소유하고 높은 사회경제적 지위를 갖는 것 또한 결혼생활의 안정성에 긍정적 영향을 주는 핵심요인이다(South, 2001).

그러나 아내가 직업을 갖는 것이 부부의 이혼에 영향을 주는지에 관해서는 일치된 결과가 없다. 분명한 것은 아내의 수입이 남편보다 더 많을 때 이혼가능성이 높아진다는 것이다. 최근 연구에서 아내의 수입이 전체 가족수입의 50-60%를 차지할 때 이혼 위험성이 가장 높았다(Rogers, 2004). 흥미롭게도 아내의 수입이 전체 가족 수입의 1/2을 넘어가면 부부 사이에 힘이 이동하고 결혼생활의 스트레스가 증가한다.

아내의 교육 정도도 이혼과 유의한 상관이 있다. 한 연구에서 고등학교 졸업 이하의 학력을 가진 여성이나 대학원 이상의 높은 학력을 가진 여성들은 이혼할 위험성이 더 많았다(Hiedemann, Suhomlinova, & O'Rand, 1998).

이외에도 배우자가 우울하거나 정신적, 심리적 문제를 가지고 있을 때, 약물이나 알코올 남용자일 때 혹은 반사회적 행동을 하는 사람일 때 이혼할 가능성이 매우 높았다(Johnson & Wu, 2002).

3) 이혼의 장애요인들

부부가 이혼을 생각하면서도 이혼에 따르는 비용이 너무 크다고 판단되면, 이혼을 감행하지 못한다. 이와 같이 이혼을 어렵게 하는 요인들이 소위 이혼의 장애요인으로 이혼 위험성을 낮추는 역할을 한다. 행복하지 못한 결혼생활을 하고 있음에도 불구하고 이혼을 생각하지 않는 사람들은 이혼과 관련한 많은 장애요인들을 가지고 있기 때문이다.

한 연구(한경혜 등, 2004)에서 한국 부부들의 가장 큰 이혼 장애요인은 가족에 대한 걱정이었고, 특히 자녀에 대한 걱정은 여성들이 이혼할 용기를 내지 못하게 하는 가장 중요한 요인이었다. 또한 남성들에게는 이혼 후 정서적 적응이 그리고 여성들에게는 경제적 어려움이 중요한 장애요인이었다. 이혼에 대한 부정적 시각도 중요한 장애요인이었으나 여성보다 남성들에게 더 중요한 장애요인이었고, 그 외에 종교적 교리와 가족이나 친구들의 만류도 또 다른 장애요인들이었다(이경성, 2001; Previtti & Amato, 2003).

4) 이혼 후의 적응

이혼 후의 적응은 경제적 적응, 건강 적응, 심리적 적응 및 애착 적응을 포함한다.

(1) 경제적 적응

이혼과정에서의 재산분할로 이혼한 부부의 경제적 수준이나 안녕은 현저히 저하된다. 비록 이혼 전의 수입수준이나 가족구성에 따라 차이가 있기는 하지만, 남성들의 경제적 악화는 일시적인 반면 여성들의 수입감소는 재혼하지 않는 한 수년간 계속된다(McManus & DiPrete, 2001). 특히 자녀양육권을 가진 이혼한 여성들은 인생에서 가장 어려운 시기에 경제적 어려움까지 겹쳐 이중의 고통을 겪는다.

더욱이 결혼생활을 하는 동안 남성들의 수입능력은 증가하지만, 여성들의 수입능력은 가정주부의 역할로 인해 오히려 감소하므로, 이혼 후에 직업을 갖는다고 할지라도 여성들은 낮은 지위의 저임금 직업에 종사할 수밖에 없다. 결국 이혼한 여성들은 더 낮아진 생활수준과 더 적은 수입 및 더 큰 경제적 어려움에 직면하며, 재혼만이 이러한 상황에서 벗어날 수 있도록 한다.

(2) 건강 적응

이혼은 고통스러운 과정이므로 이혼 후에 건강이 나빠질 수 있다. 헤더링턴(Hetherington, 2003)의 연구에 의하면, 이혼한 남성들은 결혼생활을 계속하는 남성들과 비교하여 폐렴에 이환되어 사망할 확률이 더 높고 여러 가지 질병으로 고통을 겪을 가능성이 더 많았다. 또한 그들은 알코올과 약물을 남용하고 수면장애와 소화기 장애로 고생하며 성병에 감염되기도 하였다.

이혼한 여성들 역시 심각한 질병을 호소하고 이혼 전보다 더 자주 의사를 방문한다. 그들은 두통과 소화기장애, 피로감, 감염장애, 감기나 독감을 자주 호소한다. 그러나 갈등이 많고 불행한 결혼생활을 해왔던 사람들의 심리적 건강은 오히려 더 좋아져(Aseltine & Kessler, 1993) 이혼이 건강에 반드시 부정적인 것만은 아니었다. 흥미롭게도 이혼을 제기한 사람들이 이혼을 당한 사람들보다 더 건강하고 더 좋은 면역기능을 지니고 있었다(Dura & Kiecolt-Glaser, 1991).

(3) 심리적 적응

이혼한 부부들은 결혼생활을 하고 있는 부부들보다 더 큰 심리적 괴로움과 더 낮은 수준의 행복 및 더 높은 수준의 우울을 경험하고 더 보잘것 없는 자기개념을 지니고 있다. 그들은 사회적으로 고립되어 있고 더 부정적인 생활사건을 경험하며 덜 만족스러운 성생활을 하는 경향이 있다(Amato, 2000).

또한 아동기에 부모의 이혼을 경험한 사람들은 이혼하지 않은 부모를 가진 사람들보다 성인기에 더 높은 수준의 괴로움과 우울을 경험한다(Ross & Mirowsky, 1999). 그들은 부모의 이혼으로 더 적은 교육을 받고 사회적으로 낮은 지위의 직업에 종사하게 됨으로써 경제적 어려움에 시달리기 때문에 결국 더 높은 수준의 우울을 경험하게 된다는 것이다.

(4) 애착 적응

이혼 후의 건강한 적응은 이전 배우자와 정서적으로 분리될 수 있어야 한다는 것이다(Masheter, 1997). 그러나 자녀가 있을 때, 이혼한 부부들은 자녀 문제로 자주 만나고 협조하지 않을 수 없다.

미국 중류계층의 이혼한 중년 성인들의 87%가 그들의 전 배우자와 매주 혹은 매달 만난다고 보고하였다(Masheter, 1997). 이혼한 부부들이 만나는 이유는 61%가 자녀 때문에, 39%는 경제적 이유로 그리고 33%는 서로 친구이기 때문이라고 응답하였다. 물론 전 배우자와의 접촉이 완전히 좋은 감정만으로 이루어지는 것은 아니며, 일부는 적개심과 분노로 가득차 있었다. 중요한 것은 이전 배우자에게 몰두하지 않고 서로 우정을 나눌 수 있을 때 높은 수준의 정서적 안녕을 경험할 수 있다는 것이다.

그러나 전 배우자와의 접촉은 이혼 후 처음 2년 동안 빈번하며 그 이후에는 점차 감소한다. 일반적으로 이혼의 원인이 자신에게 있다고 생각될 때 이혼한 남녀는 이전 배우자에게 더 많이 애착하는 경향이 있어 이혼 후의 적응에서 더 큰 어려움을 겪는다(Amato & Previti, 2003).

그렇다면 이혼은 남녀 모두에게 긍정적 결과를 가져오는가? 이혼 후 적응에서의 남녀 차이를 연구한 국내결과에 의하면(한경혜 등, 2004), 여성들이 남성들보다 이혼 후에 더 적게 후회하고 이혼을 더 긍정적으로 평가하며 더 잘 적응하였다. 이혼에 대한 한국사회의 부정적 태도와 이혼 후의 경제적 어려움에도 불구하고, 이혼한 여성들의 성공적 적응은 그들의 결혼생활이 그만큼 고통스럽고 힘들었다는 것을 의미한다. 서구의 이혼한 여성들 역시 남성들보다 경제적으로 더 어려운 상황에 처해 있었음에도 이혼 후의 생활에 더 만족하였다(Kitson & Morgan, 1990).

2. 죽 음

1) 죽음이란 무엇인가?

죽음은 모든 사람들이 반드시 직면해야 하는 사건임에도 불구하고, 대부분의 사람들은 어느 날 그들이 살아 있지 않을 것이라는 것을 상상하지 못한다. 죽음은 삶의 정반대의 과정이 아니라 태어나는 것과 같이 전생애적 발달에서 하나의 단계로 인식될 필요가 있다.

(1) 죽음의 의미

죽음은 전생애의 어떤 시점에서나 일어날 수 있는 사건이긴 하지만, 자주 노인과 연합되고 인생후기에 일어날 수 있는 사건으로 인식된다. 실제로 노인들은 젊은 사람들보다 죽음을 더 강하게 인식하고 죽음에 대해 큰 관심을 갖는다(Kalish, 1981). 그러나 노화에 의한 죽음은 자연적 현상이기 때문에 사람들은 노년기의 죽음을 당연시한다.

한 개인의 죽음은 세 개의 차원을 포함한다. 생물학적 죽음, 심리적 죽음 그리고 사회적 죽음이 그것이다. 생물학적 죽음이란 사람이 더 이상 숨을 쉬지 않음으로써 호흡과 심장박동이 정지되고 뇌와 모든 관찰가능한 생명기능에서의 정지를 의미한다. 최근의 의학적 기술은 호흡이나 심장박동과 같은 기본적인 생명기능을 거의 무한히 연장시킬 수 있기 때문에, 서구에서는 불가역적 혼수나 대뇌사망을 개인의 생물학적 죽음으로 간주한다.

심리적 죽음이란 죽어가는 사람과 그의 가족 및 친구들에 의해 경험되는 인지적, 정서적 반응들이다. 자신이 죽어가고 있다는 것을 아는 사람들은 죽음에 대처하는 상이한 반응들을 보인다. 또한 남아 있는 친지나 친구들은 일련의 사별과정을 겪는다. 큐블러-로스(Kübler-Ross, 1969)를 비롯한 연구자

유교식 장례의식

불교식 장례의식

기독교식 장례의식

들은 죽어가는 과정과 사별과정에 대한 연구를 통하여 개인의 심리적 죽음을 규명하려고 하였다.

한편, 사회적 죽음이란 사망과 관련된 제도적 혹은 문화적 의식이나 행사에 해당한다. 임종의식이나 장례식 혹은 유언의 집행 등은 개인의 죽음을 공식화하기 위한 사회적 사건들이다. 지구상에는 개인의 사망과 관련된 다양한 풍습들이 존재한다. 우리나라에서는 각 종교단체마다 상이한 장례의식을 수행함으로써 개인의 죽음을 공식화한다.

(2) 죽음에 대한 지각

사람들은 중년기에 처음으로 자신의 죽음의 문제에 직면한다. 그러나 죽음을 수용할 수 있기 위해서는 좀더 시간이 지나야 한다. 죽음의 수용이란 죽음을 있는 그대로 인정하고 기꺼이 죽을 수 있는 준비를 갖추는 것을 의미한다. 9장에서 설명한 자아통합을 이룬 사람들은 죽음을 수용할 준비를 갖춘 사람들이다.

일반적으로 노인들은 자신의 죽음이 멀지 않다는 것을 깨닫고 죽음에 대한 공포를 점진적으로 약화시킨다. 죽음이 근접해 있기 때문에, 노인들은 죽음을 두려워할 것이라고 생각하기 쉬우나 오히려 그 반대로 노인들은 죽음을 두려워하지 않고 그것의 불가피성을 수용한다(장휘숙, 최영임, 2007; Johanson & Barer, 1997).

죽음에 대한 개념은 일생을 통하여 형성된다. 아동초기에 형성되기 시작한 죽음에 대한 지각은 아동기, 청년기 그리고 성인기를 거쳐서 수정되어 간다. 10대의 청소년들조차도 죽음은 먼 미래에 일어날 수 있는 일로 지각하기 때문에, 청년기 동안에도 죽음에 대한 태도는 비현실적인 채로 남아 있다.

죽음의 개념에 대한 인식은 성인초기에 이르러서야 이루어지기 시작한다. 청년기를 벗어난 성인들은 이제 그 문화에서 수용되는 죽음에 대한 기본적 신념과 태도 및 구성요소들을 획득한다. 그러나 자신의 죽음에 대한 인식은 중년기에 가서야 가능하다. 중년기 동안 개인은 명백한 노화를 경험하기 시작하고 이 시기에 일어나는 다양한 상실과 이별은 자신의 죽음문제에 직면하게 한다. 그러나 죽음을 수용할 수 있기 위해서는 좀더 많은 시간을 필요로 한다.

성인후기에서의 가장 중요한 발달과업은 죽음에 대한 공포를 약화시키는 것이다. 에릭슨(Erikson, 1950)은 노인들이 죽음에 대한 공포를 갖는다면 자아통합을 이루지 못했기 때문이라고 주장하였다. 성인후기의 개인들은 죽음이 임박함을 느끼기 때문에 유언장을 준비하고 재산을 분배하며 죽은 후에 그들이 어떻게 처리되어야 하는지를 논의할 수 있게 된다.

2) 죽어가는 과정

우리는 아무도 죽는 것이 무엇과 같고 죽음 후에 어떤 일이 일어날 것인지를 알지 못한다. 그러나 분명한 사실은 각 개인은 독특한 방식으로 죽어가는 과정을 경험한다는 것이다.

죽어가는 사람의 행동과 태도 그리고 감정은 상실과 분리에 대처하려는 시도라고 말할 수 있다. 정신과 의사인 큐블러-로스(Kübler-Ross, 1969)는 죽어가는 사람들이 다음과 같은 다섯 개의 단계를 경험한다고 제안하였다.

① 단계 1: 부정

의사의 진단을 오진이라고 생각하고 받아들이려고 하지 않는다. "그럴 리가 없어" "뭔가 잘못되었을거야"라는 반응을 보이면서 다른 의사를 찾는다.

② 단계 2: 분노

죽음이 임박했다는 현실에 대해 분노를 터뜨린다. "왜 나만 죽어야 하는가"라고 생각하고 가족, 친구 및 의료인에까지 화를 내고 원망한다.

③ 단계 3: 타협

자신의 죽음을 받아들이는 대신에 아직 처리하지 못한 일들을 끝마칠 수 있도록 죽음을 연기할 수 있기를 소망한다. 신이나 의료진에게 도와줄 것을 간청하고 죽음이 연기될 수 있도록 타협하고자 한다.

④ 단계 4: 우울

죽을 수밖에 없는 현실을 받아들인다. 그러나 질병에 기인된 외모의 변화는 물론 사랑하는 사람들과 헤어질 수밖에 없는 현실은 환자를 우울하게 만든다. 죽음의 준비로서의 우울은 자주 침묵으로 표현되고 타인으로부터의 격려를 필요로 한다.

⑤ 단계 5: 수용

죽음을 수용함으로써 환자의 우울이나 분노 혹은 슬픔이 사라진다. 죽음의 불가피성을 인정하고 마음의 평화를 회복한 후 임종을 맞는다.

큐블러-로스의 제안에도 불구하고, 개인의 죽어가는 과정은 일정한 단계를 거쳐가지 않는다. 죽음에 이르는 부정, 분노, 타협, 우울 그리고 수용의 과정은 논리적 단계일 뿐 실제로 분노나 우울이 먼저 나타날 수도 있고 몇 단계를 동시에 거칠 수도 있다. 따라서 다섯 개의 단계는 오히려 다섯 가지 종류의 반응으로 보아야 한다고 주장하는 연구자들도 많이 있다.

죽어가는 사람들이 사망 전에 우울해한다는 보고는 많이 있으나(Metzger, 1980) 최종적 단계인 죽음의 수용단계는 거의 나타나지 않았다(Baugher 등, 1989-1990). 많은 사람들은 죽는 순간까지 건강을 회복하기 위하여 노력한다. 실제로 개인의 죽음은 성별이나 연령, 성격, 발달수준 혹은 소속된 문화의 영향을 받기 때문에, 죽어가는 과정의 보편적 양식은 존재하지 않는다고 카스텐바움 등(Kastenbaum & Thuell, 1995)은 주장하였다.

3) 알 권리와 죽을 권리

죽어가는 사람들에게 그들의 죽음이 임박했음을 알려야 하는지 아닌지는 오랫동안 논란이 되어 온 문제이다. 최근에 와서 많은 의사들은 환자에게 진실을 이야기해 주어 죽음을 준비할 수 있도록 도와주어야 한다고 생각하는 추세에 있다.

그러나 아직도 환자의 가족이나 친구들은 환자 자신이 스스로 눈치챌 때까지 "곧 좋아질거야" "모든 것이 잘 될거야"라고 말하면서 환자를 안심시키려고 노력한다. 물론 죽음이 얼마 남지 않았음을 알리는 것이 바람직하다고 해서 죽어가는 사람에게 죽음에 대해 이야기하도록 강요해서는 안 될 것이다.

동시에 죽어가는 사람이 자신의 죽음을 결정할 권리가 있는지의 문제가 있다. 환자가 회복될 수 없는 불치병에 걸려 있음에도 불구하고, 단지 생명을 연장시키는 값 비싸고 고통스러운 의학적 절차를 계속할 것인가? 아니면 삶을 끝내기를 원하는 환자나 가족의 소망을 들어 주어야 하는가?

이와 같은 생명윤리적(bioethical) 딜레마는 다음과 같은 세 가지 질문으로 요약될 수 있다.

① 가족들은 단지 생명만을 연장시킬 수 있는 의학적 기술을 이용해야만 하는가?

② 생명의 질이나 길이는 누가 결정하는가?

③ 진보된 의학적 기술의 사용은 누구에게 가장 큰 피해를 주는가?

이 문제에 관한 최근의 추세는 죽어가는 환자 본인이 가능한 한 많은 자율성을 지닐 수 있어야 한다는 것이다. 다시 말하면 극심한 통증으로 신음하고 극도의 쇠약으로 알아볼 수 없을 정도로 초췌하게 될 때, 소위 '위엄을 갖춘 죽음' (death with dignity)이 가능하도록 죽어가는 사람이 자신의 죽음에 대한 통제력을 지닐 수 있어야 한다는 것이다. 어떤 사람들은 그들이 건강할 때, 만약 불치의 상해나 병으로 식물인간이 된다면 죽기를 원한다는 문서인, 생전유서(living will)를 만들어 두기도 한다.

4) 배우자와의 이별

일생을 통하여 개인은 성장과 발달의 일부로서 상실을 경험한다. 모든 상실은 사람을 슬프게 하지만, 상실한 대상과의 애착 정도에 따라 슬픔의 길이와 강도는 달라진다. 여러 가지 상실경험 중 사랑하는 사람의 죽음은 인생에서 큰 스트레스를 불러일으키는 고통스러운 사건 중의 하나이다.

특히 배우자의 죽음은 남녀 모두의 삶에 큰 변화를 일으키고 극심한 고통을 경험하게 한다. 성인중기와 후기 동안 배우자와의 사별은 남성들보다 여성들에서 더 많이 일어나므로 홀아비보다 미망인들이 더 많이 발생한다. 여성의 역할이 아내와 가정주부의 역할에 한정되어 있었던 미망인들은 직업을 가진 여성들보다 자신에 대한 정체감을 변화시켜야 하기 때문에 더 큰 어려움을 경험한다.

(1) 슬픔의 수레바퀴 모델

스팽글러와 데미(Spangler & Demi, 1988)는 배우자의 상실에 대한 반응을 그림 10-2와 같이 슬픔의 수레바퀴(grief wheel) 모델로써 설명하였다. 이 모델에 의하면, 질병이 나타날 때까지 평탄하게 계속되던 개인의 생활이 배우

그림 10-2 슬픔의 수레바퀴 모델

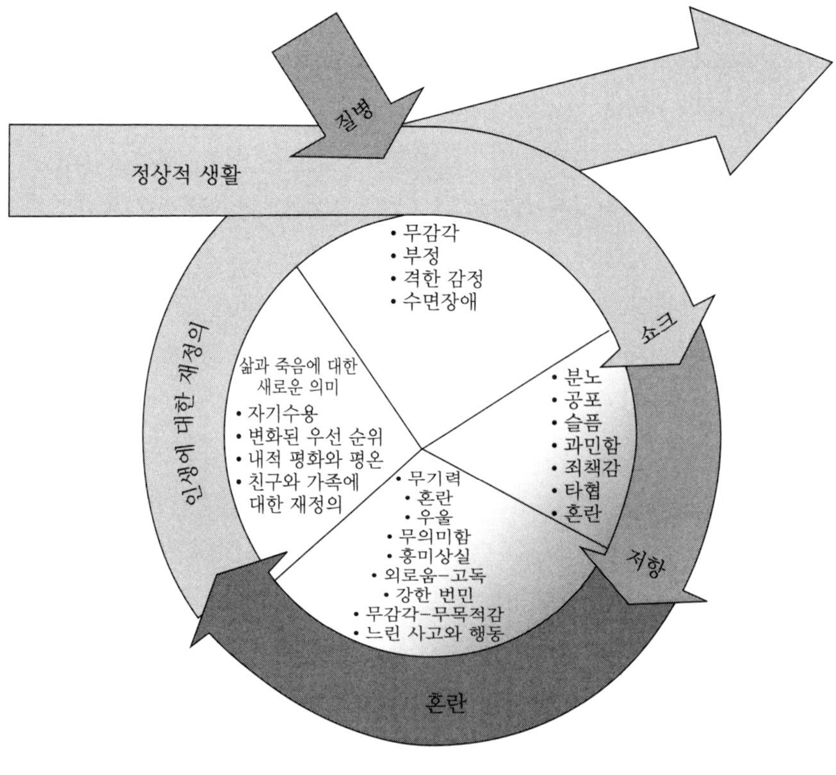

출처: Spangler & Demi, 1988.

자의 상실에 의해 쇼크를 받으면서 혼란에 빠진다. 쇼크, 저항, 혼란 그리고 인생에 대한 재정의로 구성되는 네 개의 반응단계는 큐블러-로스의 죽어가는 과정과 유사하다. 슬픔의 수레바퀴 모델은 배우자와 사별한 사람은 물론 가까운 친척이나 친구의 죽음에 의해 영향받는 사람들에게 적용될 수 있다. 상실에 대한 네 개의 반응단계를 설명하면 다음과 같다.

① 쇼 크

상실에 대한 최초의 반응은 쇼크나 혼란 혹은 부정(denial)으로 나타난다. 쇼크는 자주 울음으로 표현되고 우울증과 연합된 식욕상실, 수면장애 등의 증후를 보인다.

② 저 항

분노나 공포 혹은 죄책감과 같은 더 강한 우울증후들이 나타난다. 강한 상실의 고통은 그것으로부터 벗어날 수 있는 가능성을 증대시킨다.

③ 혼 란

슬픔이 극도에 도달한 상태로서 무감각과 철회증상이 나타난다. 극도의 우울증상과 함께 이별한 사람의 소유물에 대한 강한 애착을 보인다. 떠나간 사람이 쓰던 물건을 그대로 보관하고 무덤을 자주 방문한다. 이 단계는 슬픔의 최하위점에 도달한 상태로서 상실 그 자체를 수용하거나 혼란된 상태를 그대로 유지하거나 해야 한다.

④ 인생에 대한 재정의

사랑하는 사람과의 애착을 끊음으로써 상실로부터 회복될 수 있다는 인식이 싹튼다. 상실의 고통을 충분히 경험하고 내성할 시간을 갖게 되면 떠나간 사람이 제외된 생활과 타협할 수 있다. 그들은 개인적 우선 순위와 목표를 재평가하고 재정의하며 점차 상실 이전의 생활로 회복한다.

슬픔의 수레바퀴 모델은 큐블러-로스의 죽어가는 과정과 동일하게 사별한 사람의 슬픔이 연속적 과정을 거쳐 이루어지지 않는다는 점에서 비판을 받는다. 때로 사별과정의 각 단계들이 중복되게 경험될 수도 있고 이전 단계로 후퇴할 수도 있다. 동시에 이 모델은 개인차를 허용하지 않을 뿐 아니라 어떤

배우자의 상실은 인생에서 가장 고통스러운 사건이다.

사람들은 네 개의 단계를 모두 거치지 않고 상실에 적응할 수 있으므로 비판의 대상이 되고 있다.

(2) 사별의 슬픔에 영향을 주는 요인들

배우자와의 사별 후 슬픔을 느끼는 강도나 슬픔의 지속기간은 개인의 성별과 연령, 성격, 결혼생활의 질 및 개인이 소속한 문화에 따라 달라진다(Carr 등, 2000).

① 성 별

남녀 모두 사별한 사람들은 더 높은 수준의 정서적 괴로움과 우울을 보고하지만, 여성들보다는 남성들이 더 부적응적 상태를 나타낸다(Lee 등, 2001). 남성들은 배우자를 제외한 다른 사람들과 친밀한 관계를 형성한 경험이 거의 없기 때문에 아내와의 사별 후 사회적 유대를 유지하는 것이 어렵다. 그들은 사별한 여성들보다 더 적은 친구를 갖는 것은 물론 사회적 접촉양도 더 적기 때문에 강한 외로움을 느끼고 우울증에 빠진다. 더욱이 가사일은 물론 자신을 돌볼 준비를 미쳐 갖추지 못한 남성들은 혼자의 생활에서 큰 어려움을 겪으며 자살을 기도할 가능성도 있다.

② 연 령

사별에 대한 슬픔반응은 연령에 따라서도 차이가 있다. 죽음에 대한 이해능력이 부족한 어린 아동들도 부모의 죽음에 대해 슬픔을 경험하지만, 그들은 심리신체적 증상으로 슬픔을 표현한다. 즉 야뇨증이나 퇴행적 행동 혹은 공격성의 표출로써 슬픔에 반응한다. 초등학교 연령에 이르면 아동들은 죽음에 대한 보다 발달된 개념을 갖게 되므로 죄책감에서부터 남은 부모를 위로하는 것까지 다양한 반응을 보인다.

부모의 죽음에 대한 청소년들의 반응은 성인과 매우 유사한 패턴을 나타낸다. 성인과 같이 청소년들을 장례식이나 추도식에 참석하게 하고 솔직하게 감정표현을 하도록 허용하면 행동문제를 노출함이 없이, 청소년들은 슬픔을 극복할 수 있다.

특히 중년의 성인들은 더 젊은 성인이나 노인들보다 사별에 의한 부정적 영향을 더 크게 받으며 건강이 악화되는 양상을 보인다. 더욱이 성인들은 배우자가 만성적 질병 후에 사망하거나 예기치 않게 갑작스럽게 사망한 경우에도 슬픔의 강도에서 차이를 보임이 없이 강한 슬픔으로 고통을 받는다 (Perkins & Harris, 1990).

③ 성 격

일반적으로 의존적 성격을 지니고 있는 사람들이 극심하고 연장된 기간의 슬픔을 경험한다. 일상생활에서 그들은 승인욕구를 충족시키기 위해 유의미한 타인에게 의존할 뿐 아니라 좌절에 대한 낮은 인내와 높은 불안수준을 지니고 있다. 따라서 그들이 의존했던 유의미한 타인과의 이별은 그들에게 큰 슬픔과 고통을 경험하게 한다. 특히 남편의 도구적 도움(경제문제와 수선과 같은 가사일)에 더 많이 의존한 여성들일수록 사별한 남편을 더 많이 그리워하고 더 큰 불안을 경험한다.

④ 결혼생활의 질

사별 이전의 결혼생활의 질도 사별 후의 적응에 영향을 준다. 배우자 생존시에 더 많은 갈등을 경험한 부부들은 부부관계가 가까웠던 사람들보다 사별한 배우자를 더 적게 그리워하였다.

⑤ 문 화

문화는 소속한 사람들에게 어떻게 슬픔을 표현할 것인지를 가르친다. 슬픔의 강도는 물론 슬픔의 기간도 문화에 의해 규정되기 때문에, 장례식 절차나 탈상기간과 관련된 많은 문화적 변이들이 존재한다.

특히 죽음과 연결된 문화적 의식들은 남은 사람들이 슬픔을 극복하는 것을 돕는 역할을 한다. 장례식이나 추도식의 다양한 행사들, 장례 후의 재산분배나 유품정리, 묘비건립 및 무덤방문 등에 의해 유족들은 배우자나 가까운 사람의 죽음을 수용하고 슬픔을 극복할 수 있도록 도움을 받는다.

사별에 적응하기 위해 미망인들은 배우자를 잃은 슬픔을 표현할 필요가 있다. 그들은 확대된 친구관계를 유지하면서 스스로 독립적으로 살아갈 수 있는 능력을 길러야 한다. 미망인들은 자녀나 손자녀들과 더 많은 시간을 보낼 수도 있고 각종 교육이나 직업훈련을 받을 수도 있으며 자원봉사자로서 활동하거나 재혼할 수도 있다.

홀아비가 된 남성들도 자신의 개인적 성장을 위해 시간을 투자하거나 손자녀와 더 자주 접촉함으로써 어려운 시기를 벗어날 수 있다. 그들은 미망인들보다 더 쉽게 재혼함으로써 사별의 고통에서 벗어나기도 한다.

참고문헌

강인(2003). 성공적 노화의 지각에 관한 연구. **노인복지연구**, 20, 95-116.

고병익(1996). **동아시아의 전통과 변용**. 문학과 지성사.

고보선, 유용식(2004). 노인학대 유형별 대처전략에 관한 연구. **노인복지연구**, 23, 83-105.

권미경, 지영숙(2005). 동거에 대한 고찰. **생활과학**, 8, 1-19.

권용혁 외(2004). **한, 중, 일 3국의 의사소통 구조 비교**. 이학사.

권중돈(2004). 노인학대에 영향을 미치는 요인. **한국노년학**, 24(1), 1-19.

김경원, 김태현(2005). 질적 연구를 통한 독신동기 요인과 남녀차이. **대한가정학회지**, 43(6), 61-79.

김교헌(2004). 남자의 질투와 여자의 질투: 연인관계에서의 질투의 성차. **한국심리학회지: 건강**, 9(4), 771-792.

김명자(1988). **중년기 위기감 및 그 관련변인에 관한 연구**. 이화여자대학교 대학원, 박사학위 논문.

김민녀, 채규만(2006). 가족생활주기에 따른 기혼자의 결혼만족도. **한국심리학회지: 건강**, 11(4), 655-671.

김밀양(2004). 고부관계 연구에 대한 이론적 고찰. **한국가족관계학회지**, 9(2), 173-187.

김선영, 김영희(2005). 결혼만족도와 이혼의도에 관련된 부부관계요인: 신혼 초와 현재 결혼생활의 변화. **대한가정학회**, 43(9), 41-57.

김수연, 강병구, 김득성(1998). 순환모델에 따른 정상가족과 문제가족의 특성 비교. **한국가족복지학**, 3(2), 17-37.

김애순(2001). **독신, 그 멋과 매력**. 도서출판 보람문화사.

김영희, 정선영(2007). 부부갈등과 결혼만족도-갈등대처방식의 조절효과. **한국가정관리학회지**, 25(5), 65-82.

김오남(2005). 한부모가족 여성가장의 심리적 안녕—가족적, 사회적 요인을 중심으로—. **대한가정학회지**, 43(1), 129-144.

김오남(2006). 여성 결혼이민자의 부부갈등 및 학대에 관한 연구—사회문화적 요인을 중심으로. 한국가족복지학, 18, 33-76.

김원경, 권희경, 전제아(2006). 부모양육행동, 아동의 우울 및 자기효능감과 아동의 문제해결력간의 구조모델. 아동학회지, 27(3), 67-78.

김태길(1982). 한국인의 가치관 연구. 문음사.

김태현, 이영자(2005). 청소년이 지각한 부모와의 의사소통과 가족기능이 자아존중감에 미치는 영향. 한국가족관계학회지, 10(3), 173-193.

김한곤(2003). 미국거주 한인노인들의 노인학대 실태: 캘리포니아주 산타클라라 카운티를 중심으로. 한국노년학, 23(4), 67-83.

김헌수, 김현실, 민병근(1994). 불임부부의 부부역동적 고찰. *The Ulsan Univ. Med J. 3*(1), 78-83.

김형수(2006). 생애주기별 자살현황과 예방대책. 노인복지 연구, 34(가을호), 271-292.

김혜영(2001). 한국 대학생의 가족주의 변화: 성별 격차를 중심으로. 한국청소년연구, 12(1), 79-105.

김혜영, 장화정(2002). 아동학대 유형별 영향을 미치는 부모위험요인에 관한 연구. 아동권리연구, 6(2), 269-286.

나은숙, 정익중(2007). 아동학대 유형별 우울성향, 자기효능감, 학업성취간의 관계. 아동학회지, 28(4), 35-49.

남영주, 옥선화, 김지애(2006). 삼,사십대 기혼남녀의 성적 의사소통과 결혼의 질. 대한가정학회지, 44(2), 113-126.

남주희(2007). 가족가치관에 영향을 미치는 요인. 성균관대학교 석사학위 논문.

노충래(2002). 아동 및 가해자의 특성에 따른 아동학대의 심각성 예측요인에 관한 연구. 한국아동복지학, 13, 123-154.

박명숙(2002). 아동학대 유발요인으로서 장애아동부모의 스트레스에 관한 연구. 한국사회복지학, 51, 311-327.

박상화, 한정호(2000). 콘돔사용과 성병 및 에이즈 예방. 인구의학연구논집, 13(1), 66-73.

박영옥(1987). 가족생활주기에 따른 부부갈등에 관한 조사. 건국대학교 대학원, 석사학위 논문.

박영화, 고재홍(2005). 부부의 자존감, 의사소통방식, 및 갈등대처행동과 결혼만족도간의 관계: 자기효과와 상대방효과. 한국심리학회지: 사회 및 성격, 19(1), 65-83.

박정숙, 양수(2005). 알코올중독자 부부의 의사소통 유형과 효율성에 관한 연구. 정신간호학회지, 14(3), 231-239.

박충선, 이영석, 정일선(2003). 농촌 여성노인 가구의 손자녀 양육실태와 정책과제. 경북여성정책개발원.

박해용(2004). 심층면접을 통해 본 한국 가족의 대화 만족도에 따른 의사소통 구조 비교.

박희(1997). 한국의 가족주의적 조직원리와 공공성의 문제. 서원대 호서문화논총, 11, 55-58.

배진희, 정미순(2007). 노인학대 영향 요인의 성별 비교 연구. 노인복지연구, 36, 35-62.

보건복지부(2007). 2007년 노인복지시설현황.

보건복지부 · 중앙아동학대 예방센터(2002). 아동학대 현황보고서, 2003. 6.

손애리, 천성수(2005). 전국 대학생의 성의식, 첫 성경험 및 성행동에 대한 성차. 보건과 사회과학, 18, 73-100.

송성자(1985). 한국 부부간의 의사소통 유형과 가족문제에 관한 연구—의사소통 가족치료이론을 중심으로. 숭실대학교 대학원, 박사학위 논문.

신민섭, 오경자, 홍강의, 김혜숙(2004). 가정 폭력이 배우자 및 자녀의 심리적 적응에 미치는 영향. **한국심리학회지: 임상, 23**(3), 611-636.

양성은(2004). 문화기술적 의사결정 모델에 따른 대학생들의 무자녀가족에 관한 인식연구. **한국가정관리학회지, 22**(5), 149-159.

옥선화(1988). **현대 한국인의 가족주의 가치에 관한 연구**. 서울대학교 대학원, 박사학위 논문.

옥선화, 정민자(1995). **결혼과 가족**. 하우.

유영주, 김순옥, 김경신(2004). **가족관계학**. 교문사.

유정이, 금명자, 이지은, 이호준, 김수리(2006). 이혼경험에 대한 질적 분석—부모 경험과 부모자녀 관계를 중심으로—. **한국심리학회지: 상담 및 심리치료, 18**(1), 157-176.

윤영효(1994). **시집 안간 여자, 시집 못간 여자**. 삼진기획.

은기수(2004). **한국의 가족가치에 관한 국제비교: 세대간 가치의 양극화**. 한국정신문화원.

은기수, 장혜경(2004). 한국가족은 어떤 모습인가?: 가족가치관과 혼인 및 출산. **여성부 "전국가족조사"에 따른 한국가족의 현실과 정책전망 세미나 자료집**, 19-34.

이경성(2001). 이혼의도 시도 및 계획에 영향을 미치는 요인. **한국심리학회지: 여성, 6**(2), 97-119.

이광규(1981). **한국사회의 심리문제**. 일지사.

이광규(1995). 현대 가족의 당면문제. 한국가족학회 편, **한국가족문제—진단과 전망** (pp. 3-5). 도서출판 하우.

이기숙 외 6인(2001). **결혼의 기술**. 학지사.

이병록(2006). 노인복지시설의 유형에 따른 시설사회화의 차이. **노인복지연구, 33**, 155-176.

이상현, 김인주, 김도원, 곽기우, 이혜리, 윤방부, 김윤진(1991). 가족생활주기에 따른 가족만족도 및 결혼만족도. **가정의, 12**(8), 1-9.

이성희, 한은주(1998). 부양자의 노인학대경험과 관련요인. **한국노년학, 18**(3), 123-141.

이시연, 박은미(2004). 아동학대 인터넷상담 사례에 대한 내용분석 연구. **한국사회복지학, 56**(4), 291-316.

이영숙, 김정옥(2002). 부모-자녀간의 의사소통 유형이 청소년 자녀의 심리적 복지에 미치는 영향. **한국가족관계학회지, 7**(2), 133-159.

이영주(1984). 한국도시가족의 가족생활주기 모형 설정에 관한 연구. **한국가정관리학회지, 2**(1), 111-129.

이은애, 정연강, 염순교, 정혜경, 김경희, 권혜진(2001). 불임가족의 불임에 관한 주관성 연구. **한국모자보건학회지, 5**(1), 43-54.

이재연, 한지숙(2003). 아동과 부모, 가족환경 특성에 따른 아동학대 실태연구. **아동학회지, 24**(2), 63-78.

이정순, 박성연(1991). 부부간 커뮤니케이션 유형에 관한 연구. **대한가정학회지, 29**(3), 127-142.

이정우, 김규원(1989). 청소년기 자녀가 지각한 어머니와의 커뮤니케이션 유형 및 만족도 연구. **대한가정학회지, 27**(3), 147-159.

이창덕(2006). 한국 가족의 의사소통 문제와 개선방안. 한국화법학회, **화법연구, 9**, 351-388.

이현기(2005). 아동학대 유형별 위험요인에 관한

연구. 사회복지정책, 23, 77-108.

이현지(2005). 한국사회의 가족문화의 실태와 새로운 가족문화에 대한 모색. 한국학논집, 32, 421-450.

임점숙(2000). 아버지와 자녀의 의사소통 유형에 따른 자녀의 우울성향. 전남대학교 석사학위논문.

장해순, 강태완(2005). 부모-자녀간 의사소통이 자녀의 자아존중감과 자기효능감에 미치는 영향. 커뮤니케이션학 연구: 일반, 13(2), 104-130.

장현숙(2002). 독신의 심리적 성향에 대한 연구. 한국가정관리학회지, 20(6), 185-195.

장휘숙(1993). 자기효율성의 특성에 관한 관련연구의 개관. 한국심리학회지: 발달, 6(2), 16-22.

장휘숙(1994). 한국 대학생의 성에 대한 가치관 연구. 한림과학원 논총.

장휘숙(2001). 정신병리를 차단하는 요인으로서의 탄력성. 한국심리학회지: 발달, 14(1), 113-127.

장휘숙(2002). 애착과 사랑양식 및 관련변인들의 관계. 한국심리학회지: 발달, 15(4), 93-111.

장휘숙(2002). 여성심리학. 박영사.

장휘숙(2004). 부모-자녀 갈등—부모와 청소년자녀, 노부모와 성인자녀 및 고부간의 갈등. 2004년도 한국심리학회 대회심포지움 논문집, 29-52.

장휘숙(2006). 성인심리학. 박영사.

장휘숙(2006). 성인후기의 자아정체감 발달과 중재. 한국발달심리학회 2006년 학술대회 및 심포지움. 발달심리학의 기초와 응용의 만남: 전생애적 관점에서. 129-141.

장휘숙(2007). 성공적 노화에 이르는 길: 성공적 노화의 개념과 전략. 고령화 시대를 성공적으로 살기—고령화 사회의 심리학. 2007년 한국심리학회 대외심포지움 및 워크샵 자료집, 15-30.

장휘숙(2007). 전생애 발달심리학. 박영사.

장휘숙, 최영임(2004). 대화에서의 중단: 본인의 성, 대화상대자의 성 및 친밀도의 영향. 한국심리학회지: 발달, 17(3), 137-152.

장휘숙, 최영임(2007). 대학생과 노인의 죽음공포와 죽음불안 및 생활만족의 관계. 인간발달연구, 14(4), 105-122.

전귀연, 최보가(1993). 청소년이 지각한 가족응집성, 가족 적응성 및 가족체계 유형이 부모-청소년기 자녀관계에 미치는 영향. 대한가정학회지, 31(3), 157-173.

중앙아동보호전문기관(2007). http://korea1391.org

천혜경, 최혜경, 강인(2006). 결혼지속년수에 따른 부부갈등 및 갈등대처방법의 차이와 결혼불안정성에 미치는 영향. 한국가족관계학회지, 11(1), 179-202.

최선남(1990). 청소년의 어머니와의 의사소통유형과 갈등표출방법에 관한 연구. 영남대학교 석사학위논문.

최인재(2007). 부모-자녀간 의사소통이 청소년기 자녀의 자아분화 및 우울과 불안에 미치는 영향. 한국심리학회지: 임상, 26(3), 611-628.

최재석(1982). 한국가족연구. 일지사.

최혜경, 강진경, 신수진(1999). Sternberg의 사랑의 삼각이론의 한국부부에의 적용. 한국가정관리학회지, 17(4), 47-59.

최혜경, 백지은, 서선영(2005). 노인들의 인식을 통한 한국적인 성공적 노화의 개념. 한국가정관리학회지, 23(2), 1-10.

통계청(2006). 2006 인구동태통계연보.

통계청(2006). 2006 한국의 사회지표.

통계청(2007). www.kosis.kr.

한건수(2006). 농촌지역 결혼이민자 여성의 가족생활과 갈등 및 적응. 한국문화인류학, 39(1), 195-243.

한경혜, 김주현, 강혜원(2004). 성인 남녀의 이혼과정 각 단계에서의 성별차이. 한국가족관계학회지, 9(2), 93-118.

한국여성개발원(2004). 전국 가족조사 및 한국 가족보고서.

한국형사정책연구원(1995). 노인의 범죄 및 범죄피해에 관한 연구.

한국형사정책연구원(2003). 가정폭력의 실태와 대책에 대한 연구.

한성열(1993). 한국가족의 형태와 발달의 과제. 한국심리학회 심포지움 발표논문.

한은주, 김태현(2000). 노인학대의 원인에 대한 생태학적 연구. 한국노년학, 20(2), 71-89.

한주리, 허경호(2005). 가족 의사소통 패턴과 자녀의 자아존중감, 자아노출, 내적 통제성 및 의사소통능력과의 관계. 한국언론학보, 49(5), 202-228.

함인희 외(2002). 우리 동거할까요. 도서출판 코드.

함진선, 이장한(2006). 질투의 성차와 문화차: 한국과 미국 대학생을 대상으로. 한국심리학회지: 일반, 25(2), 143-155.

홍달아기(2003). 대학생의 배우자 선택성향에 관한 연구. 한국가족관계학회지, 8(1), 75-97.

홍성례(2007). 낭만적 애착과 자아존중감 및 사랑유형의 관계. 한국가정관리학회지, 25(1), 169-182.

홍은표(1984). 한국 도시가족원의 가족기능에 대한 기대도 연구. 중앙대학교 대학원, 석사학위 청구논문.

Acitelli, L. K. (1992). Gender differences in relationship awareness and marital satisfaction among young married couples. *Personality and Social Psychology, 18*, 102–110.

Adams, D. (1990). Identifying the assaultive husband in court: You be the judge. *Response to the Victimization of Women and Children, 13*(1), 13–16.

Ade-Ritter, L. (1985). Quality of marriage: A comparison of golden wedding couples and couples married less than 50 years. *Journal of Changing Patterns, 7*(4), 85–98.

Ainsworth, M. D. S., Blehar, M. C., Waters, E., & Wall, S. (1978). *Patterns of attachment: A psychological study of the Strange Situation.* Hillsdale, NJ: Erlbaum.

Albert, M. S., Savage, C. R., Jones, K., Berkman, L., Seeman, T., Blazer, D., & Rowe, J. W. (1995). Predictors of cognitive change in older persons: MacArthur Studies of Successful Aging. *Psychology and Aging, 10*, 578–589.

Aldous, J. (1978). *Family careers: Developmental change in families.* New York: Wiley.

Aldous, J. (1990). Perspectives on family change. *Journal of Marriage and the Family, 52*(3), 571–583.

Alissa, C. H., Alytia, A. L., & Michael A. S. (2001). The direct and indirect effects of domestic violence on young children's intellectual functioning. *Journal of Family Violence, 16*(3), 269–290.

Allen, K. R., & Farnsworth, E. B. (1993). Reflexivity in teaching about families. *Family Relations, 42*(3), 351–356.

Amato, P. R. (2000). The consequences of divorce for adults and children. *Journal of Marriage and the Family, 62*(4), 1269–1288.

Amato, P. R., & Previti, D. (2003). People's reasons for divorcing: Gender, social class, the life course, and adjustment. *Journal of Family Issues, 24*, 602–626.

Ammerman, R. T., Kolko, D. J., Kirisci, L., Blackson, T. C., & Dawes, M. A. (1999). Child abuse potential in parents with histories of substance use disorder. *Child Abuse & Neglect, 23*(12), 1225–1238.

Andrews, F. M., Abbey, A., & Halman, L. J. (1991). Stress from infertility, marriage factors, and subjective well-being of wives and husbands. *Journal of Health and Social Behavior, 32*(2), 238–253.

Antonucci, T. C., Akiyama, H., & Lansford, J. (1998). Negative effects of close social relations. *Family Relations, 47*, 379–384.

Appel, A., & Holden, G. (1998). The co-occurrence of spouse and physical child abuse: A review and appraisal. *Journal of Family Psychology, 12*(4), 578–599.

Arond, M., & Pauker, S. L. (1987). *The first year of marriage.* New York: Warner Books.

Aseltine, R. H., Jr., & Kessler, R. C. (1993). Marital disruption and depression in a community sample. *Journal of Health and Social Behavior, 34*, 237–251.

Ashner, L., & Meyerson, M. (1990). *When parents love too much: What happens when parents won't let go.* New York: William Morrow.

Bahr, K. (1990). Student responses to genogram and family chronology. *Family Relations, 39*, 243–249.

Baltes, P. B., & Baltes, M. M. (1990). Psychological perspectives on successful aging: The model of selective, optimization with compensation. In P. B. Baltes and M. M. Baltes (Eds.), *Successful aging: Perspective from the behavioral sciences* (1–34). Cambridge, UK: Cambridge Univ. Press.

Baltes, P. B., & Kunzmann, U. (2004). The two faces of wisdom: Wisdom as a general theory of knowledge and judgment about excellence in mind and virtue versus wisdom as everyday realization in people and products. *Human Development, 47*(5), 290–299.

Bandura, A. (1977). *Social learning theory.* Englewood Cliffs, NJ: Prentice Hall.

Bandura, A. (1995). *Self-efficacy in changing societies.* New York: Cambridge University.

Barbach, L. (1982). *For each other: Sharing sexual intimacy.* Garden City, NY: Doubleday.

Barber, B. (1994). Cultural, family, and personal contexts of parent–adolescent conflict. *Journal of Marriage and the Family, 56*, 375–386.

Barnes, H. L., & Olson, D. H. (1982). Parents–adolescent communication on Olson, D. H., Mccubbin, H. I., Barnes, H., Larson, A., Muxen, M., & Wilson, M. *Family inventories, family social science.* Minnesota: Univ. of Minnesota.

Barranti, C. C., & Ramirez, A. (1985). The grandparent/grandchild relationship: Family resource in and era of voluntary bonds. *Family Relations, 34*(3), 343–352.

Basow, S., & Rubenfeld, K. (2003). Troubles talk: Effects of gender and gender–typing. *Sex Roles, 48*, 3/4, 183–187.

Baugher, R. J., Burger, C., Smith, R., & Wallston, K. (1989–1990). A comparison of terminally ill persons at various time periods to death. *Omega, 20*, 103–115.

Baumrind, D. (1971). Current patterns of parental authority. *Developmental Psychology Monographs, 4*(1), 1–102.

Beaubien, C. O. (1970). *Adolescent-parent communication styles.* The Pennsylvania State Univ. Ph.D. dissertation.

Bell, R. (1983). *Parent-adolescent interaction.* Unpublished Ph.D. University of Minnesota, St. Paul MN.

Bell, R., Daly, J., & Gonzales, C. (1987). Affinity–maintenance in marriage and marriage satisfaction. *Journal of Marriage and the Family, 49*(2), 445–455.

Belsky, J. (1981). Early human experience: A

family perspective. *Developmental Psychology, 17,* 3–23.

Belsky, J. (1984). The determinants of parenting: A process model. *Child Development, 55,* 83–96.

Belsky, J., Fish, M., & Isabella, R. (1991). Continuity and discontinuity in infant negative and positive emotionality: Family antecedents and attachment consequences. *Developmental Psychology, 27,* 421–431.

Bem, S. L. (1975). Androgyny vs. the tight little lives of fluffy women and chesty men. *Psychology Today, 9*(4), 58–59ff.

Bem, S. L. (1996). Transforming the debate on sexual inequality: From biological differences to institutionalized androcentrism. In J. Chrisler, C. Golden, & P. Rozee (Eds.), *Lectures on the Psychology of Women* (pp. 9–12). New York: McGraw–Hill.

Bichoff, G. P., Stith, S. M., & Wilson, S. M. (1992). A comparison of the family systems of adolescent sexual offenders and non–sexual offending delinquents. *Family Relations, 41*(3), 318–323.

Bigner, J. J. (1994). *Individual and family development.* Prentice–Hall Inc.

Bigner, J. J. (1998). *Parent-child relations: An introduction to parenting* (5th ed.). Upper Saddle River, NJ: Prentice–Hall.

Blackwell, D. (1998). Marital homogamy in the United States: The influence of individual and paternal education. *Social Science Research, 27*(2), 159–164.

Blood, R. O., & Wolfe, D. M. (1960). *Husbands and wives: The dynamics of married living.* New York: Free Press.

Bluestone, C., & Tamis–LeMonda, C. S. (1999). Correlates of parenting styles in predominantly working– and middle–class African American mothers. *Journal of Marriage and the Family, 61,* 881–893.

Blumberg, R. L., & Winch, R. F. (1977). Social complexity and familial complexity: Evidence for the curvilinear hypothesis. *American Journal of Sociology, 77,* 898–920.

Blumstein, P., & Schwartz, P. (1983). *American couples: Money, work, and sex.* New York: Morrow.

Bohannan, P. (1970). The six stations of divorce. In *Divorce and After.* edited by P. Bohannan, New York: Doubleday.

Booth, A., & Johnson, E. (1988). Premarital cohabitation and marital success. *Journal of Family Issues, 9,* 387–394.

Bornstein, M. H. (1995). Parenting infants. In M. H. Bornstein (Ed.), *Handbook of Parenting, 1: Children and Parents* (pp. 3–39). Hillsdale, NJ: Erlbaum.

Boss, P. B. (1987). Family stress. In M. B. Sussman & S. K. Steinmetz (Eds.), *Handbook of marriage and the family* (pp. 695–723). New York: Plenum.

Bowlby, J. (1980). *Attachment and loss.* 3 Vols. New York: Basic Books.

Bradbury, T. N., & Karney, B. R. (1993). Longitudinal study of marital interaction and dysfunction: Review and analysis. *Clinical Psychology Review, 13*, 15–28.

Braver, S. L., Whitley, M., & Ng, C. (1993). Who divorced whom? Methodological and theoretical issues. *Journal of Divorce and Remarriage, 20*, 1–19.

Bretschneider, J., & McCoy, N. (1988). Sexual interest and behavior in health 80–to 102–year–olds. *Archives of Sexual Behavior, 17*(2), 109–128.

Brewster, K., & Padavic, I. (2000). Change in gender–ideology, 1977–1996: The contributions of intracohort change and population turnover. *Journal of Marriage and the Family, 62*(2), 477–488.

Bringle, R. G., & Bagby, G. (1992). Self–esteem and perceived quality romantic and family relationships in young adults. *Journal of Research in Personality, 26*(4), 340–356.

Bronfenbrenner, U. (1979). *The ecology of human development.* Cambridge, MA: Harvard University Press.

Bronfenbrenner, U. (1989). Ecological systems theory. *Annals of Child Development, 6*, 187–249.

Browne, A. (1993). Violence against women by male partners: Prevalence, outcomes, and policy implications. *American Psychology, 48*, 1077–1987.

Browne, J. (1997). Terrific tips from the marriage doctor. *New Woman.* 76–79ff.

Burgess, E. (1968). The family as a unity of interacting personalities. Heiss, J. (Ed), *Family Roles and Interaction.* Chicago: Rand McNally.

Burleson, B. R., & Denton, W. H. (1997). The relationship between communication skill and marital satisfaction: Some moderating effects. *Journal of Marriage and the Family, 59*, 884–902.

Burr, W. R., & Klein, S. (1994). *Reexamining Family Stress.* Thousand Oaks, CA: Sage.

Buss, D. M. (2000). *The dangerous passion. Why jealousy is as necessary as love and sex.* New York: Free Press.

Buss, D. M., Larsen, R., Westen, D., & Semmelroth, J. (1992). Sex differences in jealousy: Evolution, *physiology, and psychology. Psychological Sciences, 3*, 251–255.

Buss, D. M., Shackelford, T. K., Kirkpatrick, I. A., Choe, J. C., Lim, H. K., Hasegawa, M., Hasegawa, T., & Bennett, K. (1999). Jealousy and the nature of infidelity: Tests of competing hypotheses about sex differences in the United States, Korea, and Japan. *Personal Relationships, 6*, 125–150.

Buss, D. M., Shackelford, T. K., Kirkpatrick, L. A., & Larsen, R. J. (2001). A half century of mate preferences: The cultural evolution of values. *Journal of Marriage and the Family, 63*, 491–503.

Buunk, B. P., Angeleitner, A., Oubaid, V., &

Buss, D. M. (1996). Sex differences in evolutionary and cultural perspective: Tests from Netherland, Germany, and the United States. *Psychological Sciences, 7*, 359–363.

Byers, E. S., & Demmons, S. (1999). Sexual satisfaction and sexual self disclosure within dating relationships. *Journal of Sex Research, 36*(4), 399–410.

Cahn, D. D. (1992). *Conflict in intimnate relationships.* New York, NY: Guilford.

Call, V., Sprecher, S., & Schwartz, S. (1995). The incidence and frequency of marital sex in a national sample. *Journal of Marriage and the Family, 57*, 639–652.

Canary, D. J., Stafford, L., & Semic, B. A. (2002). Panel study of the associations between maintenance strategies and relational characteristics. *Journal of Marriage and Family, 64*, 395–406.

Cargan, L., & Melko, M. (1982). *Singles: Myths and realities.* Beverly Hills, CA: Sage.

Carli, L. L. (1990). Gender, communication, and influence. *Journal of Personality and Social Psychology, 59*(5), 941–951.

Carr, D., House, J. S., Kessler, R. C., Nesse, R. M., Sonnega, J., & Wortman, C. (2000). Marital quality and psychological adjustment to widowhood among older adults: A longitudinal analysis. *Journal of Gerontology: Social Sciences, 55B*: S197–S207.

Carstensen, L. L. (1992). Social and emotional patterns in adulthood: Support for socioemotional selectivity theory. *Psychological Aging, 7*, 331–338.

Carstensen, L. L., Gottman, J. M., & Levenson, R. W. (1995). Emotional behavior in long-term marriage. *Psychology of Aging, 10*, 140–149.

Cate, R. M., & Lloyd, S. A. (1992). *Courship.* Newbury Park, CA: Sage.

Cavanaugh, J. C. (1999). Caregiving to adults: A life event challenge. In I. H. Nordhus, G. R. Vandenbos, S. Berg, & P. Fromholt (Eds.), *Clinical geropsychology* (pp. 131–135). Washington, DC: American Psychological Association.

Chao, R. K., & Willms, J. D. (2003). The effect of parenting practices on children's outcomes. In Dans, J., & J. D. Williams (Eds.), *Vulnerable children: Findings from Canada's National Longitudinal Study of Children and Youth.* Edmonton, AB: University of Alberta Press.

Christensen, A., & Heavey, C. L. (1990). Gender and social structure in the damand/withdraw pattern of marital interaction. *Journal of Personality and Socail Psychology, 59*, 73–81.

Christensen, A., & Sullaway, M. (1984). *Communication pattern questionnaire.* Unpublished manuscript, University of California, Los Angeles.

Christopher, F. S., & Sperecher, S. (2000). Sexuality in marriage, dating, and other relationships: A dacade review. *Journal of Marriage and the Family.* *62*(4), 999–1017.

Cicirelli, V. G. (1983). Adult children's attachment and helping behavior to elderly parents: A path model. *Journal of Marriage and the Family, 45,* 815–825.

Clements, M., & Markman, H. J. (1996). The transition to parenthood: Is having children hazardous to marriage? In N. Vanzetti & S. Duck (Eds.), *A life-time of relationships.* 290–310, Pacific Grove, CA: Brooks/Cole.

Cohen, H. (1980). *You can negotiate anything.* New York: Lyle Stuart.

Cole, R. (1993). Mental illness and the family. In *Vision 2010: Families and Health Care.* edited by B. A. Elliott, Minneapolis: National Council on Family Relations, 18–19.

Coleman, J. C., et al. (1987). *Contemporary psychology and effective behavior* (6th ed.). Glenview, IL: Scott, Foresman.

Coleman, M. Ganong, L., & Fine, M. (2000). Reinvestigating remarriage: Another decade of progress. *Journal of Marriage and the Family, 62*(4), 1288–1307.

Coll, C. G. T., Hoffman, J., & Oh, W. (1987). The social ecology and early parenting of Caucasian adolescent mothers. *Child Development, 58,* 955–963.

Coltrane, S. (2000). Research on household labor: Modeling and measuring the social embeddedness of routine family work. *Journal of Marriage and the Family, 62*(4), 1208–1233.

Connidis, I. A. (1992). Life transitions and the adult sibling tie: A qualitative study. *Journal of Marriage and the Family, 54,* 972–982.

Consumer Union. (1999). Condom get better. *Consumer Reports.* June, 46–49.

Coontz, S. (1992). *The way we never were.* New York: Basic Books.

Coontz, S. (1997). *The way we really are: Coming to terms with America's changing families.* New York: Basic Books.

Cowan, C. P., & Cowan, P. A. (2000). *When partners become parents: The big life change for couples.* Mahwah, NJ: Erlaum.

Cowgill, D. O., & Homes, L. D. (1972). *Aging and Modernization.* New York: Meredith Corporation.

Cox, F. D. (1990). *Human intimacy: Marriage, the family, and its meaning* (5th ed.). St. Paul, MN: West.

Crohan, S. E. (1996). Marital quality and conflict across the transition to parenthood in African American and white couples. *Journal of Marriage and the Family, 58,* 933–944.

Crowther, M. R., Parker, M. W., Achenbaum, W. A., Larimore, W. L., & Koenig, H. G. (2002). Rowe and Kahn's model of successful aging revisited: Positive spirituality–The forgotten factor. *The Gerontologist, 42*(5), 613–620.

Cuber, J. F., & Harroff, P. B. (1968). Five kinds of relationships. In *Source book in Marriage and the Family* (M. B. Sussman Ed.). Boston: Houghton Mifflin.

Cupach, W., & Comstock, J. (1990). Satisfaction with sexual communication in marriage. *Journal of Social and Personal Relationships, 7,* 179–186.

Curry, L. C., & Stone, J. G. (1995). Understanding elder abuse: The social problem of the 1990s. *Journal of Clinical Geropsychology, 1,* 147–156.

Daley, S. (1991). Girl's self-esteem is lost on way to adolescence, New study finds. *New York Times* (January 9, 1991): B1.

De Leo, D., & Scocco, P. (2000). Treatment and prevention of suicidal behavior in the elderly in *The International Handbook of Suicide and Attempted Suicide.* edited by K. Hawton et al., John Wiley & Sons.

Decalmer, P. (1993). Clinical presentation. In P. Decalmer, & F. Glendenning (Eds.), *The mistreatment of edlerly people* (pp. 5–61). Newbury Park, CA: Sage.

Derlega, V. J., Metts, S., Petronio, S., & Margulis, S. (1993). *Self-disclosure.* Newbury Park, CA: Sage.

DiBlasio, F. A., & Benda, B. B. (1992). Gender differences in theories of adolescent sexual activity. *Sex Roles, 27,* 5/6, 221–236.

Diener, E., Emmons, R. A., Larsen, R. J., & Griffin, S. (1985). The satisfaction with life scale. *Journal of Personality Assessment, 49,* 71–75.

Diener, E., Suh, E. M., Lucas, R. E., & Smith, H. L. (1999). Subjective well-being: Three decades of progress. *Psychological Bulletin,* Vol. 125, No. 2, 276–302.

Dilworth-Anderson, P., Williams, S. W., & Cooper, T. (1999). Family caregiving to elderly African Americans: Caregiver types and structures. *Journal of Gerontology: Social Sciences, 54B,* S237–S241.

Dion, K., et al. (1972). What is beautiful is good. *Journal of Personality and Social Psychology, 24,* 285–290.

Dura, J. R., & Kiecolt-Glaser, J. K. (1991). Family transitions, stress, and health. In P. A. Cowan & M. A. Hetherington (Eds.), *Family transitions* (pp. 59–76). Hillsdale, NJ: Erlbaum.

Duvall, E. (1977). *Marriage and family development* (5th ed.). Philadelphia: Lippincott.

Duvall, E. (1988). Family development's first forty years. *Family Relations, 37*(2), 127–134.

Elahi, D., Muller, D. C., Tzankoff, S. P., Andres, R., & Tobin, J. D. (1982). Effect of age and obesity on fasting levels of glucose, insulin, glucagon and growth hormone in man. *Journal of Gerontology, 37,* 485–491.

Elder, G. (1962). Structural variations in the childbearing relationship. *Sociometry, 25,* 66–87.

Ellison, C. G. (1991). Religious involvement and subjective well-being. *Journal of Health and Social Behavior, 32*, 80–99.

Erikson, E. H. (1950). *Childhood and society.* New York: Norton.

Erikson, E. H. (1968). *Identity: Youth and crisis.* NY: Norton.

Etaugh, C., & Malstrom, J. (1981). The effect of marital status on person perception. *Journal of Marriage and the Family, 4*, 801–805.

Fehr, B. (1988). Prototype analysis of the concepts of love and commitment. *Journal of Personality and Social Psychology, 55*(4), 557–579.

Feldman, H., & Feldman, M. (1975). The family life cycle: some suggestions for recycling. *Journal of Marriage and the Family, 37*, 277–284.

Felson, R. B., & Zielinski, M. A. (1989). Children's self-esteem and parental support. *Journal of Marriage and the Family, 51*, 727–735.

Ferree, M. M. (1991). Beyond separate spheres: Feminism and family research. In *Contemporary families: Looking forward, looking back.* edited by A. Booth. Minneapolis: National Council on Family Relations.

Fields, J. (2003). Children's living arrangements and characteristics. *Current Population Reports* (Series 20, No. 547). Washington, DC: U.S. Census Bureau.

Fingerman, K. L. (1996). Sources of tension in the aging mother and adult daughter relationship. *Psychology And Aging, 11*, 591–606.

Fingerman, K. L. (2001). *Aging mothers and their adult daughters: A study in mixed emotions.* New York: Springer Publishing Company.

Finkelhor, D. (1993). Epidemiological factors in the clinical identification of child sexual abuse. *Child Abuse & Neglect, 17*, 67–70.

Fisher, B. J. (1995). Successful aging, life satisfaction, and generativity in later life. *International Journal of Aging and Human Development, 41*, 239–250.

Fox, G., & Murry V. M. (2000). Gender and families: Feminist perspectives and family research. *Journal of Marriage and the Family, 62*(4), 1160–1172.

Frank, E., & Anderson, C. (1980). The sexual stages of marriage. *Family Circle, 64.* 479–487.

French, J. P., & Raven, B. (1959). The bases of social power. In *Studies in Social Power.* edited by L. Cartwright, Ann Arbor: University of Michigan Press.

Freud, S. (1973). *An outline of psychoanalysis.* London: Hogarth.

Gager, C. T., Cooney, T. M., & Call, K. T. (1999). The effects of family characteristics and time use on teenagers' household labor. *Journal of Marriage and the Family,*

61, 982–994.

Ganong, L, & Coleman, M. (1994). *Remarried family relationships*. Newbury Park, CA: Sage Publications.

Ganong, L. H., & Coleman, M. (1997). How society views stepfamilies. In I. Levin, & M. B. Sussman (Eds.), *Stepfamilies: History, research and policy* (pp. 85–106). New York: The Haworth Press.

Gao, G. (1991). Stability of romantic relationships in China and the United States. In *Cross-cultural interpersonal communication*. edited by Ting–Toomey, S., & Korzenny, F. Newbury Park, CA: Sage.

Gara, M. A., Rosenberg, S., & Herzog, E. P. (1996). The abused child as parent. *Child Abuse and Neglect, 20*, 797–807.

Garbarino, J. (1982). *Children and families in the social environment*. Hawthorne, NY: Aldine De Gruyter.

Garbarino, J., Sebes, J., & Schellenbach, L. (1984). Families at risk for destructive parent–child relationships in adolescence. *Child Development, 55*, 174–198.

Garfein, A. J., & Herzog, A. R. (1995). Robust aging among the young–old, old–old, and oldest old. *Journal of Gerontology: Social Sciences, 50B*, S77–S87.

Gecas, V., & Steff, M. (1991). Families and adolescents. In *Contempory families: Looking forward, looking back*, edited by A. Booth. Minneapolis: National council on Family Relations.

Gelles, R., & Cornell. C. (1990). *Intimate violence in families* (2nd ed.). Newbury Park, CA: Sage.

Gerris, J. R. M., Dekovic, M., & Janssens, J. M. (1997). The relationship between social class and childrearing behaviors: Parents' perspective taking and value orientations. *Journal of Marriage and the Family, 59*, 834–847.

Gilliland, T., Hawkins, A. J., Christiaens, G., & Carroll, J. S. (2002). *Marriage moments: An activity guidebook*. Provo, UT: Family studies center, Brigham Young University.

Glenn, N. (1991). Quantitative research on marital quality in the 1980s: A critical reviews. In Alan Booth (Ed.), *Contemporary families: Looking forward, looking back*. Minneapolis: National Council on Family Relations.

Glenn, N. (1995). Rethinking family change. *Institute of Public Affairs Review*, March, 17–21.

Glick, P. C. (1989). The life cycle and social change. *Family Relations, 38*, 123–129.

Goertzel, V., & Goertzel, M. (1962). *Cradles of eminence*. Boston: Little Brown.

Gold, D. T. (1996). Continuities and discontinuities in sibling relationships across the life span. In V. L. Bengtson (Ed.), *Adulthood and aging: Research on continuities and discontinuities* (pp. 228–243). New York:

Springer.

Goode, W. (1971). Force and violence in the family. *Journal of Marriage and the Family 33*, 624–636.

Gootman, J. M., Katz, L. F., & Hooven, C. (1996). Parental meta–emotion philosophy and the emotional life of families: Theoretical models and preliminary data. *Journal of Family Psychology, 10*, 243–268.

Gordon, S. (1984). Parents as sexuality educators. *SIECUS Report*, 10–11.

Gottman, J. M. (1994). *Why marriages succeed or fail.* New York: Simon and Schuster.

Gottman, J. M. (1995). *Why marriages succeed or fail and how you can make yours work.* New York: Simon and Schuster.

Gottman, J. M., & Krokoff, L. J. (1989). Marital interaction and satisfaction: A longitudinal view. *Journal of Consulting and Clinical Psychology, 57*(1), 47–52.

Gottman, J. M., & Notarius, C. L. (2000). Decade review: Observing marital interaction. *Journal of Marriage and the Family, 62*, 927–947.

Gottman, J. M., & Silver, N. (2000). *The seven principles for making marriage work.* NY: Crown Publisher.

Gottman, J., Coan, J., Carrere, S., & Swanson, C. (1998). Predicting marital happiness and stability from newlywed interactions. *Journal of Marriage and the Family 60*(1), 5–22.

Gove, W., Styles, C., & Hughes, M. (1990). The effect of marriage on the well–being of adults. *Journal of Family Issues, 11*(1), 4–35.

Greenberg, E. F., & Nay, R. (1982). The intergenerational transmission of marital instability. *Journal of Marriage and the Family, 44*, 124–142.

Grote, N. K., & Frieze, I. H. (1998). Remembrance of things past: Perceptions of marital love from its beginnings to the present. *Journal of Social and Personal Relationships. 15*, 91–109.

Grzywacz, J., & Marks, N. (2000). Family, work, work–family spillover and problem drinking during midlife. *Journal of Marriage and the Family, 62*(2), 336–348.

Gullotta, T. P., Adams, G. R., & Alexander, S. J. (1986). *Today's marriages and families.* Monterey, CA: Brooks/Cole.

Hagestad, G. O. (1982). Parent and child: Generations in the family. T. M. Field, A. Huston, H. C. Quay, L. Troll, & G. E. Finley (Eds.), *Review of Human Development.* New York: John Wiley & Sons.

Hällstrom, T., & Samuelsson, S. (1990). Changes in women's sexual desire in middle life: The longitudinal study of women in Gothenburg (Sweden). *Archives of Sexual Behavior, 19*(3), 259–267.

Halpern, H. W. (1990). *Cutting loose: An adult's guide to coming to terms with parents.* New

York: Simon & Schuster.

Hansen, D. A., & Hill, R. (1964). Families under stress. In H. Christensen (Ed.), *Handbook of marriae and the family.* Chicago: Rand-McNally.

Hanson, S, L., Myers, D., & Ginsburg, A. L. (1987). The role of responsibility and knowledge in reducing teenage out of wedlock childbearing. *Journal of Marriage and the Family, 49*(2), 241-256.

Harris, C., & Christenfeld, N. (1996). Jealousy and rational responses to infidelity across gender and culture. *Psychological Science, 7,* 378-379.

Harrison, A. O., Wilson, M. N., Pine, C. J., Chan, S. Q., & Buriel, R. (1990). Family ecologies of ethnic minority children. *Child Development, 61,* 347-362.

Hatfield, E., & Sprecher, S. (1986). *Mirror, mirror: The importance of looks in everyday life.* New York: State University of New York.

Havighurst, R. J. (1970). *Developmental tasks and education* (3rd ed.). New York: Harper & Row.

Hazan, C., & Shaver, P. (1987). Romantic love conceptualized as an attachment process. *Journal of Personality and Social Psychology, 52,* 511-524.

Hefner, R. M., Rebecca, M., & Oleshansky, B. (1975). Development of sex-role transcendence. *Human Development, 18,* 143-158.

Hendrick, C., & Hendrick, S. (1986). A theory and method of love. *Journal of Personality and Social Psychology, 50*(2), 392-402.

Hendrick, S. S., Hendrick, C., & Adler, N. L. (1988). Romantic relationships: Love, satisfaction, and staying together. *Journal of Personality and Social Psychology, 54,* 980-988.

Henley, N. (1977). *Body politics: Power, sex, and nonverbal communication.* Englewood Cliffs, NJ: Prentice Hall.

Hetherington, E. M. (2003). Intimate pathways: Changing patterns in close personal relationships across time. *Family Relations, 52,* 318-331.

Hiedemann, B., Suhomlinova, O., & O'Rand, A. M. (1998). Economic independence, economic status, and empty nest in midlife marital disruption. *Journal of Marriage and the Family, 60,* 219-231.

Hofferth, S. (2003). Race/ethnic differences in father involvement in two-parent families: Culture, context, or economy? *Journal of Family Issues, 24,* 185-216.

Holmbeck, G. N., Paikoff, R. L., & Brooks-Gunn, J. (1995). Parenting adolescents. In H. Bornstein (Ed.), *Handbook of parenting. Volume I: Children and Parenting* (pp. 91-118). Mahwah, NJ: Erlbaum.

House, J. S., Landis, K. R., & Umberson, D. (1988). Social relationships and health. *Science, 241,* 540-545.

Hubbard, A. S. E. (2001). Conflict between relationally uncertain romantic partners: The influence of relational responsiveness and empathy. *Communication Monographs, 68,* 400–414.

Hughes, P., & Lieberman, S. (1990). Troubled parents: Vulnerability and stress in childhood cancer. *British Journal of Medical Psychology, 63,* 53–64.

Hund, A. R., & Espelage, D. L. (2006). Childhood emotional abuse and disordered eating among undergraduate females: Mediating influence of alexithymia and distress. *Child Abuse & Neglect, 30,* 393–407.

Huston, T. (2000). The social ecology of marriage and other intimate unions. *Journal of Marriage and the Family, 62*(2), 298–321.

Huston, T., et al. (1981). From courtship to marriage: Mate selection as an interpersonal process. In *Persoanl relationships 2: Developing personal relationships.* edited by S. Duck and R. Gilmour. London: Academic Press.

Huston, T., & Gilbert, G. (1993). In what ways do gender-related attributes and beliefs affect marriage? *Journal of Social Issues, 49*(3), 87–106.

Hynie, M., Lydon, J. E., Cote, S., & Wiener, S. (1998). Relational sexual scripts and women's condom use: The importance of internalized norms. *Journal of Sex Research, 35*(4), 370–380.

Ihinger-Tallman, M, & Cooney, T. M. (2005). *Families in context.* LA: Roxbury Publishing Company.

Johanson, C. L., & Barer, B. M. (1997). *Life beyond 85 years: The aura of survivorship.* New York: Springer.

Johnson, D. R., & Wu, J. (2002). An empirical test of crisis, social selection, and role explanations of the relationship between marital disruption and psychological distress: A pooled time-series analysis of four-wave panel data. *Journal of Marriage and Family, 64,* 211–224.

Johnson, M., & Ferraro, K. (2000). Research on doemstic violence in the 1990's: Making distinctions. *Journal of Marriage and the Family, 62*(4), 948–963.

Joslin, D., & Brouard, A. (1995). The prevalence of grandmothers as primary caregivers in a poor pediatric population. *Journal of Community Health, 20*(5), 383–401.

Kahn, R. L., & Byosiere, P. (1992). Stress in organizations. In M. D. Dunnette & L. M. Hough (Eds.), *Handbook of industrial and organizational psychology, 3* (2nd ed., pp. 571–650). Palo Alto, CA: Consulting Psychologists Press.

Kalish, R. (1981). *Death, grief, and caring relationships.* Monterey, CA: Brooks/Cole.

Karney, B. R., & Bradbury, T. N. (1995). The longitudinal course of marital quality and stability: A review of theory, method, and research. *Psychological Bulletin, 118*, 3–34.

Karney, B. R., & Bradbury, T. N. (1997). Neuroticism, marital interaction, and the trajectory of marital satisfaction. *Journal of Personality and Social Psychology, 72*, 1075–1092.

Kastenbaum, R., & Thuell, S. (1995). Cookies baking, coffee brewing: Toward a contextual theory of dying. *Omega: Journal of Death and Dying, 31*, 175–187.

Kaufman, J., & Zigler, E. (1987). Do abused children become abusive parents? *American Journal of Orthopsychiatry, 57*(2), 186–192.

Kayser, K. (1993). *When love dies: The process of marital disaffection*. New York: Guilford Press.

Kerckhoff, A. C., & Davis, K. E. (1962). Value consensus and need complementarity in mate selection. *American Sociological Review, 27*, 295–303.

Kerig, P. K., Cowan, P. A., & Cowan, C. P. (1993). Marital quality and gender differences in parent–child interaction. *Developmental Psychology, 29*, 931–939.

Kieren, D., Maguire, T. O., & Hurlbut, N. (1996). A marker method to test phasing hypothesis in family problem–solving interaction. *Journal of Marriage and the Family, 58*(2), 442–455.

Kitson, C. C. (1992). *Portrait of divorce: Adjustment to marital breakdown*. New York: Guilford Press.

Kitson, G. C., & Morgan, L. A. (1990). The multiple consequences of divorce: A decade review. *Journal of Marriage and the Family, 52*(4), 913–924.

Kitson, G., & Morgan, L. (1991). Consequences of divorce. In Alan Booth (Ed.), *Contemporary families: Looking forward, looking back*. Minneapolis, MInn: National Council on Family Relations.

Klinetob, N. A., & Smith, D. A. (1996). Demand–withdraw communication in marital interaction: Tests of interspousal contingency and gender role hypothesis. *Journal of Marriage and the Family, 58*, 945–957.

Knox, D., & Schacht, C. (2002). *Choices in relationships: An introduction to marriage and the family* (7th ed.). Belmont, CA: Wadsworth.

Koenig, H. G., Cohen, H. J., Blazer, D. G., Kudler, H. S., Krishnan, K. R. R., & Sibert, T. E. (1995). Cognitive symptoms of depression and religious coping in elderly medical patients. *Psychosomatics, 36*, 369–375.

Koenig, H. G., McCullougy, M., & Larson, D. B. (2000). *Handbook of religion and health*. New York: Oxford University Press.

Kohlberg, L. A. (1966). Cognitive–developmental analysis of children sex–role concepts and attitudes. E. E. Maccoby (Ed.), *The development of sex differences*. Standford,

CA: Standford Univ. Press.

Kohrt, W. M., Staten, M. A., Kirwan, J. P., Wojta, D. M., & Holloszy, J. O. (1990). Insulin resistance of aging is related to body compositon. *The Gerontologist, 30*(Special Issue), 38A.

Kübler-Ross, E. (1969). *On death and dying.* New York: Macmillan.

Kudson-Martin, C., & Mahoney, A. (1998). Language processes in the construction of equality in marriages. *Family Relations, 47,* 81-91.

Kurdek, L. A. (1998). Developmental changes in marital satisfaction: A 6-year prospective longitudinal study of newlywed couples. In T. N. Bradbury (Ed.), *The developmental course of marital dysfunction* (pp. 180-204). Cambridge: Cambridge University Press.

Lachman, M. E., & Leff, R. (1989). Perceived control and intellectual functioning in the elderly. *Psychology and Aging, 2,* 266-271.

Lachman, M. E., Weaver, S. L., Bandura, M. M., Elliott, E., & Lewkowicz, C. J. (1992). Improving memory and control beliefs through cognitive restructuring and self-generated strategies. *Journal of Gerontology: Psychological Sciences, 47,* 293-299.

Lakoff, R. T. (1990). *Talking power: The politics of language in our lives.* New York: Basic Books.

Larson, R., & Richards, M. H. (1991). Daily companionship in late childhood and early adolescence: Changing developmental contexts. *Child Development, 62,* 284-300.

Laursen, B., & Collins, W. A. (2004). Parent-child communication during adolescence. In Gangelisti, A. L. (Ed.), *Handbook of family communication.* LEA's communication series (pp. 333-348). Mahwah, NJ, US: Lawrence Erlbaum Associates, Publishers.

Lazarus, R. S., & Folkman, S. (1984). *Stress, appraisal, and coping.* New York: Springer.

Lee, G. R., DeMaris, A., Bavin, S., & Sullivan, R. (2001). Gender differences in the depressive effect of widowhood in later life. *Journal of Gerontology: Social Sciences, 56B,* S56-S61.

Lee, J. A. (1973). *The colors of love: An exploration of the ways of loving.* Don Mills, Ontario: New Press.

LeMasters, E. E. (1983). *Parents in contemporary America: A sympathetic view* (4th ed.). Homewood, IL: Dorsey.

Lerner, J. V. (1993). The influence of child temperamental characteristics on parent behaviors. In T. Luster, & L. Okagaki (Eds.), *Parenting: An ecologial perspective* (pp. 101-120). Hillsdale, NJ: Erlbaum.

Levenson, R. W., Carstensen, L. L., & Gottman, J. M. (1998). Long-term marriage: Age, gender, and satisfaction. *Psychology and Aging, 8,* 301-313.

Levin, J. S. (1996). How prayer heals: A theoretical model. *Alternative Therapy in Health Medicine, 2*, 66–73.

Levinson, D. J., Darrow, C. N., Klein, E. B., Levinson, M. H., & McKee, B. (1978). *The seasons of a man's life.* New York: Knopf.

Lieberman, B. (1988). Extrapremarital intercourse: Attitudes toward a neglected sexual behavior. *Journal of Sex Research, 24*, 291–299.

Lindsey, L. (1997). *Gender Roles: A sociological perspective* (3rd ed.). Upper Saddle River, NJ: Prentice Hall.

Locke, D. (1992). *Increasing multicultural understanding.* Newbury Park, CA: Sage.

Loevinger, J. (1979). *Ego development.* San Francisco: Jossey–Bass.

Luescher, K. (2002). Intergenerational ambivalence: Further steps in theory and research. *Journal of Marriage and the Family, 64*, 585–593.

Luescher, K., & Pillemer, K. (1998). Intergenerational ambivalence: A new approach to the study of parent–child relations in later life. *Journal of Marriage and the Family, 60*, 413–425.

Lye, D. N. (1996). Adult child–parent relations. *Annual Review of Sociology, 22*, 79–102.

Maccoby, E. E., & Martin, J. A. (1983). Socialization in the context of the family: Parent–child interaction. P. H. Mussen (Ed.), *Handbook of child psychology* (4th ed.), 4. New York: Wiley.

MacDonald, W. L., & DeMaris, A. (1995). Remarriage, stepchildren, and marital conflict. Challenges to the incomplete institutionalization hypothesis. *Journal of Marriage and the Family, 57*(2), 387–398.

Mace, D., & Mace, V. (1980). Enriching marriages: The foundation stone of family strength. In *Family strengths: Positive models for family life.* edited by N. Stinnet et al. Lincoln: University of Nebraska Press.

Macklin, E. (1987). Nontraditional family forms. In *Handbook of Marriage and the Family*, edited by M. Sussman & S. Steinmetz. New York: Plenum Press.

Masheter, C. (1997). Health and unhealthy friendship and hostility between ex–spouses. *Journal of Marriage and the Family, 59*, 463–475.

Mastekaasa, A. (1996). Psychological well–being and marital dissolution select effects. *Journal of Family Issues, 15*(2), 208–228.

Masten, A. S. (2001). Ordinary magic: Resilience processes in development. *American Psychologist, 56*, 227–238.

May, E. T. (2001). Barren in promised land: Childless Americans and the pursuit of happiness. *Journal of American Studies, 35*(1), 171–188.

McCaghy, C., Capron, T., & Jamieson, J. D. (2000). *Deviant behavior: Crime, conflict, and interest groups* (5th ed.). Needham

Heights, MA: Allyn and Bacon.

McCormick, J. (1994). Why parents kill. *Newsweek*(November 14), 31–35.

McCrae, R. R., & Costa, P. T. Jr. (2003). *Personality in adulthood: A five-factor perspective* (2nd ed.). New York: Guilford Press.

McGoldrick, M., & Carter, E. A. (1982). The family life cycle. In F. Walsh (Ed.), *Normal Family Processes.* NY: Guildford Press.

McHale, J. P., & Rasmussen, J. L. (1998). Coparental and family group–level dynamics during infancy: Early family precursors of child and family functioning during preschool. *Development and Psychopathology, 10,* 39–50.

McIntosh, E., & Tate, D. T. (1990). Correlates of jealous behaviors. *Psychological Reports, 66*(2), 601–602.

McLanahan, S. S., & Sandefur, G. (1994). *Growing up with a single parent: What hurts, what helps.* Cambridge, MA: Harvard University Press.

McManus, P. A., & DiPrete, T. A. (2001). Losers and winners: The financial consequences of separation and divorce for men. *American Sociological Review, 66,* 246–268.

Mead, M. (1975). *Male and Female.* New York: William Morrow.

Medly, M. L. (1987). Marital adjustment in the post–retirement years. *The Family Coordinator,* 5–11.

Metzger, A. M. (1980). A Q–methodological study of the Kübler–Ross stage theory. *Omega, 10,* 87–102.

Michael, R. H., Gagnon, J. H., Laumann, E. O., & Kolata, G. B. (1994). *Sex in America: A definitive survey.* Boston: Little, Brown.

Miller, B. A., Maguin, E., & Downs, W. R. (1997). Alcohol, drug, and violence in children's lives. In Galanter, M. (Ed.), *Recent developments in alcoholism(13): Alcoholism and violence.* New York: Plenum Press.

Miracle, T., Miracle, A., & Baumeister, R. (2003). *Human sexuality: Meeting your basic needs.* Upper Saddle River, NJ: Prentice Hall.

Montgomery, M. J., & Sorell, G. T. (1997). Differences in love attitudes across family life stages. *Family Relations, 46,* 55–61.

Mooradian, A. D., & Greiff, V. (1990). Sexuality in older women. *Archives of Internal Medicine 150,* 1033–1038.

Moss, M. S., Resch, N., & Moss, S. Z. (1997). The role of gender in middle–aged children's responses to parent death. *Omega, 35,* 43–65.

Murdock, G. (1965). *Social Structure.* New York: Free Press.

Murstein, B. (1987). A clarification and extension of the SVR theory of dyadic pairing. *Journal of Marriage and the Family, 49,* 929–933.

Nader, A., & Dotan, I. (1992). Commitment and

rival attractiveness: Their effects on male and female reactions to jealousy-arousing situations. *Sex Roles, 26*, 7-8, 293-310.

National Center on Elder Abuse (2004). *News Letter, 6*(4), 1-8. (http://www.elderabuse-center.org/pdf/newsletter/newsletter_040126.pdf)

National Elder Abuse Incidence Study (1998). Retrieved July 23, 1999 from <http://www.gwjapan.com/MCEA/basic/index.html>.

Neeper, S. A., Gomez-Pinilla, F., Choi, I., & Cotman, C. (1995). Exercise and brain neurotrophins. *Nature, 373*, 109.

Nelson, E., Heath, A., & Madden, P. (2002). Association between self-reported childhood sexual abuse and adverse psychosocial outcomes: Results from a twin study. *Arch Gen Psychiatry, 59*, 139-146.

Neugarten, B. (1973). Personality change in later life: A developmental perspective. In C. Eisdorfer & M. P. Lawton (Eds.), *The psychology of adult development aging*. Washington, DC: American Psychological Association.

Neugarten, B. L., Moore, J. W., & Lowe, J. C. (1965). Age norms, age constraints, and adult socialization. *American Journal of Sociology, 70*, 710-717.

Newman, B. M., & Newman, P. R. (1984). *Development through life: A psychological approach* (3rd ed.). The Dorsey Press.

Newsom, J. T. (1999). Another side to caregiving: Negative reactions to being helped. *Current Directions in Psychological Science, 8*, 183-187.

Ney, P. G. (1992). Transgenerational abuse. In *Intimate Violence: Interdisciplinary Perspectives*. edited by E. C. Viano. Washington, DC: Hemisphere.

Nock, S. L. (1998). *Marriage in men's lives*. New York: Oxford University Press.

Noller, P. & Fitzpatrick, M. A. (1991). Marital communication. In *Contemporary families: Looking forward, looking back*. edited by A. Booth. Minneapolis: National Council on Family Relations.

Nydegger, C. (1991). The development of paternal and filial maturity. In K. Pillemer and K. McCartney (Eds.), *Parent-child Relations Throughout Life* (pp. 93-112). Hillsdale, NJ: Erlbaum.

O'Leary, K. D. (1993). Through a psychological lens: Personality traits, personality disorders, and levels of violence. In *Current Controversies in Family Violence*. edited by R. Gelles and D. Loseke. Newbury Park, CA: Sage.

Olson, D. H. (1993). Circumplex model of marital and family systems: Assessing family functioning. In Walsh, F. (Ed.), *Normal Family Processes*. The Guildford Press: NY/London, 104-136.

Olson, D. H., & DeFrain, J. (2000). Sexual intimacy. *Marriage and the family: Diversity and Strengths* (3rd ed.). London: Mayfield Publishing Com.

Olson, D. H., Russell, C. S., & Sprenkle, D. H. (1983). Circumplex model of marital family systems: VI. Theoretical update. *Family Process, 18*, 3-28.

Ono, H. (1998). Husbands' and wives' resources and marital dissolution. *Journal of Marriage and the Family, 60*, 674-689.

Papernow, P. (1993). *Becoming a stepfamily*. San Francisco: Jossey-Bass.

Parke, R. D., & Tinsley, B. J. (1987). Family interaction in infancy. In J. Osofsky (Ed.), *Handbook of Infant Development* (2nd Ed.), (pp. 579-641). New York: Wiley.

Parker, G., & Barrett, E. (1997). Morbid jealousy as a variant of obsessive-compulsive disorder. *Australian and New Zealand Journal of Psychiatry, 31*, 133-138.

Peck, R. C. (1968). Psychological developments in the second half of life. In B. L. Neugarten (Ed.), *Middle age and aging*. Chicago: University of Chicago Press.

Perkins, H. W., & Harris, L. B. (1990). Family bereavement and health in adult life course perspective. *Journal of Marriage and the Family, 52*, 1044-1057.

Piaget, J. (1950). *The psychology of intelligence*. New York: Harcourt Brace Jovanovich. London: Routledge & Kegan Paul.

Pilemer, K., & Suitor, H. H. (1988). Elder abuse. In *Handbook of Family violence*, edited by V. B. Van Hasselt et al. New York: Plenum Press.

Pinquart, M., & Sörensen, S. (2000). Influences of socioeconomic status, social network, and competence on subjective well-being in later life: A meta-analysis. *Psychology and Aging, 15*, 187-224.

Pistole, M. C. (1989). Attachment in adult romantic relationships: Style of conflict resolution and relationship satisfaction. *Journal of Social Personal Relationships, 6*(4), 505-512.

Previtti, D., & Amato, P. R. (2003). Why stay married? Rewards, barriers and marital stability. *Journal of Marriage and Family, 65*(3), 561-573.

Puglisi, J. T., & Jackson, D. W. (1981). Sex role identity and self-esteem in adulthood. *Journal of Aging and Human Development 12*, 129-138.

Pyke, K., & Bengtson, V. L. (1996). Caring more or less: Individualistic and collectivist systems of family elder care. *Journal of Marriage and the Family, 58*, 379-392.

Regan, P. (2003). *The mating game: A primer on love, sex, and marriage*. Thousand Oaks, CA: Sage.

Reiss, I. (1960). Toward a sociology of the heterosexual love relationships. *Journal of Personality and Social Psychology, 49*, 95-112.

Reiss, I. (1980). A multivariate model of the

determinants of extramarital sexual permissiveness. *Journal of Marriage and the Family, 42*(2), 395–411.

Renzetti, C., & Curran, D. (2003). *Women, men, and society* (5th ed.). Needham Hights, MA: Allyn and Bacon.

Ridley, J., & Crowe, M. (1992). The behavioral-systems approach to the treatment of couples. *Sexual and Marital Therapy, 7*(2), 125–140.

Riseden, A. D., & Hort, B. E. (1992). *A preliminary investigation of the sexual component of the male stereotype.* Unpublished paper.

Risman, B. (1998). *Gender vertigo: American families in transition.* New Haven, CT: Yale University Press.

Roach, M., Orsmond, G. I., & Barratt, M. S. (1999). Mothers and fathers of children with Down syndrome. *American Journal of Mental Retardation, 104*, 422–436.

Robinson, J. P. (1993). *The demographics of time use.* Ithaca, NY: American Demographics.

Rodrick, J. D., Henggler, S. W., & Hanson, C. L. (1986). An evaluation of family adaptability and cohesion evaluation scales (FACES) and the circumplex model. *Journal of Abnormal Child Psychology, 14*, 77–87.

Roenrich, L., & Kinder, B. N. (1991). Alcohol expectancies and male sexuality: Review and implications for sex therapy. *Journal of Sex and Marital Therapy, 17*, 45–54.

Rogers, S. J. (2004). Dollars, dependency, and divorce: Four perspectives on the role of wives' income. *Journal of Marriage and the Family, 66*, 59–74.

Rollins, B. C., & Cannon, K. L. (1974). Marital satisfaction over the family life cycle: A reevaluation. *Journal of Marriage and the Family, 36*, 271–282.

Rollins, B. C., & Feldman, H. (1970). Marital satisfaction over the family life cycle. *Journal of Marriage and the Family, 32*, 20–28.

Roos, P., & Cohen, L. (1987). Sex roles and social support as moderators of life stress adjustment. *Journal of Personality and Social Psychology, 52*(3), 576–585.

Rosenweig, P. M. (1992). *Married and alone: The way back.* New York: Plenum.

Ross, A. S. (1977). A biosocial perspective on parenting. *Daedalus, 106*, 1–31.

Ross, C., & Mirowsky, J. (1999). Parental divorce, life-course disruption, and adult depression. *Journal of Marriage and the Family, 61*, 1034–1045.

Ross, C., Mirowsky, J., & Goldsteen, K. (1991). The impact of the family on health. In *Contemporary families: Looking forward, looking back.* edited by A. Booth. Minneapolis: National Council on Family Relations.

Rotter, J. B. (1980). Interpersonal trust, trustworthiness, and gullibility. *American Psychologist, 35*, 1–7.

Rowe, J. W., & Kahn, R. L. (1997). Successful

aging. *The Gerontologist, 37*(4), 433–440.

Russell, D. E. H. (1990). *Rape in marriage.* Rev. ed. Bloomington, IN: Indiana University Press.

Sadker, M., & Sadker, D. (1995). *Failing at fairness: How American schools cheat girls.* New York: Touchstone.

Salovey, P., & Rodin, J. (1991). Provoking jealousy and envy: Domain relevance and self-esteem threat. *Journal of Social and Clinical Psychology, 10*(4), 395–413.

Satir, V. (1988). *The new peoplemaking.* Rev. ed. Mountain View, CA: Science and Behavior Books.

Schaal, M. D., Sephton, S. E., Thoreson, C., Koopman, C., & Spiegel, D. (1998). *Religious expression and immune competence in women with advanced cancer.* Paper presented at the American Psychological Association Conference, San Francisco, CA.

Schaie, K. W., & Willis, S. L. (1986). Can adult intellectual decline be reversed? *Developmental Psychology, 22,* 223–232.

Schoen, R., Young, J. K., Nathanson, C. A., Fields, J., & Astone, N. M. (1997). Why do Americans want children? *Population and Development Review, 23,* 333–358.

Sheehy, G. (1974). *Passages: Predictable passages of adult life.* New York: Dutton.

Shostak, A. B. (1987). Singlehood. In *Handbook of Marriage and the Family.* edited by M. Sussman & S. Steinmetz. New York: Plenum Press.

Sirigano, S. W., & Lachman, M. E. (1985). Personality change during the transition to parenthood. The role of perceived infant temperament. *Developmental Psychology, 21,* 558–567.

Skolnick, A. (1991). *Embattled paradise.* New York: Basic Books.

Smock, P. J. (2000). Cohabitation in the United States: An appraisal of research themes, findings, and implications. *Annual Review of Sociology, 26.*

South, S. J. (2001). The geopraphic context of divorce: Do neighborhoods matter? *Journal of Marriage and the Family, 63,* 755–766.

Spain, D., & Bianchi, S. M. (1996). *Blancing Act: Motherhood, marriage, and employment among American women.* New York: Russel Sage Foundation.

Spangler, J., & Demi, E. (1988). *Bereavement support groups: Leadership manual* (3rd ed.). Denver. CO: Grief Education Institute.

Spanier, G. B. (1976). Measuring dyadic adjustment. *Journal of Marriage and the Family 38*(1), 15–28.

Spanier, G. B., & Thompson, L. (1982). A confirmatory analysis of the Dyadic Adjustment Scale. *Journal of Marriage and the Family, 44*(3), 731–738.

Spector, I. P., & Carey, M. P. (1990). Incidence and prevalence of the sexual dysfunctions—

A critical review of the empirical literature. *Archives of Sexual Behavior, 19*(4), 389-408.

Sprecher, S., & Regan, P. C. (2000). *Sexuality in a relational context, Close relationships: A sourcebook.* Thousand Oaks, London, New Delhi: Sage.

Sroufe, L. A., Cooper, R. G., & DeHart, G. B. (1996). *Child development: Its nature and course* (3rd Ed.). New York: McGraw-Hill.

Stafford, L., & Canary, D. J. (1991). Maintenance strategies and romantic relationship type, gender, and relational characteristics. *Journal of Social and Persoanl Relationships, 8,* 217-242.

Stanley, S. M., Markman, H. J., & Whitton, S. W. (2002). Communication, conflict, and commitment: Insights on the foundations of relationship success from a National Survey. *Family Process, 41*(4), 659-675.

Starr, B. D., & Weiner, M. N. (1980). *The Starr-Weiner report on sex and sexuality in the mature years.* New York: The Atlantic Institute.

Steinberg, L., & Silverberg, S. (1987). Marital satisfaction in middle stages of family life cycle. *Journal of Marriage and the Family 49*(4), 751-760.

Stephen, T., & Harrison, T. (1985). A longitudinal comparision of couples with sex-typical and non-sex-typical orientations to intimacy. *Sex Roles, 12*(1/2). 147-158.

Sternberg, R. J. (1986). A triangular theory of love. *Psychological Review, 93,* 119-135.

Sternberg, R. J. (1988). *The psychology of love.* New Haven, CT: Yale University Press.

Stinnett, N., & DeFrain, J. (1985). *Secrets of strong families.* Boston: Little, Brown.

Stinnett, N., Stinnett, N., Beam, J., & Beam, A. (1999). *Fantastic families.* Lafayette, LA: Howard.

Straus, M. A. (1993). Physical assaults by wives: A major social problem. In *Curmet Controversies in Family Violence.* edited by R. Gelles and D. Loseke. Newbury Park, CA: Sage.

Strawbridge, W. J., Cohn, R. D., Shema, S. J., & Kaplan, G. A. (1996). Successful aging. *American Journal of Epidemiology, 144,* 135-141.

Strong, B., & DeVault C. (1992). *The marriage and family experience* (5th ed.). New York: West Publishing Company.

Strong, B., DeVault, C., & Cohen, T. F. (2005). *The marriage and family experience* (9th Ed.). Thomson Learning, Inc.

Sullaway, M., & Christensen, A. (1983). Assessment of dysfunctional interaction patterns in couples. *Journal of Marriage and the Family, 45,* 653-660.

Sweeney, M. M. (2002). Remarriage and the nature of divorce: Does it matter which spouse chose to leave? *Journal of Family Issues, 23,* 410-440.

Talbott, M. M. (1990). The negative side of the relationship between older widows and their adult children: The mothers' perspective. *The Gerontologist, 30*(5), 595–603.

Tannen, D. (1990). *You just don't understand: Women and men in conversation.* New York: Morrow.

Thomas, A., & Chess, S. (1977). *Temperament and development.* New York: Brunner/Mazel.

Thomas, A., & Chess, S. (1991). Temperament in adolescence and its functional significance. In R. M. Lerner, A. C. Petersen, & J. Brooks–Gunn (Eds.), *Encyclopedia of adolescence, 2.* New York: Garland.

Thompson, A. (1984). Emotional and sexual components of extramarital relations. *Journal of Marriage and the Family, 46*(1), 35–42.

Thompson, L. (1993). Conceptualizing gender in marriage: The case of marital care. *Journal of Marriage and the Family, 55*(3), 557–569.

Thornton, A. (1989). Changing attitudes toward family issues in the United States. *Journal of Marriage and the Family, 51*(4), 873–893.

Ting–Toomey, S. (1983). An analysis of verbal communication patterns in high and low marital adjustment groups. *Human Communications Research, 9*(4), 306–319.

Torres, S. (2002). Relational values and ideas regarding successful aging. *Journal of Comparative Family Studies, 33,* 417–432.

Troll, L. E. (1982). *Continuations: Adult development and aging.* Pacific Grove, CA: Brooks/Cole.

U.S. Census Bureau (2006). *Current Population Survey, 2006.* Annual Social and Economic Supplement.

Umberson, D., & Chen, M. D. (1994). Effects of a parent's death on adult children: Relationship salience and reaction to loss. *American Sociological Review, 59,* 152–168.

Van Lear, C. A. (1998). Dialectic empiricism: Science and relationship metaphors. In B. M. Montgomery and L. A. Baxter (Eds.), *Dialectical approaches to studying personal relationships* (pp. 109–136). Mahwah, NJ: Erlbaum.

Vande Berg, L. R., & Streckfuss, D. (1992). Prime–time television's portrayal of women and the world of work: A demographic profile. *Journal of Broadcasting and Electronic Media* (March 1992), 195–207.

Vasselle–Augenstein, R., & Erlich, A. (1992). Male batterers: Evidence for psychopathogy. In *Intimate violence: Interdisciplinary perspectives.* edited by E.C. Viano. Washington, DC: Hemisphere.

Vaughan, D. (1986). *Uncoupling: Turning points in intimate relationships.* New York: University Press.

Walker, J. (1993). Cooperative parenting post-divorce: Possibility or pipedream? *Journal of Family Therapy, 15*(3), 273–292.

Walker, A. J. (1999). Gender and family relationships. *The handbook of marriage and the family* (2nd ed.). edited by M. Sussman, S. Steinmetz, & G. Peterson. New York: Plenum.

Waller, W., & Hill, R. (1951). *The family: A dynamic interpretation.* New York: Dryden Press.

Walling, M., Andersen, B., & Johnson, S. (1990). Hormonal replacement therapy for postmenopausal women: A review of sexual outcomes and related gynecologic effects. *Archives of Sexual Behavior, 19*(2), 119–127.

Webster, J. D., & Young, R. A. (1988). Process variables of the life review: Counseling implications. *International Journal of Aging and Human Development, 26*, 136–154.

Weigel, D. J., & Ballard-Reisch, D. S. (1999). How couples maintain marriages: A closer look at self and spouse influences upon the use of maintenance behaviors in marriages. *Family Relations, 48*, 263–269.

Westcott, H., & Jones, D. (1999). Annotation: The abuse of disabled children. *Journal of Child Psychology and Psychiatry, 40*, 497–506.

Westerhof, G. J., Dittmann-Kohli, F., & Thissen, T. (2001). Beyond life satisfaction: Qualitative and quantitative approaches to judgments about the quality of life. *Social Indicators Res. 56*, 179–203.

Whitbourne, S. K. (1986). *The me I know: A study of adult identity.* New York: Springer-Verlag.

Whitbourne, S. K. (2005). *Adult development and aging: Biopsychosocial perspectives* (2nd ed.). New York: Wiley.

Whitbourne, S. K., & Ebmeyer, J. (1990). I*dentity and intimacy in marriage: A study of couples.* New York: Spring-Verlag.

White, J., & Klein, D. (2002). *Family theories* (2nd ed.). Thousand Oaks, CA: Sage.

White, L. K. (1990). Determinants of divorce: A review of research in the eighties. *Journal of Marriage and the Family, 52*, 904–912.

Whitehead, B. (1993). Dan Quale was right. *The Atlantic Monthly*, April, 47–82.

Wilber, K. H., & McNeilly, D. P. (2001). Elder abuse and victimization. In J. E. Birren, & K. W. Schaie (Eds.), *Handbook of the Psychology of Aging* (pp. 569–591). San Diego: Academic Press.

Winch, R. F. (1971). *The modern family* (3rd ed.). New York: Holt.

Wolf, D. A. (1999). The family as provider of long-term care: Efficiency, equity, and externalities. *Journal of Aging and Health, 11*, 360–382.

Wolf, M., & Kielwasser, A. (1991). Introduction: The body electric: Human sexuality and the mass media. *Journal of Homosexuality, 21*, 1/2, 7–18.

Woodruff–Pak, D. S. (1997). *Neuropsychology of aging*. Malden, MA: Blackwell.

Yllo, K. (1993). Through a feminist lens: Gender, power and violence. In *Current Controversies in Family Violence*. edited by R. Gelles and D. Loseke. Newbury Park, CA: Sage.

Zarit, S. H., Johansson, L., & Jarrott, S. E. (1998). Family caregiving: Stresses, social programs and clinical interventions. In I. H. Nordhus, G. VandenBos, S. Berg, & P. Fromholt (Eds.), *Clinical geropsychology* (pp. 345–360). Washington, DC: American Psychological Association.

Zavaroni, I., Dall'Aglio, E., Bruschi, F., Bonora, E., Alpi, O., Pezzarossa, A., & Butturini, U. (1986). Effect of age and environmental factors on glucose tolerance and insulin secretion in a worker population. *Journal of the American Geriatrics Society, 34*, 271–275.

Zilbergeld, B. (1992). *The new male sexuality*. New York: Bantam Books.

인 명 색 인

사항색인

저자 약력

장휘숙(章輝淑)

이화여자대학교 영어영문학과 졸업
이화여자대학교 대학원 심리학과 졸업(발달심리학 전공, 문학박사)
미국 미시간 주립대학교 객원교수 역임
한국발달심리학회 회장 역임
한국심리학회 이사 역임
한국심리학회 및 한국발달심리학회 편집위원장 역임
충남대학교 학생생활연구 소장 역임
2000년도 충남대학교 연구실적 우수교수 총장 표창
2006년도 한국심리학회 학술상 수상
2012년도 제22회 과학기술우수논문상 수상

현재: 충남대학교 심리학과 교수
발달심리전문가
한국발달심리학회 이사
한국인간발달학회 이사

관심분야

전생애 동안의 애착발달을 중심으로 정체감, 탄력성, 정신병리 등을 연구하였으며, 최근에는 성인기 발달과업과 가까운 사회적 관계, 주관적 건강, 노화불안, 노년기 고독, 생활만족, 행복 및 죽음공포와 죽음수용 등 성인기 발달과 삶의 종결을 이해할 수 있는 핵심적 주제들을 연구해 오고 있다.

저서 및 역서

전생애 발달심리학 제5판(저서, 박영사, 2013)
성인발달 및 노화심리학 제2판(저서, 박영사, 2012)
아동심리학(저서, 박영사, 2010)
청년심리학 제4판(저서, 박영사, 2009)
전생애 발달심리학 제4판(저서, 박영사, 2007)
성인심리학(저서, 박영사, 2006)
발달정신병리학의 이해 제2판(저서, 창지사, 2005)
아동연구방법 제2판(저서, 창지사, 2005)
청년심리학 제3판(저서, 박영사, 2004)
애착장애의 치료: 이론에서 실제까지(역서, 시그마프레스, 2003)
여성심리학 제2판(저서, 박영사, 2002)
아동발달(저서, 박영사, 2001)
인간발달(저서, 박영사, 2000)
청년심리학 제2판(저서, 학지사, 1999)
발달정신병리학의 이해(저서, 학지사, 1998)
아동연구방법 초판(저서, 창지사, 1998)
여성심리학 초판(저서, 박영사, 1996)
가족심리학(저서, 박영사, 1996)
아동심리학 제2판(저서, 박영사, 1995)
발달심리학 제2판(공저, 박영사, 1994)
자녀문제 이럴 때 이렇게(저서, 창지사, 1994)
청년심리학 초판(도서출판 장승, 1993)
아동심리학 초판(저서, 박영사, 1990)
아동연구법(편역서, 창지사, 1989)
발달심리학 초판(공저, 박영사, 1987)
심리학개론(공저, 정민사, 1987)
어머니의 역할(역서, 창지사, 1986)
아버지의 역할(역서, 창지사, 1986) 외 다수

제 2 판
가족심리학

1995년 8월 25일 초판 발행
2008년 6월 30일 제 2 판 발행
2015년 2월 10일 중판발행

저 자 장 휘 숙
발행인 안 종 만
발행처 (주) 박영사
서울특별시 종로구 새문안로3길 36, 1601
전화 (733)6771 FAX (736)4818
등록 1959. 3. 11. 제300-1959-1호(倫)

www.pybook.co.kr e-mail: pys@pybook.co.kr

정 가 25,000원 ISBN 978-89-7189-596-2